이민 · 다문화가족 복지론

MULTICULTURAL FAMILY WELFARE
THEORY OF IMMIGRATION

이민·다문화 가족 복지론

조경자·안진숙 공저

동문사

머리말

현대사회의 초국적인 인구이동은 역사적인 현상이며, 그 양상이 복잡하고 다양해지고 있다. 이주 현상은 어느 한 국가에 한정되지 않고 전 세계적으로 보편적인 인구변동의 특징으로 자리 잡고 있다. 많은 국가에서 이민, 노동력의 국제이동, 국제결혼, 유학, 난민, 망명 등의 다양한 인적 교류에 의해 다문화사회로의 변화가 진행되면서 정치·경제·사회·문화적 차원의 다문화사회 수용과 정착을 위한 정책적 대안에 대한 논의가 폭넓게 제기되고 있다. 다문화사회는 새로운 이민자의 급증에 따라 인구학적인 변화와 문화 간 갈등과 충돌이 발생하고 있다. 이에 다문화사회에 대한 사회적 인식과 수용이 중요한 과제로 등장하면서 다수집단의 차별과 편견, 소수집단과의 갈등 및 분쟁 문제를 해결하기 위한 이론, 이념, 정책을 만들어 왔다.

세계 각국은 자국의 국익증대와 부작용 방지를 위한 종합적이고 체계적인 이민정책을 추진하기 위해서 국가 간 협력을 강화하고 있고, 한 국가 내부에서 소수와 다수의 문화적 갈등을 해결하고 서로의 공존과 인정을 위한 방향으로 사회정책을 수립하고 있다.

한국사회는 타민족 및 인종, 종교 등에 대한 배타적 인식이 과거에 비해 많이 개선되었으나, 아직도 차별과 편견으로 인한 문제가 발생하고 있다. 한국사회는 다른 국가와 다르게 저출산과 고령화 현상로 인한 노동력 부족과 결혼 문제에 대한 해결책으로 결혼이민자와 단순노무에 종사하는 저숙련 노동자의 유입을 추진하면서 이민자가 증가해왔다. 이들은 한국사회에서 문화적응 및 가족의 정착을 위한 다양한 노력을 시도하였으나, 개인의 힘만으로는 해결할 수 없는 문제와 사회적 욕구를 해결하기 위해 사회와 국가로부터 사회복지 차원의 지원과 협력을 요구하게 되었다.

이민·다문화가족은 고용이나 취업 등 경제적 영역뿐만 아니라 거주·경제·의료·교육·인권·문화적 차원의 사회복지에 대한 요구가 수용되지 않는 상황으로 인한 갈등과 어려움을 겪고 있으며, 학교 및 직장, 사회와 국가로부터 차별 및 편견으로 인한 사회부적응을 경험하고 있다.

이 책에서는 이민·다문화가족복지의 대상을 크게 결혼이민자, 외국인근

머리말

로자, 북한이탈주민과 그 가족을 대상으로 다루고 있다. 이에 한국사회의 다문화구성원인 결혼이주여성, 외국인근로자, 북한이탈주민의 가족이 겪는 문제에 대한 사회적인 인식의 변화가 필요하다.

한국의 다문화사회정책과 담론은 결혼이주민과 다문화가정에 집중되어 있고, 외국인근로자에 대해서는 정주가 아닌 일시적인 노동대체인력으로 바라보는 인식의 한계가 있다. 또한 난민, 북한이탈주민, 이주배경청소년, 유학생 등 점차 다양화되고 있는 다문화 구성원에 대한 인식과 정책은 아직 미흡한 상황이다. 이민자 사회통합과 다문화사회의 수용을 위해서는 새로운 정책적 대안과 사회적 인식의 변화가 요구되는 상황이다.

이민·다문화가족복지는 다문화시대의 사회적 문제를 해결하기 위한 정책적 대안들에 대한 포괄적 개념이다. 주류 또는 다수집단과 다른 비주류 또는 소수자집단의 차이에 대한 제도적 보장으로 주로 다문화가족과 소수인종의 사회적 권리를 다루는 정책적 노력이며, 새로운 사회복지의 대상을 포함하는 포괄적인 개념으로 확대되어야 한다.

본 책은 이민·다문화가족의 증가에 따른 사회복지의 확대를 전제로 이들을 대상으로 하는 복지에 대한 이론적 접근과 현실적인 정책, 이를 실천하기 위한 대안을 중심으로 구성하였다.

첫째, 국제이주와 한국의 이민·다문화사회에 대한 실체적 접근을 시도하였다. 이민·다문화사회에 대한 이론적 내용을 바탕으로 실제 현상에 대한 이해를 통해 이민·다문화사회의 배경과 현실, 이민·다문화가족에 대한 접근을 시도하였다.

둘째, 가족복지에 대한 이론적 이해를 바탕으로 이민·다문화가족을 대상으로 하는 가족복지의 등장배경과 현실, 문제점에 대한 이해를 통해 그들이 가진 복지욕구를 확인하고자 하였다. 기존 가족의 개념에서 다문화가족으로의 확장, 새로운 이주민의 등장에 따른 복지 개념과 정책의 확장을 통해 이민·다문화가족의 복지욕구를 탐색하였다. 또한 이를 실천하기 위한 우리 사회의 다문화 역량 강화에 대한 내용을 포함하고 있다.

셋째, 이민·다문화가족 대상의 가족복지정책과 복지 추진에 요구되는 다양한 실천방안에 대한 내용을 다루고 있다. 현재 추진 중인 이민·다문화가족을 위한 가족복지정책과 서비스체계, 사례관리, 상담과 가족치료 등 사회복지실천 전반의 실질적인 내용을 통해 이민·다문화가족을 위한 가족복지 전반에 대한 이해를 돕고자 한다.

넷째, 기존 가족복지정책에서 다루지 못하고 있는 이민·다문화가족만의 특성을 고려한 사회복지 관련 정책을 중심으로 새로운 접근과 실천방안을 소개하고 있다. 이주민의 인권 중심의 사회복지, 사회보장제도하의 가족복지를 통해 이민·다문화가족을 위한 실질적인 가족복지에 대한 내용을 포함하고 있다.

본 책은 학문적 관점에서 이민·다문화사회와 이민·다문화가족복지에 대한 이해를 돕는 충실한 교재일 뿐만 아니라 이민·다문화가족복지를 실천하는 현장의 다문화사회 전문가들을 위한 지침서로서의 역할을 수행하도록 구성하였다. 또한 우리 사회 이민·다문화 구성원들의 현실과 복지요구를 담은 책이면서 실질적으로는 우리 사회 구성원들의 다문화 인식을 확대하고 이민·다문화가족복지에 대한 사회적·정책적 변화를 지향하는 데 도움이 될 수 있는 교육적 역할을 수행할 수 있도록 구성하였다.

출간을 위해 수많은 학자와 연구자, 그들의 다양한 이론과 논문, 학술자료, 통계자료, 기사 등을 활용하고 검토하면서 많은 도움을 받았으며, 우리 사회의 공존을 위한 연구와 실천을 위해 애써주신 선행 연구자분들께 무한한 존경과 감사를 드린다. 본 책을 통해 집대성된 이민·다문화가족복지 관련 내용들이 실제 정책과 교육에서 충실하게 반영되고 활용되어 새로운 다문화사회로의 변화와 이민·다문화가족의 복지를 위한 작은 도움이 되었으면 하는 바람이다.

2021년 2월

저자 일동

차 례

CHAPTER 05 이민 · 다문화가족의 복지현실과 복지욕구

CHAPTER 06 이민 · 다문화가족 대상 지원정책

CHAPTER 07 가족복지실천과 서비스 전달체계

CHAPTER 08 이민 · 다문화가족복지와 문화적 역량

CHAPTER 09 이민 · 다문화가족의 인권과 사회복지

차 례

CHAPTER

01

국제이주와 한국의 이민 · 다문화

1. 세계의 이민 · 다문화 환경과 경향 분석
2. 한국의 이민 · 다문화 환경과 경향

1. 세계의 이민 · 다문화 환경과 경향 분석

1) 이주의 증가[1)]

인류는 보다 나은 삶을 위해 지속적으로 이주를 진행해 왔다. 현대사회에서 이주는 교통의 발달과 정보의 공유, 세계화의 추세에 힘입어 가속화 되고 있다. 이주는 다양하고 복합적인 요인으로 발생하지만 최근에는 경제 활동, 가족 결합, 주거환경 등 삶의 질적 향상을 위한 목표로 이주자 본인의 자발적인 선택에 의한 것이 대부분이다. 하지만 이주자의 의지와 상관없이 사회, 정치적인 요인 등으로 인해 이주를 강요당하는 경우도 있다. 이주는 국경을 넘었거나 혹은 특정 국가 안에서 집단이나 사람이 이동하는 것을 뜻하며, 개인이나 집단이 단기 체류나 영구적으로 정착하기 위해 주권국가의 영토 내에서 다른 지역으로 이동하는 국내이주와 국경을 넘어서 다른 국가로 이동하는 국제이주도 포함하는 포괄적인 개념이다. 그 기간 및 구성과 원인에 상관없이 어떤 형태의 인구이동이든 포괄하는 개념으로서 경제적 이주자, 가족재결합, 난민, 이재민 등의 목적을 위해서 이동하는 사람들을 포함한다(IOM, 2010).

이주의 원인은 크게 경제적인 요인, 국가 행정적인 요인, 인구학적인 요인, 분쟁, 환경적인 요인, 다국가적인 네트워크로 나눌 수 있다[2)]. 첫째, 경제적인 요인으로 국가별로 삶의 질과 임금의 격차가 생겨 이주자들을 정착국으로 유입시키는 역할을 한다. 둘째, 인구학적인 요인으로 선진국의 저출산과 고령화 현상에 기인한 노동력 부족과 개발도상국의 노동력 과밀이 맞물려 인구의 이동이 일어난다. 셋째, 환경적인 요인으로 산업재해, 지진이나 가뭄 및 홍수 등과 같은 자연재해로 인하여 이주가 발생한다. 환경적인 요소로 인해 발생하는 이주는 주로 국내이주가 많지만 최근에는 기상이변으로 인한 국제 환경난민도 발생하고 있다. 넷째, 국가행정적인 요인으로 부패한 정부, 빈약한 교육, 건강 관련 시스템의 부

1) IOM(http://iom.or.kr/)의 내용을 일부 발췌 · 인용함
2) IOM 홈페이지 참조

재는 국제이주를 촉진하는 요인이 된다. 다섯째, 분쟁 요인으로 개인의 자유를 제한하는 분쟁이나 내전, 인종 · 종교 등에 따른 차별로 인하여 자유를 향한 욕구에 따른 이주가 일어난다. 여섯째, 초국적인 네트워크가 형성되어 해외에 살고 있는 가족과 친지들의 이주를 촉진하는 것이 요인이다.

IOM(국제이주기구)[3]에서는 이주의 성격도 이주의 주체, 지속기간, 범위, 크기, 권리 보호 정도, 계획 여부에 따라 **그림 1-1**과 같이 구분하였다.

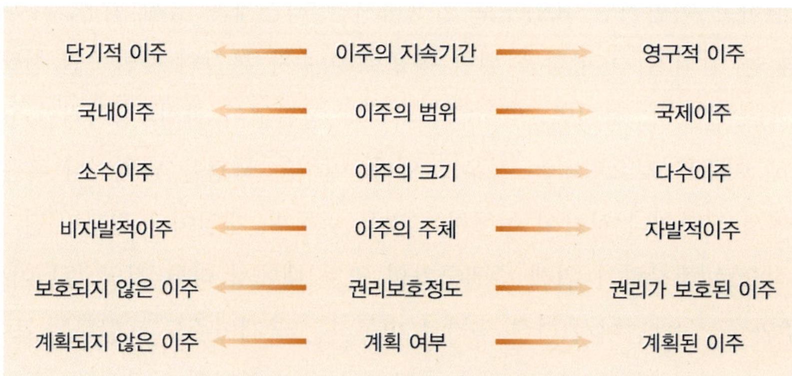

▌그림 1-1▐ 이주의 성격별 구분

출처: IOM 홈페이지, http://iom.or.kr/.

2) 세계적 이민 · 다문화 현상[4]

국가 간 인구이동은 전 지구적이고 역사적인 현상이며, 그 양상이 복잡 · 다양해지고 있다. 역사적으로 이민을 촉진하는 환경적 요소가 증가하기도 했지만 유입국의 사회 · 경제적 여건 변화나 정치적 이유 등으로 인해 이민에 대한 정책과 규제도 함께 이루어져 왔다. 이민은 21세기의 중요한 글로벌 현상으로 세계 각국

---

3) 1951년 설립된 유엔 국제이주기구(International Organization for Migration: IOM)는 이주 분야에 있어 선도적인 정부 간 기구이다. 회원국 정부와 이주민 모두에게 다양한 서비스와 정책 제안을 제공함으로써 인도적이고 질서 있는 이주를 증진해왔으며 이주관리에 관한 국제협력을 장려하고, 이주문제에 대한 실무적인 해결책을 추구하며, 외국인근로자들은 물론 이재민, 난민, 휴먼 트래피킹(인신 매매) 피해자 등 어려움을 겪는 모든 이주자에게 도움을 제공하고 있다.

4) 법무부(2018), 이규용 외(2015), 허준영(2017), 신지원(2011)의 내용 중 일부 발췌 · 인용함

은 자국의 국익증대와 부작용 방지를 위한 종합적이고 체계적인 이민정책을 추진하기 위해서 국가 간 협력을 강화하고 있다. 2016년 UN은 인간의 이동(Human Mobility)에 대한 포괄적인 접근법과 국제 협력 강화의 필요성에 공감하고 '안전하고, 질서 있고 정규적인 이주를 위한 글로벌 컴팩트(The Global Compact for Safe, Orderly and Regular Migration, GCM)'를 통해 난민과 이주자를 위한 뉴욕 선언(New York Declaration for Refugees and Migrants)을 채택하여 국제사회가 이주와 난민 사안에 대한 강력한 협력 의지를 확인하는 중요한 계기를 마련하여 이민과 관련한 국제공조 강화를 위해서 노력하고 있다. 전통적인 이민국가와 유럽 국가, 저출산 · 고령화 사회인 한국, 일본도 우수인재 유치와 경제활동 주체를 확보하는 차원에서 이민 문호개방을 추진 중이다. 이민자의 증가로 인해서 사회 갈등, 국민 일자리 침해 논쟁, 반이민 정서 확산으로 미국에서는 보수적 이민정책을, 영국은 브렉시트, EU는 난민 제한을 하는 등 국가 안보와 국민 일자리를 강조하는 정책을 시행하고 있다.

전 세계적인 이주 경향은 다음과 같은 특징을 보이고 있다(Miller & Castles, 2013).

첫째, 이민 유입국가의 확대이다. 미국, 캐나다, 뉴질랜드, 호주 등은 전통적인 이민국가로서 대규모 이민으로 국가가 형성된 나라이다. 유럽의 이민국가들인 영국, 프랑스, 독일과 같은 선발 이민국가에 이어서 그리스, 스페인, 이탈리아 등의 남유럽국가들도 이민 유입국이 되었으며, 최근 들어서는 헝가리, 체코, 폴란드도 이민자들을 수용하는 국가로 변화하고 있다. 동아시아 국가들인 한국, 일본, 대만, 홍콩도 이주자 유입 국가이며, 동남아시아의 경우는 싱가포르, 태국, 말레이시아 등도 이민 유입국으로 바뀌고 있다.

둘째, 1970년대까지 육체적 노동력의 대량 확보가 중심이었던 것에 반해 최근에는 육체적 노동력의 대량 유입이 중단되거나 이주자 유입구조가 변화하고 있다. 이러한 배경에는 경제구조의 변화, 국제 분업구조의 재편, 고용구조의 변화 등이 있다. 기술혁신에 따른 육체 노동력의 수요 감소, 선진국의 자본수출 증가에 따른 국제 분업구조 형성, 고숙련 · 저숙련 근로자를 동시에 요구하는 서비스 부문의 확장, 내국인 노동시장의 고용 불안정성 증가 등이 요인으로 작용하였다.

1990년대 이후 이주의 국제화는 더욱 빠르게 진행되고 있다. 전통적 서유럽국가들에 대량의 이민자 유입은 감소하였으나 단기취업 외국인근로자 정책, 가족결합의 확대, 남부 및 중부 유럽 국가, 아시아 국가, 중동의 산유국들의 외국인력 수요가 확대되고, 일시적 이주와 영구 이주에서 발견되는 전문인력들의 국제이동이 확대되는 현상이 나타나고 있다. 저숙련 인력에 대한 수요를 충당하기 위한 단기취업 프로그램이나 암묵적으로 불법적인 체류자를 활용한 것 등도 하나의 특징이다.

다른 측면에서 세계적인 이주의 경향을 정리하면 다음과 같다(Miller, & Castles, 2013). 첫째, 이주의 전 지구화이다. 많은 국가들이 이주 흐름에 의해 결정적 영향을 받고 있다. 더 나아가 이민 유입국들은 사회적·경제적·문화적 배경이 많이 다른 국가 출신의 다양한 이주자를 받아들이는 경향이 있다. 둘째, 이주의 가속화이다. 현재 거의 모든 주요 지역에서 국제이주의 규모가 커지고 있다. 이러한 이주의 양적인 팽창은 정부 정책의 시급성과 어려움을 초래하고 심화시켰다. 정부의 정책은 국제이주를 감소시키거나 막을 수 있으며 이주자를 송환시킬 수도 있다. 셋째, 이주의 차별화이다. 대부분 국가들은 노동이주, 영주이주, 난민이주 등과 같은 이주 유형 중 특정 이주에 치우치지 않고 여러 유형이 동시에 존재한다. 이주의 차별화는 국내·국제 정책을 수립하는 데 있어 주요 장애물로 작용하고 있다. 넷째, 이주의 여성화이다. 과거 대부분의 노동이주와 난민이동은 주로 남성이 주도했고, 여성은 가족 재결합의 범주에서 다루어졌을 뿐이다. 하지만 1960년대 이후부터는 여성이 노동이주에서 중요한 역할을 해왔고, 다양한 이주의 유형에서 다수를 차지하고 있다. 인신매매의 일부 연결망과 일부 난민이동에서도 여성이 다수를 차지한다. 다섯째, 이주의 정치화이다. 전 세계 많은 국가의 지역관계, 국내정치, 양국관계, 안보정책 등이 국제이주의 영향을 점점 더 많이 받고 있다. 이주 정책 문제를 해결하기 위해서는 전 지구적 거버넌스는 물론이고, 유입국, 경유국, 송출국의 협력이 필요하다는 것에 인식을 같이 하고 있다. 여섯째, 이주변천의 확산이다. 이는 전통적 이민 송출국이 경유국이나 이민 유입국으로 전환될 때 발생하는 현상이다. 이민의 증가는 이민자의 수적 증가는 물론이고, 이민자 유입국가의 확대로도 이어져 왔다. 미국, 캐나다, 호주, 뉴질랜드 등 과거 전통적인 이민국가들뿐만 아니라 서유럽 및 남유럽의 국가들도 역시 오늘날에는 선발적 이민유입국으로 분류되고 있다. 또한 한국, 일본, 대만 등의 동아시아 국가들을 비롯하여 태국, 싱가포르, 말레이시아 등의 몇몇 주요 동남아시아 국가들까지도 이민 유입국으로 부상하였다(이규용 외, 2015). 이들 아시아 국가들은 종전에는 이민자 송출국으로서의 경향을 보여 왔으나, 최근에 증가한 아시아 내에서의 인구이동으로 점차 이민자 유입국으로서의 지위를 확보해가고 있다(송유진, 2008). 특히 최근에 고소득 국가로 유입된 이민자의 다수는 중간소득 국가에서 이주한 것이며, 상당수의 아시아 출신 이민자가 타 아시아 국가로 이주하고 있다. 전체 이민자의 과반수가 고소득 국가로 이주한다는 측면에서 이들 아시아 출신 이민자들 역시 아시아 내의 고소득 국가로 옮겨가는 경향성이 높다는 것을 알 수 있다. 그 결과 이민자 유입의 확대현상은 어느 한 국가에 한정되지 않고 전 세계적 · 보편적인 인구변동의 특징으로 자리 잡았으며, 국제인구이동은 종전에 비이주국가로 분류되던 국가들에서까지도 활발하게 전개되고 있다(설동훈, 2013; 이규용 외, 2015).

다문화사회는 제3세계 출신의 새로운 이민자가 급증함에 따라 인구학적인 변화와 사회, 경제, 정치적인 변화에 관한 다수집단의 차별, 편견, 소수집단과의 갈등 및 분쟁 문제를 해결하기 위해 다문화주의라는 이론 · 이념 · 정책을 만들어 나갔다. 결국 한 국가 내부에서 소수와 다수의 문화적 갈등을 해결하고 서로의 공존과 인정을 위한 방향으로 사회 정책을 수립하는 과정에서 다문화주의가 요구되었다. 최근 이민, 노동력의 국제이동, 국제결혼, 유학, 난민, 망명 등의 다양한 인적 교류에 의해 발생하는 문화갈등을 극복하고 세계화를 촉진시키는 이론으로 다문화주의가 주목받고 있다. 또한 인구이동의 활성화에 따른 인권 문제의 발생으로 인해 세계 각국은 다양한 국제인권협약을 체결해왔다. 한국도 국제사회에서의 높아진 위상에 맞게 핵심인권협약에 가입하는 등 인권 측면의 약자를 보호하기 위한 법적 · 제도적 틀을 마련하고 실행하는 것이 중요한 과제 중 하나로 등장하고 있다.

이민 환경의 변화 측면에서 나타나는 이주 현상의 특징을 정리하면 다음과 같다(이규용 외, 2015).

첫째, 거의 모든 OECD(경제협력개발기구) 국가에서 이민자 규모가 증가한 것은 이민자 유입의 확대가 선진국의 보편적인 인구변동의 특징이라는 점이다.

둘째, 고령화가 진행될수록 OECD 국가들의 이민자 유입비율이 커지고 있어서 이민자의 유입이 인구변동에 대한 대응으로서 이루어지고 있다는 점이다.

셋째, 이민자 유입비율의 결정은 자국의 실업률을 고려하여 이루어지고 있어, OECD 국가들이 이민자 유입규모를 결정할 때 내국인 노동시장의 여건을 반영하고 있다는 사실이다.

넷째, 이민자의 인구분포는 내국인에 비해 상대적으로 생산가능인구의 비중이 높지만 이러한 이민자의 유입이 고령화를 낮추는 데 크게 기여한다고 볼 수는 없고, 고령화의 지연효과는 있을 수 있지만 절대적인 대안은 아니다.

다섯째, 이민자의 유입 확대를 통해 생산가능인구를 증가시킴으로써 고용률 제고에 기여하고 있다는 사실이다.

3) 국제이주 현황[5)]

국제인구이동은 2015~2020년 아시아, 라틴아메리카, 아프리카에서는 인구가 순유출되고, 유럽, 북아메리카 등에서는 순유입되는 것으로 추정된다. 한국은 2005~2010년 연평균 5만 2천 명씩 순유입되며, 점차로 증가하여 2015~2020년에는 연평균 9만 7천 명씩 순유입되고 있다.

5) 통계청(2019). 2019년 장래인구특별추계를 반영한 세계와 한국의 인구현황 및 전망.

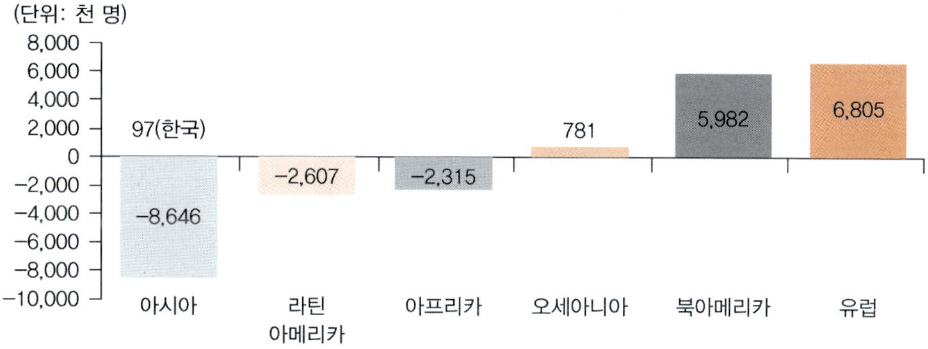

▌그림 1-2▐ 2015~2020년 대륙별 국제인구이동(연평균)

출처: 통계청, 2019.

4) 외국인 정책과 이민정책[6)]

(1) 외국인 정책과 이민정책의 개념

현대사회는 세계화로 이민이 보편적 현상으로 자리잡았음에도 불구하고 아직 한국인들의 인식은 이민을 해외로 이주한 국가에서 영주권 또는 시민권을 얻어 계속 사는 영주이민으로 보는 것이 일반적이다. 이로 인해 저출산·고령화로 인한 노동력의 부족이나 인구문제해결을 위한 외국인 유입이민정책을 영주이민만을 대입하여 생각하여, 이민자를 다루는 정책에 대해 부정적 인식을 가지고 있다.

한국은 2008년 처음으로 외국인의 출입국과 체류 및 통합문제를 종합적으로 다루기 위한 5개년 국가정책인 제1차 외국인정책 기본계획을 수립하면서 이민에 대한 일반 국민의 인식을 고려하여 정책 명칭을 '외국인정책'으로 명명하였다. 2013년에 제2차 외국인정책 기본계획을 수립하면서 외국인정책을 개념상 '대한민국으로 이주하고자 하는 외국인과 그 자녀 등에 대해 영구적 또는 일시적 사회구성원 자격을 부여하거나 국내에서 살아가는 데 필요한 제반 환경 조성에 관한 사항을 종합적인 관점에서 다루는 정책'(법무부, 2018)이라고 정의하면서, 이는 국제사회에서 통용되는 이민정책(Immigration policy)과 사실상 일치한다고 설명하

6) 정기선(2016), 이창원(2017), 이규용 외(2015)의 내용을 일부 발췌·인용함

였다. 이때 정책 대상인 외국인은 대한민국의 국적을 가지지 아니한 사람(출입국관리법 제2조 제2항)을 말한다.

국제적으로 통용되는 이민정책의 대상인 이민자는 국제연합(United Nations)의 정의에 따르면 통상적인 거주 국가, 즉 일상생활을 영위하는 국가 지역을 변경한 사람으로서 1년 이상 거주지를 옮긴 장기 이민자를 말한다. 그리고 해외 체류 기간이 3개월 이상 1년 미만인 경우에는 단기 이민자로 본다. OECD나 IOM 등에서 포함하는 이민자는 외국인뿐 아니라 귀화자까지를 포함하는 해외출생인구로 확장되며, 특히 이민자통합문제를 다룰 때는 이민 1세대와 부모 중 적어도 한 사람이 해외출생 이민 1세대인 국내출생자, 즉 이민 2세대를 모두 포괄하는 이주배경인구를 대상으로 한다(정기선, 김혜진, 2015). 1950~60년대 이민자를 받아들였던 유럽 국가들이 1990년대 후반부터 이민자 2, 3세대의 사회부적응이 사회문제로 대두되면서 이민정책 영역 안에 이민자의 유입 및 체류관리뿐만 아니라 이민자 통합을 포함시키면서 이민정책의 대상도 한시적 이민자, 영주이민자, 귀화자뿐 아니라 이민자 2, 3세대 그리고 국민(내국인)까지를 포함하는 것으로 확장되었다(이혜경 외, 2016).

한국은 국내에 거주하는 외국인을 지원하기 위한 법적 근거가 되는 재한외국인처우기본법에서 대한민국의 국적을 가지지 아니한 자로서 대한민국에 거주할 목적을 가지고 합법적으로 체류하고 있는 자인 재한 외국인과 한국 국적을 취득한 날부터 3년이 경과하지 않는 귀화자를 정책대상으로 한다(재한외국인처우법 제1조, 제2조, 제15조)고 되어 있다. 하지만 재한외국인처우법에 따라 매5년마다 수립되는 '외국인정책기본계획'에서는 외국인 이민자와 귀화 이민자뿐만 아니라 외국인 관광객도 정책대상으로 포함하고 있다. 2차 외국인정책 기본계획에는 내수활성화에 기여할 외국인 관광객의 유치가 정책과제로 포함되어 있다. 소비주체로서 외국인 유입을 촉진하는 정책을 추진하면서 한국을 방문하는 일반 관광객뿐만 아니라 한국을 거쳐서 제3국으로 가는 환승 관광객, 의료 관광객 등의 유치가 이민정책의 한 요소로 포함되면서 이를 활성화하기 위한 목적으로 다양한 정책과 사업이 계획 · 추진되고 있다. 이런 측면에서는 현행 외국인정책의 명칭을 국제사회에서 통용되는 이민자를 다루는 이민정책으로 대체하기에는 정책적 취지를 제대로 반영되지 못하는 한계가 있다. 따라서 외국인정책 또는 이민정책으로 따로 구분하기보다 외국인·이민정책으로 통합하는 것이 바람직하다고 본다.

(2) 외국인 인력정책으로서의 접근

현재 우리나라 노동시장에서 노동력 수요·공급 현황을 감안할 때 아직까지는 우리나라는 국가정책으로 이민정책이 아니라 외국인 인력정책으로 제한적으로 이루어지는 것으로 볼 수 있다. 일반적으로 이민정책은 국내 노동시장에서의 부족한 인력 확보를 위해 영주이민자를 받아들이는 정책으로 이해되고 있으나 현재 우리나라에서 추진되고 있는 외국인 인력에 대한 수요·공급 정책은 노동시장의 불균형을 해소하기 위한 한시적 인력정책이라는 점에서 진정한 이민정책으로 볼 수 없다.

외국인 인력정책 또는 취업이민정책은 외국인의 국내 유입을 허용하는 명목이 그들의 노동 활용을 위한 고용을 전제로 하며, 노동력으로서 외국인의 유입, 체류, 귀환, 영주허용 등을 관장하는 정책으로 볼 수 있다.

외국인 인력정책은 외국인 인력의 유입 및 활용 정책을 포괄하는 이민정책의 중요한 정책 영역으로 볼 수 있으나 자칫 외국인 인력정책과 이민정책을 너무 협의로 한정함으로써 두 정책 간의 상호관계를 제대로 보지 못하게 할 우려가 있다.

(3) 인구 정책으로서의 접근

이민정책은 국가가 내국인과 외국인의 이출과 이입을 관리함으로써 인구이동의 양과 질을 통제하는 정책이란 관점에서 인구정책과 이민정책이 상호 연계되어 있음을 알 수 있다. 특히 한국에서는 저출산·고령화로 인한 인구문제를 해결하기 위해 활용하는 여러 정책 방안들 중 하나로 이민정책이 논의된다는 점을 주목할 필요가 있다.

저출산 현상으로 인한 인구절벽 현상이 예상되고, 인구 감소가 노동시장에 본격적으로 반영되면서 지금까지의 외국인 활용과는 차원이 다른 이민정책 활용전략을 준비해야 한다는 정책적 요구가 등장하고 있다. 이민정책은 정주형 이민자 또는 영주이민자를 받아들이는 이민정책을 의미한다. 하지만 이민정책을 영주이민자를 받아들이는 정책으로 한정하면 인구정책의 일환으로 이민정책의 활용도를 지나치게 협소하게 해석하는 우를 범할 수 있다. 이민정책은 영주이민자를 유입·활용하는 정책뿐만 아니라 한시적 이민자를 유입하고 활용하는 정책도 포괄하고 있으며, 인구정책으로서의 이민정책은 한시적 이민자와 영주이민자의 유입 및 활용 모두를 포괄하는 의미로 이해하는 것이 타당하다.

한국은 현재의 저출산 추세를 꺾을 획기적인 대안이 없는 상황에서 생산연령인구 감소를 막으려면 2025년 213만 명, 2030년 414만 명, 2035년 452만 명 정도의 이민자를 받아들여야 할 것으로 추산하고 있다(전광희, 2014; 정기선 외, 2011). 이때 이민자는 한시적 이민자, 영주이민자를 모두 포함하는 수치이다. 따라서 우리나라가 인구적인 문제로 이민자 유입이 절실한 시점에 우리가 원하는 이민자를 선별하여 영주이민자로 수용하기 위해서는 한시적 이민자를 유입하여 우리사회, 국민과의 상호적응과정을 거치는 것이 필요할 것이며, 이러한 기반조성을 위해서는 인구정책으로서 이민정책의 활용은 이미 시작된 것이며, 앞으로 더욱 정교하게 한국형 이민정책으로 개발해 나가는 것이 요구된다. 이와 더불어 경쟁력 있는 이민자를 유치하기 위한 노력이 선행되어야 하며, 이들을 대상으로 하는 사회통합정책의 추진도 병행되어야 한다.

(4) 유입정책과 편입 정책

이민정책은 유입정책과 편입정책으로 크게 구분할 수 있다. 유입정책은 이민자를 받아들이는 과정을 관리하는 것으로, 누구를 얼마나 어떤 방식으로 유입 또는 제한할 것인가와 누구를 어떻게 유치할 것인가와 관련이 있다. 편입정책은 유입된 이민자들을 수용국 사회에 어떻게 어느 정도로 편입시킬 것인가와 관련된다고 볼 수 있다. 유입정책과 관련된 것으로는 이민자 수를 제한하는 쿼터제, 받아들일 대상을 선정하거나 우선순위를 부여하는 제도, 이민자의 특성에 점수를 부여하여 그 점수를 기준으로 받아들이는 점수제 등이 있다. 편입정책은 유입된 이민자를 수용국 사회에 편입시키는 방식을 관리한다. EU와 OECD 등의 국제사회에서는 영주권 또는 국적 취득, 취업, 주거, 정치 참여, 교육서비스나 공공서비스 이용, 자국민을 대상으로 한 반차별정책 등을 편입정책에서 중요한 영역으로 보고 있다.

이민정책은 국가마다 이민자 유입 배경이나 특성에 따라 다양한 형태로 정책적 대응이 추진된다. 전통적 이민국가는 이민자에 의해 수립된 나라라는 특성을 지닌 동시에 광활한 영토에 비해서 인구가 부족했던 환경에서 이민정책이 수립되었기 때문에 이민, 특히 가족 초청에 개방적인 정책이 추진되었다고 볼 수 있다. 이에 비해 유럽의 국가들은 국민국가의 형태로 유지되다가 20세기 중반 이후에 경제발전에 따른 노동력의 부족으로 인해 이민자를 받아들이거나, 인도주의적 차원에서 난민을 수용하게 되었다. 하지만 EU 회원국 내 인구이동이 자유로운 것이 취업이민자 유입에 매우 폐쇄적인 원인이 될 수 있다. 한국과 일본 등은 노동력 부족 문제가 발생해도 인근 국가로 자유롭게 이동할 수 있는 인구가 없기 때문에 노동력, 특히 단순노무 직종에서의 노동력 부족 문제를 해결하기 위해 정부가 개입하여 외국인근로자를 적극적으로 유입정책을 쓰고 있다.

국제 이민정책은 지리학적·역사적 배경에 따라 다른 모습을 보이지만 세계화 속에서 국가 간의 경쟁이 심화되면서 이민정책에 대한 목표와 대응이 명확해지는 경향이 나타나고 있다. 특히 비전문직 외국인근로자에게는 점차 제한적이고 엄격해지는 데 비해서 전문직 외국인근로자에게는 더욱 개방적인 모습을 보인다. 국가발전에 도움이 되는 전문 인력의 유입에 적극적으로 정책을 추진하면서도, 자국의 특정 직종 노동력 부족에 대해서만 제한적인 정책을 추진하고 있다.

생산가능 인구의 확충이라는 측면에서 이민자 유입정책이 중요하지만 국내 노동시장의 여건 등을 고려하여 접근하고 진행되고 있다. 또한 이민자 유입이 저출산·고령화 문제를 해소하는데 기여하지만 적극적인 해소 방안은 될 수 없기 때문에 출산장려정책이 병행되어야 하며, 이민자의 정주화에 따른 사회적 문제를 고려할 때 외국인력 활용정책의 개선이 요구되고 있다.

5) 다문화정책

(1) 다문화정책의 개념[7)]

한 사회 내에서 이주민이 증가함에 따라서 발생하는 문제들은 정치, 경제, 인권, 주거, 사회, 문화에 이르기까지 매우 다양하다. 정부와 시민사회는 주류사회 내에서 이주 외국인들이 겪게 되는 다양한 어려움과 문제를 파악하고, 이를 해결하거나 극복할 수 있는 정책적 대안을 마련하고 있다. 이주민들이 주류사회에 성공적으로 정착하지 못할 경우에 장기적으로 주류사회의 안녕을 해치고 국가적인 손실을 초래할 수 있기 때문이다. 다문화정책이란 다문화시대의 사회문제를 해결하기 위한 정책적인 대안을 의미하며, 특정 소수자 집단이 무시되거나 차별받는 것을 막고 차이에 근거한 정치, 경제, 사회적 갈등을 해소하고, 인간으로서의 보편적 권리를 향유할 수 있도록 하는 것을 목적으로 하는 정부의 제도적인 개입이라 할 수 있다.

(2) 다문화정책의 다양한 모형[8)]

우리사회에서 논의되고 있는 다문화사회 지향 정책에 대한 논의는 캐슬과 밀러(Castle & Miller, 2003)가 주장한 차별 배제 모형, 동화 모형, 다문화주의 모형으로 구분하고, 여기에 비추어 한국이 어떠한 방향으로 진행하는 것인가를 살펴보는 것이다(Kymlicka, 1995; Castles & Miller, 2003; 이혜경, 2007; 원숙연, 2008; 박진경, 2010). 한국사회는 차별 배제 모형－동화 모형－다문화주의 모형으로 변화하고 있다는 것이 일반적인 평가이다. 이와 같은 내용을 정리하면 **표 1-1**과 같다. 그러나 이러한 변화 양상은 선형적으로 획일적인 것은 아니며, 시대와 상황에 따라 여러 가지 모형이 혼합되어 나타나는 것이 일반적이다. 따라서 우리사회의 다문화정책을 파악하기 위해 개별 모형에 대해서 살펴볼 필요가 있다.

---

7) 온라인행정학사전. https://www.kapa21.or.kr/epadic/print.php?num=612/다문화정책
8) 이수철(2014)의 내용을 일부 발췌 · 인용함

표 1-1 다문화 관련 정책의 변화 양상

방향성	차별 배제 모형	동화 모형	다문화주의 모형
기본 방향	주류 사회가 원하지 않은 이민자의 영주 가능성을 막고 내국인과 차별적 대우를 유지	'국민됨'을 전제로 주류사회로의 조속한 동화를 지원하고, 형식적(제도적)으로는 내국인과 평등하게 대우	이주외국인의 소수자로서 동등한 가치를 인정하고, 소수문화의 유지를 지원하는 것을 넘어 일정한 우대조치
정책 목표	인종적 소수자의 제거 및 최소화	소수자 주류사회 동화	다양성 인정과 공존을 통한 사회통합
국가역할	적극적 규제	제한적 지원	적극적 지원
이주민에 대한 시각	이방인, 위협적 존재	주류사회의 동화를 전제로 부분적 인정	상호존중과 지원
평등에 대한 관점	차별의 정당성 강조	사회보장 및 기회의 평등	기회의 평등을 넘어 결과의 평등 확보
법적 수단	단속 및 추방	비차별의 제도화	제반 권리의 허용
국적 부여 조건	속인주의, 엄격한 조건	속지주의, 느슨한 조건	속지주의, 이중국적 허용
정체성	이질화	동질화	이질화

출처: 이수철, 2014.

차별 배제 모형은 이주 유입국의 필요에 근거해 전문 지식과 숙련 기술을 가진 노동력 또는 사회에 필요한 3D 업종에 종사하는 단기 노동이민자를 수용하는 정책 모형이다. 그러나 이들에게 쉽게 정주나 시민권을 제공하지 않는 정책유형을 말한다. 한국사회에서는 차별 배제 모형에서 변화를 추구하지만, 실질적으로 현재까지는 문화적으로나 제도적으로 지배적인 정책 유형이다.

동화 모형과 다문화주의 모형의 경우는 차별 배제 모형과는 다른 사회통합적 정책 유형이다. 동화 모형은 이주민들이 출신국의 문화를 포기하고 이주한 국가의 시민이나 국민이 되는 것을 전제로 가능한 한 빠른 사회동화를 위해서 정책적인 지원을 하는 모델이다. 한국의 경우 결혼이민자들을 주요 대상으로 이와 같은 정책이 전개되고 있다.

다문화주의 모형은 문화적 다양성을 근간으로 하여 이주민들이 출신국의 문화적 특성을 유지하면서 전체 사회와 조화롭게 공존을 추구하는 것을 지원하는 정책 모형이다. 한국의 경우 2000년대 중반 이후 선언적으로 합의된 정책 모형으로 자리 잡게 된다. 이러한 다문화주의 정책 모형으로의 패러다임 전환은 다문화를 지향하는 전 세계적인 추세를 반영하는 것이라 할 수 있다(이혜경, 2007). 그러나 그 내용을 보면 실질적 다문화주의 정책모형을 실천한다기보다는 선언적 구호 수준에 머물러 있고, 필요에 따라서는 이 세 가지 정책방향이 혼합된 정책이 펼쳐지고 있다.

한국사회가 급격하게 다문화정책으로 패러다임을 전환하는 것과 함께 중요하게 논의되는 것은 다문화주의를 추동하는 주체의 문제이다. 일반적으로 한국의 다문화주의 정책은 국가주도, 관주도의 다문화주의로 평가받고 있다(김희정, 2007; Watson, 2010). 그러나 이는 다문화정책 현장의 외부에서 보는 시각이라는 비판이 존재하며(한경구, 한건수, 2007), 우리사회에서 다문화정책이 입안되고 추진되는 과정에서 시민사회가 중요한 역할을 하고 있다고 본다. 이러한 주장의 핵심은 1990년대 이후 외국인근로자 관련 사회운동이 NGO 주도적인 운동이었듯이 2000년대 이후 정부의 다문화주의 정책 표방은 세계적인 추세와 시민사회의 영향이 반영된 것으로 파악해야 한다는 것이다(윤인진, 2007; 이혜경, 2007). 우리사회의 다문화주의 정책은 국가 주도 혹은 관 주도의 정책으로 진행되었지만 전체적인 측면에서는 정부와 시민사회 간의 협력적 관계를 통해 이루어진 것으로 이해하는 것이 바람직하다. 그러나 한국의 다문화정책의 주체를 논할 때 쉽게 간과되는 것이 이주민의 목소리가 빠져있는 타자화된 정책(이혜경, 2007)이라는 점이다. 다문화정책의 주요 대상인 이주민에 대한 인정(심보선, 2007; 이선미, 2010)이 수반되지 않는 주체의 목소리가 없는 정책에 불과하다는 비판을 받을 수 있다.

이와 더불어 한국사회의 다문화정책은 보편성과 특수성이 만나 상호 조정되고 발현되는 지역, 지방에 대한 고려가 없는 중앙 중심의 정책이라는 비판이 존재한다(김혜순, 2007; 윤인진, 2007; 이혜경, 2007). 지역사회는 정책의 대상이면서 정책의 요구자인 이주민들이 거주하고 선주민과 만나서 교류하는 실질적 삶의 공간이다. 따라서 다문화주의 정책의 효과적인 실현을 위해서는 지방이 단순한 중앙정부 정책의 전달자로서의 역할뿐만 아니라 지역 내 선주민과 이주민의 실질적 정책 요구를 파악하고, 이를 중앙정부와 소통하여 정책의 방향성과 실천을 주도하는 중요한 매개자의 역할을 수행하는 것이 요구된다.

현재 한국사회 내에서 지배적인 다문화 담론은 다문화사회, 다문화주의와 같은 개념에 대한 사회적 합의를 거치지 않았고, 게다가 역사적 배경이나 사회적 맥락을 고려하지 않은 채 추상적이고 선언적 차원의 가치 규범으로 머물고 있다. 따라서 현재의 다문화 담론에서 만들어지고 시행되는 정책도 다문화사회 정착을 위한 실천적 역할을 다하기 어려운 실정이다. 따라서 한국사회의 주류 다문화정책으로 요구되는 다문화주의 정책모형은 차별 배제 모형과 동화 모형이 혼합된 정책 모형이고, 실제 정책의 주체가 되는 이주민의 요구가 배제되거나 반영되지 않은 정책일 가능성이 높다. 따라서 한국사회의 다문화 정착을 위해서는 다문화 담론에 대한 사회적 합의와 실천적 모델의 확립을 통해 새롭게 실천되는 전기가 마련되어야 한다.

6) 국제이주와 다문화 갈등의 등장[9)]

국제이주는 경제적 요인, 환경적 요인, 인구학적 요인 등 다양한 원인으로 발생하나 기본적으로 노동력의 이동을 통해 이루어진 것이 대부분이다. 역사적으로 개인의 선택에 의한 이주가 진행되었지만 대규모의 이주는 유럽의 식민지 개발과 지배 과정에서 발생한 노예무역에서 시작되었다. 18세기 식민지 개척 과정의 노동력 부족을 해소하기 위한 아프리카인의 매매를 통한 강제 이주가 진행되었으나 산업혁명과 인구증가, 특히 미국의 노예해방으로 인해 기존의 강제 이주는 사라지게 되었다. 대신 식민모국으로의 유입과 세계대전 등으로 인한 강제 이동이 증가하였다.

이후 유럽의 공업화와 과잉인구, 미국의 성장과 노동 수요 증가로 인해 각국별로 노동인구의 격차가 발생하게 되어 대규모의 외국인근로자가 발생하게 되었고, 기존 선진국 이외에 중동국가와 아시아 일부 국가까지 산업화에 성공하면서 자국 내 노동력 부족을 해소하기 위해 이주를 적극 수용하게 되었다.

제2차 세계대전 이후 유럽에서는 외국인근로자들의 입국을 장려하였다. 그 배

9) 최진우(2012), 추왕훈. “다문화사회는 유럽의 ‘자살’인가”. 매일경제, 2020년 03월 20일의 내용을 일부 발췌 · 인용함.

경으로는 제국시대 식민지였던 국가의 주민들은 정당성을 갖고 부채의식에 사로잡혀 있던 유럽에 들어올 수 있었기에 유럽의 입장에서는 인도주의적 가치를 실현함과 동시에 노동력의 부족 문제를 해결하는 수단으로 이민을 수용하였다.

이민의 물결은 먼저 정착한 이주자들의 뒤를 이어 가족들이 이주하면서 점차 하나의 흐름이 되었다. 유럽의 정치인들은 제국주의의 역사를 뛰어넘어 인도주의 강대국으로, 또한 좀 더 평등하고 다양한 문화의 대륙으로 변화하는 데 이민의 물결이 도움이 될 것이라 생각했다. 그러나 2015년에 시리아 난민 사태 이후 유럽의 이민자 인구는 통제가 힘들 정도로 급증했고 중동, 동아시아, 북아프리카로부터 유입된 이주민은 수백만 명에 이르렀다. 그때부터 이민자 수를 예측하기 어려웠으며 유럽의 이민 정책은 사회 혼란으로 이어졌다. 이민과 다문화에 대해 어떤 관점으로 접근할 것인가와 상관없이 무슬림 중심의 대규모 이민으로 유럽은 급격한 인구 변동과 범죄 증가, 사회 전체의 이슬람화를 초래하게 되었다는 것은 부인하기 힘든 상황이 되었다.

이러한 사회적 동향과 정치적 분위기를 반영해 볼 때 유럽의 다문화주의는 심각하게 후퇴하고 있다는 진단(Joppke, 2004)과 다문화사회의 갈등과 긴장을 해결하기 위해 다문화주의에 대한 대안을 모색해야 한다는 제안도 꾸준히 제기되고 있다(Vertovec, 2010; Alibhai-Brown, 2000; 2004). 하지만 다문화주의가 실패했다는 선언이나 후퇴하고 있다는 주장은 사실과 다르다는 견해도 있다. 실제 다문화주의 정책은 유럽의 다수 국가에서 꾸준히 증가하였으며, 다문화주의 정책에 따른 사회통합 효과도 긍정적이었다는 것이다(Kymlicka, 2012). 다문화주의의 성공과 실패 및 발전과 후퇴에 대한 평가에 대해서는 보다 면밀한 검토가 수반되어야 하겠지만 적어도 이민자의 증가로 인해서 다문화 관련 쟁점이 과거에 비해 훨씬 더 정치화되고 있으며, 이러한 현상에 대한 반감과 다문화주의에 대한 비판적인 인식의 표출이 증가하고 있음을 부인하기 어렵다.

서유럽 국가들은 이미 1990년대 전반에 이민과 이민자와 관련한 문제가 가장 가시적이며 논란이 많은 정치적 쟁점으로 등장했다. 정치적인 저항 및 시위의 3분의 1 가량이 이민 문제와 관련된 것으로 이는 실업과 같은 노동관련 쟁점이나 민주주의, 환경, 전쟁과 평화와 같은 쟁점에 비해서도 정치적 갈등을 야기하는 빈도가 높은 것이다(Koopmans et al., 2005).

다문화사회의 위기를 증폭시키고 다문화주의에 관한 반감을 격화시키는 요인으로는 여러 가지가 있다(Kymlicka, 2012).

첫째, 이민 문제의 '안보화(securitization)'이다. 이민이 사회정책적 범주에서 논의되는 쟁점이 아니라 안보정책적 범주에서 다루어지는 쟁점이 되는 순간 이민자의 수용과 통합을 지향하는 다문화주의 정책은 거부감이 증폭될 수 있다. 이민자가 바로 안보 위협이 될 수 있다고 보기 때문이다.

둘째, 이민자들이 자신들의 문화에 집착하고 이민 수용국의 인권과 민주주의의 가치에 배치되는 행동을 할 때 다문화주의에 관한 거부감이 높아진다. 다문화주의에 대한 최근의 비판적인 견해는 상당한 부분이 무슬림 공동체가 개인의 자유와 인권을 인정하지 않는다는 인식의 영향이 크다.

셋째, 국경의 통제가 느슨하다고 느낄 때 다문화주의에 대한 반감이 커진다. 국경 통제가 제대로 안 되거나, 누구의 이민을 허용해 줄 것인지에 관한 기준이 명확하지 않아 난민이나 불법 이민자와 같은 원하지 않는 다수의 이민자가 유입될 가능성이 많아지면 다문화주의에 대한 거부감이 커진다.

넷째, 이민자 집단이 매우 '다문화적'일 때 다문화주의에 대한 거부감이 줄어든다. 이민자의 출신 국가와 문화적 배경이 다양할수록 다문화주의 정책에 관한 지지가 상승한다. 반면 특정 국가 출신이나 특정 종교 집단에 속한 이민자의 규모가 커질수록 주류 문화에 위협이 될 수도 있다고 인식하여 다문화주의 정책에 대한 회의론이 커진다.

다섯째, 국가 경제에 대한 이민자의 기여도가 높다고 생각할수록 다문화주의 정책에 관한 호감도가 상승하는 반면에 이민자는 국가의 경제 발전에 기여하는 부분이 없이 복지 예산만을 축내는 존재인 것으로 간주하게 되면 다문화주의 정책에 대한 반감이 커진다.

2. 한국의 이민 · 다문화 환경과 경향

1) 국내 이민 · 다문화 환경의 변화[10)]

국내 체류외국인은 2007년 100만 명에 도달한 후, 2020년 210만 명[11)]을 넘어설 정도로 가파르게 증가하는 추세이고, 상주외국인 기준으로 외국인 경제활동인구는 2019년 91만 명[12)] 수준으로 69.1%에 이르는 등 경제활동에 종사하는 외국인 규모도 확대되고 있다.

한국의 2020년 총인구[13)]는 5,178만 명에서 증가, 2028년 5,194만 명을 정점으로 하여, 2040년 5,086만 명 수준으로 감소할 것으로 전망되고 있다. 2020년 총인구 중 내국인은 5,005만 명으로 전체의 96.7%, 외국인은 173만 명으로 전체의 3.3%를 차지한다. 2040년 내국인은 4,858만 명으로 전체의 95.5%, 외국인은 228만 명으로 전체의 4.5%를 차지, 2020년 대비 외국인의 구성비는 1.4배 높아질 전망이다.

표 1-2 총인구

(단위: 만 명, %)

	2017	2020	2025	2030	2035	2040
총인구	5,136	5,178	5,191	5,193	5,163	5,086
내국인	4,994	5,005	4,992	4,980	4,942	4,858
구성비	97.2	96.7	96.2	95.9	95.7	95.5
외국인	142	173	199	213	221	228
구성비	2.8	3.3	3.8	4.1	4.3	4.5

출처: 통계청, 내 · 외국인 인구전망: 2017~2040년.

10) 법무부(2018), 이규용 외(2015), 통계청(2016, 2020), 출입국 · 외국인정책본부(2020), 통계청 · 법무부(2019)의 내용을 일부 발췌 · 인용함
11) 출입국 · 외국인정책 통계월보 2020년 6월 기준
12) 2019년 이민자 체류실태 및 고용조사
13) 대한민국에 3개월 이상 거주하는 내국인과 외국인의 합

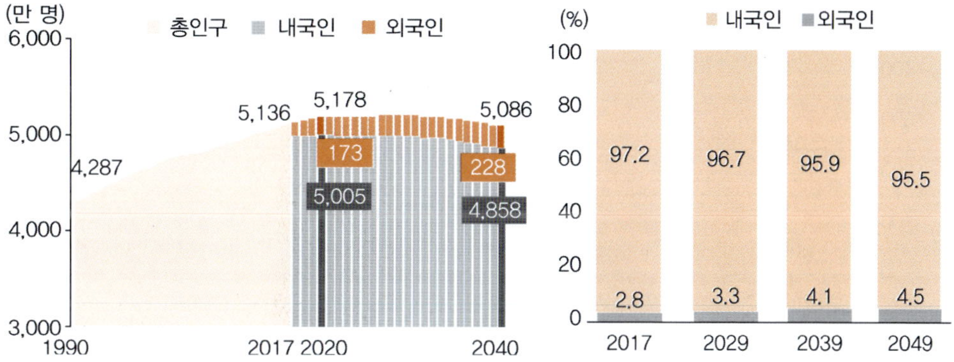

[그림 1-3] 총인구 및 구성비

출처: 통계청, 내 · 외국인 인구전망: 2017~2040년.

이주배경인구[14]는 2020년 222만 명에서 2031년 300만 명을 넘고, 2040년 352만 명까지 증가할 것으로 전망된다. 내국인(귀화)은 2020년 21만 명에서 2040년 54만 명으로, 내국인(이민자 2세)은 2020년 28만 명에서 2040년 70만 명으로 각각 2배 이상으로 증가할 것으로 전망된다.

표 1-3 이주배경인구

(단위: 만 명)

	2017	2020	2025	2030	2035	2040
총인구	5,136	5,178	5,191	5,193	5,163	5,086
이주배경인구	181	222	265	300	328	352
내국인(귀화)	17	21	29	37	46	54
내국인(이민자 2세)	23	28	38	50	61	70
외국인	142	173	199	213	221	228

출처: 통계청, 내 · 외국인 인구전망: 2017~2040년.

14) 이주배경인구 = 내국인(귀화) + 내국인(이민자 2세) + 외국인

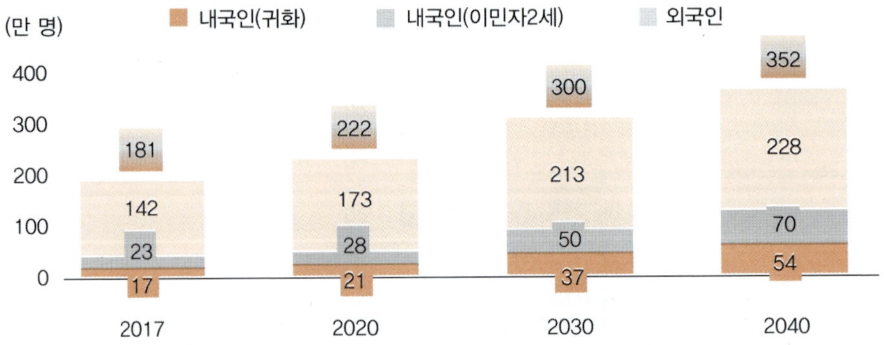

▌그림 1-4▐ 유형별 이주배경인구

출처: 통계청, 내 · 외국인 인구전망: 2017~2040년.

총인구에서 차지하는 이주배경인구 구성비는 2020년 4.3%에서 2040년 6.9%까지 지속적으로 증가할 것으로 전망된다. 2020년 대비 2040년 내국인(귀화)은 0.4%에서 1.1%로, 내국인(이민자 2세)은 0.5%에서 1.4%로 늘어날 전망이다. 총인구 중 외국인이 차지하는 구성비도 2020년 3.3%에서 2040년 4.5%까지 꾸준히 늘어날 전망이다.

표 1-4 총인구 대비 이주배경인구 구성비[15)]

(단위: %)

	2017	2020	2025	2030	2035	2040
총인구	100.0	100.0	100.0	100.0	100.0	100.0
이주배경인구	3.5	4.3	5.1	5.8	6.3	6.9
내국인(귀화)	0.3	0.4	0.6	0.7	0.9	1.1
내국인(이민자 2세)	0.4	0.5	0.7	1.0	1.2	1.4
외국인	2.8	3.3	3.8	4.1	4.3	4.5

출처: 통계청, 내 · 외국인 인구전망: 2017~2040년.

15) 이주배경인구 = 내국인(귀화) + 내국인(이민자 2세) + 외국인

2) 국내 체류 외국인[16)]의 증가 추세[17)]

국내에 거주 외국인 규모가 빠른 속도로 증가하면서 그 유형도 다양화되는 추세이다. 현재 한국에는 많은 국제이주자들이 결혼, 이민, 노동, 유학, 방문, 망명 등의 다양한 목적으로 모국을 떠나 체류하면서 양국의 정치, 경제, 사회, 문화에 큰 영향을 미치고 있다.

앞으로도 한국사회는 국제결혼의 증가, 저출산 · 고령화와 생산직종의 기피로 인한 노동력 부족, 동포 대상 입국 확대 정책 등으로 결혼이민자, 외국인근로자, 외국국적 동포와 같은 이주자가 지속적으로 증가할 것으로 예상된다.

국내에 거주하는 외국인은 체류자격에 따라 결혼이민자, 이주배경 청소년, 외국인근로자, 국적취득자, 난민, 유학생 등으로 구분되며, 이들의 전체 규모는 지속적으로 커지고 있다. 외국인의 유형별 규모는 단순기능인력이 가장 다수를 차지하고, 증가율로는 유학생과 영주자격 외국인이 상대적으로 높다. 유학생의 증가와 더불어 재외동포 자격대상의 확대와 영주자격 신청의 증가에 따라 장기체류 외국인도 증가하고 있다. 결혼이민자의 누적 규모는 지속적으로 증가하였으나 2005년 이후 국제결혼 감소 추세로 인하여 전체 체류 외국인 중 비중은 점차 감소하고 있다. 국제결혼가정의 자녀는 꾸준히 증가하였으나 국제결혼의 감소 및 안정세로 인해 국제결혼가정 자녀의 증가 속도는 점점 줄어들 것으로 예측된다. 국적취득자 수는 2009년 정점에 도달한 이후 2010년부터 외국 국적 동포의 영주자격 취득이 가능해지면서 감소하고 있다. 고용허가제를 통해 국내에 취업 중인 외국인의 대부분은 제조업에 종사하고 있다. 최근에는 농어촌의 일손 부족으로 인하여 농축산업과 어업 종사자가 증가하는 추세이다(통계청 통계개발원, 2017).

---

16) 「출입국관리법」 제31조의 규정과 「재외동포의 출입국과 법적지위에 관한 법률」 제6조의 규정에 따라 입국한 날부터 90일을 초과하여 체류할 목적으로 출입국 · 외국인관서의 장에게 외국인등록이나 국내 거소신고를 한 자 및 90일 미만 체류할 목적의 단기체류외국인을 포함한 총 국내 체류외국인을 의미함

17) 통계개발원(2008, 2017, 2019), 출입국 · 외국인정책본부(2020)의 내용을 일부 발췌 · 인용함

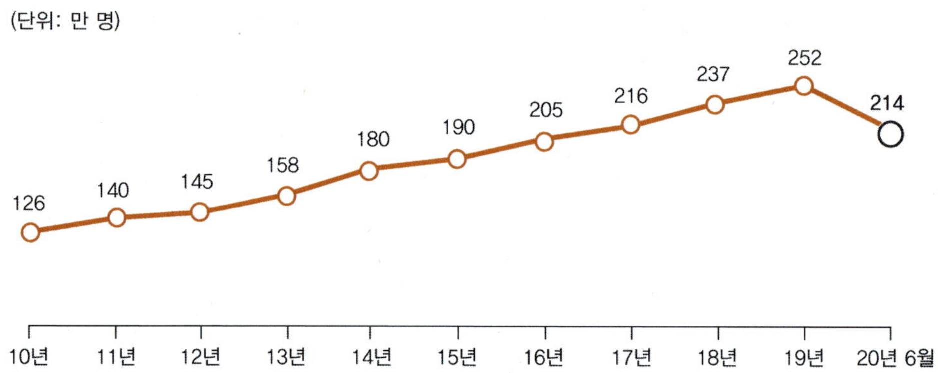

▌그림 1-5▐ 체류외국인 증감추이

출처: 출입국 · 외국인정책본부, 2020년.

한국사회는 저출산 · 고령화로 인한 인구감소 등에 대응하기 위해서 향후 보다 개방적인 이민정책이 필요하다는 요구가 증가하고 있지만 저임금 이민자 증가 등에 따른 내국인 일자리 침해 우려, 치안 · 환경 악화, 일부 이민자에 대한 시혜적인 지원에 따른 국민 역차별 논란, 이민자 인권보호 · 강화 요구 등의 문제점도 제기되고 있다. 높은 청년 실업률과 양질의 일자리 부족 등에 대한 내부적 불만이 높아지면서 적극적인 국민 일자리 보호 정책에 대한 사회적 요구도 증가하고 있다.

3) 한국의 이민담론[18)]

(1) 내국인의 3D 업종 기피

내국인의 3D 업종 기피로 인한 구인난이 심각한 3D 업종에 대한 노동력 충당 수요를 충족시키기 위해 이민 수용이 불가피하다는 주장이다. 이민 관련 부정적 인식에도 불구하고 3D 업종의 구인난 해소방안으로 외국인근로자의 유입에 대해 불가피성을 인정하고 있다. 하지만 3D 업종 관련 기피와 동시에 양질의 일자리를 구하지 못해 실업상태에 있는 신규 대졸실업자의 증가가 사회문제가 되고

18) 이규용 외(2018)의 내용을 일부 발췌 · 인용함

있고, 외국인근로자에 대한 반사회적 정서와 그들의 인권복지에 대한 논의가 겹쳐 사회적 이슈가 되고 있다.

(2) 저출산 · 고령화

저출산 · 고령화에 따른 한국 인구 감수로 인해 국가적 위기에 대한 우려가 급증하고 있는 상황에서 출산율 유지와 노동력 확보라는 대안적 측면에서 이민이 필요하다는 주장이 있다. 재계와 시장 지향주의자들은 저출산 · 고령화로 인한 저성장-저소비 위험설을 제기하고 있다. 고령화로 복지부담은 증가되는데 저출산의 지속으로 인해 노동인구는 적어지며, 노령인구 확대로 소비 감소가 증가되는 현실에서 국가의 성장동력을 잃게 된다는 것이다. 유입된 이민자가 제공하는 노동력과 소비, 이민자 자신 및 배우자와 자녀에 의한 인구충당 등 이민 수용으로 현재 한국사회의 문제를 해결할 수 있다고 본다.

(3) 국가 · 민족주의적 고려

한국의 역사적 · 지리학적 배경으로 인해 발생한 수많은 해외동포들에 대한 배려 차원의 유입과 유치에 대한 정책적 의사결정이 작용한다. 1948년 정부 수립 이전 국가가 보호하지 못해 한국을 떠나야 했던 중국과 구소련 거주 한민족에게 한국에 돌아오거나 취업할 기회를 제공하는 문제, 법적으로 재외동포나 이민자가 아니지만 최근 증가하고 있는 북한이탈주민과 북한과의 관계 개선 시 북한주민을 중소기업의 노동력으로 활용하자는 주장 등을 통해 국내로 이들이 유입된다는 전제하에 이민정책에 국가 · 민족주의가 강력하게 작동하고 있다.

(4) 해외우수인재 및 투자유치와 난민

해외우수인재 및 투자유치는 이민에 의한 경제적 기여가 가능하다는 점에서 적극적으로 선호되고 있다. 유학생 유치, 해외동포 인재의 국내 유턴 등을 통해 국내 고급 인력 수요를 보완하는 장점이 있기 때문에 이민정책의 주요 대상으로 거론되고 있다.

반면 난민의 경우 인간으로서 보편적 인권, 국가위상 및 글로벌 품격 유지, 국제사회로부터 받은 도움을 국제사회에 환원해야 한다는 도덕주의적 논지 등을 통해 난민 수용에 대한 정책이 검토 · 진행 중이지만, 아직 우리사회의 난민에 대해 부정적 인식으로 인해 이민정책의 주요 의제로 고려되고 있지는 않다.

4) 한국사회의 변화에 따른 이민 · 다문화 전망[19)]

(1) 생산가능인구 감소 및 부양비 증가

한국사회는 저출산 · 고령화 현상에 따라 생산가능인구가 감소하고 부양비가 증가하며 그로 인한 성장동력 및 내수시장 축소에 대한 지속적인 경고가 제기되고 있다. 총인구는 2031년 5,296만 명을 정점으로 하여 2065년 4,302만 명에 이를 전망이고, 생산가능 인구는 2016년 3,763만 명을 정점으로 2020년대는 연 30만 명 이상 급감하여 2065년 2,062만 명 수준이 될 전망이다.

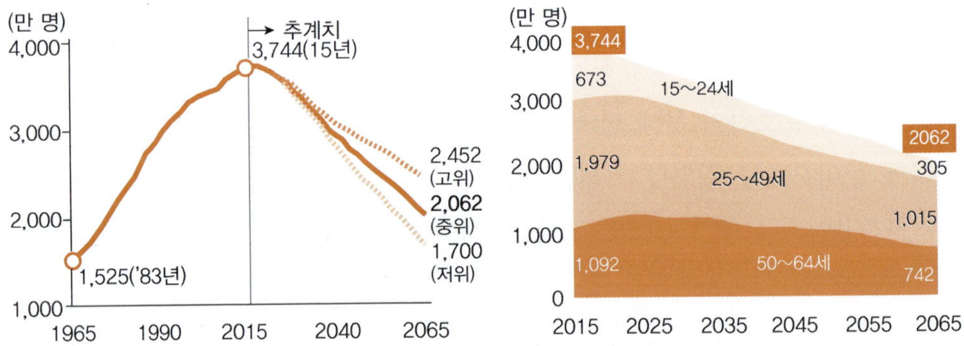

▌그림 1-6▌ 생산가능인구 추계

출처: 통계청, '장래인구추계: 2015~2065', 2016.

생산가능인구 1백 명당 부양할 인구(유소년, 고령인구)인 총부양비는 2015년 36명에서 매년 증가하여 2059년 100명을 넘어설 전망이다.

---

19) 법무부(2018), 이규용 외(2015), 통계청(2016, 2020), 한국보건사회연구원(2013)의 내용을 일부 발췌 · 인용함

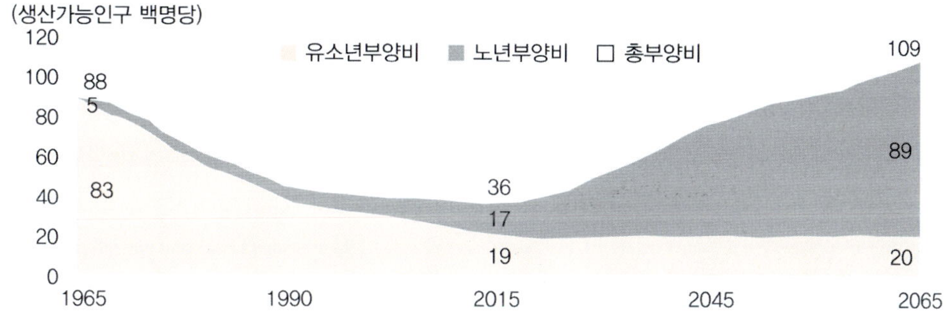

▌그림 1-7▐ 부양비 추계

출처: 통계청, '장래인구추계: 2015~2065', 2016.

(2) 학령인구 감소

학령인구(6~21세)는 2015년 892만 명에서 2065년 459만 명으로 감소할 전망으로, 교육 관련 인적·물적 인프라 과잉 문제 발생이 우려된다.

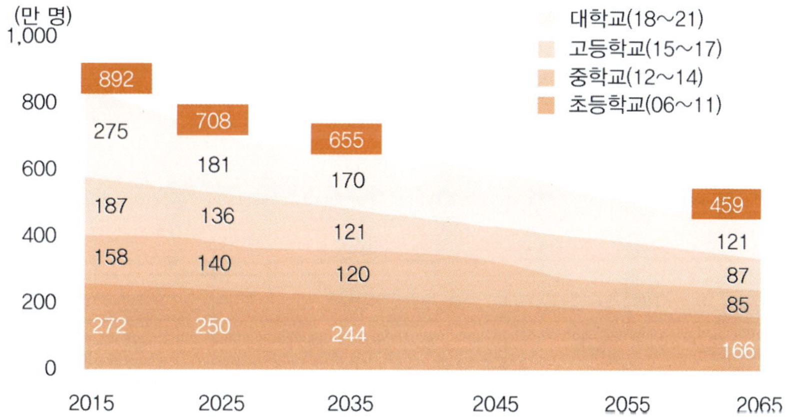

▌그림 1-8▐ 학령인구 추계

출처: 통계청, '장래인구추계: 2015~2065', 2016.

(3) 체류외국인 정주화에 따른 비용 증가

체류외국인 증가로 인한 체류외국인의 정주화·고령화는 갈등관리, 복지지원 등과 관련한 사회적 비용의 증가가 예상된다. 국내 이민자 2세의 성장과 이민자 가족결합 등으로 인한 2차 이민의 증가로 인한 다양한 사회적 갈등이 발생할 가능성도 높다.

(4) 반이민정서 증가 우려

높은 청년 실업률로 인해 이민자를 취업 경쟁자로 인식하게 되어 반이민정서가 증가될 우려가 상존한다. 불법 체류자 증가로 인한 불안감, 특정 종교나 인종에 대한 차별적 인식으로 인한 갈등이 부각될 소지도 있다.

(5) 한 · 중 · 일 저출산 · 고령화

동북아 3국의 저출산·고령화로 인한 해결책으로 국가 간 외국인재 유치경쟁이 더욱 심화될 전망이다.

표 1-5 한 · 중 · 일 인구 변천 시기와 기간

구분	일본	한국	중국
전기	~1955	~1972	~1964
	유소년인구 증가, 생산가능인구 증가	유소년인구 증가, 생산가능인구 증가	유소년인구 증가, 생산가능인구 증가
중기	1956~2010(44년간 지속)	1973~2030(57년간 지속)	1865~2025(60년간 지속)
	유소년인구 감소 시작(1956) 생산가능인구 감소 시작(1996)	유소년인구 감소 시작(1973) 생산가능인구 감소 시작(2017)	유소년인구 감소 시작(1965) 생산가능인구 감소 시작(2011)
후기	2011~	2031~	2026~
	총인구 감소 시작	총인구 감소 시작	총인구 감소 시작

출처: 이삼식 외, '한중일 인구동향과 국가 인구전략', 2013.

5) 다양한 이주민의 유입

(1) 다문화가족의 형성[20]

1990년대 이전의 다문화가족의 발생은 주로 미군이나 일본인과의 결혼을 통해 나타났다. 특히 미군기지촌을 중심으로 발생한 사례가 대부분이며, 경제적 이유와 한국 내 국제결혼에 대한 차별로 대부분 미국 이주를 한 경우가 많다. 1980년 이후 한국의 국력과 경제력의 성장하면서 한국인의 해외 진출과 외국인의 국내 유입으로 인한 결혼이 증가하게 되었다. 이 시기까지는 아직 국제결혼을 통한 해외 이주의 목적이 강한 편이었다. 과거 국제결혼은 우리민족의 역사 속에서 소수에 의해 이루어지는 특별한 결혼형태의 하나로 여겨졌다. 즉, 민족주의와 단일문화가 지배하는 한국사회의 폐쇄성을 감안할 때 국제결혼은 단일 민족의 순수한 혈통을 무너뜨리는 상황으로 인식하고 쉽게 용납될 수 없는 비정상적인 결혼으로 여기며 사회적으로 거부하는 분위기가 강했다. 그래서 국제결혼을 하는 사람들은 가족들의 반대뿐만 아니라 주위의 부정적인 시선까지 감수해야 했다. 하지만 1990년대 이후는 한국의 경제성장 및 한류의 영향으로 인해 대한민국의 위상이 높아지면서 특히 동남아와 중국여성을 상대로 한 국제결혼이 크게 증가하였다. 특히 이 시기에 한국의 도시 집중으로 인한 농촌총각들의 결혼 문제, 출산율 감소로 인한 문제를 해결하기 위해 국가정책 차원의 국제결혼이 추진되었다(이근매 외, 2014).

한국에서 국제결혼에 의해 다문화가족이 형성된 사회문화적 배경은 다음과 같다(박경동, 2007; 장은정, 2007).

첫째, 1990년대 중반 이후의 외국인 여성과 한국인 남성 간의 국제결혼은 '이주의 여성화' 현상과 한국 결혼시장의 파행적 구조와 결합되어 형성된 현상으로 볼 수 있다. 취업이나 남편에 대한 경제적 욕구와 가족 부양이라는 목적을 가진 이주여성과 결혼이 어려운 농촌총각 · 도시 저소득남성의 결혼 욕구가 결합하여 발생되게 되었다.

20) 이근매 외(2014)의 내용을 일부 발췌 · 인용함

둘째, 한국의 국제결혼 성립과정은 배우자 선택과정의 원리인 '결혼 경사 현상'으로 설명된다. 여성의 배우자 선택 과정에서 자신의 사회 · 경제적, 그 외의 여러 가지 측면에서 자신보다 우월한 위치에 있는 남성을 배우자로 선택하고자 하는 욕구를 바탕으로 결혼이주여성들이 한국인 배우자를 선택하게 되었다는 점이다.

셋째, 남녀 성비의 불균형 현상과 같은 인구학적 원인이 크게 작용했다. 남아 선호사상으로 인한 남녀의 성비가 불균형으로 결혼적령기 여성의 부족, 특히 고학력-전문직 여성을 중심으로 여성들이 남성 배우자를 선택하는 기준이 높아지면서 국내 결혼이 어려워진 점을 들 수 있다.

넷째, 국제결혼 중개시스템의 발달로 인해 결혼이주여성이 한국의 남성과 결혼할 수 있는 기회나 정보가 많아지게 되었고, 남성들의 입장에서도 선택의 폭이 확대되어 국제결혼의 증가로 이어졌다.

다섯째, 한류의 영향이 크다고 볼 수 있다. 한국대중문화와 한국의 경제력 상승으로 인해 한국에 대한 선호도가 높아지고, 한국인 배우자와의 결혼에 대한 수요가 급증한 것도 원인이 될 수 있다.

여섯째, 중앙정부와 지방자치단체 차원의 적극적인 국제결혼 사업의 추진이 계기가 되었다. 농촌 총각의 장가보내기 사업이라는 명분하에 결혼을 통해 인구 확보와 출산율 제고를 추진하였고, 이는 정치적 문제와도 결합되면서 지방자치단체를 중심으로 강력한 정책이 추진된 점을 들 수 있다.

(2) 외국인근로자의 유입[21)]

한국은 1970년대까지는 국내 인력을 해외로 보내는 인력송출 국가에 속했다. 그러나 1980년대 후반 산업구조의 고도화, 고학력화, 노동운동의 심화, 생산직 분야 임금상승 등 노동시장 여건 변화로 중소기업을 중심으로 인력부족 현상이 심화됨에 외국 인력을 도입하는 국가로 변모하였다(정철균 외, 2007). 또한 외국인 근로자의 국내 취업기간이 연장되고, 기존의 단순 업무에서 벗어나 숙련 기능 업

21) 박지윤(2020)의 내용을 일부 발췌 · 인용함

무까지 확대되면서 국내 인력의 대체현상이 가속화되었다.

외국인근로자의 국내 유입은 일시적 현상이 아니라 산업구조 발전 및 노동시장 여건 변화, 한국의 인구 구조 변화를 고려할 때 장기적이고 구조적인 현상이라고 볼 수 있다(이정미, 2018). 외국인근로자의 국내 인력 대체현상이 가속화되면서 국내 노동시장에서 중소기업 업종의 경쟁력 강화 및 기업 성과 달성에 기여하는 역할은 매우 중요해지고 있다. 현실적으로 한국 경제에서 외국인근로자들의 중요성을 고려할 때 이들이 국내에서 우리와 함께 더불어 살아갈 수 있도록 도와주는 노력이 필요하다(윤혜선, 2005).

한국의 외국인근로자 유입 배경은 국내 제조업 생산직, 특히 3D 업종의 인력난에서 비롯되었다. 1988년 서울 올림픽 이후 한국의 급속한 성장, 소득수준의 향상으로 인해 3D 업종에 취업하려는 사람들이 급격히 감소하면서 인력부족 현상을 겪게 되었다.

개발도상국가의 인력들의 국내 유입 배경은 다음과 같다(박지윤, 2020).

첫째, 모국에서의 일자리 부족이다. 대부분의 아시아 국가들은 아직도 빈곤과 일자리 부족에 시달리면서 고소득 임금과 풍부한 일자리가 있는 한국이나 일본을 선호하여 이주를 결심하게 된다. 동남아 국가들도 외화 획득 수단으로 해외진출 근로자 진출을 적극 지원하며, 외교적 관계를 통한 국가적 인력 송출 전략을 추진 중이다. 둘째, 한국 원화가치의 상승이다. 한국에서 외국인근로자가 받은 임금은 본국 송금 시 화폐 가치가 크게 높아지므로 한국으로의 취업을 적극 추진하게 되었다. 셋째, 생활이 윤택해짐에 따라 내국인 근로자들이 상대적으로 열악한 작업환경, 저임금, 장시간 노동 등을 가진 3D 업종을 기피하면서 3D 업종 기업들은 일손 부족 상태가 심각해지게 되었다. 넷째, 1980년대 정부의 출입국 관리 정책이 개방전략으로 전환되어 추진되면서 외국인의 국내 입국 규제가 완화되어 노동인력 확보를 위한 대안이 마련되었다.

(3) 한국의 난민 법제화와 현황22)

한국이 실질적으로 난민 문제에 직면하게 된 것은 1975년 월남 패망으로 발생한 베트남 출신자를 수용하면서부터이다. 베트남 보트피플은 1977년부터 본격적으로 국내에 유입되기 시작되어, 1989년 말까지 이어졌지만 총 38차례 입국한 베트남 보트피플은 단 한 명도 국내 정착이 허용되지 않았고, 전원 제3국으로 송출되었다.

한국은 1994년부터 국내법상 난민을 수용하는 제도를 갖추게 되었다. 정부는 1992년 12월 3일부로 난민의 지위에 관한 1951년의 난민협약과 1967년의 난민의정서에 가입하였다. 1993년 3월 3일에는 난민 국제협약이 발효되어, 1993년 12월 10일부로 출입국관리법에 난민조항이 최초로 신설되었다. 외국인의 체류관리 등을 주로 다루었던 출입국관리법은 난민 인정절차와 체류관리에 관한 사항을 규정 · 개정하였다. 이는 난민의 지위 보장을 위해 우선 필요한 난민 관련 규정의 신설 및 기타 현행 규정상 미비점의 개선 · 보완이 주된 목적이었다. 출입국관리법상에 난민규정이 최초 신설되어 10년이 지난 후, 2012년 2월 10일에 아시아에서는 처음으로 독립된 형태의 난민법이 제정되었고, 2013년 7월 1일 부로 시행되었다.

1994년 이후 2020년 6월말까지 난민신청자는 69,636명이며, 심사결정 종료자는 31,099명이다. 이 중 1,058명이 난민인정을 받았고, 2,320명이 인도적 체류허가를 받아 총 3,378명이 난민인정 및 보호를 받고 있다. 난민 신청사유는 종교(16,616명), 정치적 사유(12,273명), 특정 사회집단 구성원(7,122명), 인종(4,049명), 국적(402명), 기타(29,174명)이다.

(4) 북한이탈주민의 증가23)

북한이탈주민은 2000년대 이후 지속 증가하여 2003~2011년에는 연간 입국 인원이 2,000~3,000명 수준에 이르렀으나, 2012년 이후 입국 인원이 점차 줄어들

22) 박선홍(2020), 류지호(2020)의 내용을 일부 발췌 · 인용함
23) 관계부처 합동(2018, 2020)의 내용을 일부 발췌 · 인용함

어 연간 평균 1,300명대로 감소, 2019년도에는 1,047명이 입국하였다. 감소 요인은 브로커 활동 위축, 북중 국경 경계강화 등으로 분석되었다. 2019년까지의 기준으로 국내 입국 북한이탈주민수는 33,523명이다. 성별로는 여성 입국자 수가 2002년을 기점으로 남성 입국자 수를 추월하기 시작하여, 2019년 입국까지 전체 입국자의 약 72%가 여성이었다. 직업별로는 무직 · 부양자, 노동자 등 직업능력 취약자가 84.9%를 차지했다. 학력별로는 고등학교 이하 학력이 79.6%로 대부분 저학력이었다. 연령별로는 입국당시 기준 20~30대가 전체 입국자의 57.3% 점유하는 등 상대적으로 적응력이 높은 젊은 층 입국이 많으며, 현재 연령 기준으로는 경제활동인구인 30~40대가 약 52.9% 차지하고 있다(관계부처 합동, 2020).

2013년 북한이탈주민의 보호 및 정착지원에 관한 법률(이하 '북한이탈주민법') 개정으로 탈북민 보호 및 정착지원에 관한 기본계획을 수립 · 시행할 수 있는 근거를 마련하였다. 북한이탈주민법 제4조의3은 3년마다 기본계획을 수립 · 시행하며, 매년 기본계획에 따른 연도별 시행계획을 수립 · 시행하도록 규정하였으며, 기본계획에는 교육, 직업훈련 및 고용촉진, 고용유지, 의료지원 · 생활보호, 정착지원 시설 운영 및 주거지원, 사회통합 · 인식개선 등에 관한 사항을 포함하였다. 2014년 19개 정부 부처 · 기관의 탈북민 지원사업을 종합하여 「제1차 기본계획(2015~2017)」을 수립하였으며, 이를 보완한 후 「제2차 기본계획(2018~2020)」이 시행되었다.

현재 탈북민 정책의 기본 방향인 생활밀착형 북한이탈주민 정책의 추진 방향을 정립 · 제시하였다. 기존 자립 · 자활과 사회통합정책 방향을 지속적으로 유지하면서 탈북민의 현실적인 요구를 충족시키기 위한 체계 마련에 주력하였고, 특히 탈북민이 정책 과정에 참여할 수 있도록 제도적 통로를 마련하여 탈북민의 의견이 정책에 반영될 수 있는 구조를 마련하였다. 생활밀착형 정책 구현을 위해 정책 내용과 지원 체계, 우리사회 환경을 전반적으로 재설계하였다. 정책 내용은 삶의 질을 높이는 탈북민 정책을 중심으로 맞춤형 일자리와 교육 정책으로 삶의 질 개선, 생활밀착형 서비스를 통한 편의 제고에 집중하였다. 지원 체계는 전 사회가 함께 참여하는 탈북민 정책을 중심으로 중앙-지방-민간 간 유기적 협업을 위한 지원 체계를 효율화하였다. 탈북민의 정착과정에 우리사회의 다양한 관련 주체들의 동참을 통해 남북주민이 함께 살아가는 통일 준비를 근간으로 삼았다. 사회 환경도 따뜻한 이웃이 되는 탈북민 정책을 중심으로 정착이 어려운 탈북민에 대한 보호 강화 및 사각지대 해소, 탈북민과 지역주민 간의 원활한 통합 촉진 및 탈북민을 포용하는 사회적 분위기를 조성하는 것에 초점을 맞추었다(관계부처 합동, 2018).

(5) 외국인 유학생의 유입[24)]

우수 인력은 국가 경쟁력을 유지 · 향상시키기 위한 필수 조건이다. 우수 인력 확보를 위한 전략의 일환으로 우리의 경쟁국들은 외국인 유학생 유치 정책의 변화를 꾀하여 왔다. 미국, 캐나다, 일본 등과 같은 선진국의 경우, 유학생의 유치 정책을 단순하게 외국인 학생의 교육에 그치지 않고, 이들의 취업과 정주를 적극적으로 지원하여 주요 산업분야에 필요한 우수 고급인력을 확보하는 데까지 확대하고 있다.

유학생 이동의 구조도 변화하고 있다. 미국과 영국, 서유럽 국가들은 커다란 변화없이 유학의 핵심국가에 안정적으로 위치하였지만, 다수의 아시아, 동유럽 국가들이 점차 기존의 반주변부 위치에서 중심부로 이동하고 있다. 특히 한국, 싱가포르, 홍콩을 비롯하여 아시아 국가들은 유학생을 유치하여 국내 대학의 역량 강화와 국제화 지표 상승에 더욱 초점을 맞추고 있으며, 이를 위해 정부와 대학에서 유학생의 유치 정책이 전개되고 있다.

해외의 우수 인재를 유치하려는 정책은 2000년대 이전에도 있었다. 1970년대부터 2004년 이전까지 두뇌유치(Brain gain)의 관점에서 애국심과 경제적 처우를 모티브로 해외에 있는 한국인 과학자와 첨단 분야의 외국인 기술자들을 유치하려 했다면, 2000년대 중반부터는 두뇌순환(Brain Circulation)의 관점에서 연구의 조건과 삶의 질을 내세워 한국인과 외국인을 유치하려 했다. 해외의 우수인재유치를 위한 정책은 Brain Pool과 BK21, 그리고 Study Korea Project 등 구체적 사업으

24) 류우선(2019), 이나현(2020), 배성준(2015)의 내용을 일부 발췌 · 인용함

로 추진되어왔다. 그러나 외국인 유학생이 구체적인 정책의제가 된 것은 2000년대 중반부터다. 세계화가 한국사회의 주요 담론으로 등장하면서 글로벌 사회로의 전환, 대학 경쟁력과 순위에 대한 평가, 그리고 학생 인구감소 등과 같은 국제적 흐름과 국내 환경의 변화에 따라 교육정책의 변화가 요구되었고, 그 과정에서 해외 유학생 유치는 정책과제가 되었다. 한국 정부에서는 고등교육의 글로벌 경쟁력을 강화하기 위하여 우수한 외국인 유학생을 유치하고 있으며, 2008년 Study Korea Project 발전 방안을 발표하였다. 2015년에는 외국인 유학생 유치 확대 방안을 수립하고 2023년까지 20만 명의 유학생 유치를 목표로 삼고 이를 추진하기 위해 정부초청외국인장학사업(Global Korea Scholarship, GKS)의 확대와 외국인 유학생의 유치관리 역량 인증제(International Education Quality Assurance System, IEQAS)를 도입하는 등 한국 고등교육의 질적인 향상을 도모하고 있다.

유학생의 유치는 학령인구 감소에 따른 고등교육기관 구조개선 및 새로운 학생자원 확보를 위한 정부의 대응 가운데 하나이며, 동시에 안정적인 대학운영을 위한 대학 차원의 전략이기도 하다. 특히 비수도권 소재 대학의 외국인 유학생 유치가 가장 활발하게 진행되는 것도 이러한 전략적 차원의 일환이다. 또한 입국부터 취업까지의 전 과정에 걸쳐 외국인 유학생을 지원하기 위한 '전략적 유학생 유치 및 정주 지원방안'을 통해 유치부터 취업 증대까지 지원하는 정책을 추진하고 있다. 이를 위해 국내대학 졸업 외국인의 취업 · 구직 및 창업을 위한 국내 체류요건을 대폭 완화하여 비자와 영주 취득을 지원하고 있다. 정부의 이러한 전략적 추진으로 한국에 체류 중인 외국인 유학생은 꾸준히 증가하여 2019년을 기준으로 16만 명을 기록했다.

CHAPTER 02

이민 · 다문화사회의 이해

1. 다문화사회의 이해
2. 한국 다문화사회의 이해
3. 한국 다문화사회의 갈등

1. 다문화사회의 이해

1) 다문화사회의 개념[1)]

다문화사회는 사전적 의미로 다양한 또는 다수의 문화가 함께 공존하는 사회를 의미한다. 문화를 언어, 종교, 사상, 의상, 법, 의례나 도덕 등의 규범 및 가치관 등과 같은 것들을 포괄하는 인간 사회 전반의 모든 생활 양식(Jary. D & Jary. J, 1991)으로 정의한다면 현대사회에서 모든 구성원들이 단일한 삶의 방식을 공유한다는 것은 어려운 일이다. 따라서 현대 사회에서 하나의 문화만이 존재하는 것은 불가능하다. 다문화사회의 의미는 문화의 수(數)에 의미를 두는 것이 아니라 한 사회 내에서 다양한 문화의 공존형식에 관해 다루어야 하며 이해되어야 한다(이용재, 2010). 다문화란 여러 유형의 익숙하지 않은 문화와 주변문화를 제도권 안으로 수용하면서 형성된 문화를 의미하며, 다문화사회의 형성은 다문화주의라는 철학적 배경에 의한 것이며, 그 철학적 배경은 현대사회의 경제적, 정치적 변화에 의해 형성되게 되었다(Storey, 1996).

다문화사회의 구성원은 외국인근로자, 결혼이민자 등 체류외국인과 국제이주자를 포함하며 더욱 다양해지고 있다(전해영, 2010). 국제적으로 인적 · 물적 교류가 활발해지고 다양한 문화와 민족 및 인종과 접촉 빈도가 증가하면서 다문화사회로 진입하게 된다. 다문화사회는 국민으로서 누릴 수 있는 사회, 정치, 경제, 문화적 권리를 보장받고 행사하는 데 있어 인종 · 민족 · 종교에 따르는 차별이 허용되지 않는 사회이며(김혜순, 2007; 임동진, 2011). 협의의 다문화사회는 여성결혼이민자의 증가에 따라 변화하는 한국사회의 문화 지형을 의미하고, 중의의 다문화사회는 외부에서 국내로 유입된 소수 이주민들의 정체성과 문화적 다양성을 한국사회가 정식으로 존중하고 인정하는 것을 의미하며, 광의의 다문화사회는 다문화의 본질을 한 국가사회에 공존하는 다양한 소수자의 문화 세력의 표출을 그

---

1) 이용재(2010), 이근매 외(2014), 김수진(2019), 김태원(2012)의 내용을 일부 발췌 · 인용함

사회 자체의 문화적 특성으로 이해하는 것이다(임동진, 2011; 전영평, 2008).

다문화사회는 문화의 다양성이 전제된 사회로서 특정한 문화가 지배문화가 되어 다른 문화들을 열등하다고 인식하는 것이 아니라, 이질적 문화 그 자체를 하나의 문화로 인정하고 서로 다른 문화들이 상호 의존하면서 조화롭게 공존하는 사회로 정의된다(정상기, 2009; 임동진, 2011). 또한 시민으로서 누릴 수 있는 사회적·문화적·정치적·경제적 권리를 각자가 향유하며, 인간으로서 문화, 언어, 인종, 종교 등에 의해 차별받지 않으며 평등하게 살 수 있는 통합된 공동체사회를 의미한다(김학태, 2015). 따라서 다문화사회는 다민족으로 구성된 사회 또는 다른 지역에서 이주한 인종에 의해서 이루어진 다인종 사회라고 설명하며, 대부분 국가나 집단들이 이러한 범주에 포함되기에 우리 대다수가 다문화사회에 살고 있다고 볼 수 있다(김수진, 2018; 김태환, 2015; Kymlicka, 1995).

다문화사회는 문화적 배경이 다양한 사람들이 함께 집단을 이루고 그 사회를 구성하고 있다. 문화적인 차이는 크게 볼 때 인종적·민족적 차이에 존재하기도 하지만 미시적으로 같은 인종이나 민족이라도 성별이나, 지역 그리고 성장 배경 등에서도 차이가 있을 수 있다. 따라서 다문화사회는 여러 하위문화 집단으로 나눌 수 있으며, 이들의 이질적 문화가 각 사회의 중요한 특징을 만들고 있는 사회이다(김홍운, 김두정, 2007). 이러한 사회는 각각의 하위문화 집단마다 자기 문화 중심의 사고방식이 존재하고 있고, 이는 서로 다른 문화와의 의사소통에 있어 장애물로 작용하여 갈등의 원인이 되기도 한다(조기제, 2004).

인구 통계학적으로 한 나라의 총인구 가운데 체류 외국인이 차지하는 비중이 5% 이상일 때 다문화사회라고 본다. 다문화사회는 국민 또는 시민으로서 누릴 수 있는 사회·문화·경제·정치적 권리를 보장받고 향유하는 데 있어 개인의 인종과 민족으로 인해 차별을 받지 않는 사회라고 할 수 있다. 이러한 개념 규정 아래에서 이주 배경을 가진 사람들은 인종이나 민족, 국적에 상관없이 인권을 보호받고 문화적 향유권을 누리고, 사회의 전 영역에서 최대한 차별적인 요소를 배제할 수 있기 때문이다. 따라서 다문화사회를 민족·인종·국적 등이 다른 사람들이 상호 문화 차이를 인정하고 대등하게 관계를 구축하면서 사회의 구성원으로서 더불어 살아가는 사회로 본다.

현대는 다문화의 시대로 규정할 수 있고 문화 다양성이 다문화의 가치이며, 동시에 개별 문화의 정체성에 관한 요구가 강해져 획일적으로 변화하는 것이 아니며 각 문화의 고유성을 바탕으로 한 세계문화의 다양성을 바탕으로 발전하는 것이라고 본다(우현정, 1998). 비슷한 관점으로 다문화주의에 관해 다양한 민족 집단의 정체성이 어떠한 모습으로 유지되는가에 대해 동화(assimilation), 분쟁(conflict), 다원화(pluralism)의 개념을 적용하는 것이라고 보았다. 20세기 후반 서구철학인 포스트모더니즘의 핵심적인 사상으로 나타난 다원주의는 1960년대 프랑스 철학자들을 중심으로 논의되었다. 이에 다문화사회의 이론적 바탕은 포스트모더니즘에 있고, 결국 다문화사회란 다양한 가치관의 공존을 의미한다. 다문화사회를 사회갈등 중심으로 바라보는 시각에서, 다문화사회는 한 사회에서 다른 사회로의 이주의 결과이며 인종 · 국적 · 종교 등에 의해 발생되는 사회적 갈등에 주목하고 있는 반면 철학적인 시각에서는 포스트모더니즘에 기초한 다원주의를 기반으로 하는 다양한 가치관의 공존을 의미한다. 따라서 기존 정착민과 이주민과의 문화적 갈등에 의해 발생하고 있는 사회갈등보다 다양한 가치관의 대립으로 발생할 수 있는 사회갈등에 더 주목한다(김욱동, 1998). 또한 다문화사회는 주류사회와 이민자 사회들, 또는 다양한 문화 공동체가 서로의 문화와 가치를 존중하면서 평화롭게 사는 사회가 아닌 서로의 문화적, 경제적 외연과 영향력을 확대하기 위해서 갈등하고 경쟁하는 사회로 규정하였다(이용일, 2007).

다문화사회에서 발생하는 사회갈등의 양상에 따라서 다문화사회의 형태를 두 가지로 분류할 수 있다(김남국, 2005). 첫째, 프랑스, 영국, 독일과 같이 비교저 동질적 문화를 가졌던 국민국가들이 노동과 자본의 세계화에 따라 외국인근로자와 타문화, 새로운 종교를 수용하고 더불어 다문화사회의 도전에 직면하고 있는 형태이다. 둘째, 미국과 캐나다와 같이 건국 초기 때부터 다양한 문화와 인종으로 구성된 이민자 국가 형태이다. 상대적으로 이 국가들은 다문화사회의 도전에는 익숙하지만 여전히 사회통합의 문제는 심각한 문제로 남아있다. 이와 같이 다문화사회는 다각적으로 규정하는 것이 가능하다. 하지만 문화 간 갈등 혹은 공존이라는 상반된 시각이 존재하더라도 다문화사회는 문화 중심의 시각을 가지고 있다. 따라서 인간 행동이 사회적인 맥락 위에 위치한다는 점에서 문화적인 행위라고 한다면, 다문화사회는 자기와 타자의 관계가 성립되는 좁은 곳에서부터 존재하는 것이며 결국은 인간이 서로 만나는 모든 것이 다문화적이라고 할 수 있다. 다문화사회란 특정한 경제적 및 정치적 상황에서 다양한 민족과 인종의 혼합되는 단순한 사회의 한 형태를 뜻하는 것이 아니라 이질적 문화와 민족의 공존으로 인해 발생한 고통과 갈등의 과정을 거치며 서로의 타자성을 인정하고, 그 안에서 자신이 확장되는 경험을 통한 역동적인 변화가 발생하고 변화와 통합, 수용과 조화가 이루어지는 사회를 말하는 것이어야 한다.

2) 다문화사회의 형성[2)]

현대는 교통·통신의 발달과 세계의 단일경제화, 세계화 및 정보화를 통한 글로벌 국제환경이 급격하게 변화하고 사회문화적인 교류가 증대되었다. 이로 인해 다양한 문화의 결합과 인구 증가 및 사회구조의 변화에 따른 경제적인 측면의 인구 이동 등과 같은 큰 변화가 일어났다. 세계화로 인해 국가 간 장벽이 낮아지면서 서비스와 상품의 교류가 증가해왔을 뿐 아니라 인간의 이주 역시 가속화되고 있다(박채복, 2007). 세계는 국가 간의 인적·물적 교류를 증대시키면서 다양한 다문화사회를 경험하게 되었다. 서구 사회의 저출산과 고령화 현상은 노동력 부족을 초래하고, 새로운 이주노동력의 필요성은 제3세계로부터 다수의 이민 수용정책을 펼치게 하였다. 이에 불법체류 외국인근로자, 난민의 대거 유입이라는 문제도 발생하였다. 1900년대 인권운동의 영향으로 소수 인종, 민족 집단과 내국인 간의 권리의식이 증진되었고, 냉전이 끝난 이후 지정학적으로 안정이 확대되고 국가나 민족 간의 교류 및 소수 집단에 대한 통제와 억압이 불필요해지면서 다양한 문화가 교류하고 공존할 수 있는 토대가 마련되었고, 자유민주주의의 확산과 경제적인 관점에서 상호 인적 교류의 필요성이 확대되면서 다문화사

2) 허준영(2017), 신지원(2011), 김수진(2019)의 내용 중 일부 발췌·인용함

회가 등장하였다.

세계는 교통과 통신수단의 발달로 인해 사람 · 재화 · 자본 등이 국경을 넘어서 역동적으로 이동하고 있다. 이러한 현상은 지구공동체를 하나의 거대한 문화권으로 만들어 냈다. 경제 분야도 신자유주의 체제에 따라 국가 단위의 분업이 일어났으며, 초국적 기업과 정부 차원의 대규모 무역 거래가 이루어지고 있다. 이러한 배경으로 인해 자본가 엘리트 계층과 일자리를 찾는 노동자 계층의 국제적 이주가 증가하게 되었다. 지구공동체에는 세계화 흐름의 당연한 결과로 다문화사회가 확산되기 시작하였다. 다문화사회는 전문가의 연구나 학자 또는 이론적인 주장으로 나타난 현상이 아니라 인간이 국경을 넘어 이동하는 현실에 합리적인 대응을 위해 다문화사회가 확산되었다. 인간의 이동은 과거에도 늘 있어왔지만, 현대 기술력의 발달이 이동의 속도와 정도를 가속화하고 다문화사회를 확대시켰다(김수진, 2018). 다문화사회의 형성과정은 자유주의 사상과 매우 밀접한 관련이 있다. 자유주의는 다문화주의 수용의 사상적인 기반이라고 할 수 있다. 자유주의는 자유를 인간의 천부적인 권리로서 천명하고 사회구성원 모두에게 절대적으로 보장되는 사상이다. 모든 정치사상의 기초이며 휴머니즘의 정점으로 인식되는 자유주의 사상은 근본적으로 다원주의의 성향을 지니고 있으며, 이는 다문화주의와 밀접하게 연관되어 있다(김선규, 2015). 자유주의 사상의 관점으로부터 인간은 누구나 자유롭게 이동할 수 있다는 권리가 도출되었고, 경제 활동, 종교 활동, 때로는 생존을 위하여 인류가 이동을 하면서 세계의 문명은 발전해 왔다. 즉, 오늘날 이주민들의 국제 이동도 이러한 세계 인류사의 한 과정이며, 오랜 과거부터 지속적으로 이루어져 왔던 현상이다(김수진, 2018).

다문화사회의 발생을 구체적으로 살펴보면 크게 세 가지 유형으로 구분한다. 첫째, 이주노동으로 인한 다인종 사회로의 진입이다. 대표적으로 독일은 부족한 노동력을 확보하기 위해 1960년대 스페인, 포르투갈 등의 출신 노동자들을 방문노동자 형식으로 초청하면서 다인종 사회로 진입하였다. 둘째, 이민에 의한 다인종 사회로의 진입이다. 미국, 캐나다, 호주는 부족한 노동력을 보완하기 위해 전 세계로부터 영구적 이민의 확대 정책을 폈고, 그 결과 다인종 사회로 변화하였다. 셋째, 구식민지와 포스트 식민주의 상황에 의한 다인종 사회로의 진입이다. 영국, 프랑스 등이 대표적인 예로, 많은 유럽의 국가는 구식민지 국가 출신들이 이들 국가로 유입되면서 다인종 사회로 변화되었다(지종화 외, 2009; 홍기원 외, 2006).

오늘날 국제교류의 증가 및 국가 간의 빈부격차와 임금격차가 커지면서 국가 간 양극화 현상이 생겨나고 있다. 이는 많은 사람들이 좋은 직업과 좀 더 나은 삶을 찾아서 부유한 국가로 이동하게 만들고 있다. 이주자 유입 국가는 노동인력이 필요로 하고 이주자는 취업 등을 원하기 때문에 결국 외국인 인력이 필요한 국가의 수요와 맞아떨어진 것이다(김판준, 2013).

많은 국가가 다인종 · 다문화사회로 변화하는 현실이 일반적인 점을 고려할 때 이제는 지구촌의 시대라고 말할 수 있다. 과거에는 가족이나 집단이 전쟁이나 내전을 피해 인접 국가로 대거 이동하는 경우가 많았지만 지금은 직업, 삶의 질 향상, 개성적 차원의 이유로 이동하는 경우가 많다. 이들은 자신의 전문성을 활용하여 직업을 선택하고 변경하면서 희망하는 국가로 이동한다. 이들의 기술과 노하우를 비롯한 문화가치가 유입국으로 이전되어 다문화 환경을 조성하는 동시에 유능한 해외 인재의 영입으로 국가 혹은 기업의 경쟁력을 제고시킨다. 따라서 다문화사회는 국가발전과 공동체의 번영을 촉진하고 다양성을 제공한다고 볼 수 있다(김판준, 2013). 한국사회 역시 다문화사회로 진입하고 있고, 체류외국인 증가에 따른 정치 · 경제 · 사회적 변동에 대한 논의가 폭넓게 제기되고 있다.

3) 다문화사회의 특징[3)]

(1) 다양성과 특수성

근대사회에서는 대부분 국가와 민족은 사회구성원들이 특정한 영토 안에서 동일한 언어와 문화를 바탕으로 동질적인 삶을 추구하는 경향이 강하였다. 국가의 구성원들은 국민으로서의 정체성을 지니고 문화나 경제 측면에서 효과적인 정치

3) 구정화 외(2010), 강희원(2006)의 내용 중 일부 발췌 · 인용함

구조를 구축하기 위해서는 국가와 민족의 일치가 바람직하다는 가치관을 갖게 되었다. 하지만 다문화사회는 동질성과 단일성에 변수로 등장하게 되었고 이민자의 유입과 함께 토착민의 분화 등으로 다양성과 특수성이 발생하였다.

(2) 다문화사회의 욕구 충돌과 집단 간 갈등

다양한 언어, 민족, 인종, 종교, 계층을 가진 집단들이 공존하는 다문화사회에서는 집단 간의 욕구 충돌로 인해 갈등이 발생한다. 특히 이주민의 유입으로 다문화현상이 표출되는 사회에서 기존 집단과 새로운 유입집단 사이에서 갈등 양상이 나타날 수 있다. 다문화사회에서 생길 수 있는 욕구 충돌의 네 가지 유형(김남국, 2005)은 첫째, 사회적인 주류인 기존 시민들의 입장에서는 새로운 이주자들에 의해 발생하는 노동시장의 경쟁 심화, 일상생활에서 겪는 충격이나 전통문화에 미치는 영향을 우려한다. 그리고 새로운 이주자들이 선택한 새로운 사회의 규칙, 생활양식, 관습 등을 존중하고 적응해 나갈 것을 기대하는 보존의 욕구를 지니고 있다. 동시에 새로운 이주자들이 잘 정착하기를 바라고 도우려는 인간적인 노력과 정서 · 심리적 유대감을 통해 이민자들이 주류사회에 잘 녹아들기를 바라는 동화욕구를 지니고 있다. 둘째, 이주자들도 두 가지 욕구를 가지고 있는데 첫째, 우선 이주자들이 주류 사회로부터 자신들의 문화나 인종에 상관없이, 주류사회의 시민들과 같은 자격을 갖는 보편적 개인으로서 자신들만의 능력으로 평가받기 원한다. 따라서 새로운 사회 내의 주류집단에 참여하고 성취하기를 바라는 동화욕구를 갖고 있다. 반면에 이들은 새로운 사회 내에서도 소수집단의 한 구성원으로서 자신들의 문화 정체성을 인정받고, 자신들의 문화와 전통을 유지하려는 보존욕구를 가지고 있다. 이러한 욕구들은 **표 2-1**과 같이 요약할 수 있다.

표 2-1 다문화사회의 욕구충돌 4가지 유형

구분	주류 사회 시민	새로운 이주자
동화 욕구	이주자들에게 정서·심리적 유대감과 주류 사회에 빠르게 적응 및 동화하도록 정착을 도우려는 인간적 동정과 노력을 보임	주류사회 시민으로부터 자신들의 인종과 문화에 상관없이 한 개인으로서 인정받기를 원하며, 주류집단에 참여하며 성취하기를 원함
보존 욕구	이주자들이 선택한 새로운 주류사회의 생활양식, 관습, 규칙을 존중하고 적응해 나갈 것을 기대	소수집단의 일원으로서 자신들의 문화와 정체성을 인정받기를 원하며, 자신들만의 문화와 전통을 유지하고자 함

출처: 강휘원, 2006.

(3) 유입 집단에 대한 고정관념

다문화사회에서 기존 집단은 새로운 유입집단에 대해 고정관념을 가지고 있다. 이런 고정관념은 유입집단에 대한 왜곡된 인식을 바탕으로 문제화, 신비화를 통해 실제와는 다르게 이해하고 타자화하려는 모습이 보인다. 다문화사회에서의 고정관념은 새로운 유입 집단의 이주자 개인 또는 전체에 대한 문화 및 인종 갈등의 원인을 제공하기도 하며 제도적·의식적 차별로 이어질 가능성이 크다.

4) 다문화사회로의 변화에 대한 평가

다문화사회로의 변화는 이민 증가로 인한 노동력 공급 확대로 국내 인력난 해소를 통한 경제 성장에 도움이 되고, 새로운 일자리 창출과 내수 시장의 성장이 이루어진다. 또한 다양한 문화의 유입으로 사회 개방성 확대와 문화다양성의 확보가 가능하다는 측면에서 긍정적이다.

하지만 저소득 비숙련 노동자의 유입은 기존 국내 노동자와의 일자리 경쟁으로 인한 갈등을 야기하고, 이주민들로 인한 실업률과 범죄율의 증가 등과 같은 사회문화적인 갈등과 불안 요소를 증가하게 한다. 이들의 적응과 정착 과정에서 사회비용의 증가가 예상되고 사회통합 비용이 증가하게 된다는 측면에서는 부정적으로 본다.

2. 한국 다문화사회의 이해

1) 한국의 다문화사회 형성 요인[4)]

한국의 다문화사회 변화는 거시적인 관점에서 볼 때 국제적인 요인과 국내적인 요인으로 살펴볼 수 있다. 먼저 국제적인 요인은 21세기의 특징과 관련된 인구이동이다. 과거 산업화시대에는 농촌에서 도시로의 인구이동이었다면, 현재는 한 국가에서 다른 국가로의 이동으로 국경을 넘나드는 양상을 보인다. 이는 20세기 말 동구공산권의 몰락으로 인해 나타난 신자유주의적 경제 질서의 영향이기도 하다. 또한 자본의 이동에 따라 경제 부국으로 노동력이 이동하는 현상과 연관이 있다. 주로 경제적으로 취약한 국가 출신의 여성들이 이주하는 현상과 세계화의 추세도 특징적인 현상이다. 과학기술의 놀라운 발전이 가져 온 교통 · 통신의 발달로 세계는 점차 일일생활권으로 좁아졌으며, 미지의 장소들에 관한 정보도 쉽게 얻을 수 있는 시대가 되었다. 이는 세계가 하나의 공동체로서 새롭게 구성되는 현상과 밀접한 관계가 있다. 국제 사회는 현대로 넘어오면서 세계 공동체(global community)가 되어 지역에 기초한 국가의 의미가 점차 축소되는 반면, 정보와 미디어를 중심으로 하는 관계가 전면에 부상되면서 세계 전체가 하나의 공동체로 나아가고 있다(김왕근, 1999). 이렇듯 국가는 폐쇄된 단위에서 개방된 단위로 변화하며 국가와 국가 간 상호 경쟁과 상호 협력의 방안을 동시에 모색하고자 한다. 이러한 현상들이 세계 인구의 이동을 더욱 촉진시켰다.

이러한 거대한 세계 흐름과 관련하여 생기는 다문화사회로의 변화들 가운데 국내적인 요인은 첫째, 한국의 급속한 경제 성장이 원인이다. 특히 동남아시아의 노동자들에게 코리안 드림(Korean dream)으로 외국인근로자가 증가하게 된 계기가 되었다. 이는 한국의 노동자들이 3D 업종을 기피하는 현상과 관련이 있는데, 국내 노동자들의 교육수준 향상과 고임금 문제, 단지 빈곤 해결을 위한 노동이 아

4) 정미경(2010)의 내용을 일부 발췌 · 인용함

닌 삶의 질을 향상하기 위해 노동을 하는 의식의 전환 등과 같은 복합적인 요인을 포함한다. 둘째, 저출산 문제와 고령화 사회에 대한 국가적인 위기상황과 연관이 있다. 현재 한국사회는 결혼 적령기의 남녀의 독신인구가 점차 증가하고, 출산율의 급격한 감소로 인하여 국가적 위기 상황에 봉착하였다. 한국은 출산율이 전 세계적으로 최하위권인 상황에서 정부는 해외동포를 포용하고 이들의 출입국은 물론 방문 취업과 귀화를 받아들이는 등의 정책을 펴고 있다. 셋째, 오랫동안 이어진 남아 선호사상으로 인하여 생긴 남·녀 성비의 불균형 문제와 관련이 있다. 특히 결혼 적령기를 놓친 농촌 총각들과 도시의 가난한 청년들이 결혼을 못하는 현상이 지속적으로 증가하게 되었다. 그러나 그 이면에는 여성의 높은 교육수준과 사회진출, 경제활동 등으로 인하여 농촌을 기피하고, 독신을 즐기는 사람들이 점차 증가한 사회의 변화도 하나의 원인이 되었다. 국내의 남성들이 결혼할 신부를 얻지 못하는 현상이 사회문제로 대두되어 이를 위한 문제해결의 방안으로 결혼이민자를 받아들이는 정책을 실시하였다. 넷째, 국가의 경쟁력 강화를 위하여 외국인의 활발한 투자환경을 조성하고 우수인재를 유치하기 위한 노력과도 관련이 있다. 전문인력을 유치하기 위해 체류기간, 가족초청, 가족 경제활동 범위 등에 우대혜택을 제공하고, 유학생 등의 유치를 확대하기 위한 장학제도, 취업, 정주 인프라 구축 등의 정책적 지원을 강화하고 있다. 다섯째, 86아시안 게임과 88올림픽의 성공적인 개최 등을 통해서 국가적 위상이 높아지고, 동남아시아 지역의 한류열풍도 주요한 역할을 했다. 이로 인해 동아시아 지역의 사람들에게는 한국이 동경의 대상이 되었다.

2) 한국 다문화사회에 대한 담론[5)]

(1) 한국 다문화사회 담론의 특징

한국 다문화사회에 관한 담론은 세 가지 특징을 가지고 있다. 첫째, 서유럽의 다문화주의와 정책을 한국에도 도입하려는 시도가 존재하지만 실제로 한국 다문

5) 송샘 · 이재묵(2018), 김희석(2017), 심양섭(2016)의 내용을 일부 발췌 · 인용함

화사회는 서유럽과 다르게 민족주의적 성격을 갖고 있다는 점이다. 서유럽의 다문화주의는 과거 식민지 출신의 이주민이 증가하면서 이들을 통합시키고자 하는 우파의 정치적 의도, 과거 제국주의에 대한 반성으로부터 출발한 좌파의 문화상대주의의 영향을 받아 형성되었다. 반면 한국의 다문화사회는 서유럽과는 다르게 민족주의적인 특징을 나타내고 있다. 한국의 다문화사회 이주민 구성은 결혼이주민, 재중동포, 북한이탈주민이 대다수를 차지한다. 전쟁과 분단을 통해 민족적 디아스포라(diaspora)를 경험했던 그들의 2, 3세대인 재중동포와 북한이탈주민이 한국으로 재이주하는 형태라 볼 수 있다. 결혼이주민 역시 가족 결합을 통하여 한국사회와 한민족에 동화되는 형식으로 이주했다는 면에서 민족주의적 성격을 갖는다.

다문화사회의 또 다른 구성원인 외국인근로자는 제도적으로 단기 거주만 허용했기 때문에 정주하기 위한 시민권이나 영주권을 취득하기가 사실상 쉽지 않으며 이들이 정주이주민이 되기는 어렵다. 외국인근로자에 대한 수요가 증가하자 정부는 2007년부터 구소련과 중국의 동포를 대상으로 하는 방문취업제를 실시하여 외국인근로자정책도 동일민족 출신이 유리하도록 하였다. 이처럼 한국 다문화사회의 등장 배경과 특징에 대한 충분한 이해없이 서유럽의 정책을 비교하고 도입하려는 시도는 문화적 · 역사적 · 제도적 차이를 간과하여 문제가 되기 때문에 민족주의적 성격이 강한 한국적 상황에 맞는 새로운 다문화 담론이 요구된다.

둘째, 다문화사회 정책과 담론이 결혼이주민과 다문화가정에 집중되어 있다. 결혼이주민과 다문화가정이 늘어나고 결혼이주여성과 다문화 자녀에 대한 차별과 편견의 문제가 부상하면서 한국사회 안에서 다문화사회 담론이 본격화되었다. 다문화사회와 다문화주의 담론이 형성되는 과정에서 정부는 저출산 · 고령화로 인한 미래 노동인구 감소의 대응책으로 적극적인 다문화정책을 추진하기 시작한다(조지영, 서정민, 2013; Kim 2011). 정부의 다문화에 대한 정책적인 접근은 대부분 결혼이민자와 다문화가정의 자녀를 대상으로 하였다. 이에 다문화정책을 담당하는 정부기관이나 정책 주체들은 다문화정책의 대상자를 결혼이주민과 다문화가정으로 인식하고 있으며 정책예산도 이들에 집중되어 있다(정기선 외, 2012a, 2012b).

그리고 다문화사회의 정책을 대상으로 하는 집단에 북한이탈주민은 포함되어 있지 않다. 다문화사회의 주요 구성 집단임에도 불구하고 다문화정책 대상자를 외국인 유형으로만 한정하였기 때문에 북한이탈주민 집단이 제외된 것이다. 이는 다문화사회의 구성원을 이주민이 아닌 외국인으로 한정하고 있음을 보여준다. 지방자치단체 외국인주민 현황과 같은 조사 결과 또한 외국인근로자, 결혼이민자, 외국국적동포, 유학생, 외국인주민 자녀 등 외국인주민만을 대상으로 분류하고 있다. 다문화정책을 외국인 혹은 외국 출신 주민으로 한정할 경우 북한이탈주민이 배재될 소지가 있으므로 북한이탈주민의 특수한 지위를 감안하여 외국인주민이 아닌 이주민 개념으로 다문화정책 대상을 확대하여 접근하는 것이 필요하다.

셋째, 다문화사회의 통합과 이주민 대상 정책에 관한 논의는 시민이 아닌 한국인에 초점이 맞추어져 있다. 이주민에 대한 교육과정과 지원도 시민이 아닌 한국인을 양성하는 것을 목표로 하여 프로그램을 진행하고 있으며, 한국어교육과 한국사회에 대한 소개에 그치는 수준이며 정치적 재사회화와 시민교육에는 관심이 부족한 현실이다. 이는 한국의 다문화사회가 민족주의적 성격을 지니고 있다는 점도 영향을 미친 것으로 볼 수 있다. 서유럽이나 북미의 다문화사회와 다르게 동족 출신이 이주민의 구성에 다수를 차지하는 한국 다문화사회는 사회통합과 갈등의 양상도 다르게 나타날 수 있다. 서유럽 다문화사회의 갈등 원인이 인종과 종교의 차이에서 비롯된 차별에서 비롯된 것이라면 한국사회에서는 동족 출신 이주민의 기대 배반이 그 원인이 될 수 있다. 재중동포나 북한이탈주민에 대해서는 한국사회와 한국인이 기대하는 것이 더 크기 때문에 이것이 배반되면 더 큰 실망감과 상실감으로 인한 심리적 이반으로 이어질 가능성이 높다. 이러한 심리적 이반은 북한이탈주민과 재중동포 이주민을 통해서도 발견되고 있다(양계민, 이우영, 2016; 정기선 외, 2012b).

한국의 다문화사회는 이러한 특성을 고려한 갈등관리와 통합정책이 필요하다.

현재의 정책공급자 위주의 다문화 정책, 통합 정책의 추진만으로는 통합효과를 기대하기 어렵다. 이주민이 시민되기와 정치참여를 통하여 시민으로서의 권리와 의무를 다할 수 있도록 해야 한국사회에서의 소속감이 증진된다. 더불어 일반 시민의 이주민에 대한 인식의 변화를 통해서만이 통합과 갈등관리가 가능해질 수 있다.

(2) 반다문화주의 담론

한국의 다문화사회 특징은 서구와 달리 단일민족이라는 높은 동질성과 짧은 기간에 걸쳐 다문화사회로 전환되는 역사를 갖고 있고, 다문화공동체의 규모도 아직은 크지 않은 편이다. 이에 다문화사회에 대한 반대 시위나 큰 갈등의 표출은 없는 상태이다. 하지만 일각에서는 다문화사회 자체에 대한 반감 및 사회통합 정책의 쏠림현상에 관한 비판적인 여론이나 활동 등이 나타나고 있다. 반다문화주의 담론에 대한 쟁점은 다음과 같다.

① 민족적 정체성 혼란과 그에 따른 국가 결속력 저하
② 국적이나 이주 목적에 따라서 외국인을 차별적으로 바라보는 한국인의 인종적 · 민족적 배타성 ('선량한 이주민' 대 '불량한 이주민')
③ 문화적 · 종교적 갈등 우려
④ 기업의 이윤 확대를 위한 신자유주의 차원의 노동력 유치
⑤ 정부의 일방적인 다문화정책 추진
⑥ 다문화정책의 혼선과 과잉 및 중복의 문제점
⑦ 외국인 범죄를 비롯한 안보와 치안에 대한 우려
⑧ 외국인 · 이주민에 대한 복지부담의 증가와 그에 따른 내국인 역차별
⑨ 내국인의 일자리 잠식
⑩ 외국인근로자의 본국 송금으로 인한 국부 유출
⑪ 부정확하고 불명확한 '다문화' 용어 남용
⑫ 서구 다문화주의의 무비판적인 수용

출처: 심양섭, 2016.

반다문화 정서에 관련된 사안들을 살펴보면 지나치게 미시적 관점에서 사회

현상을 해석하는 것과 오해에서 비롯된 것이거나 우리사회 다문화정책의 미비점으로 인해 발생한 내용들이다.

(3) 한국 다문화사회 정책과 담론의 방향

다문화정책과 담론이 지향해야 할 방향에 대해서는 시민됨(citizenship) 개념을 활용하고자 한다(Kim & Yang, 2013). 여기서 시민됨이란 법적-제도적 권리에 국한되지 않고 태도적-행위적 차원에까지 시민의식이 확장되는 것을 의미한다(송샘, 이재묵, 2018). 이것을 다문화 및 이주민 담론에 적용시켜 보면 표 2-2로 구분된다.

표 2-2 다문화사회, 다문화주의, 이주민의 시민됨 개념 비교

다문화사회 (Multicultural society)	사회구성원의 인종, 종교, 가치관, 출신 지역과 문화가 다양한 사회
다문화주의 (Multiculturalism)	다문화사회에서 문화상대주의를 바탕으로 사회구성원이 어느 문화권을 택하든 존중하자는 담론
이주민의 시민됨 (Citizenship)	이주민이 그 사회시민으로서 법적 차원의 시민권을 획득하는 것에 그치는 것이 아니라 시민으로서 태도와 행위를 가짐

출처: Kim & Yang, 2013.

한국 다문화사회에 대한 다문화 및 이주민 담론을 통해 다음과 같은 논의가 가능하다(송샘, 이재묵, 2018).

첫째, 한국 다문화사회는 서유럽과 다른 다문화사회의 특징을 가지고 있으므로 다문화주의(multiculturalism)가 아닌 '이주민의 시민됨(citizenship)' 개념으로 접근하는 것이 요구된다. 다문화주의와 '이주민의 시민됨'을 비교해 보면 다문화주의는 정주의사, 거주기간, 시민권 취득 의사를 고려하지 않는다. 문화상대주의를 기초로 형성된 담론이기 때문에 현 사회의 문화와 가치관을 이들에게 강요하지 않는다. 하지만 역설적으로 이런 태도가 차별과 분리의 바탕이 되기도 한다. 문화상대주의의 지나친 강조는 이주민들을 계속 타자로 살아가게 만든다. 반면에 '이주민의 시민됨'은 법적-제도적 차원(legal-institutional dimension)에 한정된 시민권 개념을 넘어서 태도적-행위적 차원(attitudinal-behavioral dimension)을 포괄하여 이주민이 시민으로서의 태도를 갖는 것을 목표로 한다(Kim & Yang, 2013). '이주민의 시민됨'으로 접근할 경우 이들은 한국사회에 정주할 목적을 가지고 있고, 장기 거주가 예상되는 집단이므로 우리사회의 시민으로서 재사회화하는 것이 중요한 과제이다. 이주민은 새로운 사회에서 정주하는 것을 목적으로 하기 때문에 이미 영주권 또는 시민권을 취득하였거나 취득의사를 갖고 그 사회의 시민으로서 권리와 의무를 행사하고자 하는 의지가 있다. 이주민은 출신 문화에 머물러 있는 이방인이 아니라 적극적인 시민으로서 정치에 참여하기를 원하고 좀 더 적극적인 태도를 보인다. 이주민 출신이 아닌 일반 시민들도 자신을 타자화하는 이주민보다는 참여적이고 적극적인 이주민을 긍정적으로 바라보기 때문에 '이주민의 시민됨'은 이주민에 관한 인식 개선과 갈등관리, 사회통합에 긍정적인 영향을 미친다.

둘째, 외국인 주민이 아닌 이주민 개념으로 접근하는 것이 요구된다. 정부에서 작성한 통계자료나 연구보고서를 보면 북한이탈주민은 다문화정책 대상에서 제외되어 있다. 분단 상황이라는 특수성을 고려한다면 북한이탈주민을 외국인으로 규정하기 어렵기 때문일 것이다. 외국인이 아닌 이주민 개념으로 다문화정책을 추진해야 북한이탈주민도 다문화정책 대상에 포함될 수 있다. 이는 강한 민족주의적인 성격을 가진 한국 다문화사회 특성에도 적합하다. 재이주한 재외동포는 외국 국적을 가지고 있지만 같은 민족이라는 특성도 갖고 있다. 하지만 다문화정책에서 외국인으로 먼저 분류되고 관리된다면 이로 인해 차별의식과 분리의식을 가질 수 있다. 한국 다문화사회 특징과 분단의 특수성을 고려해서 외국인 주민이 아닌 이주민 개념으로 접근하고 북한이탈주민과 동족 출신인 재외동포 등 다양한 출신 집단을 포함하여 다문화정책을 통합하여 추진하고 관리해야 한다.

마지막으로 결혼이주민과 다문화가정에 집중되어 있는 담론과 정책을 이주민 집단 전체로 범위를 확대해야 한다. 한국 다문화사회의 담론이 결혼이주민과 다문화가정에서 출발한 배경에서 이들이 담론과 정책의 주요 대상이 되었다. 다문화정책을 집행하는 담당 공무원들도 역시 정책의 대상자를 결혼이주민과 다문화가정으로 한정하여 인식하고 예산이 이들에 집중되어 있다. 하지만 각각의 출신 집단이 정책적으로 지속적으로 배제되고 예산 편성과 집행에서도 소외된다면 이로 인해 이주민그룹 안에서도 차별과 갈등 문제가 발생할 수 있다. 결혼이주민 위주의 다문화정책과 담론이 오히려 이주민그룹 안에서 그들에 대한 차별과 갈등을 공고화할 수 있으므로 결혼이주민과 다문화가정 외에 북한이탈주민, 재외동포와 외국인근로자까지 확대하는 것이 필요하다.

3) 한국 다문화사회의 특징[6)]

(1) 민족주의의 강조

한국은 역사적으로 민족의 화합과 자긍심을 고취하고자 하는 의도로 단일민족 국가와 한 핏줄이라는 순혈주의를 강조하였다. 한국에서는 민족주의는 국가와 국민의 정체성에 입각하여 인식하는 불변적인 요소라고 생각하고 있지만, 서구에서는 민족주의(nationalism)를 근대의 자본주의 발전과정에서 발생한 역사적 산물로 인식하고 있다. 특히 현대 민족주의는 유럽 왕조의 독재주의에 대한 반발에서 시작된 것으로 보며(Leone, 1993), 일련의 역사와 상징이 축적되어 민족이라는 상상의 공동체를 구현했다고 본다(Edensor, 2008). 한국의 민족주의는 가부장적이며 배타적인 성격을 가지고 있는데 법률적인 차원에서 속지주의와 속인주의의 차이와 비슷하다. 속인주의를 강조하는 한국인의 인식구조는 강한 공동체 의식과 동질적 정체성을 강조하는 반면에, 이질적 집단에 대한 거부감과 배제성을 갖고 있다는 것도 사실이다.

6) 임형백 외(2009), 송샘 · 이재묵(2018)의 내용을 일부 발췌 · 인용함

표 2-3 속인주의와 속지주의

구분	속인주의	속지주의
의미	자국영역의 내외를 불문하고 국적을 기준으로 하여 모든 자국민에 대해 법을 적용하는 원칙	자국민과 타국민을 불문하고 자국영역을 기준으로 하여 그 영역 내에 있는 모든 사람에 대하여 법을 적용하는 원칙
국적	• 태어난 장소에 상관없이 부모국적에 따라 결정 • 국적자의 자녀, 배우자 등 인적 관계를 기준으로 국적 허용	• 태어난 장소에 따라 국적이 결정 • 국적자가 아니더라도 자국 내 출생자의 국적 취득 허용
예	• 모든 한국인에 대하여 거주 국가에 관계없이 대한민국의 법을 적용 • 한국에서 태어나고 교육을 받았어도 부모가 한국 국적이 아닌 경우 한국국적을 취득할 수 없다.	• 국적에 관계없이 한국에 있는 모든 사람에게 대한민국의 법을 적용 • 프랑스에서 태어나 교육받으면, 이종, 민족, 혈통, 출신에 관계없이 프랑스인이 될 수 있다.
적용국가	한국, 독일, 일본, 대부분의 서구 국가	프랑스, 미국

출처: 임형백, 2009a.

속인주의에서 나타나는 순혈주의와 단일민족에 관한 한국인들의 인식은 단기간에 다문화를 수용하기 어렵다는 문제점이 내재되어 있다.

(2) 다문화사회의 진입 유형

한국은 여러 사회적 · 역사적 특성으로 인해 이민에 대해 호의적인 국가가 아니었다. 한국은 민족주의와 속인주의의 성격이 강한 편이며 아직도 단기 노동력의 유입과 정주허용금지 원칙을 고수하고 있다. 이민자들의 유입을 위해서 사회통합을 포함한 다양한 이민문제를 다루는 정책보다는 단지 잠시 머물다 돌아가는 외국인들을 위한 외국인정책에 비중을 두고 있다. 한국보다 더 빨리 다인종사회로 진입한 국가들의 유형을 분류해 보면 서구 국가들은 다인종사회로 진입하지만 한국의 다문화사회 진입의 유형은 **표 2-4**에서 나타난 유형에 해당되지 않는다.

표 2-4 인구의 국제이동의 원인을 기준으로 살펴본 다인종사회로의 진입 유형

유형	예	비고
이주노동(Contract worker)에 의해 다인종 사회로 진입	독일 (사회통합적 다문화주의)	• 1960년대 스페인, 그리스, 터키, 포르투갈 출신의 노동자를 방문노동자(Gastarbeiter) 형식으로 초청 • 1973년 방문노동자 정책을 포기했지만, 가족 초청 등의 형식에 의해 독일에 거주하는 소수 인종집단은 지속적으로 증가하여 4백여만 명에 이름
이민(immigration)에 의해 다인종 사회로 진입	미국(다원적 다문화주의), 캐나다, 호주	• 부족한 노동력을 메우기 위해 전 세계로부터 다양한 인종의 영구이민을 확대 • 캐나다는 영국문화에의 동화를 강요한다. 프랑스계의 퀘벡(Quebec)분리주의 등장 이후 '이중문화주의' 입장 견지 • 호주도 1973년 백호주의(White Australia Policy)의 포기 이후, 비유럽이민자들이 급증하고, 특히 1988년과 1989년에는 전체인구증가의 54.4%를 이민인구가 차지
구식민지와의 포스트식민주의 상황에 의해 다인종 사회로 진입	영국, 프랑스 (사회통합적 다문화주의)	• 구식민지 국가 출신들이 이주 • 프랑스 이민자의 대부분은 무슬림이며 이민자의 22%가 알제리 출신 • 영국은 개방정책(open door policy)을 펴오다 1962년 이후 이민을 엄격히 제한하지만, 다양한 형태의 이민으로 현재 영국 인구의 7.85%가 인종적 소수집단

출처: 홍기원 외, 2006 참고하여 수정; 임형백 외, 2009.

서구사회는 자국에게 이익이 되는 사람들 가운데 일정 정도의 자격을 지닌 사람을 수용하여 정주를 허용하며, 가족 단위의 대규모 이민이 이루어지지만 한국은 단일민족의 동질성에 새로운 집단이 이주해오면서 다문화사회가 진행되고 있다. 정주허용금지 원칙에 의해 대규모 이민이 아닌 단기 거주 노동자와 결혼이민자를 통해 다문화사회가 진행된다는 측면에서 서구국가의 다문화사회와 진입과 차이가 있다.

최근 한국사회에 외국인근로자와 결혼이민자가 빠르게 증가하면서 이들의 존재와 규모는 우리사회에 다문화사회에 대한 관심을 불러 일으켰다. 실제로 정책의제 선정과 채택 단계에서도 이들을 중심으로 논의하는 배타적 · 전략적 사고를 한다.

4) 체류 외국인 증가와 다문화사회[7)]

다문화사회는 국가 간 자본과 자원의 이동뿐만 아니라 인력 이동도 자연스럽게 증가한다. 한국사회는 다른 국가와 다르게 결혼이민자와 단순노무에 종사하는 저숙련 노동자의 유입로 인해 이민자가 증가해왔다. 한국사회에는 이들에 대한 차별과 편견이 여전히 존재하지만 이들이 한국사회에 기여한 바를 과소평가할 수는 없다. 외국인근로자는 3D 산업에 종사하므로써 중소기업의 노동력 부족 문제를 해소하고, 결혼이주여성은 고령화 · 저출산으로 인구 구조에도 변화가 생기는 시기에 결혼과 출산을 통해 사회적인 안정성에 기여하고 있기 때문이다.

다문화사회의 장점으로는 사회가 다원화되면서 서로 다른 문화가 접목해서 시너지 효과를 창출할 수 있다는 점이다. 문화적 다양성을 글로벌 경쟁력 및 자산으로 끌어올릴 때 다문화사회의 장점은 더욱 극대화되며, 외국인들의 언어와 문화가 새로운 국가경쟁력을 위한 동력으로 활용될 수 있다.

그러나 다문화사회는 긍정적인 기대효과도 있지만 새로 유입되는 구성원과 기존 구성원 간에 잠재적인 갈등이 표출될 수 있다는 문제를 안고 있다. 사회통합을 위협하는 사건이 발생하면 외국인 범죄에 대한 두려움이 커질 수 있으며, 외국인이 많이 사는 지역은 슬럼화가 될 수 있다. 특히 경제 침체기에 외국인근로자 수가 크게 증가함에 따라 일자리 경쟁도 치열해지고, 반다문화정서도 커지고 있는 양상이다.

한국사회는 외국인의 증가에 따른 시대변화에 맞춰 다른 문화를 이해하고 수용하려는 개방성을 갖추고 공존하는 법을 배우는 것이 필요다. 또한 문화적 다양성의 인정으로 끝나는 것이 아니라 구체적으로 다양한 이주자들의 강점을 끌어내 주는 구체적인 정책들이 필요하다. 다문화에 대한 반감을 완화하고 우리사회가 지속 가능할 수 있도록 결혼이민자, 외국인 동포, 외국인근로자 등을 포용할 수 있는 균형있는 정책을 마련해야 한다.

---

7) 김태종. "외국인 150만명 시대 가속화하는 다문화사회 明과 暗". 연합뉴스. 2013년 06월 10일의 내용을 일부 발췌 · 인용함

3. 한국 다문화사회의 갈등

1) 한국사회 다문화 갈등의 배경[8)]

한국사회는 민족주의, 순혈주의를 강조한 단일 민족국가라는 것을 오랫동안 교육해왔다. 이러한 배경으로 인해 이주자와 타문화에 대한 배타적인 입장이 강한 것이 사실이다. 하지만 현실적으로 저출산과 고령화 사회로 진입한 한국사회가 안고 있는 문제를 해결하기 위한 방안으로 외국인근로자와 결혼이민자를 받아들일 수밖에 없는 상황이다.

이주자들은 다양한 목적으로 한국으로 이주하였고 자국의 문화와는 다른 이질적인 문화를 접한다. 한국사회는 이주자의 출신국이나 인종 등에 따라 차별적인 태도를 취하는 경향이 있는데 선진국 출신 이주자에 대해서는 보다 우호적인 태도로 적극적으로 호의를 베푼다. 그러나 동남아국가 출신이나 저개발 국가 출신의 이주자에 대해서는 무시하거나 경계하는 태도를 보인다. 무시나 차별을 경험한 이주자들은 한국인에 대해 부정적 또는 견제를 하는 심리적 자세를 취할 것이다.

2000년 이후 한국에는 다양한 이유로 외국인근로자가 증가했는데 이들에 대한 차별이 여전하다. 한국도 국제인권규약에 가입한 상황임을 비추어 볼 때 인종, 국적, 종교 등의 이유로 차별을 해서는 안되는 책임과 의무가 있다. 하지만 현실에서 빚어지는 차별적 대우나 무시와 편견으로 갈등이 심화될 수도 있다.

문화의 다양성을 가진 다인종의 이주자들이 원주민과의 조화를 이루지 못할 경우에는 갈등이 발생하기 쉽다. 이주자가 급격히 증가하면서 정부는 그들을 효과적인 관리가 어려워지고, 특히 국민과 동등한 지위를 부여해야 하는 법적 · 제도적 보장에 부담을 안게 된다. 더구나 글로벌 시대에는 국제경쟁의 통합과 무국경화 현상에 대응하여 사업의 영역을 세계로 확대해야 하는(황인태, 2008) 상황에

8) 김판준(2013)의 내용을 일부 발췌 · 인용함

서 국제이주자들의 이동이 증가 추세에 있는 것은 피할 수 없는 현실이다. 이에 바람직한 대응을 위한 방안을 모색하는 것이 한국사회의 과제이다.

2) 한국사회의 다문화 갈등의 요인[9]

다문화사회가 직면한 여러 가지 문제를 일으키는 갈등의 요인은 이주민에 대한 차별과 편견에서 찾아볼 수 있다. 갈등은 문화와 제도, 인권 침해의 차별적 태도와 행위 등으로 다양한 차원의 영역에서 일어난다. 한국의 다문화사회에서 차별과 관련된 사회적 현상들의 구체적인 내용들을 정리하면 표 2-5와 같다(황갑진, 2015).

표 2-5 다문화 차별과 관련된 내용 구분

분류		내용
원인	제도	산업연수생 제도, 노동허가제와 고용허가제, 재한외국인 기본법, 외국인 고용에 관한 보호 법률, 재외동포법, 방문취업제, 미등록 노동자 정책, 국적법 개정(헌법 위배), 차별금지법, 국제협약 비준, 다문화가족 지원법, 조례, 각종 기념일 제정, 기구 설립과 축소, 최저임금법 개악, 제도의 획일성 등
	문화 · 태도	피부색 편견, 비백인 편견, 범죄자 인식, 사회불안 요인, 약자 탄압, 혼혈 거부, 일자리 축소 편견, 도구적 의식(상품화, 씨받이, 노동력 등), 인권실태조사 내용, 배제와 차별 태도, 한민족 단일문화, 전통적 여성상 강조, 상업적 문화(결혼알선업체), 다양성의 권리, 집단주의, 난민불인정 등
	인권 · 차별	제도적 차별, 인종차별, 외모 차별, 폭언과 폭력, 성추행, 임금체불, 장시간노동과 강제노동, 여권압류, 미등록 노동자 비인간적 단속과 추방, 열악한 작업과 거주 환경 등
	종교	정부 종교 편향성

출처: 황갑진, 2015, 수정.

다문화사회의 차별과 갈등에 연관된 주요 내용들을 분류하여 보면, 인권과 차별을 언급한 내용이 가장 많았고, 다음으로는 제도, 사회운동과 문화 · 태도에 관한 순으로 많은 반면에 종교에 대한 언급은 거의 없었다. 사회운동이 차별의 결과라는 면을 감안하면 다문화사회의 차별 및 갈등과 가장 연관이 있는 요인은

9) 황갑진(2015)의 내용을 일부 발췌 · 인용함

인권과 차별 의식, 제도, 사회구성원의 문화와 태도를 들 수 있다. 한국 다문화사회 관련 제도와 문화, 태도와 의식은 다문화적 차별과 갈등을 발생시키는 주요 요인인 것이다. 이는 한국사회는 다문화사회에 적합한 제도와 문화, 태도와 의식, 특히 인권과 평등의식이 부족하다는 의미로 해석할 수 있다. 그러나 한국의 경우 아직은 종교적 요인은 다문화사회의 차별과 관련이 적은데 앞으로 그 추이에 집중해 볼 필요가 있다.

사회운동은 사회적 차별에 관한 집단적 해결을 위한 노력을 의미하며, 행사와 교육 그리고 지원은 차별이나 갈등 해결을 위한 대안적 노력이 될 수 있다. 다문화사회의 차별 관련 요인으로 분류된 제도, 문화와 태도, 인권과 차별 영역의 구체적인 내용들은 한국 다문화사회에서 차별의 원인을 구체적으로 이해하는 데 매우 중요하다.

(1) 제도적 원인

제도적 측면에서 이주자에 대한 차별의 대표적인 사례는 2007년 위헌 결정된 산업연수생제도와 2003년 제정된 고용허가법이다. 산업연수생제도는 실질적으로 중소기업의 인력난을 해소하기 위한 제도였으나 산업연수생이라는 명목으로 노동자로서 권리가 보장되지 못하여 저임금, 장시간 노동, 산재보험도 미적용하는 문제가 있었다. 이들의 다수는 여권압류와 임금 체불, 감금노동과 폭행 및 폭언, 협박과 같은 사업주에게 횡포를 당하는 경우도 많았다. 이러한 문제로 산업연수생제도가 폐지되고 노동허가제 혹은 고용허가제의 도입에 대한 논의를 하게 되었다. 이주노동 관련 단체들의 지속적인 폐지 주장에도 불구하고 중소기업협동중앙회, 재계 그리고 일부 국회의원들의 반대 때문에 산업연수생제도는 2007년에 위헌 결정이 나면서 폐지되었다. 고용허가제는 외국인근로자를 공식적으로 노동자로 인정하여 노동권을 보장하기 위해 2004년부터 실시되었으나, 근로계약은 기본 3년과 재입국 후 2년으로 제한되고,[10] 노동 3권은 제한되는 경우가 많았

10) '성실외국인 재입국 특례제도'로 요건이 충족되는 자에 한해 재입국 고용허가를 신청한 경우 추가 1회에 한해 4년 10개월 체류가 가능해졌다.

다. 또한 사업주의 권한으로 노동자의 직장 이동의 선택이 제한되는 문제점이 있었다. 직장을 변경하기 위해서는 사업주의 허가를 받아야 하고, 사업장 변경에 대한 허가를 받더라도 3개월 이내에 취업해야 한다. 고용허가제는 일반 노동자와 다르게 매년 계약 갱신의 권리나 직장을 그만두거나 옮길 권리, 원하는 동안 일할 권리, 가족의 재결합이나 만날 수 있는 권리가 부여되지 않았다. 산업연수생 제도와 고용허가제의 문제점들로 인해 미등록 외국인근로자가 양산되었으며, 미등록 외국인근로자의 증가로 인한 단속 · 추방 과정에서 심각한 인권문제가 발생하는 등 여러 갈등 요인이 있다. 미등록 외국인근로자 발생의 원인을 크게 세 가지로 정리하면 다음과 같다. 첫째, 원인은 1990년대 초 한국정부가 3D 산업의 노동력 부족 문제를 해결하기 위해 산업연수생으로 불러들이고는 연수생이라는 이유로 노동 3권을 보장하지 않은 것이다. 그래서 이들은 회사에서 이탈하고 미등록 체류자가 되었다. 둘째, 산업연수생 제도의 문제를 인지하고 관광비자로 입국하여 일하는 외국인근로자가 증가했다는 것이다. 셋째, 자본주의사회에서 이윤추구만을 목적으로 하는 고용시장이 원인이다. 정부는 국내의 노동력 부족 문제를 해결하기 위해 수만 명의 외국인근로자들을 고용허가제로 불러 투입하고 있으나, 사람의 인권에는 관심이 없고 이윤추구와 통제에만 집중해서 외국인근로자의 불만이 점점 커지고 있다.

이러한 산업연수생과 고용허가제의 문제점과 미등록 외국인근로자에 대한 비인간적인 단속은 외국인 고용관련법, 차별금지법, 국제협약 비준 등에 관한 논의를 촉발시켰다.

또한 우리나라는 유엔 인권이사회, 유엔 경제 · 문화 · 사회적 권리위원회 등에서 차별금지법 채택 권고 및 촉구를 받았지만 포괄적인 차별금지법을 채택하지 못하고 있다. 국적, 인종, 종교, 성적 지향 등에 대한 차별금지법을 채택하는 데 있어 여러 장벽에 부딪히고 있는 실정이다.

국제결혼과 관련한 제도를 보면 국제결혼 가정의 빈곤, 문화 차이와 언어문제, 세대 차이와 같은 다양한 요인으로 발생한 가정 폭력은 시급히 개선해야 될 문제이다. 여성가족부 산하 이주여성긴급지원센터의 상담실적은 매년 증가하고 있으며 가정폭력 피해상담도 최근 몇 년간 계속 늘어나고 있다. 문제는 결혼이주여성의 체류에 관한 남편의 선택과 영향력이 크게 작용한다는 부분이다. 체류기간 연장 과정에서 남편의 신원보증제도가 폐지되었지만 현실적으로는 남편의 조력이 필요하고, 가정폭력 피해 입증도 어려워 남편에게 종속되는 부당한 상황에 처해 있는 경우도 많다. 이러한 현 제도는 남성 중심적이며 이주여성의 인권을 침해한다는 점에서 개선이 요구되고 있다.

(2) 문화 · 태도와 다문화사회의 차별

문화와 태도 측면에서 많이 언급되는 내용은 한국인의 인종차별적 태도이다.

한국인은 역사적으로 수많은 위기를 함께 극복하는 과정에서 단일민족으로서의 강한 연대감을 형성하였다. 이는 민족 단합과 발전을 위한 긍정적인 동력으로 작용하기도 했지만 타민족이나 타문화에 대한 부정적 인식과 차별로 이어지기도 했다. 특히 일제 식민의 경험과 6.25 전쟁을 거치면서 경제 발전의 초기에는 서구 문화에 대한 선호도가 높고 백인에 대한 열등의식을 가졌던 것에 반해 경제성장을 통해 선진국에 진입한 현재는 오히려 발전이 늦은 개발도상국의 이주민들에 대해 무시하는 경향을 보이고 있다.

한국인의 이러한 이중적 태도는 단일민족주의와 천민자본주의에 기인한 인종차별적인 의식에 기인하고 있다고 볼 수 있다. 결혼이민자나 외국인근로자를 인간으로 대하기보다 수단이나 상품으로 취급하여 인격적으로 무시하는 행위는 다문화사회를 맞이하는 자세로 부적절하다. 세계화시대의 다문화 사회통합을 실천하기 위해서는 다문화사회의 수용과 문화다양성에 기반한 인식의 전환이 요구되고 있다.

(3) 인권 · 차별의식과 다문화사회의 차별

아직도 한국사회는 인권의식의 부족과 차별의식으로 이주자의 인권을 무시하고 차별을 하는 행위들이 많이 발생하고 있다. 다문화가족구성원들이 경험하는 한국의 인종차별주의는 대부분 가부장적 혈통주의, 국가별 경제력 차이에 따른 차별과 결합되어 나타난다.

외국인근로자와 관련된 산업연수생제와 고용허가제로 인해 발생한 인권침해와 차별에 대한 사례는 매우 많다. 고용허가제는 외국인근로자의 직장이동 허가권을 사업주에게 주어 외국인근로자의 직장이동의 자유를 제한하고 있다. 외국인근로자들은 열악한 작업환경에서 저임금, 강제 노동, 차별적 임금과 임금체불, 폭언과 폭행, 성희롱, 높은 산업재해와 질병, 퇴직금 미지급 등 많은 차별문제와 인권침해를 경험하고 있다.

고용허가제의 문제점으로 인해 많은 외국인근로자는 위험하더라도 자유롭고, 임금도 많고, 편하게 살 수 있는 미등록 체류자의 길을 택하고 있다. 그러나 미등록 외국인근로자 단속을 진행하는 과정에서 인권침해는 여전히 큰 사회문제로 남아 있다. 미등록 외국인근로자의 단속 및 강제추방정책은 인권적인 면에서 많은 문제점을 노출하고 있다.

(4) 종교 갈등[11)]

다문화사회로의 변화는 다양한 인종과 문화가 공존하는 사회를 만들어 가는 과정이다. 따라서 사회통합의 과정에서 종교는 사회의 지배적인 규범과 가치를 정당화하면서 사회구성원들에게 공통된 집단의식을 형성하게 하며, 이를 통해 사회질서와 통합을 가능하게 한다.

특히 종교는 이주민들에게 확고한 정체감을 부여하여 낯선 문화와 공간에 자연스럽게 통합되도록 돕는다. 이타적 인간애에 기초하여 성립된 종교의 조직은 이주민들의 삶에 필요한 여러 가지 정보를 제공하고 어려움을 서로 도와 이겨내도록 하는 상호 부조의 기반이 된다. 또한 종교 조직은 내국인들과 이주민들이 종교적 교리에 입각한 친밀한 인적관계를 형성하게 만들어 편견과 선입견을 없애도록 돕고 사회 통합의 초석을 놓기도 한다.

그러나 종교는 절대신념체계이자 구조적 세계관으로, 절대신념체계는 다른 신

11) 박성호(2012), 성해영(2012)의 내용을 일부 발췌 · 인용함

념체계와 만나면 갈등을 유발하게 되므로 다종교사회의 사회통합은 복잡한 양상을 보인다. 한국은 세계에서 그 유래를 찾기 어려울 정도로 다종교사회이다. 유교, 불교, 가톨릭, 개신교, 원불교, 이슬람교 등이 서로 영향을 미치며 공존하고 있다. 현재 한국사회에서 종교간 갈등이 전혀 없는 것은 아니지만 사회통합을 위협할 만한 문제는 아직 발생하지 않았다. 하지만 다문화사회가 심화될수록 다양한 인종과 종교가 공존하게 되면서 종교 간의 갈등이 심화될 수도 있다.

다문화사회는 불가피하게 종교 다원화 현상을 초래할 수밖에 없다. 하지만 특정 종교의 사람들은 다른 종교와 평화적인 공존을 거부한다. 일부 외국인들은 한국 내에서도 자신들의 문화와 종교를 고집하고, 게토를 형성하며 종교적 · 문화적 우월감을 갖고 한국문화에 적응하기를 거부하고 있다. 특히 현재 유럽에서는 반 이슬람주의를 내세운 극우파와 이슬람 과격 세력 간에 충돌과 테러 위협이 일상화되고 있다. 이슬람은 정교분리를 인정하지 않으며 일부 이슬람주의자들은 종교적 이데올로기와 가치관을 전도를 통한 설득으로 확산하기보다는 폭력적 수단으로 강요한다. 결과적으로 많은 국가들이 이슬람교의 무슬림들로 인해 갈등을 겪고 있는 것이다. 하지만 모든 무슬림들이 다 이와 같이 과격한 것은 아니다. 온건 무슬림들은 대체로 거주 국가의 문화와 사회에 적응하려고 노력하고 있다. 이에 무슬림에 대한 무조건적인 차별과 편견의 태도는 지양해야 한다.

한국사회에서도 서구사회에서 발생한 이슬람의 문제로 인하여 이슬람에 대한 공포와 혐오를 통한 편견을 갖게 되었고, 이를 배척하려는 종교적 갈등의 조짐도 보이고 있다. 특히 이들이 보여주는 종교와 문화의 단편들이 한국사회의 일반적인 문화와 기본적 인식과 많은 차이를 보이면서 차별적인 태도를 형성하게 만들었다. 한국도 다문화사회에서 종교가 오히려 갈등과 분열의 주요 원인이 될 수도 있다는 점을 시사한다.

하지만 예로부터 한국은 유 · 불 · 선 통합사상 등 타종교에 대한 관대성, 종교간 화합을 중시하는 전통과 문화가 있다. 이주민들을 포용할 수 있는 정책 마련을 위해 종교에 대한 명확한 인식과 수용을 바탕으로 한 종교 갈등에 관한 대안을 제시하는 것이 중요하다.

CHAPTER 03

이민 · 다문화가족의 이해

1. 다문화가족의 이해
2. 국제결혼가족
3. 이주배경청소년에 대한 이해
4. 외국인근로자가족
5. 북한이탈주민가족

1. 다문화가족의 이해[1)]

다문화가족은 다문화가족지원법 제2조 제1호에 따라 재한외국인 처우 기본법 제2조 제3호의 결혼이민자, 국적법 제4조에 따라 귀화허가를 받은 자, 국적법 제3조 및 제4조에 따라 대한민국 국적을 취득한 자와 같은 법 제2조부터 제4조까지의 규정에 따라 대한민국 국적을 취득한 자로 이루어진 가족을 말한다.

다문화(multiculture)란 아직까지도 명확하게 정의하고 규정하기는 어렵지만 언어, 문화, 종교, 성별, 관습, 인종, 계층, 직업 등 다양한 차이에 의해 나타나는 서로 상이한 문화를 나타내며, 이러한 상이하고 다양한 문화를 수용하는 다문화사회라고 한다. 이런 다문화사회의 최소 단위를 가정이라고 볼 수 있으며, 다문화적 특성을 가진 가정을 다문화가정이라 하고, 그 가정의 구성원을 다문화가족이라 한다(이근매 외, 2014). 다문화가족은 급변하고 사회적인 관심이 증폭되고 있는 가족유형 중의 하나이다. 2000년대부터 국제결혼의 증가로 결혼이주여성이 급증하게 되어 이들의 안정적인 정착 지원을 위해 2008년부터 다문화가족지원 정책이 시작되었고, 다문화가족정책은 결혼이민자와 다문화가족에 대한 지원이 주를 이루고 있다. 법률적으로는 다문화가족은 협의의 개념으로 국제결혼을 통해 형성된 가족만으로 국한되어 있어 다문화가족정책이란 결혼이민자와 그 가족을 지원하기 위한 정책이라는 인식이 크다.

하지만 다문화가족은 다양한 민족 · 문화적 배경을 지닌 사람들로 구성된 가족을 통칭하는 것으로 사용되고 있으며, 국제결혼가족 등의 차별적 용어를 대신하여 다문화가족이라는 명칭을 사용하게 되면서 그 범위에 대한 명확한 규정과 정책적 재해석이 요구되고 있다. 넓은 의미의 다문화가족은 세대 간, 계층 간, 지역 간의 문화적 차이나 가치관의 차이가 존재하는 가족으로 결혼이민자, 외국인근로자, 유학생, 난민, 동포, 북한이탈주민 등 우리와 다른 민족, 다른 문화 배경을 가진 사람들로 구성된 가족을 의미한다(조영달 외, 2006).

---

1) 이주연(2019), 이상서. "탈북민 · 난민인정자도 다문화가정에 포함하는 법안 추진". 연합뉴스. 2020년 11월 16일의 내용을 일부 발췌 · 인용함

다문화가족에 대한 법률적 정의와 별개로 다문화가족지원센터의 사업대상은 결혼이민자(혼인귀화자 포함), 일반 귀화자, 배우자, 시부모, 자녀(중도입국자녀 포함), 친인척, 외국인근로자, 외국인유학생, 북한이탈주민, 기타 등 다양한 대상을 포함하고 있다(여성가족부, 2020). 따라서 광의의 개념으로 다문화가족이란 한 가족 안에 다양한 문화가 공존하고 있는 가족을 의미한다고 정의할 수 있다. 이를 정리하면 **표 3-1**과 같다.

표 3-1 다문화가족의 구분

구분	구성원
국제결혼가정	• 한국인 아버지와 외국인 어머니로 이루어진 가족 • 한국인 어머니와 외국인 아버지로 이루어진 가족 • 혼인귀화자와 한국인 부모로 이루어진 가족
외국인근로자가정	• 외국인근로자가 한국에서 결혼하여 이루어진 가족 • 외국인근로자가 본국에서 결혼 후 국내에 이주한 가족
기타 이주민가정	• 유학생 가족, 북한이탈주민가족

출처: 정하성 외, 2007, 다문화 청소년 이해론 수정 후 재작성.

2008년에 제정된 다문화가족지원법에는 다문화가족을 협의의 개념으로 사용하고 있어 법에 기초하여 다문화가족의 생활안정, 교육지원 등을 지원하게 된다. 따라서 다문화가정의 명칭을 이주가족으로 변경하고, 여기에 기존 결혼이민자 가족뿐만 아니라 귀화자 가족, 북한이탈주민가족과 난민인정자 가족 등을 추가하는 법안이 추진되고 있다[2]. 현행법상 이들은 다문화 지원책에서 배제되고 있으며, 이주배경 아동·청소년의 경우 청소년 관련 정책에서 배제되거나 차별받을 수 있는 가능성이 있기 때문이다. 따라서 현행법의 명칭을 '이주가족지원법'으로 하고, 다문화가정 명칭을 이주가족으로 변경하도록 하여 '다문화'라는 용어가 주는 낙인감에서 벗어나도록 하면서 지원 대상 이주가족의 범위 확대 및 이주배경 아동·청소년 관련 조항 신설을 통해 실질적 사회통합을 이루자는 정책적 취지가 담겨 있다.

2) 「다문화가족지원법」 전부개정법률안((2019. 12. 10.)

2. 국제결혼가족[3)]

1) 국제결혼가족의 개념

일반적으로 국제결혼가족은 다문화가족을 대표하는 집단이며, 통상 다문화가족이란 용어로 대치되어 사용되는 것이 일반적이다. 다문화가정 또는 다문화가족은 서로 다른 국적과 문화의 남녀의 국제결혼을 통해 만들어진 가정이나 그런 사람들이 포함된 가정을 널리 의미하는 말이다. 다양한 민족 · 문화적 배경을 지닌 사람들로 구성된 가족을 통칭하는 것으로 사용되고 있으며, 국제결혼가족 등의 차별적 용어를 대신하여 다문화가족이라는 명칭을 사용하게 되었다.

다문화가족은 다문화가족지원법 제2조 제1호에 의해 결혼이민자와 대한민국 국민으로 이루어진 가족, 국적법에 따라 인지 또는 귀화로 대한민국 국적을 취득한 자와 대한민국 국민으로 이루어진 가족으로 정의된다. 대한민국 국민과 사실혼 관계에서 출생한 자녀를 양육하고 있는 다문화가족구성원에 대해서도 다문화가족지원법에 따른 다문화가족 지원 규정이 적용된다(다문화가족지원법 제14조).

2) 다문화가족의 현황

2018년 다문화가족실태조사[4)]에 따르면 다문화가족은 전체 33만 가구(가구원 101만 명)로 전체 가구대비 1.7%(가구원 2%)를 차지하며, 국제결혼 증가로 다문화가족은 증가 추세에 있다. 결혼이민자 · 귀화자의 10년 이상 거주 비율은 2015년 47.9%에서 2018년 60.6%로 12.7% 증가하는 등 결혼이민자 · 귀화자의 국내체류가 장기화되고 있다.

---

3) 여성가족부(2019, 2020), 출입국 · 외국인정책본부(2020), 김현미(2018)의 내용을 일부 발췌 · 인용함

4) 다문화가족에 대한 가족관계, 생활양식, 가족문제, 경제상태, 교육지원 등에 관한 현황 및 실태를 파악하여 다문화가족정책수립에 필요한 기초통계자료를 구축한다. 다문화가족지원법 제4조(실태조사 등)에 의해 여성가족부장관은 다문화가족의 현황 및 실태를 파악하고 다문화가족 지원을 위한 정책수립에 활용하기 위하여 3년마다 다문화가족에 대한 실태조사를 실시하고 그 결과를 공표하여야 한다.

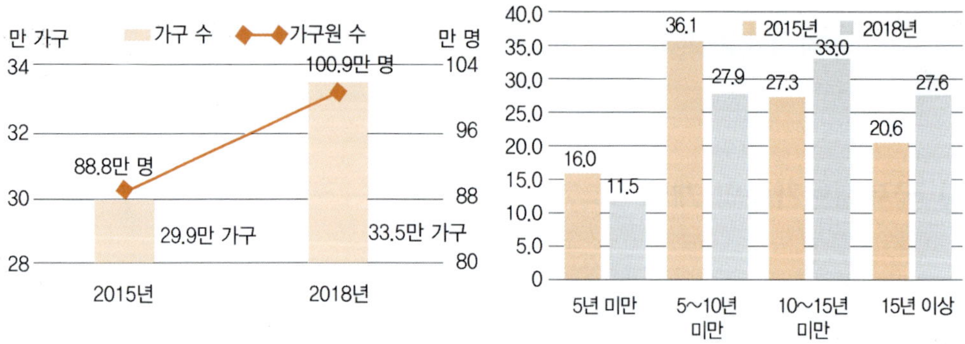

다문화가구 및 가구원 현황
(통계청, 인구주택총조사)

국내 체류기간 현황
(2018년 다문화가족실태조사)

▌그림 3-1▐ 다문화가족 현황

출처: 여성가족부, 2020.

다문화자녀는 본격적인 청소년층 진입이 시작되는 학령기 자녀 비율이 증가[5] 하고, 전체 학생 대비 다문화학생 비중[6]도 지속적으로 증가 추세이다.

3) 결혼이민자

(1) 결혼이민자의 개념

재한외국인 처우 기본법 제2조에 따르면, 결혼이민자란 대한민국 국민과 혼인한 적이 있거나 혼인관계에 있는 재한외국인으로 대한민국의 국적을 가지지 않은 사람으로서 대한민국에 거주할 목적을 가지고 합법적으로 체류하고 있는 사람을 의미한다. 외국인이 대한민국의 국민과 결혼하게 되면 국민의 배우자로서의 지위를 갖게 되는데 결혼이민자는 체류외국인 중 국민의 배우자 체류자격을 가진 자를 말한다. 2009년 이전에는 F-2-1 및 F-1-3에게 주어지던 배우자 체류자격이 2011년 이후 F-5-2, F-6으로 변화되었다. 결혼이민(F-6)자격은 대한민국 국민과 결혼한 외국인의 체류자격이다. 결혼이민(F-6)자격은 취업활동에 대한 제한이

5) 9~11세 비율: '15년 30.7% → '18년 45.8%(2018 다문화가족실태조사)
6) 다문화학생 비중: '10년 0.44% → '19년 2.5%(2019 교육기본통계)

없고, 결혼이민(F-6)자격으로 2년 이상 국내 체류하면 영주(F-5)자격으로 변경신청을 할 수 있다.

이 법에 의하여 결혼이민자는 한국국적이 없는 외국인으로 한정된다. 하지만 이러한 정의는 혼인귀화자의 존재를 간과한 것으로 다문화가족의 양태를 살펴봄에 있어서 상당히 제한적이다.

현행 국적법은 혼인에 의한 귀화를 간이귀화로 설정, 일반귀화보다 다소 완화된 기준 적용을 통해 국적을 부여하고 있다. 이에 따라서 한국에서의 체류기간이 장기화되고, 초기적응이 끝난 상당수의 결혼이민자들이 혼인관계에 의한 국적취득인 혼인귀화를 하고, 실제로 혼인귀화 규모가 커지고 있다. 혼인귀화 집단은 한국국적 취득자이지만, 결혼을 통한 이주라는 측면에서는 외국국적 결혼이민자와 이주동기 및 배경이 동일하다는 특성을 갖는다. 따라서 결혼이민자를 외국 국적자로만 한정하게 되면 전체 결혼이주자들의 특성과 규모를 살펴보는 데 있어 제한적일 뿐만 아니라, 귀화자 내에 혼인귀화자를 포함하여 다른 유형의 귀화자들과 혼재되어 귀화자 집단의 특성 또한 희석시키는 결과를 낳게 된다. 따라서 이러한 문제의식에 따라 결혼이민자를 정의함에 있어 국적의 기준을 삭제하고, 대한민국 국민과 혼인한 적이 있거나 혼인관계에 있는 외국출신자로 확대 적용하며, 재한외국인 처우 기본법에서 정의하는 결혼이민자와 혼인귀화자의 합이라고 할 수 있다(여성가족부, 2019).

한국사회에 거주하고 있는 다양한 외국인 집단 가운데 결혼이민자는 가장 사회적 관심이 집중되는 집단이다. 결혼이민자는 국제결혼을 목적으로 이주해 온 외국인을 의미하며, 대부분 결혼 중개를 통해 아시아 국가로부터 유입된 이주여성에 대한 호칭이다(최명민 외, 2015). 결혼이주여성에 대한 정부 지원정책은 국내 남성과 결혼한 외국인 여성 중에서도 한국 국적을 취득했거나 자녀를 출산한 결혼이주여성에 집중되어 있다.

다문화가족지원법에 나타난 결혼이민자의 정의는 다음과 같다.

제2조(정의)

1. '다문화가족'이란 다음 각 목의 어느 하나에 해당하는 가족을 말한다.
   가. 「재한외국인 처우 기본법」 제2조 제3호[7]의 결혼이민자와 「국적법」 제2조[8]에 따라 출생 시부터 대한민국 국적을 취득한 자로 이루어진 가족
   나. 「국적법」 제4조에 따라 귀화허가를 받은 자와 같은 법 제2조에 따라 출생 시부터 대한민국 국적을 취득한 자로 이루어진 가족
2. '결혼이민자 등'이란 다문화가족의 구성원으로서 다음 각 목의 어느 하나에 해당하는 자를 말한다.
   가. 「재한외국인 처우 기본법」 제2조 제3호의 결혼이민자(대한민국 국민과 혼인한 적이 있거나 혼인관계에 있는 재한외국인)
   나. 「국적법」 제4조 68)[9]에 따라 귀화허가를 받은 자

출처: 다문화가족지원법.

(2) 결혼이민자의 법적 지위

결혼이민자와 관련된 현행법들은 다문화가족의 형성 단계를 기준으로 마련된 제도적 장치들이며, 다문화가족의 정착과 사회 통합을 목적으로 하고 있다. 출입국관리법과 국적법은 결혼이민자의 출·입국 및 대한민국 국적의 취득 과정과 자격 기준을 제시하고 있으며, 재한외국인 처우기 본법, 다문화가족지원법, 결혼중개업의 관리에 관한 법률 등은 실제 결혼이민자가 대한민국 국민으로서 사회로부터 제공받을 수 있는 보호와 지원에 대한 방향을 제시하고 있다. 결혼중개업의 관리에 관한 법률은 결혼이민자들이 결혼 진행 과정에서 겪을 수 있는 상업적 처우, 인신매매, 인권 침해의 폐해를 예방하고자 중개업 등록 의무와 처벌 규

---

7) 「재한외국인 처우기본법」 제2조 제3호 "결혼이민자"란 대한민국 국민과 혼인한 적이 있거나 혼인관계에 있는 재한외국인을 말한다.

8) 「국적법」 제2조(출생에 의한 국적 취득) ① 다음 각 호의 어느 하나에 해당하는 자는 출생과 동시에 대한민국 국적(國籍)을 취득한다. 1. 출생 당시에 부(父)또는 모(母)가 대한민국의 국민인 자 2. 출생하기 전에 부가 사망한 경우에는 그 사망 당시에 부가 대한민국의 국민이었던 자 3. 부모가 모두 분명하지 아니한 경우나 국적이 없는 경우에는 대한민국에서 출생한 자 ② 대한민국에서 발견된 기아(棄兒)는 대한민국에서 출생한 것으로 추정한다.

9) 「국적법」 제4조(귀화에 의한 국적 취득) ① 대한민국 국적을 취득한 사실이 없는 외국인은 법무부장관의 귀화허가(歸化許可)를 받아 대한민국 국적을 취득할 수 있다. ② 법무부장관은 귀화허가 신청을 받으면 제5조부터 제7조까지의 귀화 요건을 갖추었는지를 심사한 후 그 요건을 갖춘 자에게만 귀화를 허가한다. ③ 제1항에 따라 귀화허가를 받은 자는 법무부 장관이 그 허가를 한 때에 대한민국 국적을 취득한다. ④ 제1항과 제2항에 따른 신청절차와 심사 등에 관하여 필요한 사항은 대통령령으로 정한다.

정을 마련하여 결혼이민자의 인권 보장에 대한 사회적 원칙을 제시하기 위한 법률이다. 이 법은 결혼중개업을 건전하게 지도 · 관리하고 결혼중개업 이용자의 피해를 예방하여 그 이용자를 보호함으로써 건전한 결혼문화 형성에 이바지함을 목적으로 한다(제1조)고 정의되어 있다.

결혼이민자는 출입국관리법에 따라 입국 시 다른 외국인과 동일하게 해당 지역의 출입국외국인사무소에서 외국인 등록을 통해 체류기간을 부여받고, 결혼이민(F-6)자격으로 일정기간 국내에 체류, 혼인 생활을 유지하는 경우에 한국 국적 취득이 가능하다[10]. 국적법 기준으로 결혼이민자는 귀화에 의한 국적 취득(동법 제4조) 중에서 간이귀화 요건이 적용되며, 대한민국 국민의 배우자인 외국인으로서, 첫째, 혼인한 상태로 2년 이상 계속하여 주소가 있는 자, 둘째, 혼인한 후 3년이 경과하고 혼인한 상태로 대한민국에 1년 이상 계속하여 주소가 있는 자, 셋째, 배우자의 사망 등 자신의 귀책사유 없이 혼인 생활을 할 수 없었던 자, 넷째, 한국 국적의 미성년 자녀를 양육 또는 양육 예정인 자의 경우 귀화 허가를 받을 수 있도록 명시되어 있다. 이는 결혼이민자의 혼인상의 사유를 반영하여 국내 체류와 귀화 허가를 인정한 것이다.

재한외국인 처우 기본법에서 결혼이민자의 경우 국적 취득 여부와 상관없이 거주 지역 내에서 외국인으로 간주되어 지원 대상에 포함된다. 결혼이민자의 출신국이 중국이나 러시아 등의 재외동포인 경우는 재외동포의 출입국과 법적지위에 관한 법률에 적용되며, 가정폭력방지 및 피해자보호 등에 관한 법률의 보호를 받고 있다.

10) 「출입국관리법」 [별표1](외국인의 체류자격, 제12조 관련) 28의4. 결혼이민(F-6). 국민의 배우자나. 국민과 혼인관계(사실상의 혼인관계를 포함한다)에서 출생한 자녀를 양육하고 있는 부 또는 모로서 법무부장관이 인정하는 사람 다. 국민인 배우자와 혼인한 상태로 국내에 체류하던 중 그 배우자의 사망이나 실종, 그밖에 자신에게 책임이 없는 사유로 정상적인 혼인관계를 유지할 수 없는 사람으로서 법무부장관이 인정하는 사람.

(3) 결혼이민자의 현황

표 3-2 결혼이민자 연도별 증감 추이

(단위: 명)

연도	2015년	2016년	2017년	2018년	2019년	2019년 6월	2020년 6월
인원	151,608	152, 374	155,457	159,206	166,025	162,582	167,834
전년 대비 증감률	-	0.5%	2.0%	2.4%	4.3%	-	3.2%

출처: 출입국 · 외국인정책본부, 2020.

2002년 이후로 매년 28% 이상의 높은 증가율을 보였던 결혼이민자의 증가는 2014년 4월 국제결혼 건전화를 추진하기 위한 결혼이민 사증발급심사강화, 국제결혼 안내프로그램 이수 의무화조치 등의 영향으로 최근 감소 추세에 있다. 2020년 6월 기준 성별로는 여성이 138,230명으로 전체의 82.4%로 절대 다수를 차지하고 있으며, 남성은 29,604명으로 17.6%에 불과하다. 국적별로는 중국 36.0%, 베트남 26.6%, 일본 8.5%, 필리핀 7.2%순으로 많다. 1990년대까지는 종교단체를 통해 입국한 일본여성이 다수를 차지하였으나, 2000년대 초부터 중국, 필리핀 국적의 결혼이민자의 증가가 높게 나타났으며, 최근에는 베트남, 캄보디아, 몽골, 태국 등 출신 국적이 다양화되는 경향을 보이고 있다.

3. 이주배경청소년에 대한 이해

1) 이주배경청소년의 개념[11)]

이주배경청소년의 범주를 단순화하면 다문화가족구성원 중 청소년이라고 볼 수 있지만, 사실 그 형태는 매우 다양하다. 한국인 부모 사이에서 태어났으나 부모가 이혼 혹은 사별로 인해 외국 출신 배우자와 재혼을 한 가족의 자녀의 경우, 한

11) 박미정(2015)의 내용을 일부 발췌 · 인용함

국인과 외국인이 결혼을 하면서 외국인이 본국의 자녀를 입양하여 한국으로 데려온 경우, 한국인과 외국 출신 배우자의 가정에서 태어났으나 국내에서 키우지 않고 외국 출신 부모의 본국에서 일정기간 성장한 후 청소년기에 한국으로 입국한 경우, 북한이탈주민이 외국인과 제3국에서 출생한 자녀를 한국으로 데려온 경우 등 매우 복잡하고 다양하며, 부모가 모두 외국 출신인 외국인근로자가정의 자녀와 난민청소년까지 모두 이주배경청소년의 범주에 포함시킬 수 있다(박미정, 2015).

국적법과 다문화가족지원법 상 다문화가족에 포함되지 않아 법적 지원의 대상이 되지는 않더라도 문화적 배경이 다른 지역에서 이주한 가정의 청소년의 경우에도 UN아동권리협약에 근거할 때 생존의 권리(적절한 생활 수준을 누릴 권리, 안전한 주거지에서 살아갈 권리, 충분한 영양을 섭취하고 기본적인 보건서비스를 받을 권리 등, 기본적인 삶을 누리는 데 필요한 권리)와 발달의 권리(잠재능력을 최대한 발휘하는 데 필요한 권리, 즉, 교육 받을 권리, 여가를 즐길 권리, 문화생활을 하고 정보를 얻을 권리, 생각과 양심과 종교의 자유를 누릴 권리)를 가지고 있는 만큼 우리나라도 이들의 생존과 발달을 위한 관심과 노력을 기울여야 하는 의무가 있다.

이주배경청소년에 대한 용어의 정의가 각 부처의 정책마다 각기 다르게 지칭되고 분류되어 혼란을 가중시키고 있다. **표 3-3**과 같이 행정자치부에서는 이주배경청소년을 외국인주민자녀로 칭하고, 그 안에 부모가 모두 외국계 주민인 경우와 부모 중 한쪽이 외국계 주민인 경우, 그리고 생물학적 부모는 모두 한국인이나 이혼이나 사별의 이유로 부모가 헤어지고 외국계 주민과 결혼하여 현재 한쪽 부모가 외국계인 경우를 모두 포함하고 있다(행정자치부, 2015).

법무부는 이주배경청소년을 이민배경청소년과 중도입국청소년으로 구분한다. 이민배경청소년은 결혼이민자 자녀, 외국인 유학생 자녀, 외국인 투자자 자녀 등과 같이 한국어 이외의 언어가 모국어인 가족구성원이 있는 가정의 자녀를 의미하며, 중도입국청소년은 귀화에 의해 국적을 취득한 결혼이민자의 전(前) 배우자와의 사이에서 출생한 자녀를 의미한다. 교육부에서는 이주배경청소년 중에서 학교에 재학 중인 경우에는 다문화(가정) 학생, 학교에 다니고 있지 않은 경우에는 학교 밖 청소년이나 중도탈락 학생이라고 구분한다. 이 경우에는 공교육 기관에 재학 중인 청소년만 통계 산출에 포함이 되어 외국인학교나 비제도권 학교에 재학 중인 청소년은 누락되는 한계도 있다. 여성가족부에서는 다문화가족지원법 제2조 제1호에 따른 다문화가족의 청소년과 그 밖에 국내로 이주하여 사회적응 및 학업 수행에 어려움을 겪는 청소년을 이주배경청소년이라고 부르며, 부모 중 한 명이 결혼이민자이거나 귀화자인 청소년, 부모의 국적과 상관없이 외국에서 출생하고 이후 국내로 중도입국한 청소년을 포함한다. 하지만 부모가 모두 외국인인 국내 출생 청소년의 경우에는 배제되는 문제가 있다.

이와 같이 이주배경청소년은 통일된 기준이나 해석이 없이 각 부처 정책에 따라 조금씩 다르게 분류되고, 별도의 통계를 산출하게 되는 문제가 있다. 이들에 대한 법적 · 정책적 · 제도적 지원과 체계적인 관리를 위해서는 이주배경청소년에 대한 부처별 용어에 대한 합의가 선행되어야 하며, 통합된 통계시스템을 통해 구성원을 파악하는 제도가 마련될 필요가 있다.

청소년복지지원법 제18조 이주배경청소년에 대한 지원에는 국가 및 지방자치단체가 다문화가족지원법 제2조 제1호에 따른 다문화가족의 청소년과 그 밖에 국내로 이주하여 사회적응 및 학업 수행에 어려움을 겪는 청소년의 사회적응 및 학습능력 향상을 위하여 상담 및 교육 등 필요한 시책을 마련하고 시행해야 한다고 밝히고 있다. 따라서 청소년복지지원법 제18조에 근거하여, 다양한 문화적 배경을 경험한 해당 청소년들을 모두 이주배경 청소년으로 정의하는 것이 요구된다. 하지만 국내 출생한 결혼이민자의 자녀, 해외 출생하여 청소년기에 한국에 입국한 청소년, 외국인가정의 자녀를 구분이 필요할 경우에는 기존 용어인 다문화가정청소년, 중도입국청소년, 외국인가정청소년이라고 정의하고, 한국에서 출생하고 성장한 부모의 자녀는 일반가정청소년로 지칭해 이주배경청소년과 구분할 수도 있다.

표 3-3 이주배경청소년의 구분

<table>
<tr><th colspan="3">이주배경청소년
본인이나 부모가 이주배경을 경험한 청소년</th></tr>
<tr><td>행정자치부</td><td colspan="2">외국인주민자녀
(부모가 모두 외국계 주민인 경우,
부모 중 한쪽이 외국계 주민인 경우,
생물학적 부모는 모두 한국인이나 외국계 주민과 재혼하여
현재 한쪽 부모가 외국계인 경우 포함)</td></tr>
<tr><td>법무부</td><td>이민배경청소년
(결혼이민자 자녀, 외국인 투자자 자녀,
외국인 유학생 자녀 포함)</td><td>중도입국청소년
(귀화에 의해 국적을 취득한 국민의 전(前)
배우자와의 사이에서 출생한 자녀)</td></tr>
<tr><td>여성가족부</td><td>다문화가정 청소년
(결혼이민자 자녀)</td><td>이주배경청소년
(결혼이민자 자녀 외 국내로 이주하여
사회적응 및 학업수행에 어려움을 겪는
청소년)</td></tr>
<tr><td>교육부</td><td>다문화(가정)학생
(국내 출생 다문화가족 자녀,
중도입국자녀, 외국인가정 자녀 포함)</td><td>중도탈락 학생
학교 밖 청소년</td></tr>
</table>

출처: 박미정, 2015.

2) 다문화가족 자녀의 현황[12)]

(1) 외국인 주민 자녀

외국인주민 자녀는 외국인주민현황조사(행정안전부, '18. 11월 기준)에 의하면 237,506명으로, 2017년 222,455명에 비해 15,051명(6.8%) 증가하였다. 성별로 보면 남성 121,278명, 여성 116,228명으로 성비는 104.3이다. 유형별로 보면 귀화하였거나 아직 외국국적을 보유하고 있는 귀화 및 외국국적 자녀가 11,361명(4.8%), 출생과 동시에 한국국적을 취득한 국내출생 자녀가 226,145명(95.2%)이다.

12) 행정안전부(2020), 교육부(2020)의 내용을 일부 발췌 · 인용함

표 3-4 다문화가족 자녀 연령별 현황[13)]

(단위: 명)

연도	연령별 현황				
	계	만6세 이하	만7~12세	만13~15세	만16~18세
2018	237,506	114,125	92,368	19,164	11,849
2017	222,455	115,085	81,826	15,753	9,791
2016	201,333	113,506	56,768	17,453	13,606
2015	197,550	116,068	61,625	12,567	7,290
2014	204,204	121,310	49,929	19,499	13,466
2013	191,328	116,696	45,156	18,395	11,081
2012	168,583	104,694	40,235	15,038	8,616
2011	151,154	93,537	37,590	12,392	7,635
2010	121,935	75,776	30,587	8,688	6,884
2009	107,689	64,040	28,922	8,082	6,645
2008	58,007	33,140	18,691	3,672	2,504
2007	44,258	26,445	14,392	2,080	1,341

출처: 외국인주민현황조사, 행정안전부, '18.11월 기준.

부 또는 모의 국적별 자녀 현황을 보면 베트남 77,218명(32.5%), 중국 44,016명(18.5%), 한국계중국인 39,642명(16.7%) 순이다.

표 3-5 부 또는 모의 국적별 외국인주민 자녀 현황

(단위: 명, %)

합 계	베트남	중국	중국 (한국계)	필리핀	캄보디아	일본	미국	몽골
237,506	77,218	44,016	39,642	22,873	10,037	6,930	5,581	3,212
구성비	32.5	18.5	16.7	9.6	4.2	2.9	2.3	1.4

출처: 외국인주민현황조사, 행정안전부, '18.11월 기준.

13) '09년 자녀수의 큰 폭의 증가는 '09년도부터 결혼이민자의 배우자 정보를 활용하여 조사한 것이 원인

(2) 다문화 학생 현황

전체 학생 수 감소와 다문화학생의 증가로 인한 전체 학생 대비 다문화학생 비율은 지속적으로 상승[14]하고 있다. 최근 5년간 매년 1만 명 이상 증가하여 2019년에는 13만 명을 초과해 2019년 다문화 학생 중 75.7%가 초등학생이며, 중학생 15.8%, 고등학생 8.2% 등으로 조사되었다.

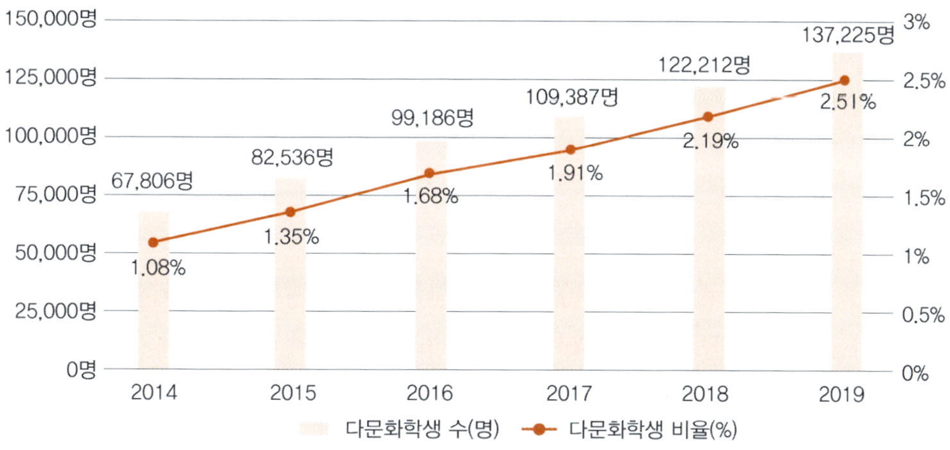

그림 3-2 다문화 학생 현황

출처: 교육부, 2020.

유형별로는 국내출생 · 중도입국 · 외국인학생이 모두 증가하고 있으며, 최근 중도입국 · 외국인학생의 증가세가 뚜렷하다('19년 전년대비 약 22% 증가).

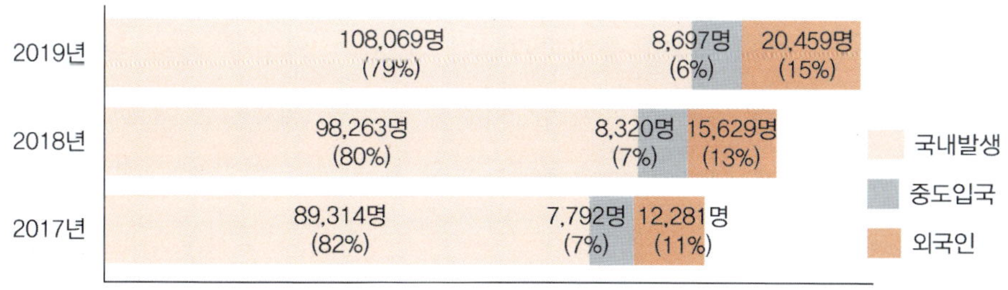

그림 3-3 다문화학생 유형별 현황

출처: 교육부, 2020.

14) 전체 학생 수: ('17) 577만명 → ('18) 563만명 → ('19) 546만명

4. 외국인근로자가족[15)]

1) 외국인근로자의 개념

국제노동기구(International Labour Organization, ILO)협정 제143호의 1장 11조에는 외국인근로자를 다른 사람에 의해 고용될 목적으로 한 나라에서 다른 나라로 이주하거나 이주하였던 사람으로 규정하며, 국제적으로는 외국인근로자(migrant workers)라는 명칭으로 통용되고 있다. 외국인근로자는 1990년대에는 외국인근로자, 이민노동자, 초빙노동자, 계약노동자, 이방인 노동자 등 다양한 명칭으로 불려왔다(설동훈, 1996).

현재 우리나라에 거주하며 노동행위를 제공하는 외국인에 대해 한국의 현행 법률에서는 외국인근로자라는 용어를 사용하고 있다. 외국인근로자의 고용 등에 관한 법률 제2조에서는 대한민국의 국적을 가지지 아니한 사람으로서 국내에 소재하고 있는 사업 또는 사업장에서 임금을 목적으로 근로를 제공하고 있거나 제공하려는 사람을 외국인근로자(foreign worker)로 정의하고 있다. 출입국 관리법 제18조 제1항에 따르면 '외국인이 대한민국에 취업하려면 대통령령으로 정하는 바에 따라 취업활동을 할 수 있는 체류자격을 받아야 한다'라고 명시되어 있다. 따라서 외국인근로자의 조건은 첫째, 대한민국 국적을 취득하지 않고, 둘째, 경제활동을 목적으로 근로를 제공해야 하며, 셋째, 취업 활동을 위한 체류자격을 발급받아야 한다(하예랑, 2017). 다만 출입국관리법 제18조 제1항에 따라 취업활동을 할 수 있는 체류자격을 받은 외국인 중 취업분야 또는 체류기간 등을 고려하여 대통령령으로 정하는 단기취업, 특정 활동, 교수, 승무하는 선원을 제외한 것이라고 하였다.

15) 박시윤(2020)의 내용을 일부 발췌 · 인용함

2) 외국인근로자 현황

한국 정부가 정기적으로 발표하는 출입국·외국인정책 통계에 따르면 2020년 6월 기준 취업자격 체류외국인은 574,379명으로 전체 체류외국인의 24.7%에 해당한다(출입국, 외국인정책본부, 2020). 이들은 한국 정부로부터 단기취업, 교수, 회화지도, 연구, 기술지도, 전문직업, 예술흥행, 특정활동' 등 '전문인력'에 해당하는 취업자격이나 비전문취업, 선원취업, 방문취업 등 '단순기능인력'에 해당하는 취업자격을 받은 사람들이다.

표 3-6 취업자격 체류외국인 업무 유형별 현황

(단위: 명)

구분	총계	전문인력	단순기능인력
취업자격 체류외국인	526,827	44,883	481,944

출처: 출입국·외국인정책본부, 2020년.

표 3-7 전문인력 현황

(단위: 명)

계	단기취업 (C-4)	교수 (E-1)	회회지도 (E-2)	연구 (E-3)	기술지도 (E-4)	전문직업 (E-5)	예술흥행 (E-6)	특정활동 (E-7)
44,883	1,750	2,139	13,381	3,016	212	567	3,426	20,392

출처: 출입국·외국인정책본부, 2020년.

표 3-8 단순기능인력

(단위. 명)

계	비전문취업 (E-9)	선원취업 (E-10)	방문취업 (H-2)
481,944	258,078	17,120	206,746

출처: 출입국·외국인정책본부, 2020년.

3) 가구 현황[16)]

배우자가 있는 외국인은 80만 6천 명(61.0%)이고, 귀화허가자는 4만 명으로 81.8%이며, 배우자가 국내에 함께 거주하는 외국인은 41.2%이고, 귀화허가자는 79.9%이다.

표 3-9 배우자 유 · 무 및 배우자 거주지

(단위: 천 명, %)

	15세 이상 인구	배우자 있음	배우자의 거주지별			배우자 없음
			국외 거주	국내 함께 거주	국내 따로 거주	
외국인 (구성비)	1,322.6 (100.0)	806.3 (61.0)	242.7 (18.4)	545.2 (41.2)	18.3 (1.4)	516.3 (39.0)
귀화허가자 (구성비)	48.8 (100.0)	39.9 (81.8)	0.5 (1.0)	39.0 (79.9)	0.4 (0.8)	8.9 (18.2)

출처: 통계청 · 법무부, 2019.

자녀가 있는 외국인은 76만 3천명으로 57.7%이고, 귀화허가자는 4만명으로 82.6%이며, 자녀가 모두 국내에 거주하는 외국인은 28.8%이고, 귀화허가자는 72.3%이다. 평균 자녀 수는 외국인은 1.6명, 귀화허가자는 1.7명이다.

표 3-10 자녀 유 · 무 및 자녀 거주지

(단위: 천 명, 명, %)

	15세 이상 인구	평균 자녀 수	자녀 있음	자녀의 거주지별			자녀 없음
				자녀 모두 국내 거주	자녀 일부 국내 나머지 국외 거주	자녀 모두 국외 거주	
외국인 (구성비)	1,322.6 (100.0)	1.6 –	762.8 (57.7)	380.9 (28.8)	72.5 (5.5)	309.3 (23.4)	559.8 (42.3)
귀화허가자 (구성비)	48.8 (100.0)	1.7 –	40.3 (82.6)	35.3 (72.3)	1.9 (3.9)	3.1 (6.4)	8.5 (17.4)

출처: 통계청 · 법무부, 2019.

16) 2019년 이민자 체류실태 및 고용조사 보도자료, 통계청 · 법무부

가구원 수로 보면 외국인은 2인 가구 형태가 29.9%로 가장 많으며, 귀화허가자는 4인 이상 가구 형태가 48.2%로 가장 많은 것으로 나타났다. 이들 가정의 평균 가구원 수가 외국인은 2.8명, 귀화허가자 3.5명이다.

표 3-11 가구원 수

(단위: 천 명, 명, %)

구분	15세 이상 인구	1인 가구	2인 가구	3인 가구	4인 이상 가구	평균 가구원 수
외국인	1,322.6	271.6	395.9	306.2	348.8	2.8
(구성비)	(100.0)	(20.5)	(29.9)	(23.2)	(26.4)	-
귀화허가자	48.8	2.9	9.4	13.1	23.5	3.5
(구성비)	(100.0)	(5.9)	(19.3)	(26.8)	(48.2)	-

출처: 통계청 · 법무부, 2019.

5. 북한이탈주민가족

1) 북한이탈주민에 대한 개념[17)]

북한이탈주민이란 군사분계선을 기준으로 북한에 주소, 직계가족, 배우자, 직장 등을 두고 있는 사람으로서 북한을 벗어난 후 외국 국적을 취득하지 아니한 사람을 말한다(북한이탈주민의 보호 및 정착지원에 관한 법률 제2조). 북한이탈주민은 헌법에 따른 대한민국 국민으로 인정되기 때문에 별도의 국적 취득 절차가 필요 없고, 국내 입국 후 보호결정이 되면 정착지원법에 따른 보호 · 지원을 받는다는 점에서 현재 한국사회에서 활발히 거론되고 있는 결혼이주여성이나 외국인근로자 등 다른 이주민들과는 근본적으로 다른 성격을 가진다(권숙도, 2014)[18)].

17) 권숙도(2014), 김현정 · 박선화(2016)의 내용을 일부 발췌 · 인용함
18) 헌법 제3조는 '대한민국의 영토는 한반도와 그 부속도서로 한다'고 규정되어 있다. 북한은 국제 적으로는 남한과 함께 UN에 공식가입한 나라여서 북한국적이 인정되지만, 1992년의 남북기본 합의서의 서문에서는 남북관계를 '나라 사이의 관계가 아닌 통일을 지향하는 과정에서 잠정적으로 형성되는 특수관

2000년대 이전에는 이들을 귀순용사로 지칭하며 냉전구도에서 체제의 우월성을 선전하는 사례로 대상화했던 것에 비해, 이후의 용어들은 이들이 처한 현실적 상황과 한국사회에서 어떠한 구성원으로 받아들여질 것인가에 관한 사회적·정책적 고려가 반영되었다. 2000년대 중후반에 이르러서야 북한이탈주민, 새터민 등의 용어를 거쳐 북한이탈주민으로 법적 용어로 정리되면서 사회적 합의가 이루어졌다(김현정, 박선화, 2016).

2) 북한이탈주민 현황[19)]

2000년대 이후 지속적으로 증가하여 2003~2011년에는 연간 입국 인원이 2,000~3,000명 수준이었으나, 2012년 이후 입국 인원이 점차 줄어들어 연간 평균 1,300명대로 감소하였고 2019년도에는 1,047명이 입국하였다. 북한이탈주민의 입국 인원 감소 요인은 브로커 활동의 위축, 북중 국경 경계강화 등으로 분석되었다. 2019년까지의 기준으로 국내 입국 북한이탈주민수는 33,523명이다.

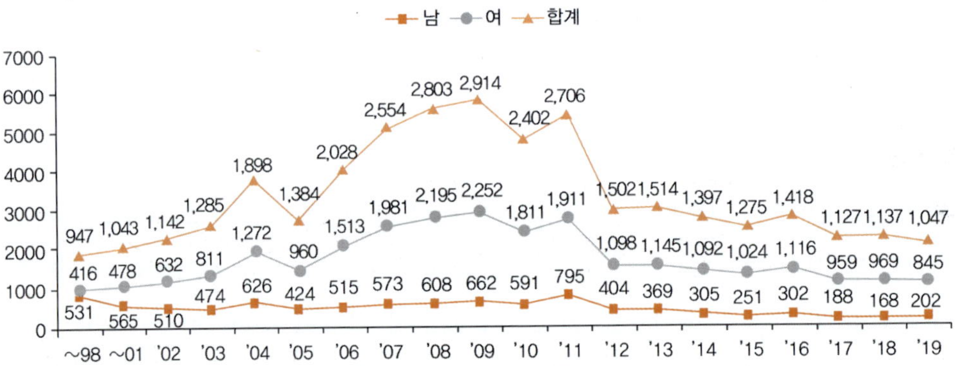

| 그림 3-4 | 북한이탈주민 연도별 입국 추세

출처: 관계부처 합동, 2020.

계'로 규정하고 있기 때문에, 국적에 관한 한 남한은 헌법 제3조를 기본으로 할 수밖에 없다.

19) 관계부처 합동(2020)의 내용을 일부 발췌·인용함

성별로는 여성 입국자 수가 2002년을 기점으로 남성 입국자 수를 추월하기 시작하여, 2019년 입국까지 전체 입국자의 약 72%가 여성이었다. 직업별로는 무직 · 부양자, 노동자 등 직업능력 취약자가 84.9%를 차지했다. 학력별로는 고등학교 이하 학력이 79.6%로 대부분 저학력이었다. 연령별로는 입국당시 기준 20~30대가 전체 입국자의 57.3% 점유하는 등 상대적으로 적응력이 높은 젊은 층 입국이 많으며, 현재 연령 기준으로는 경제활동인구인 30~40대가 약 52.9% 차지하고 있다.

전국 초 · 중 · 고에 재학 중인 탈북청소년 규모는 2005년 421명에서 2019년 2,531명이 이를 정도로 규모가 급격하게 증가하고 있다는 것도 주목할 만하다.

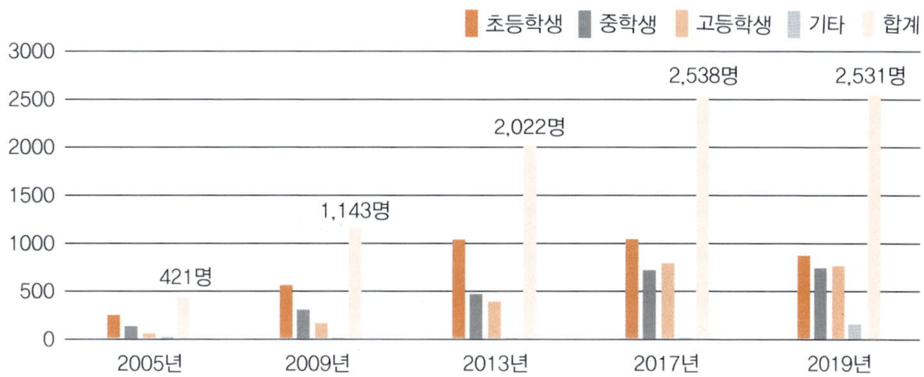

그림 3-5 탈북청소년 추이

출처: 탈북청소년교육지원센터 홈페이지 탈북청소년 교육현황, www.hub4u.or.kr.

경제적 측면에서 최근 9년간(2011~2019년) 탈북민의 주요 경제활동 상태는 꾸준히 나아지는 모습을 보이며, 임금근로자 월평균 소득은 조사 이래 최초 200만원대 돌파하여 일반국민과의 임금격차가 지속적으로 감소 추세이다. 경제활동 참가율, 고용률, 실업률 등도 편차가 있지만 지속적으로 호전되는 추세를 보이고 있다.

표 3-12 탈북민 경제활동참여 현황

내 용	'11	'12	'13	'14	'15	'16	'17	'18	'19
경제활동참가율(%)	56.5	54.1	56.9	56.6	59.4	57.9	61.2	64.8	62.1
고용률(%)	49.7	50.0	51.4	53.1	54.6	55.0	56.9	60.4	58.2
실업률(%)	12.1	7.5	9.7	6.2	4.8	5.1	7.0	6.9	6.3
월평균임금(만원)	121.3	137.7	141.4	147.1	154.6	162.9	178.7	189.9	204.7

출처: 관계부처 합동, 2020

생활만족도 측면에서 탈북민의 남한생활 만족도는 상승하는 반면 차별·무시당한 경험은 점차 감소하는 상황이다. 탈북청소년의 경우 대다수가 일반 정규학교에 재학 중이며, 그 외는 대안학교에 재학 중으로 나타났다.

CHAPTER 04

이민 · 다문화가족과 가족복지

1. 가족의 개념과 정의
2. 가족 관련 이론
3. 가족복지의 이해
4. 이민 · 다문화가족복지

1. 가족의 개념과 정의[1)]

1) 일반적 가족의 개념

인간은 출생과 동시에 가족이라는 집단에 소속되어 가족구성원들과 가장 친밀하게 상호작용을 한다. 일상생활 속에서 규범과 가치를 학습하면서 문화를 형성해왔으며, 가족은 개인의 발달에 있어서 가장 큰 영향을 미친다. 가족은 사회 공통의 행동 특징과 문화 규범을 습득시키는 사회화 과정을 담당하는 기본 집단이자 사회를 존속시키는 기본단위이다(김혜경 외, 2011).

가족은 혈연, 인연, 입양으로 연결된 일정 범위의 친족원으로 구성된 집단을 가리키는 가족학의 용어이다(한국민족문화대백과사전). 가족에서 혈연관계는 부모와 자녀관계를 기본으로 하고 그 확장을 포함한다. 예를 들어 조손관계는 부모와 자녀관계의 수직적 확장으로 볼 수 있고, 형제관계는 부모를 공유하는 수평적 확장이다. 인연관계는 부부관계를 기본으로 하고 그 확장을 포함한다. 예를 들어 고부관계는 남녀의 부부관계와 남편의 모자관계와의 결합으로 볼 수 있고, 입양은 특정 목적을 위해 사회적인 부모-자녀관계를 형성하는 것을 의미한다. 일반적으로 가족이 무제한적으로 확장이 허용되는 것은 아니며 일정한 규칙에 따라 범위가 제한된다. 또한 수명과 출산 등 생물학적인 제한에 의하여 그 최대 범위가 제한되기도 한다. 사회적 규칙이나 합의에 따라 다양한 가족 구성이 가능하지만 한 사회 내에서는 일정한 규칙을 통해 가족의 구성과 범위를 한정하고 사회적 특징을 가진 가족을 구성한다. 일정 범위의 친족원으로 가족이 구성되면 구성원들은 한 가족이라는 가족의식을 가지게 되며, 가족이 가진 특정한 기능을 수행하게 되는데, 이는 사회의 구조와 역사에 따라 변화되기도 한다[2)].

가족을 의미하는 영어 'family'의 어원은 라틴어의 'familia'에서 유래되었는데,

1) 김보람(2012), 한국민족문화대백과사전 encykorea.aks.ac.kr/문화, ZUM 학습백과 http://study.zum.com/가족의 이해의 내용을 일부 발췌 · 인용함
2) 한국민족문화대백과사전

이는 원래 노예나 하인이라는 'famulus'에서 유래한 것으로 혈연관계가 아닌 한 남자에게 속한 재산, 가옥, 노예 등의 생산도구를 뜻하는 것이었다. 또한 고대 희랍에서 가족을 의미하는 'oikois'는 'economy'라는 단어의 희랍어에서 유래한 것으로 이 역시 가족이 처음부터 경제적인 조직체로 출발한 것을 알려준다(정옥분 외, 2005).

가족과 유사한 개념으로는 가구(家口), 친족(親族), 집, 가정(家庭)이 있다(유영주 외, 2009).

첫째, 가구란 거주와 가계를 같이하는 자 또는 독신으로 거주를 가지고 단독생활을 하는 자를 칭하는 용어로 결혼관계나 혈연관계 등을 전혀 고려하지 않고 주거하는 공간과 가계라는 경제적인 협력만을 기준으로 한 집단을 말한다.

둘째, 친족이란 시간이 경과함에 따라 가족이 확대되고 누적되어 형성되는 혈연 집단으로 혈족, 배우자, 인척을 규정하고 있으며, 그 범위로는 부계 · 모계 차별없이 8촌 이내의 혈족, 4촌 이내의 인척, 배우자를 포함한다. 법률상 인정되는 친족관계에 있어서 친족이란 신분에 의해서 부양관계, 상속관계 등 여러 가족법상의 의무와 권리를 가지게 된다.

셋째, 집의 개념은 가족구성원과 이들이 생활하는 거주지나 건물, 생활공동체로서 가족이나 친척, 기타 동족까지 포함하는 경우가 있다. 물질적 측면에서 집은 한 가족이 생활을 영위하기 위해 필요한 모든 물질로서 그 집의 소유로 된 것의 총칭이며, 구성원으로서 집은 조상을 포함한 가족구성원 모두를 하나의 집단적인 존재에 포함시키는 개념이다. 따라서 집은 존속성을 목표로 가족구성원 전체를 지배하는 초인간적, 초시간적 개념체계로써 모든 가족행동에 영향력을 행사한다(김보람, 2012).

넷째, 가정의 개념은 인간이 출생하고 성장하면서 최초로 만나는 사회적 환경이며, 가족이라는 친밀한 인간관계를 통해 서로 애정적 신뢰, 위안과 존경 등과 같은 정서적이고 심리적인 만족을 얻을 수 있는 곳이다. 그래서 가정은 공간적인 의미와 더불어 그 속에서 가족들 간에 애정이나 신념을 주고받으며 정서적 만족감을 얻는 심리적인 분위기까지 포함하는 개념이다. 가족과 가정은 사회적인 단위로는 동일 개념으로 사용하나 사전적으로는 상이한 개념이다. 가정은 가족의 생활 공동체로써 환경적 의미를 내포하며, 가족은 가정이라는 공동체에 소속된 집단 또는 구성원의 개념으로 정의할 수 있다(김유경 외, 2012).

2) 학문적 의미의 가족

가족은 학자마다 다양하게 정의하고 있는데 고전적 정의와 현대적 정의로 나눌 수 있다. 고전적 의미는 공동 거주, 자녀의 존재, 사회적으로 인정되는 부부의 성적 관계와 경제적인 협력을 공통적으로 강조한다. 즉, 가족이 부부와 자녀라는 혼인관계과 부모와 자녀관계에 기초한 집단으로서 공동의 주거, 보호, 유대, 지원 의무를 공유하는 통합된 공동체라는 전통적인 신념을 반영한다. 다시 말하면 가족을 결혼제도에 의해 결합된 부부와 자녀로 이루어져 있다고 보며, 가족구성원 각자가 주어진 성 역할을 따라 구분된 구성원으로서의 역할을 수행한다고 정의하였다(Parsons, 1949). 가족은 사회의 기본단위이며 기본적으로 결혼으로 맺어진 부부는 평생동안 서로를 지지하며 가정의 의무에 충실해야 한다는 점을 강조한다. 남편은 가족 생계의 책임자로서의 위치를 수행하게 되며, 아내는 일차적 양육자로 가정에서 자녀와 가족원들을 돌보는 의무를 수행한다. 남편과 아내가 각자에게 분담된 역할 과제를 잘 수행할 때에 가장 필요한 욕구를 잘 충족시켜주며 사회가 잘 운영된다고 보기 때문에 그 중요성을 강조하고 있다(김보람, 2012). 따라서 사회는 각자에게 주어진 보완적 역할을 충실히 수행해 나가는 여러 조직들의 연합체로서 가족이 바로 그 핵심인 것이다(고미영, 2003).

가족의 현대적 정의를 살펴보면 미국의 인구조사국에서는 가족은 한 집에 거주하는 서로 관련된 두 명 이상의 사람들로 구성된다고 보는 물리적인 거주에 중점을 두고 있다(Us. Bureau of the Census, 1992). 또 가족이란 두 명 혹은 그 이상의 가족원들이 서로 돕고 상호 간에 몰입된 관계를 유지하며, 애정과 친밀감, 가치관과 의사결정, 자원을 서로 나누는 집단이라고 정의하고 있다(Olson & DeFrain, 1994). 가족은 도움을 필요로 할 때 도움을 주며, 가족원의 중요성을 인정해 주는 다른 가족원을 통해 안도감의 욕구가 충족되는 장소라고 말할 수 있다(정현숙 외, 2001).

3) 전통적 가족과 현대적 가족의 차이와 변화

한국사회는 산업화 과정에서 서구를 중심으로 한 외래적인 요소, 특히 핵가족 의식이 유입되고 다양한 근대적인 사회의식이 도입되면서 새로운 가족의 의미와 역할에 주목하고 있다. 전통적 가족원리와 현대적 가족원리를 비교하면 다음과 같다(한국민족문화대백과사전).

전통적 가족원리는 첫째, 가족 안에 연령 · 성 · 세대별로 여러 층의 신분서열이 존재하며, 둘째, 부부관계는 부모와 자녀관계에 비하면 이차적인 의미를 가지고 지배와 복종의 종적 관계로 이루어지고, 셋째, 부모와 자녀관계는 자식에게 일방적인 효를 강조하는 권위와 복종의 관계로 성립되며, 넷째, 개인의 인격보다는 가족이나 친족집단의 중요성이 우위에 있기 때문에 개인은 여기에서 독립할 수 없는 예속적 지위를 갖게 되는 특징이 있다. 이에 따라 전통적인 가족원리에 입각한 가족체계는 공동체적 연대, 상호협조가 가능하며, 도덕적 가족부양 체제를 유지하기 위해 집단 내부의 강한 응집력을 보유한다. 이는 가정교육과 사회통제의 측면에 있어서 유리한 여러 가지 장점을 가지고 있다. 반면에 권위적이고 위계적인 가족질서 때문에 가족관계의 불평등성, 비민주성이 내재되어 있고, 가족생활과 규범과의 괴리로 인하여 세대 간의 문화적 갈등을 경험하며, 혈연 중심의 가족이기주의가 나타나는 단점을 동시에 가지고 있다.

현대적 가족원리는 첫째, 가족구성원은 서로 자유로운 인간 간의 대등한 관계의 결합으로 개개인의 인격 독립을 중요시하며, 둘째, 부부관계의 애정과 인격적 유대가 강조되며, 셋째, 가족구성원 간의 민주적 질서와 상호 합리적인 조정의 과정을 중시하는 특징이 있다. 따라서 가족관계의 평등성과 민주성이 증가하고, 가족생활의 전문성과 다양성을 확보할 수 있으며, 개인의 자율성과 주체성에 관한 근대적 인성교육이 가능하게 되는 장점을 가지고 있다. 그러나 현대 사회질서의 병폐가 가족 내부에도 반영되어 가족관계의 물신성 또는 상품화가 진전되는 경향이 나타나고, 개인주의의 강화로 인한 가족연대 약화와 가족해체의 개연성이 높아지는 등의 단점이 있다.

현대 사회에서는 가족의 유형이 다양해졌을 뿐만 아니라, 가족 관계에서도 변화가 나타나고 있다. 한국사회는 산업화와 도시화, 경제 활동 여성의 증가, 결혼에 대한 가치관의 변화, 이혼 증가, 생활 방식의 변화, 새로운 이주민의 등장 등으로 인해 가족 형태에도 다양한 변화가 나타나고 있다. 출산율 저하와 핵가족화, 1인 가족의 증가 등으로 전체 가구의 수는 증가하는 반면, 평균 가구원의 수는 감소하여 가족 규모가 축소되는 현상이 두드러진다. 전통 사회의 일반적인 가족 유형인 3세대 이상의 확대 가족이 감소하고, 2세대로 구성된 핵가족이 보편화되었으며, 노인 가족, 조손가정, 한부모, 무자녀 가족, 독신 가정 등의 증가로 1세대 가구도 꾸준히 증가하는 등 가족 세대가 단순화되고 있다. 가족주의 가치관이 약화되고 결혼에 대한 인식이 달라지면서 가족 형태도 변화하고 있다.

특히 대가족에서 핵가족으로의 변화는 기존 가족 형태의 다양한 변화를 대표적으로 나타내고 있다.

표 4-1 핵가족과 대가족의 비교

핵가족	대가족
• 가족의 중심이 부부이며 애정을 바탕으로 결합된다. • 가족원 간의 관계가 비교적 평등하고 자유롭다. • 개인생활이 분명하고 독립심이 강해지며 가사를 분담한다. • 가족원의 수가 적고 생활이 단순하므로 편리에 따라 이사하기가 쉽다. • 부부간의 애정이 식으면 쉽게 이혼을 하고 이혼 후에 재혼하는 경우도 많다. • 이혼과 재혼에 의하여 자녀 문제가 생기고 복잡한 가족 관계가 형성되어 가족 문제가 생길 수 있다. • 노인 문제가 생긴다.	• 이미 이루어진 부모의 가정에서 장남이 결혼하여 함께 생활한다. • 부부간의 이혼이나 한쪽의 사망이 가족의 존속을 위태롭게 하지는 않는다. • 가족원은 협력하여 노인을 모시고 가족 간의 문제를 해결하거나 자녀돌보기를 함께 하므로 심리적 안정을 얻는다. • 어린이도 원만한 성격과 적응 능력으로 사회성 발달이 순조롭다. • 3세대가 함께 생활하므로 예전의 생활 방식을 그대로 따르는 경향이 있어 생활 개선이 어렵다. • 고부간의 갈등이 생기기 쉽고 민주적인 가족 관계가 어렵다.

출처: ko.wikipedia.org/wiki/가족.

다양한 측면에서 가족의 형태가 세분화되고 있다. 첫째, 가족 구조적인 측면에서는 한부모가족, 미혼부 · 모가족, 무자녀가족, 노인가족 등이 있다. 둘째, 가족 구성원의 특성 측면에서는 재혼가족, 입양가족, 다문화가족 등이 있다. 셋째, 생활 양식 측면에서는 부부취업가족, 주말부부가족, 기러기가족과 같이 분리 거주 가족 등이 있다. 넷째, 탈근대적 측면에서는 미혼독신가족, 동거가족, 동성애가족, 공동체지향가족 등 다양한 형태로 나타나고 있다.

현대 사회에서는 가족의 역할에도 많은 변화가 있었다. 첫째, 저출산 · 고령화 현상으로 인한 부부만 같이 사는 기간이 길어짐에 따라 부모 자녀 관계 중심에서 부부 관계 중심으로 변화하고 있다. 둘째, 과거에는 가정의 의사결정이 남편 중심으로 이루어졌으나 오늘날에는 가부장제의 약화와 양성평등 가치관의 확산으로 부부가 공동으로 의사를 결정하는 가정이 증가하고 있다. 셋째, 과거에 수직적이고 일방적이었던 부모 자녀 관계가 민주적이고 양방적인 관계로 변화되고 있다. 넷째, 여성의 사회 진출 증가로 인하여 부부 취업 가족의 증가로, 가사에 대한 상호 협조와 역할 분담의 중요성이 커지고 있으며, 부모의 역할에 대한 가치관도 변화하여 남성의 자녀 양육 참여가 증가하고 있다. 다섯째, 집단주의적 가치관의 약화로 가문과 친족보다 개인의 선택권과 행복권이 중요해지고 있다.

4) 가족의 기능

(1) 성의 기능

가족은 남녀의 애정적 관계에 기초하여 형성되고, 결혼이라는 제도 안에서 합법적으로 성관계를 할 수 있는 범위를 부부관계로 한정하면서 자연스럽게 부부간의 성적 욕구를 충족시키고 성적인 통제가 가능하다.

(2) 애정의 기능

가족은 애정을 바탕으로 남녀가 가정을 이루고 자녀를 양육하는 집단이다. 부부와 자녀 간에 서로를 사랑하는 관계를 형성하고, 서로 애정을 표현하면서 사랑을 통한 정서적인 안정감을 유지하게 된다.

(3) 자녀 출산의 기능

전통적으로 가족은 자녀 출산을 통해 한 가정의 대를 이어간다는 의미뿐 아니라 사회구성원의 충원을 통해 사회를 존속 · 발전시켜 나간다는 측면에서 사회적으로도 중요한 기능을 수행한다.

(4) 자녀 양육 및 사회화의 기능

가족은 자녀 양육을 통하여 한 사회에 필요한 구성원으로 자녀의 사회화를 진행하고, 교육을 통해 한 사회가 요구하는 역할을 수행할 수 있도록 지식, 규범, 도덕을 익히도록 하는 기능이 있다.

(5) 경제적 기능

가족구성원 중 일부가 노동의 대가로 받은 금전적 자원으로 가족의 생활에 필요한 물자를 구입하여 가족구성원이 공동으로 사용한다. 가족은 생산과 소비기능을 함으로써 사회적으로 노동력 제공과 생활보장, 경제적 질서 유지라는 대외적 기능으로 작용한다.

(6) 지위 부여의 기능

인간은 출생과 더불어 가족에서 여러 지위가 부여되며, 자신의 가족과 출생 배경에 의해 개인의 사회경제적 지위가 부여된다. 이를 통해 개인의 성취에 결정적인 영향을 미친다.

(7) 휴식 및 오락의 기능

가족은 복잡한 사회생활로 인한 갈등과 스트레스, 긴장을 해소하고 심신을 안정할 수 있는 안식처로서의 기능을 통해 재충전하고 건강한 삶을 회복할 수 있도록 하는 기능을 한다. 가족구성원은 여가활동을 통해 함께 재미와 즐거움을 추구한다.

(8) 문화 · 전통 계승의 기능

가정생활을 통해 사회의 구성원으로서 갖추어야 할 기본적인 요소인 언어, 생활 방식, 풍습이나 민족의 전통 문화, 삶의 가치, 역사 등이 계승되고 창조되도록 하며, 이를 통해 사회적인 안정과 문화 발전, 전통 계승의 기능을 한다.

(9) 종교적 기능

종교적 기능은 특정 종교에 대한 신앙이나 종교적인 의례와 형식뿐만 아니라 일상에 대한 감사와 삶의 진리를 깨닫는 과정을 통해 겸허한 생활과 기도하는 마음가짐을 갖도록 하는 것을 의미한다. 제사나 가족예배 등으로 가족의 신명을 공유하고 계승하는 역할을 한다.

(10) 치료와 위안의 기능

사회가 복잡해지고 급격한 발전으로 고도의 경쟁과 개인주의의 심화로 인한 불안감이 증가하면서 정서적 치료와 위안에 대한 욕구를 해소해 주는 가정의 역할을 의미한다.

현대 사회로 변화하면서 가족은 다양한 기능적인 측면에서 새로운 가치체계와 가치의 반영을 통한 변화가 있는데 애정의 기능, 휴식과 오락의 기능은 현대 사회에서 그 중요성이 더욱 커지고 있으며, 반면에 교육의 기능, 생산의 기능, 종교의 기능 등은 사회적 역할로 대체되거나 축소되는 양상을 보이고 있다.

5) 가족의 변화

현대사회의 가족 변화에 영향을 미치는 요인은 산업화, 도시화 등과 같은 외부적 요인과 생활 방식과 가치관의 변화와 같은 사회문화적 환경 요인이 있다.

산업화로 인하여 가족의 생산기능이 자본주의 노동시장으로 이전되면서 가족의 경제적 기능은 약화되었다. 가족의 돌봄 기능이 약화되면서 양육과 교육과 같은 사회화의 기능은 공식 교육기관으로 이관되었다. 가족의 보호기능과 부양기능은 국가 및 사회 문제로 전환되고 있다. 반면에 가족 관계가 수평적 동반자 관계로 변화하면서 가족의 정서적 기능이 중요시 되고 휴식 및 오락의 기능, 애정의 기능, 치료와 위안의 기능 등이 강조되고 있다. 또한 결혼을 개인의 선택으로 받아들이고, 출산과 양육에 대한 가치관이 변화하고, 이혼과 재혼을 허용적으로 수용하고 있다. 가부장제의 모순을 비판하고 여성의 사회참여를 권장하며, 남녀관계를 자율성과 독립성을 존중하는 동반자적 관계로 규정한다. 그 외에 가족 규모의 축소, 핵가족화, 독립가구 증가 등과 같은 현상이 두드러지면서 다양한 가족 유형이 등장하고 가족에 대한 개념이 변화하는 것을 자연스럽게 받아들이고 있다.

이러한 가족의 변화의 가족관계의 위기론과 진보론적 관점에서 쟁점을 비교해 보면 **표 4-2**와 같다.

표 4-2 가족위기론과 가족진보론의 쟁점별 비교

내립적 관점 쟁점	가족위기론	가족진보론
가족변화의 원인	극단적인 개인주의, 이기주의 쾌락주의	가부장제의 모순과 자본주의 경제구조의 불안정성
이상적 가족 형태	'남성=생계부양, 여성=가족보호'라는 성별분업에 기초한 핵가족	존재하지 않음
중심적 가족 가치	가족공동체, 특별한 정서적 유대, 상호의존	개인적 만족, 자기발전, 자율성과 독립성
이상적 부부관계	성별분업에 기초한 동반자(남성중심적) 관계	가족보호와 노동에 대한 동업자 관계 (남녀평등 강조)

새로운 가족 유형	가족제도의 위기 징후	대안적 가족형태
대안	전통적 가족가치의 회복	적극적 사회복지정책을 통한 가족기능의 사회화

출처: 이혁구, 1999.

향후 한국사회는 좀 더 다양한 가족의 형태로의 변화가 있을 것이며, 이에 대한 대안적 가족 형태에 대한 사회인식의 변화와 그에 대응한 사회 제도적 장치를 마련해야 할 필요가 있다.

2. 가족 관련 이론[3)]

1) 구조기능주의이론

구조기능주의이론에서 가족은 전체 사회 안에서 출산, 양육, 사회화, 세대 간 지위계승을 통해 사회결속과 질서유지라는 사회통합의 기능을 수행한다고 본다. 또한 생계 유지라는 남편의 도구적 역할과 가족 정서 유대를 담당하는 아내의 표현적 역할이라는 효율적 분업체계가 작동한다고 본다. 특히 구조기능주의이론은 사회와 가족 간의 관계에 주목하고 있다. 파슨즈(Parsons, 1960)의 구조 기능주의에 따르면 사회를 유지하기 위하여 정치체계, 가족체계, 경제체계, 종교체계, 교육체계 등은 상호의존적 관계로 기능하고 있으며, 체계 내의 각 부분은 다른 모든 체계의 구성요소에 영향을 주며, 체계의 한 부분이 변화하면 모든 다른 구성요소들도 이러한 변화에 적응해야만 한다고 보았다. 체계 내 구성요소 간의 상호 의존성을 강조하면서 가족과 사회는 순환적 구조에서 유기적으로 작동하며 고유한 기능을 수행한다고 본다.

하지만 구조기능주의이론은 보수성과 성차별 측면, 사회변화의 부정적 측면

3) 이혁구(1999), 김승권(2004), 김보람(2012)의 내용을 일부 발췌 · 인용함

강조, 사회변화의 무시, 사회적 갈등에 대한 인식 부재 등으로 강한 비판을 받았다. 특히 가족이 가진 다양한 기능과 역할의 변화를 수용하지 못한다는 측면에서 사회학 이론으로서 그 중요성이 많이 감소하였다(Moore, 1978).

2) 갈등이론

자본주의사회의 필연적인 모순으로 계급갈등을 강조한 마르크스(Marx)와는 다르게 짐멜(Simmel, 2017)은 보편적 법칙의 사회구조를 지배와 복종보다는 인간의 본능에 의존한 다양한 연합과 해체과정으로 보았고, 사회해체나 붕괴보다는 사회의 지속성에 갈등이 미치는 영향을 통해 적대충동을 사회유지의 한 과정으로 파악하였다(이향만, 2015). 갈등이론에서는 가족구성원 간의 이해관계나 권력 또는 자원의 불평등에 초점을 두고 가족관계 내에서도 사랑과 평화보다 갈등과 반목이 지배적이며, 가족 내에서 갈등이 반복된다고 해서 반드시 가족의 해체가 발생하는 것이 아니라 가족의 체계가 더욱 구조화될 수도 있음을 강조한다. 따라서 부부관계, 부모-자녀관계 등에서 발생하는 다양한 갈등 해결을 위해 가족구성원 간의 관계 내 자원과 권위 배분을 통한 처리와 대응을 강조한다(김보람, 2012).

3) 교환이론

호만스(Homans, 1961)를 중심으로 한 교환이론은 사회적 관계를 각 개인들이 자신의 최소 희생과 이익 극대화를 위해서 행동하는 확대된 시장으로 본다(김보람, 2012). 하지만 이해관계의 욕구만큼 관계 지속에 대한 욕구 또한 강하기 때문에 균형과 평등성을 고려하게 되고, 부부는 상호 간의 이익을 추구하면서 관계의 균형과 조화를 추구한다는 것이다(이향만, 2015). 하지만 가족관계를 공리적 관계로만 보고 상호 간 심리적 요인을 고려하지 못한 한계가 있다.

4) 상징적 상호작용이론

상징적 상호작용이란 용어는 1937년에 허버트 블루머(Herbert Blumer, 1969)에 의해 처음 사용되었다. 상징적 상호작용이론은 상호작용과 공유된 의미를 중요시하여 언어 및 비언어적 행동과 의사소통 간의 연결에 중점을 두며, 가족연구에서는 가족을 사회적 집단인 동시에 상호작용을 하는 자아와 정체성의 집합으로 개념화하여 가족의 관계와 역할을 중심으로 다양한 영역에 적용된다. 가족의 역할 구조는 가족의 상호작용 속에서 발생하며, 이것이 모든 가족원의 행동 및 외부 사회체계와의 상호작용을 규정하고, 가족구성원이나 사회의 변화에 따라 수정되며 그 과정에서 가족의 안정성이나 갈등도 분석될 수 있다(김보람, 2012).

5) 가족발달이론

가족발달이론은 가족의 생애 과정의 단계가 이동할 때 경험하게 되는 체계적이고 유형화된 변동과정에 초점을 두고, 내적으로는 가족구성원들의 요구, 외적으로는 사회의 요구에 의해 정해진 일련의 단계들로 가족의 변화과정을 기술하고 설명하고 있다(정창수 외, 1997).

가족발달이론의 주요 개념은 발달이며, 가족학에서는 사회적 의미의 발달을 선호하고 있다. 가족구성원들이 성장과 변화 과정에 따른 가족구성원 사이의 상호작용과 가족 구조의 변화, 가족 안에서의 역할 규범의 변화를 통해 가족에 대한 발달적 이해가 가능하다고 본다. 하지만 가족발달이론은 가족발달의 단계구분이 모호하고 다양한 가족의 모형보다 핵가족형에만 적합하다는 한계가 있다.

6) 생태학적 이론

생태학적 이론은 생물학적 유기체 또는 사회적 존재로서 환경과 상호작용하는 인간 또는 가족에 중점을 두며, 1960년대 인간행동과 환경의 질 사이에서 상호의존성에 관한 인식이 증대되고 전체주의적, 체계적 관점이 확신되면서 강조되었다(김보람, 2012).

가족생태학은 가족들과 다양한 외적 체계들의 환경과 관계를 다루며 어떤 특정한 가족유형이나 형상에 기초하지 않고 다른 생활환경이나 생활단계를 경험하고 있는 다양한 구조나 국가, 민족 또는 인종의 가족들에게도 광범위하게 적용할 수 있는 장점이 있다.

7) 여권주의이론

여권주의이론에서는 가족이 단일한 목적과 이해를 가진 하나의 행위체가 아니라 가족구성원 간에도 이해관계의 대립과 갈등이 존재하는 하나의 사회적 장으로 보았다(Hertmann, 1981). 따라서 여성운동이 이념적 근거이자 실천적인 전략으로써 가족 내 여성이 하는 가사노동과 자녀양육 및 노인봉양 등의 사회적 가치에 대한 접근을 통해 여성의 의식 변화와 지위 향상에 많은 기여를 하였다. 여권주의적 관점에서 다양한 가족형태는 전통적 성별분업에 대한 파괴를 시도하여 사회적 권력질서인 기존의 가부장적 사회구조에 대한 저항과 극복을 의미한다(김보람, 2012).

8) 포스트모더니즘 가족론

가장 최근에 등장한 포스트모더니즘 가족론은 구조기능론적 가족에 대한 반대를 통해 전혀 다른 관점에서 가족을 개념화하고 있다. 불확실성, 비결정성, 불연속성, 다원주의 등을 포함한 포스트모더니즘 가족론에서는 가족을 총체적인 사실로 보는 것은 무의미하며(조은, 1995), 현실에서 무한한 다양성의 인정을 핵심적으로 주장한다.

포스트모더니즘 가족론은 가족 개념에 대한 해체를 통해 보편적으로 본질화된 가족이 아니라 다양한 형태로 존재하는 가족들을 인정하는 것이다(Barrett & McIntosh, 1980). 이는 현실의 가족에 대한 다원적 접근이며, 안정적이지만 획일적인 가족문화 대신에 개인의 자발성, 유동적이며 가능성을 지닌 다양한 가족문화에 관한 지지를 의미한다. 또한 다양한 가족 형태를 통해 기존의 일방적 가족 질서를 넘어 가족 내 민주주의 함양을 도모하는 것이다(김보람, 2012).

3. 가족복지의 이해[4)]

1) 가족복지의 개념

사회복지가 인간 복지를 추구하는 사회적인 노력이라고 정의한다면 가족복지는 가족의 행복을 유지시키기 위해 가족생활을 보장하는 사회적 · 제도적 · 정책적 · 기술적 서비스를 총칭한다(탁순자, 2004).

이런 점에서 볼 때 가족복지는 가족생활을 보호하고, 보장하고, 강화하며, 가족 구성원 개개인의 사회적 기능수행을 증진하기 위하여 시행되는 다양한 서비스 활동을 의미한다. 하지만 가족복지를 개념적으로 정의하기가 단순하지는 않다. 가족이 사회의 기본제도로서 모든 문제와 정책에 직접 · 간접적으로 영향을 받을 수밖에 없고, 사회복지의 다른 분야인 아동, 노인, 장애인, 여성문제 등과도 중첩이 되고 구분이 명확하지 않다는 점이고, 또 하나의 이유는 가족문제를 규정할 때 가족구성원 간의 상호작용이나 역할관계가 고려된 가족의 전체성을 고려하지 않고 가족복지의 대상을 실용적이고 편의적으로 개인단위로 규정하는 경우가 많기 때문이다(조흥식 외, 1997).

가족복지의 개념에 대한 여러 학자들의 정의를 살펴보면 **표 4-3**과 같다.

4) 김유경 외(2012)의 내용을 일부 발췌 · 인용함

표 4-3 가족복지에 대한 다양한 정의

학자명	내용
Feldman & Scherz(1968)	전체로서의 가족은 물론 그 구성원들의 사회적 기능수행을 효과적으로 증진시킴으로써 가족구성원 모두에게 행복을 도모하도록 하기 위한 사회복지의 한 분야
김만두(1982)	가족의 집단성을 확립하고 개개 가족구성원의 인격성장과 발달을 도우며 항상 변화하는 사회에 대응하여 적극적인 적응능력을 가질 수 있는 가족. 즉, 대사회적으로 적응하는 가족으로서의 확립이란 목표하에 전개하는 활동
김상규(1983)	가족의 행복을 유지시키는 것으로 국민의 생활권의 기본이념에 입각하여 가족생활을 보장하는 사회적 제 노력(제도적 · 정책적 · 기술적 서비스)의 총칭
일본현대복지학총론(1995)	개인생활상의 모든 요구충족이 그 삶의 가족생활의 양태에 의하여 규정됨에 착안하여 가족원으로서의 개인의 가족집단에의 적응이나 가족생활 그 자체의 유지 및 질적 향상을 도모함을 목적으로 하는 사회복지의 한 분야
조흥식(2001)	① 목적면: 국민의 생활권의 기본이념에 입각하여 가족의 행복유지 ② 주체면: 가족을 포함한 사회구성원 전체 ③ 대상면: 가족구성원 개개인을 포함한 한 단위로서의 가족 전체 ④ 수단면: 제도적, 정책적, 기술적 서비스 등 조직적인 제반활동 ⑤ 범위면: 사회복지의 한 분야

출처: 김익균, 2003.

가족복지는 가족구성원 개개인의 요구와 문제에 초점을 두기보다 한 단위로서 가족의 전체성에 주목하면서 가족과 가족구성원이 경험하는 문제를 예방하고 해결하여 가족이 건강하고 행복한 상태로 유지될 수 있도록 하는 제반 국가제도와 사회적 서비스인 것이다(김익균, 2000).

2) 가족복지의 필요성

산업화 이전에는 인간의 욕구와 문제가 가족에서 수행하는 다양한 기능을 통해 해결될 수 있었으나 산업화 이후에는 사회의 급격한 변화로 인해 가족이 수행하던 다양한 기능이 축소되거나 변화되었다. 이에 가족은 전통적 기능을 수행하는 데 어려움과 혼란을 겪게 되면서 이를 보완하기 위한 측면에서 가족복지의 중요성이 대두되었다.

가족복지의 필요성을 구체적으로 살펴보면 첫째, 가족과 사회와의 관계 변화이다. 과거 가족이 수행하던 주요 기능이 전반적으로 약화되어 가족 내에서 해결할 수 없는 다양한 문제를 발생시키고 있다. 가족구성원의 보호와 복지에 대한 가족의 책임이 예전보다 강조되지만 가족의 기능이 약화된 현실에서 사회적 차원에서 다양한 가족복지서비스가 제공되어야 한다.

둘째, 가족에 대한 개입 관점의 변화이다. 1980년대 이전까지는 가족구성원의 보호는 가족의 책임이며 국가 개입이 오히려 문제를 야기한다는 입장이었지만 지금은 사회복지제도의 개혁을 추진하면서 가족에 대해 국가의 개입을 인정하는 관점으로 변화되었다.

셋째, 현대사회 속 다양한 가족 형태 등장과 다양한 욕구 충족을 위해 가족복지서비스가 필요하게 되었다. 맞벌이가족, 한부모가족, 재혼가족, 독신가족, 조손가족, 노인 단독가족, 소년소녀가장가족, 공동체가족, 동성부부가족 등 다양한 형태의 가족이 보편화되면서 기존의 가족복지정책으로는 가족의 욕구를 올바르게 인식하고 충족시키기 어렵기 때문이다.

넷째, 인간과 사회문제의 해결에 가족이 효율적인 단위라는 점이 강조되고 있다. 인간과 사회의 문제를 해결을 위한 접근 방법은 개인 대상의 개별적 접근보다 가족 단위의 가족치료가 문제해결에 보다 효과적이라고 볼 수 있다(최경석 외, 2000).

3) 가족복지의 구성요소

(1) 주거

현대사회에서 주택은 단순한 거주, 은신처의 개념을 넘어 경제적 재화, 사회적 신분의 상징, 사회적 갈등의 요소, 복지수준을 나타내는 지표로도 활용하고 있다. 한국사회는 급격한 도시화로 인해 주택 부족 상태와 주택가격의 상승 문제로 주택이 경제적으로 여유가 있는 계층의 재산 증식 수단으로 변질되어 부동산 위기의 원인이 되었고, 저소득층의 주거복지에 대한 불만을 유발시키고, 계층 간 소득분배의 형평성 문제를 야기하였다. 따라서 저소득층 대상 영구임대주택 공급, 주거비 일부를 재정적으로 지원하는 주거비 지원 제도, 전세입자를 위한 전세자금 저리 대출 등의 대안 정책을 시행 중이다.

(2) 소득

현대사회는 자본주의적 시장경제구조 속에서 가족은 주로 부양자의 임금노동을 통해 확보되는 근로소득에 의존해 경제생활을 영위하며, 이러한 사회 · 경제적 여건은 실업이나 빈곤 등으로 인해 가족이 물질적 어려움에 직면할 위험가능성이 높아지고 있다. 따라서 현대사회에서 가족 대상의 소득유지정책은 예방적 차원의 소득 보장을 통해 의식주 등의 가족의 기본적인 욕구 해결, 자녀 양육을 위한 최소한의 물질적 지원 등 가족이 경제적 위험에 처하지 않도록 한다.

가족을 대상으로 하는 소득유지정책으로는 생활이 어려운 가족에게 필요한 급여 제공을 통해 최저생활을 보장과 자활을 목적으로 하는 국민기초생활보장제도와 재산과 소득기준에 따른 양육비 지원, 복지자금 대여, 영구임대주택 입주, 자녀 학비 지원, 직업훈련 및 취업알선에 대한 지원정책이 있다. 일반 가족에 대한 지원정책에는 간접적 소득지원방식으로 근로소득구간별로 소득공제제도가 있다. 또한 근로자가 실직했을 경우 일정기간 동안 고용보험의 실업급여 제공 등이 소득유지정책으로 실시 중이다.

(3) 의료

건강은 인간의 생명과 관련된 직접적인 욕구이다. 따라서 건강은 모든 사람이 누려야 할 기본적 권리이며, 사회는 인권의 관점에서 건강을 보장해야 할 의무가 있다. 또한 사회복지를 통해 인간의 삶의 질을 향상시키는 차원에서 의료서비스는 질병 예방, 조기 발견과 치료를 통해 사회복귀를 돕는 의료보장이라고 볼 수 있다. 의료보장은 저소득계층과 특정계층에 적용되는 의료보호제도와 일정한 소득과 재산을 가진 국민 대상으로 적용되는 건강보험제도가 있다.

(4) 교육

교육은 평생을 두고 지속적으로 가르침과 배움을 통한 인간형성의 과정으로서 생존을 위한 필수요소이며, 사회적 조건을 충족하기 위해 반드시 필요하다. 한국

사회는 높은 교육열로 인해 자녀교육을 위한 지나친 사교육비 지출이 사회적인 문제가 되고 있다. 빈곤가족이 호소하는 문제 중에서 경제적 어려움과 자녀양육 및 교육문제가 가장 높은 순위를 차지하며 이는 교육격차로 인한 계층이동의 어려움과 연계되어 있다. 따라서 국가 및 사회적 차원에서 가족복지기능과 가족보호기능을 위한 전제 조건으로 교육에 대한 지원 대책이 강화되어야 한다.

(5) 문화생활 및 여가활동

인간은 누구나 행복 추구의 권리가 있으며, 가족생활을 통해 자연스럽게 행복을 실현할 수 있다. 행복에 대한 욕구는 물질적인 충족, 정신적 안정, 심리적 만족감, 신체의 건강과 보호 등과 같은 다양한 측면이 조화롭게 충족되어야 가능하다. 이러한 맥락에서 현대에는 여가와 문화생활에 대한 욕구가 증대되고 개인주의적 사고의 확산으로 삶의 질에 대한 관심이 크다.

가족은 개인의 육체적 · 정신적 에너지를 재충전시키고, 여가와 휴양, 문화적 욕구를 충족해 주는 매개체로서 그 중요성이 인정되고 있다.

4. 이민 · 다문화가족복지[5]

1) 다문화 대한민국을 위한 모색

(1) 이민 · 다문화가족복지의 배경

한국사회는 타 민족 및 인종, 종교 등에 대한 배타적 인식이 과거에 비해 많이 개선되었으나, 아직도 차별과 편견으로 인한 문제가 발생하고 있다. 한국사회의 다문화구성원인 결혼이주여성, 외국인근로자, 북한이탈주민의 가족이 겪는 문제

5) 김숙현(2015), 정장엽, 정순관(2014), 박종보, 조용만((2006), 이진영, 곽재석(2017)의 내용을 일부 발췌 · 인용함

에 대한 사회적인 인식이 필요하다.

다문화가족의 경우 결혼이주여성들은 한국어습득과 한국문화에 대한 부적응에 가장 큰 고충을 겪고 있으며, 이로 인한 한국생활 정착에 어려움을 호소하고 있다. 결혼이주여성의 경우 문화적 부적응이 사회적 문제로 지적되고 있으며, 가정폭력 문제 등에 대한 적극적인 예방과 대처를 위한 정책이 부재하다. 가정폭력으로 인한 이혼이나 남편의 사별로 인한 다문화 한부모가정이 증가하고 있으며 대부분 경제적 어려움에 직면하여 자녀 양육이나 교육에도 악영향을 미치는 결과를 초래한다. 결혼이주여성의 남편이나 가족의 경우에도 다문화가정의 문제에 대한 인식, 해결을 위한 대안이나 개선방안에 대한 교육과 사회적 지원이 미흡한 편이고, 또한 다문화가정 자녀들의 경우에도 성장에 따른 정체성 문제, 교육과 취업 등의 실질적인 현실 문제에 대한 차별과 갈등으로 어려움을 겪고 있어서 이들에 대한 사회적 지원 문제가 대두되고 있다.

외국인근로자가족들의 경우 국내 3D 업종의 노동을 대체하는 역할을 수행하고 있음에도 그들에 대한 인권 문제, 고용 복지 등에 대한 문제가 제기되고 있다. 특히 가족 이주에 대한 엄격한 제한과 법적 · 제도적 측면에서 가족 복지 차원의 거주와 의료, 교육과 같은 기본적인 요소가 해결되지 않는 상황이기 때문에 이들의 안정적인 정착과 국내 거주를 위해 가족복지 차원의 접근이 필요하다.

북한이탈주민가족의 경우 탈북으로 인해 정치 · 사회 · 경제 · 문화적인 혼란으로 겪으며 정착 과정에서 어려움에 직면하게 된다. 최근 가족 단위 탈북의 증가와 새로운 가정의 구성 과정에서 이들의 정착을 위한 다양한 정책들은 개인의 생계와 적응을 위한 정착 지원뿐만 아니라 가족에 대한 기본적인 가치관을 새롭게 인식시키는 교육적 측면과 문화적 적응을 위한 사회적 지원이 병행될 수 있도록 사회복지 정책이 추진되어야 한다.

전체적으로 이민 · 다문화가족은 고용이나 취업 등 경제적 영역뿐만 아니라 거주 · 의료 · 교육 · 인권 · 문화적 차원의 사회복지에 대한 요구가 수용되지 않는 상황으로 인한 갈등과 어려움이 지속되고 있고, 사회적 편견 및 차별, 학교 및 직장 내 차별 및 편견으로 인한 사회부적응, 복지혜택 등을 받지 못하는 것으로 인해 새로운 빈곤 및 사회소외계층으로 전락할 우려가 있다. 이에 다원주의적 다문화정책개발과 사회와 국민의 인식전환이 필요하다.

(2) 이민 · 다문화가족복지의 개념

다문화가족은 기존의 인구집단과는 다른 민족, 문화적 배경을 가진 사람들로 구성된 가족으로 결혼이민자, 외국인근로자, 유학생, 난민 동포 등을 통칭한다(김태원, 김유리, 2011). 최근에는 북한이탈주민까지 그 범위를 확대하고 있다. 그런데 다문화가족지원법 제2조에 따르면 다문화가족은 결혼이민자 또는 귀화자의 출생 때부터 대한민국 국적을 취득한 자로 이루어진 가족을 의미하고 있어 다문화가족을 결혼이민자 중심으로 정의하고 있다는 것을 알 수 있다.

이에 결혼이민자 중심의 다문화가족복지가 일반적인 개념이라고 인식하지만 향후 구체적 사회복지정책 추진 방향으로 종합적인 외국인정책의 틀 안에서 이해되어야 한다. 다문화가족지원법에서 다루는 사회복지의 개념이 외국인정책을 다루는 다른 법률 또는 법률안과 조화될 수 있는 범위 안에서 새롭게 정의되어야 한다.

종합적인 외국인정책의 틀 안에서 외국인근로자의 고용과 근로조건에 관한 문제는 외국인근로자의 고용 등에 관한 법률에서, 국제결혼으로 형성된 결혼이민자 및 외국인근로자가족을 대상으로 한 지원 정책은 다문화가족지원법에서 다루게 될 것이며, 북한이탈주민의 경우 북한이탈주민 정착지원 계획을 통해 지원될 것이다.

따라서 이민 · 다문화가족복지란 다문화시대의 사회적 문제를 해결하기 위한 정책적 대안들을 통칭하면서 주류 또는 다수집단과 다른 비주류 또는 소수자 집단의 차이에 대한 제도적 보장(오경석 외, 2007)으로 주로 다문화가족과 소수인종의 사회적 권리를 다루는 정책적 노력(Martiniello, 2002)이며, 새로운 사회복지의 대상을 포함하는 포괄적인 개념으로 확대되어야 한다.

(3) 이민 · 다문화가족복지의 추진 방향

이민 · 다문화가족복지의 추진 방향은 다음과 같다(박종보, 조용만, 2006).

첫째, 이민 · 다문화가족이 인간으로서 존엄이 유지되는 건강한 가정생활을 영위할 수 있도록 하는 데 있다. 국내에 체류하는 외국인도 헌법이 보장하는 인간의 기본 권리인 인간의 존엄과 가치를 누린다. 건강한 가정생활을 누릴 권리는 국적과 상관없이 모든 인간이 누려야 할 기본적 권리에 속하기 때문에 국가는 이를 보장하여야 한다.

둘째, 결혼이수여성이나 외국인근로지, 북한이탈주민 등을 지원하는 것은 오늘날 국제사회가 요구하는 보편적인 인권의 관점에서도 필요하다. 동화주의적 관점에 입각한 다문화 인식이나 외국인에 대한 배타적 정책은 글로벌 이민 사회에서는 더 이상 용인될 수 없다. 한국이 가진 국제적 위상에 맞는 국제적 인권 수준에서 이민 · 다문화사회에 대한 접근이 필요한 시점이다.

셋째, 이민 · 다문화가족 지원은 우리사회의 후세대 양육을 위해서도 필요하다. 현재 우리사회의 저출산으로 인한 인구 부족 문제의 대안으로 이민 · 다문화가족의 자녀에 대한 사회적 지원을 통해 한국사회의 구성원으로서 올바르게 성장할 수 있도록 지원하는 것이 중요한 사회적 정책 과제가 되고 있다.

넷째, 이민 · 다문화가족 지원은 인간안보의 관점에서도 필요하다. 한국인과 동등한 시민적 권리의 보장과 차별 시정, 미등록 외국인근로자에 대한 단속 및 보호 단계에서의 인권 침해 방지, 이주민 자녀에 대한 교육권 보장, 임금 체불이나 열악한 근로조건 및 주거환경, 과한 노동시간 등에 의한 기본적 인권 침해 개선, 가족결합권의 불인정 개선 등은 이민 · 다문화가족이 우리사회에 요구하는 필수적인 복지이다(이진영, 곽재석, 2017). 이러한 복지의 실천이 제대로 이루어지지 않는다면 한 국가 내에서 인간안보 쟁점이 제기되어 이민자의 정치화에 따른 급격한 이민의 안보화가 촉진될 수 있다. 따라서 이는 이민자의 인간안보를 넘어 국가 및 사회의 안보문제로 심화될 개연성이 커질 수 있다는 점을 인식하여 사회적 개선이 요구되는 것이다.

CHAPTER

05

이민 · 다문화가족의 복지현실과 복지욕구

1. 다문화가족복지의 현실과 시사점
2. 외국인근로자가족복지의 현실과 시사점
3. 북한이탈주민가족복지의의 현실과 시사점

1. 다문화가족복지의 현실과 시사점[1)]

1) 다문화가족복지의 현실과 문제점

(1) 국적 취득 및 인권문제

결혼이민자의 국적 취득 문제는 정착과 인권에 관련된 중요한 사항이다. 결혼이주여성의 경우 결혼 후 한국 국적 취득 시 긴 시간이 요구되고, 국적 취득 과정에서 불합리한 요소들, 특히 남편의 동의를 반드시 필요로 하는 요건 등으로 인하여 많은 어려움을 겪었다.

최근 들어 불합리한 요소들이 시정되면서 법적으로는 조건이 개선되고 있으나 결혼이주여성에게 국적 취득 과정은 기본적 인권문제라는 점에서 정책적 배려가 지속적으로 요구된다. 또한 결혼이주여성의 경우 인신매매성 국제결혼 중매, 결혼 후 가정폭력 및 학대의 문제들이 빈번하게 제기되는 것은 중대한 기본적인 인권침해로 볼 수 있다. 따라서 결혼이주여성의 기본권을 보장을 위한 대책이 요구된다(지은구 외, 2016).

한국의 국제결혼의 대부분은 브로커를 통한 중매혼인으로 이루어진다. 이 중매결혼 과정이 동등한 개인 간의 애정에 기반한 사회적 결합이라기보다 신부를 사고판다는 식의 부정적 인식이 강하다. 이러한 인신매매성 국제결혼에 관한 이주여성들의 인권차원 문제가 지속적으로 제기되고 있다. 결혼이주여성의 남편과 시댁은 이들을 소유물로 간주하고, 간섭과 통제의 대상으로 여긴다. 결혼한 후에도 이러한 여성의 '물화'가 끝나는 것이 아니다. 결혼이주여성이 나쁜 친구들과 어울리거나 잘못된 정보교환으로 통해 가출이나 도주로 이어질 지도 모른다는 생각으로 남편이나 시댁이 결혼이주여성의 외부출입을 제한하거나 억압하는 경우도 있다(김민정, 2012). 기본적으로 한국으로 이주한 결혼이주자들, 특히 동남아시아에서 이주한 결혼이주여성들의 경우 소수자로서의 약점과 사회적인 물화의

---

1) 김현미(2018), 김성근(2013), 김미정(2011)의 내용을 일부 발췌 · 인용함

피해를 동시에 경험하고 있다. 여기에 대부분 이들이 결혼하게 되는 사람들의 경제적 지위가 그렇게 높지 않다는 점을 생각해 보면(박경동, 2007; 이혜경, 2012; 임형백, 2009b), 동남아시아 출신 결혼이주여성들은 매우 복잡한 갈등상황에 놓여 있다는 것을 알 수 있다.

(2) 저소득 및 빈곤

결혼이주여성이 국제결혼을 선택하는 주요한 이유 중의 하나는 개인의 경제적 안정, 결혼을 통해 본국의 가족을 부양할 수 있다는 기대를 하기 때문이다(김이선, 김민정, 한건수. 2006; 김이선, 마경희, 선보영, 최호림, 이소영, 2010; 김이선, 황정미, 이진영, 2007; 박경동, 2007). 또한 결혼중개업자들도 경제적 원조를 중요한 홍보수단으로 활용하고 있다. 이러한 배경에서 출발한 다문화가정의 결혼이 서로의 사랑을 전제로 하는 것이 아니라 경제적 목적을 이루기 위한 것일 경우 부부관계가 원만하지 못할 가능성이 높다(김수희, 전성희, 2012).

현실적으로 농촌과 도시 하류층의 남성들과 결혼을 하여 심각한 경제적 어려움을 겪는 경우도 많은 것으로 나타난다(김이선, 정해숙, 이정덕, 2010; 임형백, 2009b; 최홍 외, 2010). 언어문제를 제외한다면 결혼이주여성이 겪는 가장 큰 어려움은 경제적 문제이다. 결혼이주여성은 언어습득 이전에라도 취업을 원하고 있으며. 이러한 경제적 어려움은 주로 국제결혼 한국남성의 경제력이 약하다는 점을 시사한다. 이렇게 한국인 배우자가 원하는 경제적 도움을 주지 못한다는 사실은 부부갈등의 주요 원인이 되기도 한다(박경동, 2007; 박미경, 엄정애, 2007; 설동훈, 이혜경, 조성남, 2006). 대다수의 결혼이주여성들이 친정에 송금하고 있는 것으로 나타났는데, 남편이나 시댁은 대체적으로 친정으로 송금하는 것을 용인하면서도, 정기적으로 하거나 남편의 소득으로 송금하는 것에 대해서는 꺼리는 것으로 나타났다(김민정, 2012). 또한 결혼이주여성들의 남편들도 대부분 경제 사정이 좋지 않기 때문에 처가에서 주택을 구입하거나 병원비를 이유로 송금을 요청하는 경우에 당황하기도 하는 것으로 나타났다(김유순, 오영숙, 안현화, 2012). 한편 결혼을 결정할 때 경제적 동기가 강할수록 한국에서 취업하기를 희망하고 아이를 갖는 것을 꺼려하여 자녀를 원하는 남편과 결국 이혼을 선택하는 경우도 있다(김민정, 2012).

결혼이주여성은 경제활동에 참여 시 개인적 생활의 문제, 가족이나 사회관계의 어려움 등 장기적인 갈등에 적응하면서 많은 문제 상황에 직면한다. 결혼이주여성은 경제활동 참여시 의사소통 문제, 저임금과 장시간 노동, 일-가정의 양립 등 다양한 문제점이 나타난다. 다문화가족의 경제적 상황은 일반 가족과 비교하여 평균적으로 매우 낮은 노동시장 지위, 경제적 수준의 삶을 살고 있다(전숙자 외, 2009). 저소득 및 빈곤으로 인해 결혼이주여성들은 구직활동을 하게 된다. 그러나 이들이 취업하는 일이 쉽지만은 않다. 이들은 여성 노동자 일반이 겪는 어려움인 일과 가정의 양립, 취업정보의 부족과 함께 한국어 능력 부족, 한국 문화에 대한 이해 부족, 이주로 인한 사회적 지위와 자아 정체감 혼란과 같은 이주민으로서의 어려움도 함께 해결해야 하기 때문이다(장서영 외, 2009).

결국 결혼이주여성들이 경험하는 저소득, 빈곤 등의 문제들은 단순히 개인적 차원에서 가정불화나 이혼으로 끝나는 문제를 넘어 집단으로서 결혼이주여성의 노동시장 참여와 관련하여 이들에게 이중의 갈등요소를 경험하게 한다는 점을 확인할 수 있다.

(3) 다문화가정 자녀의 갈등과 문제

결혼이주여성들은 자녀양육과 교육문제에서 많은 어려움을 겪고 있다. 또한 이주여성들이 자녀를 양육하는 데 있어서 언어습득과 의사소통의 어려움도 큰 문제로 작용한다. 다문화가정의 자녀들은 어릴 때부터 한국말이 서투른 외국인 어머니로부터 교육을 받으며 성장하기 때문에 비다문화 가정의 자녀에 비해 언어발달이 느리고, 상급 학교에 진학하고 나서도 수업에 대한 이해도 저하 및 학습 부진으로 이어진다고 한다(강성률, 2009). 어머니의 한국어실력이 좋을수록 자녀의 학교생활 적응이 높게 나타난다는 점을 통해 국제결혼 여성의 한국어 능력이 자녀의 생활에 영향을 미친다는 것을 알 수 있다(김수희, 전성희, 2012). 다문화가정 자녀들은 이렇게 비다문화 가정과는 다른 특수한 환경에서 오는 다양한 문제들에 의한 심리적 · 정서적 갈등을 겪으며 성장할 가능성이 높기 때문에 부모-

자녀의 관계에서도 어려움을 경험할 가능성이 크다(김수희, 전성희, 2012). 특히 다문화가정의 자녀들은 다문화가정에 속해 있다는 이유만으로 학교에서나 친구와의 관계에서 갈등과 어려움을 겪는 사례가 많은 것으로 나타났다. 다문화가정의 자녀들은 어려서부터 주위의 놀림과 집단 따돌림, 왕따, 냉대, 편견 등을 경험하며 정서적인 충격을 받게 되는 경우가 많고(김유순 외, 2012; 오성배, 2005; 이영주, 2007; 조영달, 윤희원, 박상철, 최인영, 2006), 이러한 가치관 발달 · 성장 과정에서의 정서적 혼란과 가치관 형성의 어려움은 다문화가정 자녀들의 사회적응과 취업, 혹은 사회적 소외나 범죄 문제까지 광범위한 영향을 미치게 될 가능성이 높다. 다문화가정의 자녀들이 사회적 소수집단으로 인정될 정도로 늘어난 경우를 가정해 보면 이들은 사회로부터 여러 가지 개인적 차별을 경험하고 동시에 교육의 부족으로 인하여 경제활동 참여 과정에서 배제나 실패를 경험할 가능성도 높기 때문에 이들과 관련된 사회갈등문제도 심화될 것으로 보인다.

(4) 문화적 갈등

문화적 갈등은 문화적 배경의 차이에서 오는 문제이다. 결혼이주여성들은 한국문화와 한국적인 생활방식을 강요하는 남편과 시댁 식구들과의 갈등으로 인해 고통을 받고 있다. 가부장적 권위의 남편과 시댁 문화에서 문화 갈등을 경험하게 된다. 한국의 가부장적 문화에 결혼이주여성들이 무조건 편입되기를 강요하면서 결혼이주여성 출신국의 문화와 생활방식을 전혀 이해하려는 노력이 부족하고 자국의 문화와의 차이로 인해 혼란과 어려움을 경험하고 있다. 유교적 문화, 남존여비사상, 시부모와의 관계에 대한 몰이해, 관혼상제의 미숙, 한국요리의 어려움, 종교와 가치관의 차이, 음주와 사생활의 차이 등으로 갈등이 빚어질 수 있다(최선화 외, 2014). 또한 지역사회의 문화적 대응력 부족의 문제이다. 다문화에 대한 지역주민의식의 인식 부족과 부재, 문화적 접촉의 증가에 따른 문화 충격과 갈등에 대한 공식적 · 제도적 대응책이 부재한 상황에서 지역사회 내에서 발생하는 다문화적 상황으로 인한 갈등이 발생하게 된다. 특히 지역사회에 통합되지 못한 결혼이주여성 가정과 지역사회 사이의 갈등이 사회문제의 원인으로 작용할 수 있다.

(5) 사회적 관계의 어려움

결혼이주여성들은 사회적 관계 형성에 어려움이 있다. '사회적 관계'는 결혼이주여성이 주변 사람들과 맺는 관계를 의미한다. 한국에 정착하는 외국인은 한국의 가부장적 가족중심주의, 연고주의, 지역주의, 혈연주의 등 폐쇄적인 구조의 사회 연결망 속에서 사회 적응은 물론 관계 형성에 어려움을 겪고 있다.

결혼이주여성들이 겪고 있는 사회적 갈등을 해소하기 위해서는 그들의 한국사회에 적응과정에서 나타나는 사회적 관계망의 특징을 알아 볼 필요성이 있다(김민정, 2012). 결혼이주여성들에게 있어서 사회적 관계망은 중요한 사회적 자본으로 작용하기 때문이다. 그러나 결혼이주여성들은 사회적 관계의 형성 과정에서 많은 어려움을 겪고 있다. 대부분의 결혼이주여성들은 남편이나 가족을 제외하고는 일상에서 가까운 관계를 유지하는 한국인들이 거의 없고, 주로 본국에서 온 가족이나 같은 출신국 친구들에게 어려운 일이 있을 때 도움을 청하거나 친밀성을 나누면서 정서적 안정을 꾀하고 있다. 자녀교육에 관한 정보를 교환하는 경우에도 동일국가 출신 이주여성들과 긴밀한 유착관계를 형성하여 정보를 교환하며, 갑자기 어려움에 처하거나 위급한 상황이 발생했을 때에도 한국가족보다는 본국출신 이주여성에게 도움을 요청하고 있음을 알 수 있다. 이를 통해 한국어에 능통한 결혼이주여성의 경우에도 마찬가지로 한국어 능력이 향상되고 취업이나 사회참여가 늘어났음에도 불구하고 사회적 네트워크는 강화되지 못하고 있다는 것을 알 수 있다.

이들이 원활한 사회적 관계를 유지하지 못하는 이유 가운데 하나는 결혼이주여성에 대한 선입견과 편견을 들 수 있다. 자신들에 대한 지나친 관심과 주로 경제적인 이유로 한국 남성과 결혼했다는 선입견을 갖고 있다는 것을 부담스러워한다. 특히 상대적으로 경제수준이 낮은 출신국에 대한 무시도 이들을 불편하게 만든다. 결혼이주여성들이 사회적 관계에서의 문제는 대부분 그들의 문화 및 정체성 등에 대한 한국사회의 무시와 편견의 태도 때문이라고 해석할 수 있다.

(6) 언어와 자녀 교육 문제

결혼이주여성들은 언어의 소통이 자유롭지 못하여 가족들에게 자신의 의사와 감정을 표현하고 전달하는 것에 많은 어려움을 겪고 있다. 대다수 결혼이주여성들이 한국어 습득의 기회를 갖기도 전에 출산과 가사를 책임져야 하는 상황으로 일상생활 적응에 어려움을 겪고 있다. 가부장적인 한국 문화와 정서로 인해 부부갈등, 고부간의 갈등을 겪는 경우가 많다. 뿐만 아니라 한국의 전통문화와 가치관, 전통을 따르기를 강요받는 사례도 나타난다. 한국어 능력 부족은 이웃과 공동체와의 교류에도 영향을 끼칠 수 있는데, 결혼이주여성들 가운데 한국어가 능숙하지 못한 경우 자녀들 유치원 또는 초등학교의 학부회, 선생님과 상담, 남편 친구모임 참석 등에 적극적으로 참석하기 어려운 경우가 많다(김민정, 2012).

다문화가정 자녀의 교육문제도 심각하다. 한국말이 서툰 외국인 어머니의 교육으로 인해 자녀들이 언어를 습득하는 가장 결정적 시기인 영·유아기에 언어발달이 늦어지고 사회성 발달에도 영향을 줄 수 있어 자녀가 성장 과정 동안 양질의 양육환경을 제공하는데 어려움이 있다(김미정, 2011). 결혼이주여성인 어머니와의 소통 및 모국어의 습득에 어려움이 있어 자녀가 발달성 언어장애를 겪는 경우가 있으며, 고학년으로 갈수록 아동의 학습에 문제가 발생할 수 있다(최선화 외, 2014). 한국사회에서 다문화가정 학생들은 학교 내에서 또래들의 놀림과 소외를 당하거나 폭력과 따돌림의 대상이 되기도 하며, 학교부적응, 학습부진, 학업 중도탈락, 낮은 진학률과 취업률 등 심각한 상황에 놓여 있다(김범수 외, 2010). 자녀교육문제에 대해 전문적으로 도와주는 사람이나 단체 · 기관도 부족하다. 한국 사회의 배타적 민족주의 문화 때문에 주변의 부정적 시선, 집안 식구로부터 배척 등으로 다문화 가정의 부모와 자녀들은 가정과 사회로부터의 소외감, 정신적 긴장감, 고독과 긴장을 경험하며 살아가게 된다. 부모의 가치관과 생활태도가 다른 이중문화적 성격을 지닌 국제결혼가정으로부터 태어난 다문화자녀들은 성장하면서 많은 문화적 갈등과 가치관의 혼돈을 겪게 된다. 따라서 이들에 대한 교육과 지원 정책이 반드시 요구되는 것이다.

결론적으로 결혼이주여성의 한국어 습득은 자녀의 성장과 교육에도 큰 영향이 있으며 제대로 된 의사소통의 부재로 인해 자녀는 부모의 국적·문화 간 차이로 정체성의 혼란을 경험한다(최명민 외, 2015). 이로 인해 다문화가정 자녀도 한국사회 내에서 소외계층으로 차별을 받으며 살아갈 가능성이 있다.

(7) 결혼이주여성의 가정폭력 경험

결혼이주여성들은 가정폭력의 가능성에 노출되어 있는 경우가 많지만 실제 남편에게 폭력을 당하는 경우 이 문제를 해결할 수 있는 방법이 많지 않은 것이 현실이다. 가정폭력과 같은 극단적인 갈등이 지속해서 존재할 경우 이혼 또는 신고가 현실적인 대안이 될 수도 있지만 결혼이주여성이라는 특수한 지위가 이러한 결정을 어렵게 만드는 것이 사실이다. 결혼이주여성은 여성이며 이민자라는 이중적 지위를 지녔다고 할 수 있지만 실상은 이들이 우리나라 여성이 겪고 있는 사회적인 불평등에 더하여 문화적 정체성을 인정받기 어려운 이민자이자 여성이라는 이중의 불평등 속에 존재한다는 점을 고려해야 한다. 이들은 자녀에 대한 책임감, 배우자에 의존하고 있는 체류자격, 본국에 있는 가족들의 부양 책임감 등으로 인해 신고나 이혼을 선택하는 것이 어렵다는 점에서 이중의 불평등을 여실히 보여준다(김이선, 마경희 외, 2010; 설동훈 외, 2005; 정기선 외, 2007). 또한 실제 다문화가정 내에서 벌어지는 폭력 문제가 형사 처분 등 법적 제재로 진행된 경우는 그리 많지 않다. 따라서 이러한 이중의 불평등이 지속해서 결혼이주여성에게 적용될 경우 개인적인 차원의 문제가 사회적 차원에서의 갈등문제로 확대될 가능성이 높다. 하지만 이혼의 선택이 어려운 현실 가운데에서도 다문화 가정의 이혼이 계속 지속되고 있다는 점에서 만약 다문화 가정 이혼이 일정 수준 이상으로 증가한다면 지금보다는 더 큰 갈등이 표출되고 확대될 수 있을 것이다.

(8) 배우자와의 의사소통

결혼이주여성들의 적응 및 정착을 위해 가장 중요한 요소는 가족과의 정서적·심리적 결합이다. 이들은 초기 입국하여 가장 많이 의지하는 사람이 배우자이며,

가족을 통해서 한국사회의 문화, 가치관, 생활방식을 익히게 된다. 이를 원활하게 하기 위한 필수 전제가 한국어 습득이다. 그러나 한국어 습득은 단시간에 이루기 어려운 과제이며, 개인차가 있다. 결혼이주여성의 한국어 능력이 부족한 경우 가족 구성원들과의 의사소통 부재로 연결되어 부부 간의 오해가 생기고 심각할 경우 가정의 파괴로도 이어질 수 있다.

그러나 결혼이주여성의 한국어 능력 향상이 꼭 의사소통 증가로 이어지는 것은 아니다. 자신이나 집안에 어려운 일이 발생했을 때 의논할 상대가 없는 결혼이주여성이 많으며, 자국 출신의 이주여성들과의 소통을 통해서 문제를 해결하고자 하는 경우가 많다.

이에 배우자와의 의사소통 문제는 1차적으로 결혼이주여성의 한국어능력에 있다고 볼 수 있지만 그 이면을 살펴보면 소통을 위한 부부간의 의지와 노력이 중요하다는 것을 알 수 있다. 한국어 프로그램의 적극적인 활용과 지역주민과의 모임 및 행사에 부부가 함께 참여할 수 있도록 하는 것도 필요하다.

(9) 가족해체 문제

국제결혼 부부의 높은 이혼율이 사회문제로 대두되고 현실이다. 국제결혼 부부의 이혼건수는 2000년 1,498건에서 2011년 11.495건으로 최고치를 기록하다 2019년 기준 6,899건으로 다소 하향되었다. 하지만 전체 총 이혼 중 6.2%를 차지하면서 다문화가정의 해체가 중요한 사회 이슈로 등장하게 되었다(통계청, 2020).

'2019 다문화 인구동태 통계'에 따르면 다문화 가정의 경우 남편과 아내의 나이 차이가 10살 이상 나는 다문화 부부는 전체 40.9%에 해당될 정도로 큰 비중을 차지한다. 특히 결혼 중개업체를 통해 이루어진 결혼 비중이 높은 다문화가정의 특성상 한국인 배우자는 '결혼 · 출산'과 같은 자신의 관심사에만 관심을 가질 뿐 외국인 배우자를 위해 출신국가의 언어와 문화를 습득하는 것에는 무관심한 경우가 많다. 따라서 다문화가정 내에서 결혼이주여성은 나이 차이에서 오는 세대 갈등, 한국어 능력의 부족, 문화적 갈등으로 인해 배우자와의 의사소통 부재로 이어져 부부 간의 오해가 생기고 심각할 경우 가정의 파괴로도 이어질 수 있기 때문이다. 부부간의 이해 부족은 가족 관계의 악화로 이어지고 많은 경우에는 배우자에게 언어적 · 물리적 폭력을 행사하는 경우로 나타난다.

이혼 · 별거 등으로 인한 가족의 해체는 당사자뿐만 아니라 자녀에게 정서적 · 경제적 고통을 준다. 특히 이혼의 경우 부부는 물론이고 자녀들까지 가족 해체로 인해 극심한 정서 불안을 주게 된다. 또한 해체된 다문화가족은 대다수가 경제적 어려움과 주거 불안을 호소하고 있다. 이혼한 결혼이주여성은 취업이나 사회활동에서 기회의 배제나 차별대우를 경험한 비율도 훨씬 높으며, 건강이나 생계유지 등에서도 열악한 조건에 있으며, 특히 자녀를 양육하고 있는 결혼이주여성의 경우는 더욱 어려운 상황이라 주요 복지 수혜 계층으로 새롭게 부각되고 있는 것이 현실이다.

2) 다문화가족의 복지 욕구와 시사점[2)]

다문화가족의 복지욕구는 한국생활 적응, 가족관계, 경제적 어려움, 국적 및 인권, 사회통합 등 여러 분야별로 다양하다. 다문화가족의 욕구를 한국 사회의 구성원으로 정착하기 위한 복지적 측면에서 파악하면 다음과 같다(김미정, 2011).

첫째, 결혼이주여성의 한국어 교육이다. 결혼이주여성의 한국 정착을 위해서는 가족 혹은 사화와의 소통이 필수적이라는 측면에서 한국어 교육은 가장 우선적으로 요구되는 사안이다. 부부 간 의사소통에서도 남편이 배우자의 언어에 대한 습득 의지가 거의 없는 상황에서 결혼이민자가 스스로 한국어를 습득하는 것만이 대안이라는 점에서 한국어 교육에 대한 집중적인 지원이 필요하다.

둘째, 다른 문화적 배경에 기반을 둔 문화적 갈등의 해소이다. 우리 사회의 가부장제적인 문화와 관습은 결혼이주여성들을 힘들게 하는 요인으로 작용하며, 특히 우리 사회의 남성위주의 문화, 권위적인 남편의 태도, 며느리의 역할, 시부모의 간섭 등은 모권이 강한 국가 출신의 외국인 아내들이 이해하기 어려운 부분이다. 따라서 이를 극복할 수 있는 문화적 교육에 대한 욕구가 강하다. 이는 남

2) 김미정(2011)의 내용을 일부 발췌 · 인용함

편의 경우에도 배우자의 문화를 이해하는 노력과 다문화적 인식의 강화를 통해 사회통합적인 가치를 수용할 수 있도록 지원하는 것이 요구된다.

셋째, 경제생활의 어려움을 해결하기 위한 취업욕구가 있다. 결혼이민자 여성의 대부분이 일을 하려는 것은 가족의 생계유지, 생활비 보충, 자녀 교육비 충당, 모국에 대환 지원이라는 경제적 이유가 대부분이다. 이들의 경제적 어려움은 가족 형성 이후에도 지속적인 생활고와 자녀양육의 어려움으로 나타나고 있다(설동훈, 2006). 따라서 경제적 자립을 위한 취업 욕구를 충족시킬 수 있는 취업교육과 사회적 지원을 요구하고 있다다.

넷째, 인권보호이다. 결혼과 입국, 정착 과정에서 겪는 불합리한 요소들로 인해 국적 취득까지 다양한 문제와 인권침해적인 상황을 겪게 된다. 또한 결혼이이주여성에 대한 가정폭력이나 성폭력뿐만 아니라 가족생활주기에 따른 다양한 측면에서 지속적으로 인권 침해적인 문제가 발생한다. 특히 결혼 후에 남편과 가족들의 지나친 감시나 감독으로 자유로운 생활을 하기 어렵거나, 심각한 부부갈등, 가정폭력 등으로 인권침해를 받는 경우를 볼 수 있다(최현미 외,2010). 특히 최근 이혼의 증가로 인해 결혼이주여성과 자녀들에게 정서적·경제적 고통을 야기하고 있는 현실 등을 고려한다면 결혼이주여성의 인권 측면을 고려한 법적·제도적 안정 장치 마련과 사회적 지원에 대한 합의와 실천이 이루어져야 한다.

다섯째, 자녀교육 문제이다. 언어와 문화적 차이로 인한 자녀 교육의 한계를 경험하면서 자녀에 대한 교육적 지원을 위한 욕구가 강하게 나타난다. 따라서 다문화가정 자녀들을 대상으로 하는 교육 지원뿐만 아니라 결혼이주여성의 자녀교육에 대한 정보와 교육을 제공하는 것이 요구된다.

여섯째, 사회적 관계 형성이다. 결혼이주여성의 한국 정착 과정에서 그들을 지지하는 사회적 관계의 부족으로 인해 개인적인 혼란과 갈등을 극복하는 데 어려움을 겪고 있다. 따라서 현재 정부와 지자체, 민간단체 등에서 제공되는 다양한 다문화 프로그램을 통한 사회적 관계를 지원하고 스스로 사회에 동참할 수 있는 기회를 제공하는 것이 요구된다.

일곱째. 다문화 자녀의 적응과 진로 문제이다. 다문화 자녀들은 한국 사회의 차별을 경험하며 자신의 정체성에 대한 혼란과 사회적 지위에 대한 갈등을 극복하고 성장하는 것이 중요한 과제이다. 따라서 다문화 자녀를 대상으로 하는 다양한 교육과 취업 지원, 미래 비전 제시 등을 통해 자존감을 회복하고 미래 글로벌 인재로 성장할 수 있는 동기를 부여하는 사회적·정책적 지원이 요구된다.

2. 외국인근로자가족복지의 현실과 시사점[3)]

1) 외국인근로자가족 복지의 현실과 문제점

(1) 인권침해

국가는 국익을 증진하고 사회 전체의 통합을 이루는 것을 목표를 하고 있으며, 이를 외국인근로자의 인권과 특수상황보다 우선시하는 경향이 있다. 더불어 다문화가정 지원을 중심으로 진행되고 있는 기존의 다문화정책은 외국인근로자의 인권이라는 측면을 보장하는 데 한계를 가지고 있다.

인권침해의 한 형태로서 외국인근로자에 대한 사내 폭언 및 폭행도 큰 문제로 지적되고 있다. 외국인근로자는 산업연수생, 고용허가제와 같은 노동자의 권리를 보장 받기 어려운 현실 속에서 직장 내 차별, 폭행, 폭언 등을 경험한 바 있으며 자유롭지 못한 직장의 선택이나 비자 문제로 인해 인권 침해에 대해 본인들의 목소리를 내지 못하고 있다. 현행 제도에 따르면 직장 변경의 사유가 신체적인 폭력을 당한다 해도 이를 증명할 수 있을 만큼 명백한 경우에만 이직이 가능하고, 은밀하게 이루어지는 언어폭력이나 성폭력의 경우 현실적으로 피해를 구제할 방법이 없다는 점에서 제도적 대책이 시급히 필요하다(김영주, 2009).

특히 여성 외국인근로자의 경우는 노동자로서의 어려움과 여성으로서 겪는 성추행, 성폭력과 같은 위험에도 노출되어 다층적인 인권침해의 여지가 있다.

---

3) 김성근(2013), 홍규호(2016)의 내용을 일부 발췌 · 인용함

현재 이주민들의 인권침해에 대한 판단과 구제책을 결정하는 권한이 정부 관계자나 그들에게 위임받은 한국인들에게 배타적으로 주어져 있는데 외국인근로자에게 참여의 기회가 전혀 제공되지 않는 현실 자체가 심각한 인권침해의 상황이라고 볼 수 있다.

사실상 인권침해는 외국인근로자들에 관한 경제적 배제, 문화적 무시, 사회적 물화라는 세 갈등의 영역이 공통적으로 작용하기 때문에 이에 대한 대처 방안을 강구하는 일은 매우 어려울 것으로 보인다.

(2) 노동기준법에 어긋나는 관행

외국인근로자는 지리적 여건 상 입국 전에 당사자 간 직접 근로계약을 체결이 불가능하다는 것을 악용하여 사업장 측에서 외국인근로자들이 입국한 이후에 근로계약을 바꾸는 경우가 상당히 많다. 실제 근무내역과 입사 시에 작성한 근로계약서가 일치하지 않은 경우도 있으며, 이러한 근로계약상의 위반은 시간이 지날수록 심각해지는 상황이다.

근로계약 내용 중 근로시간을 위반하는 경우와 월급규정과 휴게시간 및 휴일을 위반하는 경우 등이 많으며 근무시간과 보수라는 가장 기본적 계약내용이 제대로 이행되지 않음을 확인할 수 있다. 또한 한국인 근로자보다 노동시간이 많고 노동 강도가 높다는 측면에서 이들은 차별을 받고 있다.

임금의 절대적 수준이 낮고 임금을 체불하는 경우가 많다는 점도 심각한 문제로 드러났다. 임금 체불은 이들에게 생계유지와 소득보장을 어렵게 하는 요인으로 작용하고 있다. 이뿐만 아니라 작업장 환경이나 산업 안전 준수 측면에서도 외국인근로자들은 취약한 입장에 처해 있다는 것을 알 수 있다. 외국인 산업재해의 경우 재해율과 사망률이 현저히 높은데 고용주가 보험료 인상을 꺼려하여 산재신청을 안 하는 경우가 많고, 외국인근로자가 불법체류자인 경우에는 신분노출의 위험부담으로 신고를 기피하기 때문에 실제로는 은폐된 산재 건수가 상당하다는 점이 지적된다.

(3) 열악한 노동조건

외국인근로자들은 대부분 숙련 기술을 요구하지 않는 단순 노무직이나 일용직 또는 대부분의 한국인들이 기피하는 직무를 수행하는 경우가 많다. 3D 업종의 노동력 부족을 외국인근로자의 유입으로서 해결하려 했던 우리나라의 정책 기조를 고려하면 당연한 현상이라 할 수 있는데(오경석, 2007; 원숙연, 2008; 한경구, 한건수, 2007), 그 결과로 우리나라에 체류하는 외국인근로자의 상당수는 한국인들의 선호가 낮은 중소기업을 선택할 수밖에 없게 된다(신동준, 2012). 우리나라 국민들의 소득증가 및 고학력화 등으로 인해 제조업과 소규모 영세사업장의 경우 외국인력에 의존하는 경향이 갈수록 심해지는 상황이어서 외국인근로자 없이는 사업운영이 불가능하고, 이에 따라 여전히 많은 소규모 기업들이 외국인근로자의 추가적인 고용을 원하고 있기 때문이다(박진경, 2012; 최희석, 이종화, 2011). 문제는 중소기업을 선택한 외국인근로자들이 곧 열악한 근무환경도 받아들여야만 한다는 사실이다.

외국인근로자들은 낮은 임금, 열악하고 위험한 근무조건, 장시간의 노동 등을 감수해야 하는 것으로 나타나고 있다. 또한 제대로 된 의료 보호나 숙식 공간을 제공받지 못하며, 직장에서도 외국인으로서의 차별이나 불합리한 통제를 묵인할 수밖에 없는 현실에 있다.

(4) 외국인근로자에 대한 편견

외국인근로자의 유입이 증가하면서 이들의 범죄 발생 비율도 증가하고, 범죄유형도 다양화 · 조직화되고 있으며, 이 추세대로라면 향후 큰 사회문제로 발전할 가능성을 높다. 특히 외국인 범죄의 경우 신원파악이 어렵고 범죄가 발생했을 때 검거하기 힘들기 때문에 내국인의 범죄보다 더 큰 주의를 필요로 한다.

외국인 범죄의 증가는 아직도 '단일민족'이라는 관념을 가진 한국 사람들 입장에서는 외국인의 범죄에 대해 배타적 태도를 지니기가 쉽기 때문에 외국인들에 대한 극단적인 인종주의적 태도를 불러일으킬 여지가 많은 것이다.

또한 매체를 통해 유럽에서 이민 증가가 범죄율 상승으로 연결되는 것을 접하면서 외국인 혐오나 기피를 넘어 오히려 내국인이 저지르는 범죄의 피해자가 될 가능성이 높아진다. 이렇게 이주민 집단이 가진 문화나 종교의 차이가 부정적으로 부각될 때마다 이들에 대해 일종의 '두려움의 문화(the culture of fear)'가 형성하여 외국인근로자들에 대한 편견을 심어줄 가능성이 높다.

(5) 의료 서비스에서 배제된 외국인근로자가족

합법체류 외국인근로자가족의 경우에는 건강보험 서비스를 이용할 수 있다. 그러나 미등록 외국인근로자가족의 경우는 불법체류자라는 신분으로 인해서 건강보험 서비스를 이용할 수 없다. 이들은 몸이 아파도 참거나 아주 비싼 비용을 지불하면서 병원진료를 받을 수밖에 없다. 또한 지자체에서 제공하는 건강증진 프로그램 참여나 건강 상담을 받을 수 없으며, 응급 상황에도 119 서비스를 이용하기 어렵다. 이들의 자녀들 또한 건강보험 서비스를 이용할 수 없다. 한국이 1989년에 비준한 「유엔아동권리협약」 제24조, 제25조에는 아동 건강권에 대해 언급하고 있다. '당사국은 아동이 최상의 건강 수준을 유지할 권리와 질병치료 및 건강회복을 위한 시설을 이용할 권리를 인정하며, 이와 관련해 보건의료서비스 이용에 관한 아동의 권리가 침해되지 않도록 노력해야 한다'고 명시하고 있으나 한국 정부는 미등록 이주아동이 건강보험을 이용할 수 있는 권리보장을 하지 않고 있다.

건강보험이 없는 미등록 이주아동의 경우는 지자체에서 제공하는 무료접종 서비스도 이용하기 어려운 상황이다. 이와 같이 미등록 외국인근로자가족과 자녀들은 불법체류자라는 이유로 인간으로서 보장 받아야 할 건강권을 보장받지 못하고 있다.

(6) 교육 서비스에서 배제된 외국인근로자가족

유엔아동권리협약 제2조와 제28조는 차별 없이 모든 아동에게 교육권 보장해야 한다고 규정하고 있고, 헌법 제6조 제2항은 '외국인은 국제법과 조약이 정하는 바에 의하여 그 지위가 보장된다'고 명시하고 있다. 또한 헌법 제31조는 누구나 평등하게 교육 받을 권리를 명시하고 있다. 하지만 미등록 이주아동의 경우에 정규 학교에 입학하는 것은 어려웠다. 최근 몇 년 전까지만 해도 학교장의 재량에 따라 입학이 가능하여 학교 입학이 제도적인 시스템 안에서 진행되는 것이 아니라 개별적인 학교의 판단에 의해 진행되었다. 다행히 초중등교육법 시행령이 개정되어 미등록 이주아동들도 의무교육인 중학교까지 입학이 가능해졌다. 그러나 고등학교나 대학교 진학은 여전히 제도적으로 불가능하다. 또한 이주아동의 경우 체류 자격에 상관없이 교육비를 지원받을 수 없다. 이는 임금 수준이 낮은 외국인근로자 가장에게 큰 부담이기 때문에 해당 연령의 이주아동들이 어린이집에 가지 못하고 있는 상황에 처해 있다. 따라서 외국인근로자가족이 교육복지사각지대에서 벗어나 인간으로서의 평등한 교육권을 행사할 수 있도록 제도적 보완이 필요하다.

(7) 가족동반 문제

외국인 고용허가제가 시행된 이후 정부는 '성실근로자 재입국제도' 또는 '재입국 희망자 특별한국어시험 제도' 등을 통해서 체류기간을 계속 늘려와 현재는 최장 9년 8개월까지 체류할 수 있다. 이처럼 외국인근로자의 취업기간이 장기화되었음에도 불구하고 가족을 동반하여 한국에서 생활하는 것은 허용되지 않는다.

헌법 제36조 제1항은 '혼인과 가족생활은 개인의 존엄과 양성의 평등을 기초로 성립되고 유지되어야 하며, 국가는 이를 보장한다'고 국민이 가족생활을 유지할 권리와 그것을 보장할 국가의 의무를 명시하고 있다. 헌법에는 모든 인간이 누리는 보편적 권리와 국민만 누리는 배타적인 특권을 구분하고 있지는 않으나, 가족생활 유지를 위한 권리를 외국인근로자에게는 보장하지 않고 있다. 국내에서 합법적으로 장기간 취업하는 외국인근로자의 가족생활을 보장하지 않는 것은 문제라고 본다.

정부가 외국인근로자에게 가족동반권을 허용하지 않는 이유는 그들의 정착 가능성을 우려하기 때문이라고 보는 견해가 많은데, 이처럼 장기간에 걸친 단신 취업만 허용하는 논거로는 충분하지 않다고 본다. 장기취업 외국인근로자의 가족 동반권은 그들의 인권 측면에서 '가족생활권'과 직결된 사안이다. 단기체류자에 한해서 가족동반권을 제약하는 것은 정책적으로 고려가 가능한 선택지일 수 있겠으나, 장기체류자의 경우 가장 기본적인 복지 차원의 문제라고 할 수 있다. 이러한 사안의 심각성을 깊이 인식하고, 정부는 외국인근로자의 취업기간과 가족 동반권에 대한 진지한 논의를 거쳐 적절한 대안이 강구되어야 한다.

2) 외국인근로자가족의 복지 욕구와 시사점[4)]

외국인근로자의 복지에 대한 요구는 노동환경의 개선 및 고용안정, 직장 내 문화적 갈등해결, 산재 및 의료보호, 교육과 문화서비스 등이다(김미정, 2011).

첫째, 외국인근로자들은 고용안정에 대한 요구가 가장 우선 순위이다. 노동환경이나 사회적 기반이 취약해도 고용의 안정과 지속으로 공동체의 형성으로 인한 활동들이 있는 경우 정주 여건에 대한 만족도가 높다.

둘째, 산업재해보상제도와 건강보험의 혜택에 관한 요구이다. 외국인근로자 대부분이 저임금, 단순 업종인 3D 업종에 종사하고 있기에 산업재해와 각종 직업병에 노출될 위험이 높다. 위험한 작업에 노출되어 있으며, 안전 교육이 미비한 경우가 대부분이다. 이로 인해 산업재해는 계속 증가할 수밖에 없다. 의료보험의 지원도 형식적인 혜택에 그치는 것이 아니라 원활한 의료서비스를 원하며, 실질적인 지원을 받기 위한 진료비 문제, 의사소통의 문제 등이 해소되어야 한다.

셋째, 문화적인 갈등의 해결이다. 외국인근로자들은 외국인이기 때문에 직장 안에서 겪게 되는 다양한 어려움이 많이 있다. 직장 내에서 문화적, 인종적, 종교적 차이와 생활방식, 가치관, 사고방식의 차이로 인한 문제, 그리고 더 나아가서는 외국인근로자를 비하하거나 차별적인 태도와 인식의 개선이 필요한 현실이다.

넷째, 외국인근로자들의 인권침해는 직장 내에서 폭행, 폭언 등과 같은 의사소통에서 시작된다. 원활한 의사소통을 위해서 외국인근로자들은 한국어 및 문화

4) 김미정(2011)의 내용을 일부 발췌 · 인용함

교육 서비스를 받기를 원한다. 현재 다양한 부처에서 실행 중인 프로그램이 있으나 사실상 근무여건이나 지역적인 접근성을 고려한 서비스 제공도 고려해 볼 필요가 있다.

이러한 복지요구를 수용하기 위해서는 첫째, 모든 외국인근로자 및 그 가족의 권리에 대한 협약 비준이 필요하다. 외국인근로자가족이 그들의 인권을 보장 받을 수 있도록 정부는 하루 빨리 '모든 외국인근로자 및 그 가족의 권리에 관한 협약'에 비준해야 한다. 이 조약은 별도의 규정이 없는 한 모든 외국인근로자와 그 가족에 대해 언어, 종교, 성, 인종, 피부색 또는 신념, 정치적 의견과 국민적, 종교적, 기타 의견 또는 국적, 연령, 사회적 출신, 혼인상의 지위, 경제적 지위, 재산, 출생 또는 다른 지위 등에 어떠한 차별 없이 적용된다는 내용을 담고 있다. 둘째, 이주아동 권리보장 기본법의 제정이 필요하다. 우선 매우 열악한 위치에 놓여 있는 미등록 이주아동의 권리를 보장하도록 기본법을 제정해야 한다. 기본법 제정을 통해서 미등록 이주아동도 내국인 아동과 동일하게 건강 및 교육 서비스를 받으며 안전하게 살 수 있는 권리를 보장해야 한다.

위와 같이 모든 외국인근로자가족의 권리를 보장하는 협약에 비준하고, 미등록 이주아동의 기본적 권리를 보장하는 법령을 마련하여 외국인근로자가족과 이주아동을 인간으로서의 존엄성과 인권을 보장받을 수 있도록 해야 한다.

3. 북한이탈주민가족복지의 현실과 시사점5)

1) 북한이탈주민 복지의 현실과 문제점

남북한 주민은 한민족으로서 단일문화를 가지고 있다고 하지만 분단 이후 수십 년 동안 각기 다른 체제와 환경에서 살아오면서 삶의 방식과 문화적 차원에

5) 강동완(2007)의 내용을 일부 발췌 · 인용함

서 상당한 이질적인 격차가 발생했다. 북한이탈주민은 한국 정착과정에서 어릴 때부터 습득한 모든 문화적 틀과 지침들이 더 이상 적용되지 못할 때 경험하는 방향감각의 상실과 삶을 영위하던 모든 기준들이 허물어질 때 오는 혼동과 두려움, 분노를 경험하면서 문화충격을 받게 된다. 자본주의 체제와 한국의 문화에 적응해야 하는 이중고를 겪게 되는 과정에서 문화충격을 극복할 경우 한국사회에 잘 정착할 수 있지만, 그러지 못할 경우에 개인적으로는 문화갈등에 의해 사회적 · 심리적 장애를 경험하게 된다. 특히 최근에는 탈북 동기가 이전처럼 단순히 북한의 경제난으로 인한 생계형 탈북이 아니라 한국사회에 대한 동경과 좀 더 나은 삶을 영위하기 위한 탈북 경향이 늘어나고 있는 점을 감안할 때 탈북 당시의 한국에 대해 가진 긍정적 인식이 실제 입국 이후 격차가 심한 경우 문화충격의 강도는 더욱 높아질 수밖에 없다.

(1) 문화적 갈등

북한이탈주민의 경우 한민족으로 인식하여 다른 외국인보다 쉽게 한국 문화에 정착할 것이라는 기대감과 선입견이 있다. 하지만 실제 이들이 정착과정에서 경험하는 문화적 격차는 매우 크게 나타난다. 외국인이 한국에서 느끼는 문화적 차이처럼 북한이탈주민들도 다양한 문화의 차이를 경험하게 된다. 특히 초기 적응과정에서 언어에 어려움을 느낀다. 남북한 언어가 현격한 차이가 있으며, 무엇보다 외래어에 쉽게 적응하지 못하고 있는 것으로 나타났다. 언어소통의 어려움은 곧 대인관계 형성 장애로 이어지고 사회로부터 고립되는 현상을 낳게 된다.

아울러 문화적 측면에서 볼 때 자신들이 상대적으로 차별받는다는 인식과 한국사회의 편견과 시선으로부터 문화적 갈등이 비롯된다고 할 수 있다. 일부 핵심 탈북계층의 경우는 한국에서 경제적 극빈층 전락, 사회적 존재감 상실 등으로 인해 자신의 삶을 한탄하며 오히려 북한에서의 삶이 더 좋았다고 인식하기도 한다.

문화적 차원보다 더욱 심각한 것은 정체성의 혼란 문제라 할 수 있다. 새로운 환경 속에서 정치 · 문화적 차이에서 발생하는 자아 및 국가정체성에 심각한 혼란을 경험하면서 자신을 새롭게 정의해야 하는 혼란과 갈등을 경험하게 된다.

(2) 경제적 갈등

북한이탈주민은 초기 정착 과정에서 정부로부터 수혜 받는 정착금으로 경제적인 어려움 없이 생활을 시작하게 된다. 하지만 자본주의사회를 경험하고, 생계유지에 대한 고민을 하게 되면서 경제적 문제의 중요성을 인식하게 되고 돈을 벌어야 한다는 욕구를 가지게 된다. 하지만 돈을 벌어야겠다고 시도하는 순간 북한이탈주민은 그동안 드러나지 않던 부적응의 문제를 경험하게 된다.

자본주의에 대한 이해가 부족하고 경제 관념이 부족하기 때문에 돈에 대한 관리나 생계 유지에 대한 전략적 접근이 어렵게 느껴진다. 또한 취업, 직업, 생계유지의 어려움을 겪으면서 점차 자신이 갖고 있던 기대감이 절망감으로 변하게 되는 시기를 맞게 된다. 자신이 가진 능력이나 문화적 배경이 취업으로 이어지기에 부족하다는 점을 느끼게 되고, 새로운 도전을 위한 준비가 이루어지지 않은 상황에서 심각한 갈등을 경험하게 된다.

북한에서의 직업경험이나 노동능력은 한국에서 연계되지 않고 분절되어 취업을 할 수 없는 문제가 발생한다. 설사 직장을 구한다 해도 전문직 혹은 상대적으로 좋은 직업에 취업하는 것이 힘들어 정체성과 자존감의 상실을 경험하게 되며, 북한에서의 생활을 그리워하기도 한다.

또한 북한이나 중국 등 제3국에 가족이 있을 경우 브로커비를 마련하여 가족을 데려와야 한다는 중압감과 느끼며, 실제 현실에서 목돈을 구할 수 있는 방법이 그다지 많지 않다는 것을 알고 절망하게 된다. 이러한 정착과정의 어려움 속에서 정착지원금이 대부분 소진되고 심리적 · 정신적 고통와 함께 경제적인 어려움을 경험하게 된다.

(3) 사회적 갈등

북한이탈주민은 기존의 사회구성원들로부터 자신들의 탈북이력과 문화에 상관없이 보편적인 한 개인으로 인정받기를 원한다. 한국민들과 동등한 자격을 갖는 한 개인으로서 오직 자신들의 능력에 의한 평가를 받고, 그 결과에 따라 새로운 사회의 주류집단에 참여하고 성취하기를 원하는 것이다. 하지만 북한이탈주민라는 부정적 인식이 지속되고 있는 상황에서 본인 스스로도 한국인으로서 정체성을 갖추는 것에 어려움을 겪으면서 적응 과정에 갈등을 경험하게 된다.

자신만의 정체성을 유지하면서도 한국사회의 인정을 받는 것이 어렵기 때문에 국가적 · 사회적 지원을 활용하거나 개인적으로 교육이나 사회적 경험을 통해 적응을 시도하고 있으나 격차를 해소하는 것이 쉽지는 않다. 이들은 사회적으로 인정을 받을 수 있는 다양한 시도가 좌절되면서 사회적 갈등을 경험하게 되고, 사회적 욕구의 충족을 위한 다양한 정책적 지원을 요구하기도 한다.

(4) 정부의 추진 전략

통일부는 북한이탈주민 지원정책의 방향을 '인도주의에 입각한 특별한 보호'와 '통일대비 역량 강화를 위한 실질적 통일준비의 일환'으로 설정하고 1997년 제정한 북한이탈주민의 보호 및 정착지원에 관한 법률 등에 따라서 통일부를 중심으로 한 중앙정부 각 부처와 지자체 그리고 지역적응센터를 비롯하여 여러 민간기관들이 북한이탈주민 대상 지원 정책과 사업을 추진 중이다.

북한이탈주민에게는 정착금 지급 등을 통해 정착과 자립을 할 수 있도록 시책사업을 전개하고 있다. 하나원 수료 후 사회에 진출한 북한이탈주민에게 임대주택을 배정하고 주거지원금, 정착금 등을 지급하여 한국사회 정착을 지원하고, 직업훈련, 고용알선, 취업장려금, 고용지원금 지급 등을 통해서 취업과 경제적 자립을 지원하고 있다. 또한 북한이탈주민 특례에 의거하여 의료급여, 기초생활보장 생계급여, 국민연금 지급 등 사회보장제도 혜택도 제공하고 있다.

하지만 이러한 지원 정책은 역설적으로 일부 북한이탈주민을 의존적 · 소극적 자세에 안주하게 만들고 있다. 신속한 정착을 명분으로 진행되는 각종 지원방식은 오 · 남용 가능성을 내포하여 현물성, 현금성 지원의 관리감독 미흡과 편법 · 탈법 관행에 대한 학습으로 불법적인 수급 문제가 대두되고 있다. 적성과 능력을 배제한 채 신속한 취업만을 강조하는 취업지원정책은 오히려 안정적인 정착에 역효과를 보이고 있다. 이러한 정책은 대상자들이 의존적, 소극적인 자세 일관하여 저임금 일자리에 취업하는 것보다 기초생활보장 생계급여 수급이 금전적으로 유리하다는 판단하는 경우가 발생하여 근로능력이 있음에도 공식적인 노동시장 진입을 기피하거나 일부는 비공식 아르바이트를 하면서 생계급여와 각종 장려금 등을 편법적으로 수급하는 경우도 있다. 따라서 북한이탈주민을 위한 정책의 추진에 있어 이들의 자립과 정착을 위한 보완이 필요하다.

2) 북한이탈주민가족의 복지 욕구와 시사점6)

(1) 북한이탈주민에 대한 정책 기조의 전환

북한이탈주민을 우리 사회의 구성원으로의 역할과 지위를 새롭게 인식하고, 이들의 자립과 자조, 규율과 신뢰, 책임과 의무 등 한국사회의 가치를 공유하는 것이 필요하다. 입국 이후 일정 기간 동안은 정착을 위한 소정의 특혜를 제공하되 궁극적으로는 일반국민과 동일한 책임과 의무를 부과하고 권리를 부여하는 정책을 확립하여 이를 북한이탈주민에게 주지시키는 것이 필요하다. 북한이탈주민이 정착과정에서 겪는 문제에 대한 이해를 바탕으로 신속한 정착 촉구에 앞서 배려하고 기다리는 지원정책을 추진하는 것이 바람직하다.

취업과 자활을 위한 정책 추진, 실질적인 취업교육지원을 통해 경제적 자립을 실천할 수 있도록 지원하고, 정치 · 경제 · 사회 · 문화적 차이를 극복할 수 있는 사회적응 프로그램의 강화가 요구된다.

(2) 탈북 과정에서의 신체적 · 정서적 문제에 대한 지원의 강화

북한에서 생활하는 동안은 물론이고 탈북과정에서 경험한 충격적인 사건들로 인하여 신체적 · 정신적 건강상의 어려움을 호소하는 경우가 많다. 가장 고통스러운 경험은 가족과의 이별, 탈북과정 및 제3국 체류과정에서 체포 · 발각의 두려움, 강제송환 등과 북한의 잔류 가족이 합류하지 못하는 경우 죄책감과 외로움,

6) 김미정(2011), 통일 · 동북아센터(2014)의 내용을 일부 발췌 · 인용함

인권상의 침해로 인한 인간적 상실감과 대인관계의 어려움 등으로 인해 한국사회의 적응에 어려움을 보이고 있다(최현미 외, 2010). 또한 남한 사회의 현실 인식에 따른 괴리감으로 인해 자존감의 상실, 사회 적응의 실패나 목표 달성의 어려움 등으로 인한 문제를 극복하기 위한 지원을 요구하고 있다.

(3) 다양한 복지욕구의 충족을 위한 정책적 지원

첫째, 기본생활 욕구에서 있어서는 의 · 식 · 주 등의 기본적인 삶의 조건을 충족시키는 것에서부터 여가생활이나 자녀교육 등의 사회 · 문화적 요구에 대한 만족을 추구하고 있다. 둘째, 근로욕구 측면에서는 취업과 노동을 통한 정상적인 사회 참여와 경제적 자립을 요구하고 있고, 이를 위한 직업교육과 지원을 요구하고 있다. 셋째, 경제적 측면에서 소득의 향상을 위한 기회 보장뿐 아니라 기초생계 보장에 대한 지원을 희망하고 있다. 넷째, 의료보장 측면에서 국가의료보험과 요양, 간병 등에 대한 국가의 지원을 중요시하고 있다. 다섯째, 생활보장 측면에서 사회보장제도와 사회안전망의 확대를 통한 안정적 생활 기반의 보장을 요구하고 있다.

북한이탈주민들의 복지욕구의 확대는 국가의존적 경향을 띠고 있어 권리와 의무에 대한 명확한 기준 제시와 사회적 역할의 수행을 통해서 달성될 수 있다는 점을 명확히 하는 것이 요구된다.

(4) 지자체와 민간의 역할 및 참여 확대와 지원 역량 강화

북한이탈주민의 실질적인 지역정착을 책임지는 지자체와 민간의 역할을 강화한다. 지역적응센터에 관한 관리와 감독 등 북한이탈주민 정착지원 체계 내의 일부 권한을 지자체에 이양하는 것을 통해 지자체가 기존에 구축한 사회복지 네트워크를 적극적으로 활용하고, 민간단체의 역량 개발 및 육성을 통해서 북한이탈주민 지원에 좀 더 다양한 기능과 역할을 부여한다. 또한 통일에 대비한 공동체 선진화와 통일역량을 확충하기 위해 북한이탈주민에 대한 국민의 인식 개선 등 소수집단이나 취약계층에 대한 사회적인 수용능력을 제고하는 것이 필요하다.

CHAPTER 06

이민 · 다문화가족 대상 지원정책

1. 외국인정책과 이민정책
2. 다문화가족정책
3. 외국인근로자정책
4. 북한이탈주민정책

1. 외국인정책과 이민정책[1)]

1) 외국인정책과 이민정책의 개념

세계화, 국제화의 영향으로 이민이 보편적 현상으로 나타나는 시대임에도 불구하고 아직 한국인들의 인식 속에서 이민은 이주한 국가에서 영주권 또는 시민권을 얻어 계속 사는 영주이민이 일반적인 인식이다. 민족적, 문화적 배경이 다른 이민자가 한국사회에 영주하는 것을 제도적으로 보장하는 이민정책에 대해서는 부정적 인식을 가지고 있다.

한국은 2008년 처음으로 외국인의 출입국과 체류 및 통합문제를 종합적으로 다루기 위한 5개년 국가정책인 제1차 외국인정책 기본계획을 수립하면서, 이민에 대한 일반 국민의 인식을 고려하여 정책 명칭을 외국인정책으로 명명하였다. 2013년에 제2차 외국인정책 기본계획 수립 시 외국인정책을 개념상 대한민국으로 이주하고자 하는 외국인과 그 자녀 등에 대해 영구적 또는 일시적 사회구성원 자격을 부여하거나 국내에서 살아가는 데 필요한 제반 환경 조성에 관한 사항을 종합적인 관점에서 다루는 정책(법무부, 2018)이라고 정의하면서, 이는 국제사회에서 통용되는 이민정책과 사실상 일치한다고 설명하였다. 이때 정책대상인 외국인은 출입국관리법 제2조 제2항에 의거하여 대한민국 국적을 가지지 아니한 사람을 의미한다.

국제적으로 통용되는 이민정책의 대상인 이민자는 UN의 정의에 따르면 통상적인 거주 국가, 즉 일상생활을 영위하는 국가를 변경한 사람으로서 1년 이상 거주지를 옮겨야 하는 장기이민자를 말한다. 그리고 해외 체류 기간이 3개월 이상 1년 미만인 경우에는 단기 이민자로 본다. OECD나 IOM(국제이주기구) 등에서 포함하는 이민자는 단기이민자와 장기이민자를 포함하는 외국인뿐만 아니라 귀화자까지를 포함하는 해외출생인구로 확장되며, 특히 이민자 통합문제를 다룰 때

1) 정기선(2016), 이창원(2017), 이규용 외(2015), 법무부(2018)의 내용을 일부 발췌·인용함

는 이민 1세대와 부모 중 적어도 한 사람이 해외출생 이민 1세대인 국내출생자, 즉 이민 2세대를 모두 포괄하는 이주배경인구를 대상으로 한다(정기선, 김혜진, 2015). 1950~60년대 이민자를 받아들였던 유럽 국가들이 1990년대 후반부터 이민자 2, 3세대의 사회부적응이 사회문제로 대두되면서 이민정책 영역 안에서 이민자의 유입 및 체류관리뿐만 아니라 이민자 통합을 포함시키면서 이민정책의 대상도 한시적 이민자, 영주이민자, 귀화자뿐 아니라 이민자 2, 3세대 그리고 국민(내국인)까지를 포함하는 것으로 확장되었다(이혜경 외, 2016).

한국은 국내에 거주하는 외국인을 지원하기 위한 법적 근거가 되는 재한외국인 처우 기본법 제1조, 제2조, 제15조에서 대한민국의 국적을 가지지 아니한 자로서 대한민국에 거주할 목적을 가지고 합법적으로 체류하고 있는 재한 외국인과 한국국적을 취득한 날부터 3년이 경과하지 않는 귀화자를 정책대상으로 한다고 밝히고 있다. 하지만 재한외국인 처우 기본법에 따라 매5년마다 수립되는 외국인정책기본계획에서는 외국인 이민자와 귀화 이민자뿐만 아니라 외국인 관광객도 정책대상으로 포함하고 있다. 2차 외국인정책 기본계획에서 내수활성화에 기여할 외국인 관광객 유치가 정책과제로 포함되어 있다. 소비주체로서 외국인 유입을 촉진하는 정책을 추진하면서 한국을 방문하는 일반 관광객뿐만 아니라 한국을 거쳐서 제3국으로 가는 환승 관광객, 의료 관광객 등의 유치가 이민정책의 한 요소로로 포함되면서 이를 활성화하기 위한 목적으로 다양한 정책과 사업이 계획 · 추진되고 있다. 이런 측면에서는 외국인정책의 명칭을 국제사회에서 통용되는 이민자를 다루는 이민정책으로 대체하기에는 현재 추진되는 정책적 취지를 제대로 반영하지 못하는 한계가 있다. 따라서 외국인정책 또는 이민정책으로 따로 구분하기보다 외국인 · 이민정책으로 통합하는 것이 바람직하다고 본다.

2) 외국인정책 기본계획의 내용

외국인정책 기본계획은 재한외국인 처우 기본법 제5조에 법적 근거와 절차를 두고 법무부장관이 5년마다 관계부처의 기본계획안을 종합하고, 외국인정책위원회의 위원장인 국무총리의 심의와 의결을 거쳐 확정한다. 현재 제3차 외국인정책 기본계획(2018~2022년)이 시행 중이다.

외국인정책 기본계획은 대한민국의 이민정책에 관한 범정부 차원의 국가계획을 담은 정책지침서이며, 진행 차수별 5년간의 정책추진에 관한 기본설계도이다. 외국인정책은 대상과 정책 내용 측면에서 관련 분야가 많으며 정책 환경이 빠르게 변화하기 때문에 소관 부처별로 개별적 정책추진보다는 국가 차원에서 중장기적인 정책 방향을 미리 협의하고 설정하여 종합적 · 체계적으로 추진하는 것이 요구된다.

문화다양성 제고, 이민자와 2세의 사회통합, 다문화가족 지원, 우수인재 유치, 재외동포 교류지원 등 범정부적 차원에서 추진되는 이민과 관련된 다양한 정책을 외국인정책위원회를 통해 심의 · 조정하여 진행한다. 정부 부처별 해당 행정체계를 살펴보면 그림 6-1과 같다.

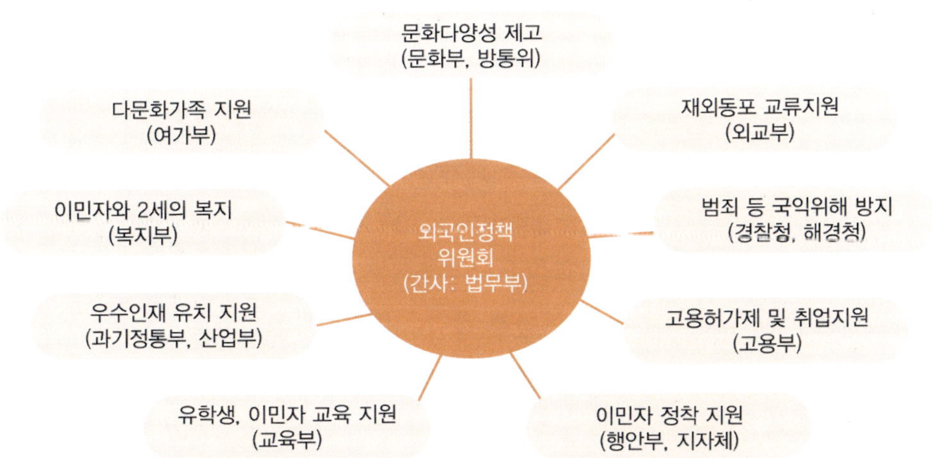

그림 6-1 정부 부처별 외국인정책 행정체계

출처: 법무부, '제3차 외국인정책 기본계획', 2018.

3) 제3차 외국인정책 기본계획(2018~2022년)

(1) 비전 및 정책 목표

현재 진행 중인 제3차 외국인정책 기본계획의 비전과 정책 목표와 중점과제에 대한 내용을 정리한 내용은 다음과 같다(법무부, 2018).

표 6-1 제3차 외국인정책 기본계획 비전 및 정책 목표

비전	국민 공감! 인권과 다양성이 존중되는 안전한 대한민국
핵심 가치	〈상생〉 〈통합〉 〈안전〉 〈인권〉 〈협력〉

정책 목표	중점 과제
1. 국민이 공감하는 질서 있는 개방	1. 우수인재 유치 및 성장지원 강화 2. 성장동력 확보를 위한 취업이민자 유치 · 활용 3. 관광객 및 투자자 등 유치를 통한 경제 활성화 4. 유입 체계 고도화 및 체류 · 국적 제도 개선
2. 이민자의 자립과 참여로 통합되는 사회	1. 이민단계별 정착 지원 및 사회통합 촉진 2. 이민배경 자녀 역량 강화 3. 이민자 사회통합을 위한 복지지원 내실화 4. 이민자의 지역사회 참여 확대
3. 국민과 이민자가 함께 만들어가는 안전한 사회	1. 안전하고 신속한 국경관리 체계 구축 2. 체류외국인 관리 체계 선진화
4. 인권과 다양성이 존중되는 정의로운 사회	1. 이민자 인권보호 체계 강화 2. 여성 · 아동 등 취약 이민자 인권증진 3. 문화다양성 증진 및 수용성 제고 4. 동포와 함께 공존 · 발전하는 환경 조성 5. 국제사회가 공감하는 선진 난민정책 추진
5. 협력에 바탕한 미래 지향적 거버넌스	1. 이민 관련 국제협력 증진 2. 중앙부처 · 지자체 · 시민사회 협력 강화 3. 이민정책 및 연구기반 구축

출처: 법무부, '제3차 외국인정책 기본계획', 2018.

(2) 기존 정책과의 차별성

상생과 화합의 외국인정책을 통해 정책의 국민 수용성 제고 및 지속 발전 가능한 체계 구축 측면에서 차별성은 다음과 같다(법무부, 2018).

표 6-2 1,2차 정책와의 차별성

제1 · 2차 정책		제3차 기본계획
• 이민의 양적 확대 중심의 개방적 이민 허용	⇨	• 이민의 양적 확대 및 질적 고도화를 병행한 적극적 이민정책
• 사회통합 체계 마련 및 참여 증진	⇨	• 사회통합 체계와 체류 · 영주 · 국적 연계 강화

출처: 법무부, '제3차 외국인정책 기본계획', 2018.

첫째, 우수하고 발전가능성 있는 외국인을 유입하고, 외국인이 자립 · 성장할 수 있는 사회환경을 조성한다.

둘째, 이민자 유입에 따른 고용 · 경제 · 사회 · 문화적 영향을 분석하고, 유입 원칙과 우선 순위의 설정을 통해 종합적인 이민자 유입체계를 고도화한다.

셋째, 사회통합 체계 수립을 위해 외국인 대상 체류, 영주, 국적 관련 정책과의 연계를 강화하여 외국인들이 사회구성원으로서 자질을 갖출 수 있도록 유도한다.

넷째, 저출산 · 고령화 사회에 대한 사회적 요구를 반영하여 국적 · 체류제도를 개선한다.

다섯째, 귀화자 병역의무 부여 여부 및 현실적인 이행방안 등을 장기적으로 검토한다.

재한외국인의 자립을 촉진하는 미래 지향적 외국인정책 추진 측면에서 차별성은 다음과 같다(법무부, 2018).

표 6-3 미래 지향적 외국인정책 추진

지난 10년간 정책		제3차 기본계획
• 우수 유학생 및 외국 인재 유입에 중점	⇨	•【유입 → 자립 → 성장 → 기여】의 미래 지향적 정책 추진

출처: 법무부, '제3차 외국인정책 기본계획', 2018.

첫째, 유학생의 학습 및 적응에 대한 지원을 강화하고 국내 연수 및 유학을 취업과 창업으로 연계하여 재한외국인의 성장을 촉진한다.

둘째, 이주배경아동의 이중언어 · 이중문화 교육 체계를 강화하고, 유아 · 학령기 등 이주배경아동의 성장주기별 지원을 강화한다.

체계적 인권증진 및 차별방지 정책 추진 측면에서 차별성은 다음과 같다(법무부, 2018).

표 6-4 체계적 인권증진 및 차별방지 정책

지난 10년간 정책		제3차 기본계획
• 추상적 · 선언적 인권 옹호	⇨	• 구체적 인권보호 제도 마련 • 인권보호를 위한 인프라 확충
• 아동 등 취약한 상황에 있는 외국인에 대한 정책 부족	⇨	• 아동 등 취약한 상황에 있는 외국인 실태파악 및 인권증진 정책 마련

출처: 법무부, '제3차 외국인정책 기본계획', 2018.

첫째, 차별방지를 위한 구체적 규정을 마련하고 외국인 권익 옴부즈만 도입, 인권증진 및 권익보호 협의회 강화, 난민심판 전문기관 설치를 추진 · 검토한다.

둘째, 취약 · 위기 상황에 있는 외국인 아동에 대한 실태 파악을 통한 보호와 지원 등 종합적인 인권증진 방안을 마련한다.

셋째, 농축산어업, 예술흥행분야 등 취약 상황에 놓여 있는 이민자에 대한 실태조사 및 보호방안 강구 등 적극적인 인권보호를 추진한다.

중앙부처 · 지방자치단체 · 시민사회의 협업 증진 측면에서 차별성은 다음과 같다(법무부, 2018).

표 6-5 중앙부처 · 지방자치단체 · 시민사회의 협업

지난 10년간 정책		제3차 기본계획
• 이민 관련 위원회 간 협력 부족	⇨	• 이민 관련 위원회 간 연계 강화
• 지자체 및 시민단체의 외국인정책 참여 체계 미흡	⇨	• 지자체와 협의체 구성, 컨설팅 제공 등 협력체계 구축 • 정책수요자 참여형 외국인정책 추진

출처: 법무부, '제3차 외국인정책 기본계획', 2018.

첫째, 부처별로 분산 운영된 이민 관련 위원회 간 연계를 강화한다.

둘째, 중앙 · 지자체 협의체 구성, 컨설팅 제공 등 지방자치단체와 협력 체계를 구축하고 지방자치단체의 이민정책 인프라를 강화한다.

셋째, 외국인정책 기본계획과 년차별 시행계획 수립 시 정책수요자의 의견 수렴을 정례화하는 참여형 정책 수립 등 시민사회와 협력하여 이민정책을 추진하는 체계를 구축한다.

체계적 이민정책 추진을 위한 인프라 확충 측면에서 차별성은 다음과 같다(법무부, 2018).

표 6-6 체계적 이민정책 추진을 위한 인프라

지난 10년간 정책		제3차 기본계획
• 이민 관련 통계, 연구기반 부족	⇨	• 이민기록정보원 등 기반 확충
• 이민 관련 체계적 법제 미비	⇨	• 이민 관련 법제 고도화 추진

출처: 법무부, '제3차 외국인정책 기본계획', 2018.

첫째, 증가하는 이민자의 현황 및 경제 · 사회적 영향을 파악하고 이를 통해 국민과 재한외국인에게 정확한 정보를 제공하기 위한 통계 · 연구기반 구축, 이민기록정보원 설치를 추진한다.

둘째, 체류 외국인의 증가와 사회적 요구의 다양성과 변화에 부응하여 출입국관리법과 재한외국인 처우 기본법 등 이민 관련 법제의 개정과 고도화를 추진한다.

2. 다문화가족정책[2)]

1) 다문화가족정책의 이해와 수립 배경

다문화가족정책은 다문화가족정책의 기본방향과 발전시책을 담아 5년마다 수립되는 법정계획[3)]이다. 2008년에 다문화가족정책에 대한 기본법(다문화가족지원법)이 제정되었고, 이를 근거로 다문화가족을 위한 다양한 정책과 지원 사업들이 추진되고 있다.

다문화가족정책은 2006년 대통령 자문기구인 빈부격차 · 차별시정위원회와 여성가족부 · 법무부 등 12개 부처가 합동으로 여성결혼이민자 가족의 사회통합지원대책을 마련하여 처음으로 본격 추진되었다. 2006년부터는 본격적으로 정부차원에서 결혼이민자 대상 지원정책을 실시하기 위한 법적 · 제도적 기반을 마련했으나, 한국인 배우자와 다문화가족 자녀 등 전체 다문화가족을 대상으로 한 지원정책은 부족하였고, 복지, 교육, 보건 및 다양한 영역 간의 연계가 미흡하여 정책적 시너지 효과는 미약한 수준이었다. 이에 2006년 다문화가족 지원의 핵심기관인 다문화가족지원센터가 21개 지방자치단체에 처음으로 설치되었다.

2008년 다문화가족지원법이 제정되어 정책대상 및 범위도 결혼이민자 중심에서 다문화가족 전체로 확대되었다. 또한 2011년에 다문화가족지원법을 새롭게 개정하여 다문화가족의 정의와 범위를 출생 시 한국인과 결혼이민자(또는 귀화자)에서 인지 또는 귀화 한국인과 결혼이민자(또는 귀화자)까지로 확장하였다.

다문화가족정책은 2010년 제1차 다문화가족정책 기본계획('10 ~ '12), 2012년 제2차 다문화가족기본계획('13 ~ '17), 2018년 제3차 다문화가족정책기본 계획('18 ~ '22)을 수립하여 진행 중이며, 그 외 다문화가족정책은 국적법, 재한외국인 처우 기본법」, 출입국관리법」, 결혼중개업의 관리에 관한 법률 등에 의해서도 지원받고 있다. 특히 2007년 결혼이민자에 대한 가정폭력 등 국제결혼 증가로 인한

---

2) 여성가족부(2018), 이주연 외(2019)의 내용을 일부 발췌 · 인용함

3) <다문화가족지원법 제3조의2(다문화가족 지원을 위한 기본계획의 수립)>

사회적 문제가 대두되자 결혼중개업의 관리에 관한 법률을 제정하여 결혼중개업의 신고·등록제 도입, 사기결혼 피해 예방 등을 핵심으로 하여 국제결혼중개업에 대한 관리·감독을 강화하고, 중국, 필리핀 등 7개국 중심의 결혼상대국과의 협의체를 구성을 통해 불법 소지가 있는 업체 단속 및 불법 결혼 중개행위에 대한 공조수사를 강화하였다(이주연 외, 2019).

2) 다문화가족계획의 추진 성과

다문화가족계획은 지금까지 3차의 다문화가족기본계획이 수립되어 진행 중이다. 1·2차 기본계획은 국제결혼 및 다문화가족 증가로 결혼이민자의 초기적응, 부부·가족생활 갈등 예방·해소, 자녀출생과 초기발달, 다문화가족에 대한 사회적 관심을 형성하기 위한 정책방향과 세부 시책을 마련하였다. 3차 기본계획은 초기적응 중심에서 장기정책에 따른 결혼이민자, 한부모가정의 증가 등 다양한 가족형태 출현, 청소년 자녀 증가, 가정폭력 증가 등의 주요 현상을 반영하고 대응하는 서비스 발굴과 확대에 집중하였다. 또한 학령기에 본격 진입한 다문화가정 자녀를 위해 학업 및 글로벌 역량 강화, 사회진출 지원, 결혼이주여성의 취업지원 서비스 내실화를 위해 관련 사업을 강화하였다(법무부, 2018; 이주연 외, 2019).

표 6-7 다문화가족 상황 변화에 따른 각 단계별 특징

구분	도입기(1차 기본계획)	성장기(2차 기본계획)	정착기(3차 기본계획)
인구	국제결혼 증가 다문화가족 증가	국제결혼 비율 안정화 다문화가족 지속 증가	국제결혼 감소추세 다문화가족 안정화 장기정착 비율증가
가족	결혼이민자의 초기적용 자녀출생, 초기발달 진행 결혼·가족생활 갈등 발생	결혼이민자 사회진출 확대 자녀세대 성장 가족해체 증대	사회진출 욕구 증대 경제·사회적 참여 강화 학령기(청소년) 비율 상승 한부모 등 가족형태 다양화
사회	사회적 관심 형성	다문화가족에 대한 부정적 태도 확산 및 갈등 우려	다소 개선되나 지속적 개선 노력 필요

출처: 이주연 외, 2019.

표 6-8 제1차~제3차 다문화가족 기본계획 정책 추진 방향

구분	제1차 계획(2010~2012)	제2차 계획(2013~2017)	제3차 계획(2018~2022)
비전	다문화사회로 열린 성숙한 세계 국가 구현	활기찬 다문화가족, 함께하는 사회	참여와 공존의 열린 다문화사회
목표	• 다문화가족의 삶의 질 향상 및 안정적인 정책 지원 • 다문화자녀에 대한 정책지원 강화 및 글로벌한 인재 육성	• 사회발전 동력으로서의 다문화가족 역량강화 • 다양성이 존중되는 다문화사회 구현	• 존중받고 차별 없는 다문화사회 구현 • 다문화가족의 사회·경제적 참여 확대 • 다문화자녀의 건강한 성장 발달 도모
	5대 영역, 61개 세부과제	6대 영역, 86개 세부과제	5대 영역, 70대 세부과제
정책 과제	• 국제결혼 입국 전 검증 시스템 강화 및 국제결혼 중개 관리 • 결혼이민자 정착지원 및 자립 역량 강화 • 다문화에 대한 사회적 인식 제고 • 다문화 자녀 건강한 성장발달 환경 조성	• 다양한 문화가 있는 다문화가족 구현 • 다문화자녀의 발달과 성장 지원 • 안정적인 가족생활 기반 구축 • 결혼이미자 사회경제적 진출 확대 • 다문화가족에 대한 수용성 제고 • 정책추진체계 정비	• 다문화가족 장기정착 지원 • 결혼이민자의 사회참여 확대 • 다문화자녀 안정적 성장지원 및 역량강화 • 다문화 수용성 제고 • 추진체계 강화
추진 기관	<11개 중앙행정기관, 지방자치단체> 법무부, 문화부, 교육, 행안부, 농식품부, 복지부, 경찰청, 공정위, 여가부, 고용부, 국무총리실	<13개 중앙행정기관, 지방자치단체> 경찰청, 법무부, 복지부, 고용부, 교육부, 여가부, 문화부, 행안부, 농식품부, 국방부, 외교부, 방통위, 국무총리실	<18개 중앙행정기관, 지방자치단체> 교육부, 외교부, 법무부, 국방부, 행안부, 문화부, 농식품부, 산업통상부, 복지부, 고용부, 여가부, 국토부, 중소벤처기업부, 방통위, 경찰청, 국세청, 농진청, 소방청

출처: 이주연 외, 2019.

또한 국민의 다문화수용성은 개선되고 있으나 전반적으로는 여전히 낮은 수준이며, 다문화사회에 대한 부정적·역차별적 인식과 정서 또한 증가하고 있는 점을 고려해 일반국민을 대상으로 하는 찾아가는 다문화 이해교육을 강화하여 다문화 수용성을 제고하는 정책을 추진 중이다.

3) 3차 다문화가족정책 기본계획

3차 다문화가족정책 기본계획은 모두가 존중받는 차별 없는 다문화사회 구현, 다문화가족의 사회·경제적 참여 확대, 다문화가족 자녀의 건강한 성장 도모의

3대 목표 아래 5개 대과제, 17개 중과제 및 70개 소과제로 구성되었다. 이를 위해 법무부, 교육부 등 17개 중앙행정기관 및 기관이 참여하고 있다. 기존 1차, 2차의 도입 및 성장기에서 정착기로 패러다임이 변화하는 추세를 고려하여 제3차 기본계획을 수립·추진하고 있다(여성가족부, 2018).

표 6-9 3차 다문화가족정책 기본방향

비전	참여와 공존의 열린 다문화 사회	
목표	■ 모두가 존중받는 차별 없는 다문화 사회 구현 ■ 다문화가족의 사회·경제적 참여 확대 ■ 다문화가족 자녀의 건강한 성장 도모	
정책 과제	다문화가족 장기정책 지원	① 결혼이주여성 인권보호 강화 (가정폭력예방 및 대응체계 구축) ② 국제결혼 피해예방 지원 ③ 안정된 가족생활 지원 ④ 서비스 연계 활성화
	결혼이민자 다양한 사회참여 확대	① 자립역량 강화 ② 취·창업 지원 서비스 내실화 ③ 사회참여 기회 확대
	다문화가족 자녀의 안정적 성장 지원과 역량 강화	① 안정적 성장을 위한 환경조성 ② 학업 및 글로벌 역량 강화 ③ 진로준비 및 사회진출 지원 ④ 중도입국자녀 맞춤형 지원
	상호존중에 기반한 다문화 수용성 제고	① 정책환경에 대한 주기적 모니터링 실시 ② 다문화 이해교육 활성화 ③ 다문화수용성 제고를 위한 미디어 환경 조성 ④ 지역 환경 조성 및 참여·교류 프로그램 활성화
	협력적 다문화 가족정책 운영을 위한 추진체계 강화	① 정책추진체계 간 협력 강화 ② 다문화가족 지원체계 내실화

출처: 여성가족부, '3차 다문화가족정책 기본계획', 2018.

3차 다문화가족정책 기본계획 추진의 특징은 다음과 같다(여성가족부, 2018).

첫째, 결혼이민자의 정착주기가 장기화되고 다양한 가족유형이 발생함에 따라 안정된 가족생활을 도모할 수 있는 지원을 강화하였다.

둘째, 결혼이주여성의 인권을 보호하기 위해 가정폭력 관련 긴급상담, 전문상담 및 주거시설을 확대 운영하는 등 가정폭력 피해에 대한 대응체계를 강화하였다.

셋째, 가족관계 증진을 위한 프로그램을 다양화하고, 한부모가족과 관련된 제도를 개선하고 지원하였다.

넷째, 다문화가족 자녀가 학령기에 본격 진입함에 따라 학업·글로벌 역량 강화 및 사회진출을 위한 지원을 강화하였고, 정책적 관심의 대상이 되고 있는 중도입국자녀에 대한 지원을 지속 추진하고 있다.

다섯째, 결혼이주여성의 초기적응지원을 지속적으로 진행하고, 취업지원 서비스를 내실화하였다.

여섯째, 다문화 수용성 제고를 위해 일반국민 대상 찾아가는 다문화 이해교육을 강화하였다.

표 6-10 1, 2차 정책 vs 제3차 기본계획 비교

구분	그간의 정책		3차 기본계획('18~'22)
국제결혼	• 결혼이민관 파견 후 중지		• 결혼이민관 파견 추진
	• (女 현지사전교육) 대면	➡	• 교육방식 다변화(전화, 우편 등)
	• (男국제결혼프로그램)		• 세수 확대 및 인권·상호 존중교육 추가
가정폭력피해 이주여성 지원	• (상담소) 없음 • (보호시설) 운영 외국인등록해야 입소 가능 • (퇴소 후) 임대주택 지원 • (자립지원금) 없음	➡	• 종합상담소(상담, 법률, 의료, 치유, 통역 등) 신규 설치 추진 • 확대추진, 외국인 등록 여부 무관하게 입소 가능 • 확대 추진 • 신설 추진
다문화가족	• 가족관계 프로그램 운영		• 가족관계 증진 프로그램 다양화, 사례관리 사업 및 정착단계별 지원 패키지 확대
	• 다문화가족이 직접 정책과정에 참여하는 '다문화가족 참여회의' 운영(5개 권역 대표)		• 다문화가족 참여회의 지역 대표성 확대(16개 시·도 대표)
	• 한국국적 배우자가 있어야 근로·자녀 장려금 신청 가능		• 한국국적 자녀를 양육하는 한부모 외국인에 대해서도 근로·자녀 장려금 지원 가능

다문화가족 자녀	• 한국어 능력 향상, 학교생활 초기 적응 지원(예비학교 확대, 기초학력 향상 지원 등) 중심	➡	• 청소년 성장지원 사업, 자녀성장지원 프로그램 이중언어 인재 양성 사업, 글로벌 브릿지 사업 등) 중점 추진 • 성장배경이 특수한 중도입국자녀 지원 강화(레인보우스쿨 확대 및 운영 방식 다양화 취업사관학교 운영훈련과정 확대)
다문화 수용성	• 대상별(공무원, 경찰, 종사자 등) 다문화 실시 중점	➡	• 일반국민 대상 찾아가는 다문화 이해교육 활성화 및 부처 간 이해교육 협업체계 강화 • 지역사회 다문화 우수 프로그램 발굴 및 포상, 사회적 공감대 형성 프로그램 확산
정책	• 다문화가족정책위원회를 통한 총괄 · 조정 기능 강화	➡	• 위원회 간(다문화가족정책위원회－외국인정책위원회) 연계 강화 • 다문화가족지원센터 내실화(처우개선, 지역 여건별 통합 추진, 서비스 역량 제고)

출처: 여성가족부, '3차 다문화가족정책 기본계획', 2018.

3. 외국인근로자정책

1) 고용허가제의 개념[4)]

정부는 1990년 중반에 산업기술연수제도를 폐지하고 정식적으로 저숙련 분야 외국인근로자 도입을 위한 고용허가제실시를 고려하였지만 산업계의 반대가 심했다. 특히 중소기업중앙회에 가입한 기업들은 저비용으로 연수생을 고용할 수 있었던 점과 노동자를 보내는 국가와 계약 과정에서 교육, 출국수수료, 귀국 보증금 등 입국 시 필요한 비용을 부당하게 청구하거나, 연수생이 도주할 경우에 대비하여 맡고 있던 보증금이 중소기업중앙회의 이익이 되는 구조였기 때문에 산업기술연수제도의 폐지를 반대하였다.

하지만 중장기적으로 인구감소, 잠재적 성장률 저하, 중소기업의 심각한 구인

4) 위키백과(ko.wikipedia.org/wiki/한국의 외국인근로자 제도)의 내용을 일부 발췌 · 인용함

난, 연수제도의 문제점 해결을 위해 고용허가제 도입의 필요성이 제기되었다. 그 결과 2003년 외국인근로자 고용 등에 관한 법률이 제정되어 2004년부터 고용허가제가 실시되었다. 기존의 산업기술연수제도는 2006년까지는 고용허가제와 병행 실시되다가 2007년부터 고용허가제에 통합되었다. 2007년 고용허가제는 원칙적으로 근로계약기간을 1년으로 하고 최장 3년 범위 내에서 갱신할 수 있었다. 이는 외국인근로자 정주화 방지, 외국인근로자의 경제적 목적을 달성을 위한 충분한 기간이라는 관점에서 결정되었다. 특히 산업기술연수제도에서는 연수생 도입과정에서 민간기관의 개입으로 부당한 중개료 청구 등의 문제가 발생하여 고용허가제에서는 한국과 인력 송출국 간에 양해각서 체결을 통해 민간기관 개입의 폐해를 배제하였다.

고용허가제는 2004년 시행 당시에는 송출국이 6개국이었지만 현재는 16개국으로 확대되었고, 고용허용 업종도 제조업, 건설업, 농축산업, 서비스업, 어업 등 5개 업종으로 확대되었다. 또한 체류기간도 시행 초기에는 최장 3년의 체류기간으로 단기순환교체가 엄격히 준수됐으나 기업의 숙련외국인력의 수요 등으로 연장되었다. 2012년 성실 외국인 재입국 특례제도가 신설되어 기존의 3년과 추가 1년 10개월의 체류기간이 만료되는 외국인근로자 중 요건이 충족되는 자에 한해 재입국 고용허가를 신청한 경우 3개월 후에 재입국해 취업할 수 있는 제도를 도입했다. 이 경우 추가 1회에 한해 4년 10개월을 체류할 수 있으며, 결과적으로 9년 8개월까지 체류가 가능하다(정봉수, 2016).

2) 현행 고용허가제 실시 현황[5)]

고용노동부에서는 매년 3월 31일까지 외국인근로자 도입계획을 관보, 일간신문 또는 인터넷을 통해 공표하고 있다(외국인근로자의 고용 등에 관한 법률 제5조 제1항

5) http://www.index.go.kr/potal/main/EachDtlPageDetail.do?idx_cd=1501 e-나라지표/고용허가제 고용동향
http://easylaw.go.kr/CSP/CnpClsMain.laf?popMenu=ov&csmSeq=3&ccfNo=2&cciNo=1&cnpClsNo=2 찾기 쉬운 생활법령정보/외국인근로자 도입규모 및 업종
임춘호."내년 외국인근로자(E-9) 도입규모 56,000명 확정". 중소기업뉴스, 2019년 12월 18일의 내용을 일부 발췌 · 인용함

및 외국인근로자의 고용 등에 관한 법률 시행령 제3조). 주요 내용은 첫째, 외국인근로자를 고용할 수 있는 사업 또는 사업장에 관한 사항, 둘째, 사업 또는 사업장에서 고용할 수 있는 외국인근로자의 규모에 관한 사항, 셋째, 외국인근로자를 송출할 수 있는 국가별 외국인력 도입 업종 및 규모에 관한 사항, 넷째, 외국인근로자의 권익보호에 관한 사항, 다섯째, 그 밖에 외국인근로자의 고용 등에 관해 외국인력정책위원회의 위원장이 필요하다고 인정하는 사항이다.

외국인고용허가제는 순수 외국인을 고용허가하는 일반고용허가제[6]와 외국국적 동포을 고용허가하는 특례고용허가제[7]로 구분된다. 일반고용허가제에 의한 고용허가 국가는 2020년 현재 필리핀, 태국, 인도네시아, 스리랑카, 베트남, 몽골, 우즈베키스탄, 캄보디아, 파키스탄, 중국, 방글라데시, 키르키즈스탄, 네팔, 미얀마, 동티모르, 라오스 16개국이다. 업종별 특성 및 수요를 반영하여 시기별 배정계획을 수립하고 전업종별 점수제를 시행 중이다. 2020년 일반고용허가제 외국인력(E-9)의 규모는 한국의 경제 · 고용 전망, 주 52시간제 적용사업체 확대에 따른 외국인력 추가수요, 최근의 외국인력 신청 감소 추세 등을 감안해 56,000명으로 결정되었다. 고용허가제 근로자의 고용허용 업종은 제조업, 건설업, 농축산업, 서비스업, 어업 등 5개 업종이다. 업종별로 인력 도입규모에 대해서 제조업은 신청수요가 감소 추세이지만 주 52시간제 적용에 따른 외국인력 추가수요를 감안해 적정 수준을 유지하고 있으며, 어업의 경우 등 신청수요에 따른 변동을 감안하여 결정하고 있다.

표 6-11 2020년 외국인근로자 도입규모

구분	인원	제조업	건설업	서비스업	농축산업	어업
일반(E-9)	44,000[40,500+α(3,500)]	30,130+α	2,280+α	90+α	5,300+α	2,700+α
재입국 취업자	12,000	10,570	20	10	1100	300
총계	56000(53,500+α(3,500)]	40,700+α	2,300+α	100+α	6,400+α	3,000+α

출처: 찾기 쉬운 생활법령 정보, https://easylaw.go.kr.

6) 인력송출양해각서(MOU)를 체결한 국가의 외국인구직자명부 등록자 중 사용자와 근로계약을 체결하고 비전문취업(E-9) 체류자격으로 입국하여 합법적으로 취업한 외국인근로자

7) 외국국적 동포가 방문취업(H-2)으로 입국하여 취업교육을 이수 후 취업한 외국인근로자

향후 52시간제의 도입에 따른 인력 수급 문제 개선을 위해 사업장별 고용한도를 합리적으로 상향하는 것을 추진 중이다. 인력부족이 심각하나 내국인 일자리 잠식 우려가 적은 농산물산지유통센터(APC) 및 식육운송업을 H-2 동포 허용업종으로 추가하는 방안, H-2 동포 허용업종을 내국인 일자리 경합 분야를 제외한 전체 서비스업종으로 확대하는 방안을 등을 단계적으로 추진하고 있다. 성실재입국 대상 업종에 대해서는 E-9 외국인력이 허용된 5개 서비스업종으로 확대를 추진하고, 재입국 제한 기간을 현행 3개월에서 1개월로 단축해 숙련 외국인력의 효과적 활용 지원을 추진한다.

최근 시행된 외국인 계절근로자제도는 농번기에 고질적인 농촌의 일손부족 현상해소를 위하여 단기간 동안 외국인근로자를 합법적으로 고용할 수 있도록 지원하는 제도이다. 외국인 계절근로자 프로그램은 2015년 10월 시범사업을 시작으로 2017년부터 본격화했다. 계절성으로 단기간(90일 또는 5개월) 노동력이 필요한 농어업 분야에서 시행되고 있다.

3) 외국인근로자 대상의 정책방향[8)]

외국인근로자의 사회갈등문제를 해결하기 위해서는 첫째, 외국인근로자들의 기본적인 권리를 보장하는 법과 제도가 개선되는 것이 필요하다. 외국인근로자들은 직장에서 혹은 일상생활에서 인권과 권리를 보호해 줄 제도적 장치가 미흡한 상황에서 인권침해와 차별을 경험해야만 한다. 외국인근로자들이 주로 3D 업종에서 근무하는 상황에서 그들의 노동조건은 인권침해의 소지가 많을 수밖에 없다. 하지만 외국인근로자들은 부당한 처우나 차별에 대처할 방법이 현실적으로 없고, 본인의 힘으로 문제에 대처하는 것은 불가능하다. 따라서 차별금지법 등과 같은 법적 · 제도적 보완을 통해 외국인근로자의 열악한 상황을 개선하여 불만을 해소하고, 궁극적으로는 보다 근본적인 이민정책의 개선을 통해 사회적 갈등을 해소하는 것이 요구된다.

8) 김성근(2013)의 내용을 일부 발췌 · 인용함

둘째, 외국인근로자가 수용할 수 있는 노동기준의 확립이다. 현재 외국인근로자에 대한 급여, 근로시간, 노동환경 등은 분명 심각한 문제로 볼 수 있다. 이러한 문제를 해결하기 위해서는 외국인근로자를 대상으로 하는 노동기준법이 요구된다. 외국인근로자의 노동기준을 확립하고 제도적 틀을 만드는 정책적 시도가 필요하다.

셋째, 외국인근로자의 법적 지위에 관한 명확한 기준을 마련하는 것이다. 현재 우리나라에 들어오는 외국인근로자는 일정 기간 국내에서 노동을 한 후에는 반드시 자국으로 돌려보내는 '순환원칙'을 강조하고 있고, 특별한 사례가 아니라면 외국인근로자의 정주를 허용하지 않는다는 '정주불허원칙'을 근간으로 법적으로는 일시적인 노동력으로서의 존재로 인식되고 있기 때문에 법이나 제도상의 혜택이나 지원을 거의 받지 못하고 있다. 외국인근로자를 결국 우리나라 노동자들이 기피하는 3D 업종의 대체 노동 개념으로만 본다면 다문화주의 정책의 추구가 아닌 단순한 인력 수급 정책의 대상으로만 인식하는 것이 되어 사회적 갈등의 원인이 될 수밖에 없다. 따라서 외국인근로자의 법적 지위를 개선하여 한국사회의 구성원으로서 수용될 수 있도록 하는 것이 요구된다.

넷째, 다문화사회에서 발생 가능한 다양한 사회갈등 문제를 해결해 나가기 위해서는 현재의 이민정책을 보다 포괄적이고도 수용적인 형태로 개선해 나가야 할 필요가 있다. 다문화사회라는 변화된 사회 환경을 인정하고 이민 · 다문화정책의 원칙을 재정립하는 것이 우선시되어야 한다. 외국인 인력 수용에 대해서도 우리사회에서 제기되고 있는 이민 수용의 필요성을 반영하여 외국인근로자의 사회통합을 촉진시킴으로써 사회 전체의 긍정적 발전에 기여하는 것이 필요하다.

4. 북한이탈주민정책[9)]

1) 북한이탈주민 정착지원 기본계획

2013년에 북한이탈주민의 보호 및 정착지원에 관한 법률(이하 '북한이탈주민법') 개정으로 북한이탈주민 보호 및 정착지원에 관한 기본계획을 수립 · 시행할 수 있는 근거를 마련하였다. 북한이탈주민법 제4조의3은 3년마다 기본계획을 수립 · 시행하며, 매년 기본계획에 따른 연도별 시행계획을 수립 · 시행하도록 규정하였으며, 기본계획에는 교육, 직업훈련 및 고용촉진, 고용유지, 의료지원 · 생활보호, 정착지원시설 운영 및 주거지원, 사회통합 · 인식개선 등에 관한 사항을 포함하였다. 2014년 19개 정부 부처 · 기관의 북한이탈주민 지원 사업을 종합하여 제1차 기본계획(2015~2017)을 수립하였으며, 이를 보완한 후 제2차 기본계획(2018~2020)이 시행되었다(관계부처 합동, 2018).

제1차 기본계획의 주요 추진성과를 살펴보면 다음과 같다(관계부처 합동, 2018).

첫째, 북한이탈주민의 자립 · 자활 역량 강화이다. 북한이탈주민 개인의 특성과 상황을 고려하여 다양한 분야로 진출할 수 있도록 분야별로 세부적인 지원루트를 발굴 · 정립하였다. 취업알선을 통해 정부 · 공공기관, 전문직(의사 · 교사), 영농, 창업 등 다양한 분야로의 진출을 지원하였다. 또한 자산형성제도(미래행복통장)를 신규로 도입 · 시행('14.11월)하여 지속적으로 북한이탈주민의 특성에 맞게 제도를 개편해 가입자가 꾸준히 증가하였다.

둘째, 탈북청소년 교육지원이다. 학교 적응을 위한 지원, 우수 학생 글로벌 인재 양성을 위한 다양한 프로그램을 확충하였다. 제3국 출생 자녀의 입국 증가 현상을 반영하여 이들에 대한 정책적 지원도 확충하였다. 또한 양육가산금을 도입('17. 2월)하고, 정원 내 특례입학 및 등록금 지원 등을 확충하였다.

셋째, 정책 추진체계를 정비하였다. 지역협의회 확대(88→116개) 등을 통한 지역

---

9) 관계부처 합동(2018, 2020)의 내용을 일부 발췌 · 인용함

사회 차원의 협업체계 강화, 교육 · 법률 · 의료 등 북한이탈주민 지원 민간기관 간 연계망을 강화하였다. 또한 통합사례이력관리시스템의 구축을 통해서 개인별 특성에 맞는 사례 관리의 추진 기반을 마련하였다.

넷째, 사회 통합 강화이다. 우리사회에서 다양한 성공 정착 사례를 창출하여 지역주민과 북한이탈주민 간 통합 프로그램에 대한 공감대를 형성하였다.

제1차 기본계획 추진에 따른 한계와 향후 과제도 나타났다.

첫째, 북한이탈주민의 정착 상황은 지속적으로 개선되고 있으나, 일반국민과의 경제적 · 사회적 격차는 지속되었다. 질적인 성장에도 불구하고, 일반국민과 격차로 인해 북한이탈주민이 체감하는 삶의 질은 상대적으로 낮은 상황이었다. 따라서 법률상 보호기간이 종료 이후에도 정부에 대한 의존성이 지속되는 경향이 나타났다.

둘째, 지방자치단체와 민간의 참여 확대 및 제도화의 추진에 대한 필요성이 제기되었다. 중앙정부 중심의 지원체계만으로는 실질적으로 북한이탈주민 실생활에 도움이 되는 현장 중심의 지원 수요를 충족시키기 어려운 한계가 있었다.

셋째, 사회통합 측면의 정책 확대가 요구되었다. 현실적으로 일반국민들이 북한이탈주민을 친근하게 느끼지 못하는 상황에서 북한이탈주민들도 체제와 문화의 차이로 인한 사회 내부의 편견과 차별에 어려움을 겪는 상황이 지속되었다. 재입북, 북송요구, 제3국 망명 등과 같은 정치적 문제나 일부 북한이탈주민들의 부적응 사례가 부각되면서 북한이탈주민들에 대한 일반국민들의 부정적 인식이 여전한 상황이다. 따라서 사회통합적 관점에서 상호교류와 협력을 전제로 북한이탈주민들의 실생활에 도움이 되는 정책 내용 및 지원을 강화하고. 사회적 지원체계를 개편하여 북한이탈주민을 포용하는 사회적 환경 조성이 필요하다는 점이 지적되었다.

2) 제2차 북한이탈주민 정착지원 기본계획

현 북한이탈주민 정책의 기본 방향인 「생활밀착형 북한이탈주민 정책」의 추진

방향을 정립 · 제시하였다. 기존 자립 · 자활과 사회통합이라는 정책 방향을 지속적으로 유지하면서 북한이탈주민의 실생활 수요를 충족시키기 위한 체계 마련에 주력하였고, 특히 북한이탈주민이 정책과정에 참여할 수 있는 제도적 통로를 마련하여 수요자의 의견에 따라 정책이 추진될 수 있는 구조를 마련하였다(관계부처 합동, 2018).

생활밀착형 정책 구현을 위해 정책내용과 지원체계, 우리사회 환경을 전반적으로 재설계하였다.

표 6-12 제2차 북한이탈주민 정착지원 기본계획 비전과 방향

비전	북한이탈주민과 함께하는 따뜻한 사회 구현		
방향	삶의 질을 높여주는 정책	온 사회가 함께하는 정책	따뜻한 이웃이 되는 정책

출처: 관계부처 합동, 2018.

정책 내용은 북한이탈주민의 삶의 질을 높여주는 정책을 중심으로 맞춤형 일자리, 교육 정책을 통해 북한이탈주민의 삶의 질 개선, 생활밀착형 서비스 추진을 통한 북한이탈주민의 편의 제고에 집중하였다. 지원 체계는 우리사회가 함께 참여하는 북한이탈주민 정책을 중심으로 중앙－지방－민간 간 유기적 협업을 위한 지원체계를 통해 효율성을 극대화하였다. 북한이탈주민의 정착 과정에 우리사회의 다양한 주체가 동참하여 남북주민이 함께 살아가는 통일 준비를 근간으로 삼았다. 우리사회 환경도 따뜻한 이웃이 되는 북한이탈주민 정책을 중심으로 정착이 어려운 북한이탈주민에 대한 지원 · 보호 강화 및 사각지대 해소, 지역주민과 북한이탈주민 간 원활한 통합 촉진을 통해 북한이탈주민을 포용하는 사회 분위기를 조성하는 것에 초점을 맞추었다.

구체적인 추진방향은 20개 중앙행정기관 및 지방자치단체가 함께 추진해나갈 7대 분야 22개 주요과제, 50개 세부과제를 제시하였다.

표 6-13 제1,2차 북한이탈주민 정착지원 기본계획 추진 비교

구 분	제1차 기본계획 (2015~2017)	제2차 기본계획 (2017~2020)
과제 구성	5대 영역 20개 과제	7대 영역 50개 과제
추진 기관	19개 중앙행정기관	20개 중앙행정기관 및 지방자치단체

출처: 관계부처 합동, 2018.

또한 생활밀착형 정책 구현을 위한 분야별 정책 방향을 설정하였다.

첫째, 일자리는 북한이탈주민의 안정적 정착을 위한 핵심 요건인 만큼 중점과제로 선정하여 북한이탈주민 대상의 특화된 지원체계 구축을 추진하였다. 둘째, 탈북 청소년 교육은 기존 학교적응 및 학습능력 신장을 위한 정책에 더하여 학업에 집중할 수 있도록 정서 안정과 건강한 가정 형성을 위한 지원에 주력하였다. 셋째, 생활밀착형 지원을 위해 민원 편의 제고를 신규과제로 추진하였다. 넷째, 민간과 지자체 등 사회구성원들이 북한이탈주민의 정착에 동참할 수 있는 지원체계 구축을 위해 민간협의회 신설 등 다양한 노력을 추진하였다. 다섯째, 지역적응의 추진 핵심인 하나센터가 보다 안정적으로 업무를 수행할 수 있도록 인적·물적·제도적 기반 강화를 위한 정책을 추진하였다. 여섯째, 정착이 어려운 북한이탈주민을 우리사회 일원으로 포용하기 위한 사각지대 최소화, 보호체계 확충에 주력하였다. 일곱째, 지역사회 통합을 중점과제로 지속 추진하되, 그간 시행된 다양한 프로그램에 대한 평가를 근거로 보다 체계적이고 표준적인 프로그램을 개발·확산하는 것을 추진하였다.

표 6-14 비전과 목표

비전	북한이탈주민과 함께하는 따뜻한 사회 구현	
목표	생활밀착형 지원을 통한 북한이탈주민의 삶의 질 향상 및 북한이탈주민에 대한 포용적인 우리 사회 환경 조성	
추진 과제	맞춤형 일자리를 통한 자립 지원(5)	1-1. 맞춤형 취업지원 확대(4) 1-2. 북한이탈주민 취업역량 강화(3) 1-3. 북한이탈주민 취업지원체계 재구축(1) 1-4. 자산형성제도 운영(1) 1-5. 북한이탈주민 채용 유인제도 운영 및 확충(2)
	탈북청소년 교육 및 건강한 가정 형성 지원(4)	2-1. 정규학교 탈북청소년 적응력 강화(4) 2-2. 우수 학생 역량강화 프로그램 운영(3) 2-3. 대안교육시설 환경 개선(1) 2-4. 정서 안정을 위한 가족 단위 프로그램 확대(2)
	생활밀착형 서비스 확대(3)	3-1. 온오프라인 민원서류 발급절차 개선(2) 3-2. 정착금 지급 절차 개선(1) 3-3. 생활밀착형 법률지원 강화(1)
	북한이탈주민 정책 협업체계 정비(2)	4-1. 지자체의 북한이탈주민 지원 역할 제고(1) 4-2. 민간의 북한이탈주민 지원 역할 제고(2)
	하나센터 기반 강화 및 지원인력 역량 강화(2)	5-1. 하나센터 확충 및 운영기반 강화(2) 5-2. 하나센터 종사자 처우 개선 및 역량 강화(2)
	취약 북한이탈주민 보호체계 확충 및 생활안정 지원(4)	6-1. 생활보호 및 심리정서 안정 지원(5) 6-2. 취약 북한이탈주민 복지 사각지대 해소(5) 6-3. 신변보호 체계 재정비 및 강화(1) 6-4. 해외 체류 북한이탈주민 보호 및 임시보호 북한이탈주민 인권보호 강화(2)
	북한이탈주민을 포용하는 우리사회 환경 조성(2)	7-1. 북한이탈주민-지역주민 간 교류 활성화(4) 7-2. 쌍방향 인식개선 교육 실시(2)

출처: 관계부처 합동, 2018.

3) 북한이탈주민에 대한 사회통합적 접근과 정책 방향[10)]

북한이탈주민의 경우에는 결혼이주여성이나 외국인근로자 등과 같은 한국사회의 다른 이주민들과는 달리 입국과 동시에 국적이 부여되어 법률적인 측면에서는 대한민국 국민으로서의 완전한 권리를 가진다. 북한이탈주민은 헌법상 대한민국의 영토가 '한반도와 그 부속 도서'임을 근거로 하여 별다른 귀화절차가 없어도 자동으로 한국 국적이 부여되며, 제도적으로는 노동권이나 복지권 등과 같은 법적인 자유와 평등의 문제는 따로 제기될 필요가 없다(권숙도, 2014).

그러나 이들은 사회통합의 관점에서는 다른 이주민들과 마찬가지로, 이주민이기 때문에 이중적인 사회적 지위로 인한 특수성을 지녔으므로 소수자라는 측면에서 살펴보아야 할 것이다. 분단으로 오랜 기간 동안 서로 다른 체제와 이념 속에서 살아왔기 때문에 근본적으로 이질성이 존재할 수밖에 없으며, 북한이탈주민의 수가 증가할수록 이러한 이질성이 표면화되고 사회적인 갈등으로 확산될 수도 있는 가능성이 있다. 특히 자본주의체제라는 큰 변화에서 오는 가치관과 사고, 생활방식의 변화를 수용하는 것에 어려움을 느끼며, 자본주의가 내포한 정신적 · 물질적 차별과 편견에 혼란을 경험하고, 경제적 · 문화적 차이에서 오는 갈등을 경험하게 되면서 사회부적응을 호소하는 경우가 많다.

북한이탈주민들의 수가 지속적으로 증가하는 것을 감안한다면 이들의 국내 정착과 안정적인 생활을 지원하는 것은 한국사회의 통합에 매우 중요한 부분이라고 할 수 있다. 장기적으로 볼 때 이 수치는 더욱 증가할 것이고, 또 북한에서 어떠한 정치적인 변동이 일어날지 알 수 없기 때문에 현재 한국으로 이주한 북한이탈주민들을 어떻게 한국사회의 구성원으로서 제대로 통합해 낼 것인가에 관한 사회적인 합의를 도출해 내야 할 시점이다.

하지만 북한이탈주민들은 아직 한국사회의 구성원으로서 온전히 인정받지 못하고 있다. 전쟁으로 인한 분단, 이념갈등과 대립이라는 역사적 · 정치적 · 이념적인 문제를 내포하면서도 통일을 지향하는 민족 공동체라는 복잡한 지위에 있다.

10) 권숙도(2014), 김현정, 박선화(2016)의 내용을 일부 발췌 · 인용함

그들을 한국의 체제로 흡수 또는 동화시키려는 노력만 있을 뿐, 사회통합적인 관점에서 어떻게 그들을 받아들일까에 관한 논의는 아직 부족한 현실이다. 뿐만 아니라 결혼이주여성이나 외국인근로자 등과 같은 다른 이주민들과 비교하면 '분단체제 하 적대국 출신이며 동시에 헌법상 대한민국 국민'이라는 이중적인 사회적 지위(박영자, 2011) 때문에 오히려 제대로 된 정책적 관심이나 지원을 받지 못한다고도 볼 수 있다. 따라서 북한이탈주민들의 한국사회에 적응을 돕기 위해서는 사회통합적인 관점에서 바라보는 것이 무엇보다 중요하다.

이들은 대한민국 국민으로서 누려야할 기본적인 권리를 가지고 있음에도 불구하고, 여러 측면에서 사회적으로 배제되고 차별받는 소수자의 위치에 놓이게 된다. 분단과 통일, 오랜 냉전과 이념 갈등이라는 역사적이고 정치적이며 이념적인 문제를 내포하고 있기 때문에 더욱 복잡한 지위에 있다 하겠다.

북한이탈주민은 한국 사회에서 사회적 배제에 직면해 있는 집단 중의 하나이며, 정부와 사회로부터 정책적 지원과 보호를 받아야 할 대상이다. 이들은 한국사회에 완벽히 적응하기도 전에 자본주의체제라는 큰 변화 안에서 정신적 · 물질적 차별과 편견에 직면하고, 경제적 · 문화적 차이를 경험하게 된다. 차별과 편견에 대한 경험, 정치경제적 · 사회문화적 변화로 인해 북한이탈주민의 사회 부적응이 다양한 유형으로 나타나 이들의 지역사회통합을 저해하는 요인으로 작용한다. 북한이탈주민의 문제 중 가장 시급한 과제로 사회적응문제를 꼽을 수 있으나, 장기적으로 이들의 적응문제를 해결하고 주류집단과의 갈등을 해소하며 한국 사회 내에서 성공적으로 정착하기 위해서는 다문화 관점의 인식이 필요한 것이다. 또한 국내 북한이탈주민의 양적인 팽창으로 이들은 특정한 통일 민족집단으로 바라보던 이전의 인식이 전환되어야 할 시기가 도래하였다. 현시점에서 이들에 대한 관점을 민족적 관점에서 다문화적 관점으로 전환하여 바라보아야 할 필요성이 있다.

현재 시행되고 있는 북한이탈주민 지원정책은 제도적인 차원에서 어느 정도 안정화되어 있다고 볼 수 있으나, 사회통합의 관점인 경제적인 측면과 사회적인 가치에의 동화라는 측면 모두에서는 이들을 한국사회의 구성원으로서 자리를 잡도록 돕는 데에는 아직 부족한 모습을 보이고 있다. 이들은 한국사회에서 정체성을 확립하지 못한 채 주변화되어 있다. 사회통합이라는 관점에서 기존 지원정책이 충분한 역할을 수행하지 못하고 있는 것이다.

따라서 북한이탈주민들의 사회통합을 위해서 경제적인 측면과 사회가치적인 측면 모두에서 기존의 지원정책을 바라볼 필요가 있다. 경제적인 적응을 지원하기 위한 기존의 직업교육이나 고용지원금 제도는 북한이탈주민들이 좀 더 자립적인 동기를 갖고 노동시장으로 유인할 수 있도록 제도적 보완이 필요하다. 사회가치적인 측면에서는 대한민국 국민으로서의 정체성과 동질성 형성에 부정적 영향을 미칠 수 있는 대학특례 입학이나 병역 면제 등 불필요한 갈등을 조장할 수 있는 제도의 개선이 필요하다.

사회통합이라는 관점에서 북한이탈주민 지원정책을 더욱 실효성있게 실시하기 위해서는 중앙정부와 지방정부 간에 협력적인 연계가 마련될 필요가 있다. 북한이탈주민의 특성상 한국사회에 수용 및 정착의 과정까지는 중앙정부 차원에서 통일부가 전담부처로서 북한이탈주민 관리에 관한 권한을 강화할 필요가 있다. 중장기적으로 보았을 때는 정착 이후 한국사회에 적응하고 통합하는 과정에서 지방정부도 북한이탈주민 정착지원 전담부서 또는 서비스 전담기관을 설치하고 중앙정부와 상호협력적인 연계할 수 있는 방안을 모색해야 한다.

이를 위해 우선 기존 북한이탈주민의 보호 및 정착지원에 관한 법률을 보완해 북한이탈주민의 보호 · 지원을 넘어서 한국사회 적응과 통합을 위한 지원책을 모색할 필요가 있다. 또한 지방정부와 지역 민간단체가 연계하여 지역주도형 민관협력 거버넌스를 구축하고 이를 현실적으로 뒷받침하는 것이 요구된다. 그리고 제도적 · 외형적 통합보다는 구성원들의 내적 결속을 다지고 사회 가치적이고 정서적인 부분에서 대한민국 국민으로서의 정체성을 확립할 수 있는 방법에 관한 고민이 전제되어야 한다.

CHAPTER 07

가족복지실천과 서비스 전달체계

1. 가족복지실천의 기본원리
2. 가족중심 사회복지실천방법
3. 다문화가족복지서비스 전달체계
4. 가족서비스 통합모델

1. 가족복지실천의 기본원리1)

가족복지실천의 목적은 모든 가족구성원들이 각자 발달 단계에서 심리적, 사회적으로 다양한 욕구를 충족하면서 가족이 좀 더 유능하게 사회에 적응할 수 있는 기능을 배우도록 돕는 목적을 가지며, 가족의 전체성을 고려하여 가족을 중심으로 한 접근을 지향하며, 가정과 지역사회에 기반을 두어 가족에게 개입하는 사회복지사의 활동이라고 규정할 수 있다(서울시복지재단, 2010).

가족복지실천에서 가족중심 서비스는 개인의 생활에서 가족의 중요성을 인정하며, 한 가족이 충분한 정보를 갖고 내린 선택을 기초로 이루어지고, 가족의 강점과 능력에 초점을 맞춘다(서울시복지재단, 2010). 이러한 정의는 가족-중심 실천의 세 가지 중요한 요소인 관심 단위로서의 가족, 충분한 정보를 갖고 내린 가족의 선택, 강점의 시각을 강조한다(Petr, 1998).

1) 관심 단위로서의 가족

가족복지실천에서는 전체 가족이 사정, 계획, 개입의 초점이 된다. 가족의 일원으로서 구성원 개인의 인생에서 가장 중요한 영향과 지지의 원천인 가족의 일원을 돕는 최선의 방법은 가족이 욕구를 충족시키도록 지원하는 것이라고 생각하는 관점이다. 사회복지실천 개입의 효과성은 가족 기반으로 이루어질 때 더욱 효과적이다. 어떤 문제가 특정 가족구성원에게 있다고 판단되는 경우에도 가족구성원 모두를 대상으로 한 접근을 시도하는 것이 효과가 더 크다. 이 외에도 가족 기반의 서비스는 중도에 탈락하는 것을 예방하고, 장애인과 같이 접근하기 어려운 가족구성원에게 효과적이며, 모든 가족구성원이 쉽게 참여하고, 원활하게 개입할 수 있다는 장점이 있다.

가족의 기능과 가족구성원의 역할에 따라 가족 단위의 개입을 하는 것은 경우

1) 서울복지재단(2010)의 내용을 일부 발췌 · 인용함

에 따라 가족구성원 개인에 대한 개입도 체계적 관점에서는 결국 가족에 대한 개입이므로 가족 단위의 개입을 규정하는 게 쉬운 일이 아니다. 가족 안에서 가족구성원들이 추구하는 기본적인 권리와 욕구에는 가족 내부의 안전에 대한 욕구, 소속감에 대한 욕구, 의사소통의 욕구, 윤리적 · 관계 지향적 틀 속에서 선택하는 능력, 성장하고 상호작용하고 보살피고 사랑하는 능력을 들고 있다(서울시복지재단, 2010). 이에 기반하여 표 7-1은 가족구성원의 개인적 욕구와 가족 욕구 간의 상호작용, 사회복지사와 가족의 반응과 실제의 원리들 간의 상호작용에 대한 모델을 제시한 것이다(Constable & Lee, 이은진 외 역, 2008).

표 7-1 가족의 욕구, 사회복지사의 반응과 실무에 대한 윤리적 기술적 원칙

<table>
<tr><th>첫 번째 지침</th><th>두 번째 지침</th><th>세 번째 지침</th><th>네 번째 지침</th></tr>
<tr><td>개인과 가족 생애주기단계에서 상호작용하면서 개인은 가족구조를 만들고 인간의 욕구를 충족시켜 나가기</td><td>사회복지사의 반응</td><td>가족구성원들의 자각과 반응</td><td>윤리적 · 기술적 실천 원리</td></tr>
<tr><td>안전 타인의 존엄성과 취약한 자신의 정체성을 보호하면서 안전과 판단의 자유를 유지하기</td><td rowspan="5">사회복지사는 가족구성원들이 개인적으로나 가족구성원 간에 의사소통하고, 서로의 욕구에 반응하며 발달과제들을 완수하고, 이해를 위한 네트워크를 창조하도록 도움으로써 가족의 욕구와 가족구성원들의 개인적이거나 관계에 관한 과제들에 반응한다.</td><td rowspan="5">가족구성원들은 자신들에 대한 사회복지사의 민감성이나 이해 정도, 반응, 회기 내에서의 개인적이고 관계적인 과제들의 검증에 반응한다. 가족구성원들은 서로에게 적절히 반응하는 것과 협력적인 분위기를 조성하는 것을 배우기 시작한다. 이 과제가 완수되면 서로에 대한 지지가 가능해진다.</td><td>비밀보장의 원칙하에 신뢰와 자기결정권 개발시켜 나가기</td></tr>
<tr><td>소속감 가치 있는 사람으로 대우받기, 타인의 가치를 존중하기, 부정적인 가치판단 보류하기</td><td>개개인의 가치와 존엄성, 개성 지지하기</td></tr>
<tr><td>의사소통능력 타인의 느낌과 생각에 대해 정확하게 반응하기, 자신의 느낌과 생각을 명확히 표현하기</td><td>목적지향적이고 능숙하며 건설적인 의사소통능력 개발하기</td></tr>
<tr><td>자신의 타인에 대해 고려하고 선택하는 능력 윤리적 · 관계적 특징 안에서 선택하고 결정해 나가도록 성장하기, 타인의 자유를 존중하기</td><td>자기 결정, 원칙에 근거한 선택, 이타적인 신념 지지하기</td></tr>
<tr><td>성장하고 상호작용하고 자신과 타인을 보살피는 능력
가족들의 지지로 발달과업수행하기, 자신과 타인의 욕구를 적절히 보살피기</td><td>변화된 가족 구조 내에서 자기 분화와 타인에 대한 보살핌 지지하기</td></tr>
</table>

출처: 서울시복지재단, 2010.

2) 가족 선택권의 존중

가족은 서비스의 소비자이자 서비스전달 과정의 감독자로 인식된다. 따라서 가족 중심의 접근은 다음과 같은 영역에서 가족의 선택권을 최대한 보장하고자 한다(서울시복지재단, 2010). 첫째, 가족의 규정은 그 가족구성원들이 가족이라고 규정하는 단위가 가족이 된다. 둘째, 의사결정권자를 선택하는 것이다. 가족중심의 서비스 실천에서 각 가족구성원이 서비스전달과정에 최대한 많이 참여하도록 해야 한다. 현실적으로 부모 또는 양육자가 가족을 위한 주요 결정권자라는 것을 인정하되 성인중심적 행동과 결정을 경계하고 자녀의 의사도 충분히 고려될 수 있도록 해야 한다. 셋째, 개입의 초점이 될 단위를 선택하는 과정에서 누가 서비스전달과정에 포함될지에 대한 결정 권리는 가족에게 있음을 존중해 주어야 한다. 넷째, 가족과 전문가 간에 관계의 성격을 선택할 수 있는 권리를 가족에게 주어야 한다. 가족들이 상담의 날짜와 미팅의 장소, 미팅의 성격과 방법 등을 결정할 수 있는 권리를 가져야 가족들도 서비스가 효과적이고 편리하다는 느낌을 받게 된다. 다섯째, 가족이 정보를 공유할 수 있는 권리를 가져야 한다. 가족 중심적 실천에서는 정보가 가족에게 쌍방향으로 전달되어야 하며, 가족은 자신들이 제공하거나 받는 정보에 관한 통제권을 갖는 것이 중요하다. 여섯째, 가족중심의 실천은 가족의 욕구, 자원, 강점과 목표를 확인하고, 가족이 개입에 대한 선택권을 가져야 한다. 일곱째, 가족이 이러한 권한들을 갖는 것은 전문가를 무시하는 것이 아니라 전문가와 의논하고 자문을 받아 가족이 바람직한 결정을 하는 것을 의미한다. 하지만 가족구성원이 선택할 능력이 있어야 하는데 너무 어리거나, 정신장애가 심할 경우, 위기상황 시 실천가에게 대신 결정해 주는 것을 요청하면 예외일 수 있다. 또한 가족이 내린 결정에 대하여 책임질 준비와 의사가 있어야 하며, 자기결정권이 법을 어기거나 타인의 권리를 침해해서는 안 된다는 전제가 따른다.

3) 강점의 시각 강조

가족복지실천의 궁극적인 목적은 가족구성원들의 역량강화를 통하여 자립능력을 고취하는 것으로 볼 수 있다. 가족의 능력과 강점을 이끌어내지 못하면 사회복지사는 다양한 입장에 처해 있는 가족구성원들에게 적절하게 개입하기 어렵다. 역량 강화에 근거한 가족복지실천은 자신이 처한 현재 문제 상황에 영향을 줄 수 있는 결정에 대한 통제권을 공유할 태도를 가지며, 자신의 삶을 통제할 수 있는 기회가 주어질 때 비로소 가족구성원의 권한이 확대된다. 따라서 가족의 능력을 이끌어내고 발전시키기 위해서는 가족문제에 초점을 두기보다는 가족생활의 강점과 보호요인, 복원력이 발견되고 확대될 필요가 있다(서울시복지재단, 2010).

가족 중심 사례관리자들은 강점 관점의 실천모델을 사용하는 경향이 있다(Saleeby, 1992; Kilpatrick & Holland, 2006). 강점 관점은 의뢰인 가족의 일상적 삶을 기록하며 요구를 파악하고 성취 목표를 결정한다. 강점 관점은 의뢰인 자신의 행동계획을 수립하고 나아가 그들의 환경에 영향을 미치는 다른 사람들의 행동계획 및 개입방법을 찾도록 도와주는 기능을 부여하는 것에 바탕을 둔다.

가족구성원들은 인간이 성장하는 데 필요한 관계자산을 창조하기 위해서 상호작용하고 사회복지사는 가족구성원들이 이러한 자산을 형성하도록 돕는다. 가족이 스트레스를 받는 상황에서는 이러한 활동이 어려울 수도 있지만, 복원력이 있는 가족은 활동을 지속적으로 해나갈 수 있다는 측면에서 강점에 초점을 두는 것은 중요하다. 복원력이 있는 가족은 불리한 환경에서도 성장과 전환이 가능하며 창의적으로 적응할 수 있다. 복원력이 있는 가족의 특성은 다음과 같다(Constable & Lee, 이은진 외 역, 2008).

① 역경에 부딪히면 가족 전체가 공유하여 도전한다.
② 문제의 발생을 정상적인 것으로 인정하고 맥락화한다.
③ 역경을 가족 내 조화를 이루기 위한 도구로 활용한다.
④ 문제가 어떻게 발생했는지 인과적이고 설명적인 귀인을 통해 이해한다.
⑤ 희망적이고 낙관적인 기대를 가진다.

⑥ 가능성의 예술을 익힌다.
⑦ 영적인 자원을 이용한다.
⑧ 융통성과 적응력을 계발한다.
⑨ 내적인 유대감을 발전시킨다.
⑩ 사회적이고 경제적인 자원들을 적절히 활용한다.
⑪ 서로간에 명쾌하고 솔직하게 의사소통한다.
⑫ 문제에 대하여 협력하여 풀어나간다.

출처: 서울복지재단, 2010.

사회복지사는 가족구성원들이 서로 소통하며 희망을 갖고 가족의 긍정적인 능력이 발휘될 수 있는 기회를 만들어야 한다. 또한 가족생활에 긍정적으로 기여하는 행동과 특징에 대해 창의적이고 개방적인 사고를 해야 한다. 강점 강조의 시각은 서로 다른 사회경제적 지위와 문화적 배경을 가진 사회복지사와 가족과의 관계에서 매우 어려운 작업이기 때문에 사회복지사가 자기중심적인 관점으로 가족의 강점과 능력을 판단하는 것을 경계해야 한다.

2. 가족중심 사회복지실천방법[2)]

1) 사례발굴과 접수면접

가족복지실천은 대부분 가족 중 한 사람이 기관에 방문 또는 전화를 통해 의뢰됨으로써 진행된다. 초기과정에서 사회복지사는 클라이언트가 제기하는 문제에 대해 가족복지실천의 대상인지를 판단하는 것이 중요하다. 가족구성원 모두에게 영향을 미치는 문제이며 가족구성원들이 해당 문제의 발생과 유지에 영향을 미치고 있다고 판단되면 클라이언트에게 가족단위의 개입을 추천하여 가족단위의 가족복지실천에 대한 개입 여부를 고려할 필요가 있다. 사례발굴은 다양한 방법

2) 서울복지재단(2010)의 내용을 일부 발췌・인용함

으로 이루어지는데 직접 내방, 의뢰, 가정방문 등의 방법으로 진행된다. 사회복지사들은 적극적인 사례발굴의 노력을 기울여야 하며, 클라이언트의 유형에 따라 대응패턴도 적절하게 반응할 필요가 있다. 클라이언트가 자발적 방문을 통해 자신의 어려움을 호소할 경우에는 가족의 참여와 변화의 동기를 강화시키고자 노력해야 하고, 타 기관 또는 이웃의 의뢰 또는 소개를 통해 추천된 상황에는 클라이언트가 안심하고 참여할 수 있도록 심리적인 안정을 도모해야 한다. 필요한 경우 타기관과 공식적인 대응을 할 수 있도록 위기개입시스템을 확보하는 것도 바람직하다. 사례발굴을 위한 다양한 방법의 예시는 다음과 같다.

① 주민센터 담당직원에게 가족서비스에 대한 홍보협조를 요청한다.
② 적극적인 가정방문활동을 통하여 지역사회 내 가족의 특성 파악한다.
③ 타 사회복지기관과의 네트워크를 유기적으로 운영하고, 위기사례에 대한 공동의 대처에 대한 공감대를 형성한다.
④ 가족이 쉽게 접근할 수 있도록 홍보, 접수시스템, 서비스 자원 등의 구체적인 합의를 직원들에게 인식시키는 활동이 중요하다.

출처: 서울복지재단, 2010.

접수면접은 클라이언트 가족이 가족서비스에 대해 처음으로 관심을 표현하는 단계이므로 신속하게 접수 여부를 결정한 후 담당자를 결정한다. 사회복지사는 클라이언트 가족의 방문 목적, 기대 욕구를 확인한 후 접수양식에 기록한다. 접수 양식 내용은 다음과 같다.

① 클라이언트 정보: 성명, 연령, 성별, 연락처, 주소, 가족구성원
② 신청(의뢰) 경위: 자발적/비자발적 상황 확인
③ 주호소 문제 및 기대욕구–서비스 계획: 주서비스 내용, 담당직원
④ 타 기관 의뢰: 의뢰기관, 의뢰사유

출처: 서울복지재단, 2010.

접수면접에서는 슈퍼바이저에게 보고하고, 필요할 경우 사례회의를 통해 초기면접 여부를 결정한다. 사례회의에서 검토해야 할 사항들은 서비스의 적합성에 대한 판단, 가족서비스 또는 개별서비스에 대한 판단, 가족서비스인 경우는 참여가족의 범위에 대한 협의를 통해 담당 초기면접자를 지정한다. 그리고 클라이언트 가족에게 접수 면접의 결과를 안내한 후 초기면접을 준비한다. 초기면접을 위해서는 일반적으로 가족 모두가 서비스를 받는 것에 대한 저항이 있을 수 있기 때문에 저항에 대한 실천기술, 비자발적인 클라이언트에 대한 동기부여를 하는 기술이 필요하다. 가족개입은 일차적으로 전화면담을 통해서 이루어지는 경우가 많으므로 전화면담을 통해 첫 회기의 면담에 누가 참여하는지를 명확히 하고 개입의 방향과 구조를 확립시켜야 한다. 가정방문 면접의 준비 시에는 방문 전 준비와 계획 여부가 상담의 유효성을 높이는 데 중요하다. 그러나 사회복지사나 가족의 상황에 따라 불가피하게 일정 조정이 될 경우도 있으므로 이런 돌발 상황에 융통성있는 대처가 필요하다. 사회복지사는 가정방문 전 방문 목적, 방문 대상 가족의 특정 대화 이슈를 예견하는 것이 필요하다. 클라이언트의 유형에 따른 대처방법은 다음과 같다.

사회복지사가 방문 약속이나 자료준비를 하였음에도 예기치 못한 상황을 접하거나 다양한 유형의 클라이언트를 만날 수 있다.

① 방문 거부형: 사회복지사는 자기소개를 분명히 하고, 안정되고 편안한 모습을 취함으로써 클라이언트의 거부감을 감소시킨다. 방문목적을 구체적으로 다루기보다는 일반적인 목적을 설명하여 첫 대면의 부담을 감소시키는 데 집중하고, 다음 방문 약속을 검토한다.

② 탐색・경계형: 사회복지사를 살피거나 자기를 표현하는 데 방어가 있고, 솔직하지 않으며 수동적인 태도를 보인다. 이때 사회복지사는 방문목적을 중심으로 클라이언트를 시나치게 끌어들이기보다는 사회복지사도 가벼운 측면으로 라포를 형성하는 데 관심을 갖는다. 필요한 경우에는 유사한 사례를 인용하여 사회복지서비스의 참여가 자연스러운 것임을 설명할 수도 있다.

③ 호의적 응대형: 클라이언트의 호흡・기분에 맞추어 기대 욕구에 적절히 반응하여 방문목적으로 참여시키고, 기관서비스에 참여할 때 클라이언트가 얻을 수 있는 이점을 제시하여 자발적인 참여를 독려한다. 가급적이면 구체적인 약속을 통하여 클라이언트의 적극성을 실천으로 구체화시킨다.

출처: 서울복지재단, 2010.

2) 초기 면접

초기면접에서는 클라이언트의 문제와 욕구를 확인하고, 효과적인 가족복지서비스 실천을 위한 기초자료의 탐색과 수집을 목표로 한다.

(1) 초기면접 준비

첫째, 사전검토 단계에서는 의뢰된 클라이언트 가족이 과거에 서비스를 받은 경험이 있는 대상이라면 과거 사전자료를 검토해 반복된 수고를 줄인다. 이때 선입견이나 고정관념을 배제하고 열린 마음으로 자료를 검토한다. 기록 내용이 불완전하고 착오가 있을 수도 있다는 것을 감안하고 참고한다.

둘째, 사전탐색 단계에서는 사전에 접수한 사회복지사 혹은 의뢰인에게 클라이언트가 처한 상황을 질문을 통해 확인한다. 클라이언트의 사생활과 비밀보장에 관한 권리가 침해되지 않는 범위 내에서 주의해서 진행해야 한다.

셋째, 사전협의 단계에서는 가족과의 면접을 슈퍼바이저나 동료들에게 관련사항이나 면접목표에 대한 조언을 구한다.

넷째, 사전정리 단계에서는 첫 회기 면접 약속을 정하고, 적절한 시간, 사생활보장, 물리적 환경을 구조화한다. 환경은 상담실의 자료준비, 분위기, 편안함 등을 포함한다.

다섯째, 사전공감 단계에서는 클라이언트의 관심사와 감정에 대해 이해하려하고, 클라이언트에게 있을 수 있는 현재의 문제, 느낌, 생각 등에 역동성을 공감해 본다. 클라이언트의 입장에서 세상을 봄으로써 클라이언트를 개방되고 다양성을 가진 존재로 이해하기 위해 노력하는 것이다.

여섯째, 사전적 자기 탐색 단계에서는 사회복지사의 특징, 욕구, 정서적 약점, 편견, 행동패턴 등이 클라이언트에게 미칠 수 있는 영향을 탐색하는 것이 필요하다. 사회복지사의 개인적 자아가 클라이언트에게 제공되는 서비스의 특성에 영향을 미칠 수 있다는 것을 고려해야 한다.

일곱째, 집중적 자기관리 단계에서는 클라이언트에게 영향을 주는 요인에 대하여 확인하며, 면접의 상황에 개인적 상황이 방해되지 않도록 느낌, 개인의 사고, 신체적 감각 등을 관리해야 한다. 일반적으로 간단한 명상, 근육이완, 긍정적 자기독백 등을 활용할 수 있다.

여덟째, 사전계획과 기록 단계에서는 시작 전에 사회복지사의 역할, 면접의 목적, 질문 내용, 서비스 내용, 종결 시점 등에 대한 사전계획을 수립한다. 또한 클라이언트의 특징, 의뢰 이유, 의뢰 내용, 문제 및 상황, 앞으로의 계획 등을 요약해 두는 것이 필요하다.

(2) 초기면접의 시작

첫째, 일상적인 대화로 시작하는 것이 바람직하다. 첫 이야기에서부터 경청하고, 정성어린 반응을 보이며, 일상적 대화에서 자연스럽게 가족상담으로 전환하는 것이 좋다.

둘째, 기관에서 클라이언트에게 제공할 수 있는 서비스의 내용, 사회복지사의 역할을 구체적으로 안내함으로써 클라이언트의 참여 의지와 관심을 유도해 내야 한다.

셋째, 클라이언트는 자신의 기대와 관련하여 불확실성과 불안을 경험하는 동시에 문제해결과 상황개선에 필요한 것을 자신이 할 수 있을지 걱정한다. 따라서 사회복지사는 클라이언트가 가족서비스의 실천과정에서 가족이 이행해야 할 시간, 과제, 가족참여 등의 규칙들에 대해 동의를 구하고 약속을 하도록 한다.

넷째, 가족복지실천을 진행하기 위해서 법적·윤리적·정책적 차원의 요인에 대해서 서로 이해하고 공유하는 것은 신뢰성 있는 관계를 발전시키는 데 매우 중요하다. 예를 들어 클라이언트의 자기결정, 가정폭력방지법, 아동학대 관련 법, 비밀보장 등과 관련된 사항은 사전에 반드시 합의되어야 한다.

다섯째, 초기면접의 목적과 역할을 설명하고, 클라이언트의 이해 여부에 대한 피드백을 통해 클라이언트의 동의를 구해서 적극적 참여가 가능하도록 한다.

(3) 초기 면접의 관계형성

초기 과정에서 가장 중요한 것은 관계형성이다. 초보 사회복지사가 첫 회기 면접을 미숙하게 운영했더라도 추후 가족과 지속적 관계를 가지기 위한 노력이 요구된다. 사회복지사는 가족구성원 모두와 관계를 맺되, 지속적으로 가족 상담을 주도할 핵심 구성원을 파악하는 것이 중요하다. 사회복지사가 가족과 좋은 관계를 형성하려면 가족에게 긍정적인 인식을 줄 수 있어야 하며, 상담을 주도할 수 있는 능력을 인정받을 수 있어야 한다. 사회복지사는 가족개입을 잘 할 수 있는 전문적 능력, 진지한 자세, 감정 이입 능력 및 일에 대한 헌신적인 자세가 요구된다(엄예선, 2004).

초기면접은 일반적으로 1~2회 정도 진행되나 향후 지속 여부가 결정되는 시기이므로 사회복지사와 클라이언트의 관계형성이 매우 중요하다. 특히 공감적 이해와 수용, 진실성을 바탕으로 클라이언트와의 라포 형성을 통한 협조관계를 형성하기 위해 클라이언트의 자존심과 체면을 고려하는 것에 유의하며, 초기 저항에 대해서도 긍정적으로 대응할 수 있어야 한다(이영분 외, 2000). 초기면접에 있어서 라포를 형성하기 위해 언어적 기술과 비언어적 기술을 적절하게 활용하며, 클라이언트가 보이는 반복되는 언어, 말투에 집중할 필요가 있다.

상담자는 가족치료적 관계형성을 위해서 가족과의 합류를 통해 가족의 체계 형성을 위한 재구조화를 진행할 수도 있다. 사회복지사는 가족과의 합류를 통해 클라이언트의 가족유형을 받아들이고, 가족의 상호교류 유형과 장점을 경험하고, 가족 내부의 고통과 문제점을 알아내고 공감해야 하며, 가족과 함께 문제파악을 위한 탐색과정에 참여하고, 가족 고유의 의사소통의 방법을 이해하고 따라야 한다.

반면에 초기 단계에서 효과적인 원조를 방해하는 사회복지사의 역기능적인 행동들은 다음과 같다(Collins et al, 2001).

① 가족원 개개인의 편을 들어주는 것.
② 판단하는 것 같이 반응하는 것.
③ 부적절한 동의 또는 거짓으로 보장하는 것.
④ 객관적인 자료는 제외하고, 문제에 대한 가족의 주관적인 경험에 관한 단서를 무시하는 것.
⑤ 토론을 방해하거나 신뢰를 손상시킬 수 있는 유머나 다른 반응들을 부적절하게 활용하는 것.
⑥ 미성숙한 문제해결.
⑦ 지나치게 잡담하는 것.
⑧ 가족원을 비난하거나 무시하고 거짓된 겸손함을 보이는 것.
⑨ 명백한 정보를 무시하고 가족원을 지나치게 보호하는 것.

출처: 서울복지재단, 2010.

(4) 초기면접의 탐색

탐색과정에서는 클라이언트 가족의 '문제-욕구-상황'에 대한 구체적인 정보를 파악한다. 탐색내용으로는 가족이 이야기하는 문제의 근원, 문제의 과정 및 문제를 유지시키는 요인들뿐만 아니라 문제해결에 유용하게 사용될 수 있는 자원, 장점, 속성을 이해하기 위하여 초기면접을 진행한다(Cournoyer, 김인숙, 김용석 외 역, 2002).

탐색과정의 상담기술은 첫째, 가족의 불안을 완화시키기 위해 일상적 대화나 잡담은 가능하나, 적절한 시점에서 상담의 목적중심으로 전환하는 것이 바람직하다. 둘째, 서로 다른 느낌이나 가족의 의견 차이에 대해 각자의 견해를 알리고자 하는 경우가 있으므로 가족이 동시에 말하려고 하는 경우에는 발언권을 조절하는 것이 필요하다. 셋째, 클라이언트가 침묵하는 원인에 대한 파악을 통해 대처방법을 찾아야 한다. 일반적으로 침묵하는 원인은 무엇을 말해야 할지 모르거나, 무기력하거나 상담목표가 없는 경우, 적절한 대인관계의 기술 부족의 경우 등이다. 이때 사회복지사는 클라이언트의 추정되는 감정과 생각을 공개적으로 표현하여 침묵이라는 가족 규칙을 깨뜨릴 수 있다. 넷째, 두서없이 발언하는 클라이언트에게 발언권을 얻어내는 것이 필요하다. 다섯째, 다른 가족을 대신해서 말하는 경우 반드시 실제 주인공의 생각을 듣는 것이 중요하다. 보통 다른 구성원의 생각을 자신이 잘 알고 있다는 생각은 실제 사실과 다를 수 있고 해당 당사자에게는 무시나 억압으로 느껴질 수도 있다. 따라서 상담자는 구성원 간 타인을 대신해 이야기하지 못하도록 규칙을 만들어 기존의 익숙한 안정성을 흔들어 놓는 전략이 필요하다. 여섯째, 가족이 사회복지사에게만 말을 하는 경우 가족 간 상호작용을 촉진시키기 위해서 청취자의 역할만 계속하기보다는 가족 간의 촉진자의 역할을 하는 것이 바람직하다. 일곱째, 다른 가족을 비난하는 경우에 적절하게 조절하는 것이 중요하다. 따라서 가족들 간에 평소에 익숙한 비난, 공격, 직면, 방어 등의 패턴에 대해 상담 초기 단계부터 조치를 취해 두어야 한다. 그렇지 않으면 상담과정에 계속 문제가 지속될 수 있으므로 새로운 표현방식을 사용하도록 조정하여야 한다. 여덟째, 불명확한 문제를 명료하게 정의하는 것이 필요하다. 클라이언트 가족들은 이해하기 어려운 이야기를 하거나, 간접적 · 포괄적인 방식으로 명확하지 않은 메시지를 표현하는 방식으로 상담의 관계, 개입의 방향, 원조 결과에 중요한 영향을 미칠 수도 있으므로 언급된 단어나 행동의 의미에 대한 더욱 정확한 정의를 내리는 것이 필요하다. 아홉째, 복잡한 이야기를 세분화하는 것이 필요하다. 초기에 클라이언트의 많은 문제를 한꺼번에 다루면 혼란스럽기 때문에 복잡한 상황을 쉽게 다루기 위해 문제를 하나씩 탐색하면서 전체를 세분화해서 정리하는 것이 좋다. 열째, 클라이언트의 메시지를 반영해야 한다. 사회복지사는 클라이언트가 표현하는 사실, 정보, 감정에 대해 적극적으로 경청을 한 후 감정이입적이고, 적극적인 경청기술을 사용하여 이해한 내용을 반영해야 한다.

(5) 초기면접의 종료

초기면접은 1~2회기의 상담과정을 통해 얻은 결과들을 바탕으로 클라이언트의 참여 동기 확인과 추후 가족서비스 결정을 거쳐 종료한다. 기관 소견의 결정을 위한 사례회의를 실시할 수 있다.

3) 가족 사정

가족사정의 목적은 가족의 문제와 욕구 파악 후 가족과 가족이 처한 환경의 강점과 자원을 활용해 가족의 목표를 달성하도록 지원하는 것이다. 사정 과정에서는 사정 대상, 사정 내용, 사정의 도구를 다룬다.

콜린스 외(Collins et al., 2001)는 가족문제의 내용과 과정에 대한 정보수집을 강조한다. 내용은 가족이 제공한 실제 정보를 의미하며, 과정은 가족들의 상호작용 방식을 의미한다. 자료수집의 내용은 가족과 환경자원과의 왜곡된 관계, 가족체계 내의 약점까지 포함한다. 산다우-베클러(Sandau-Beckler, 2001) 또한 사정 요소는 가족의 강점, 가족의 스트레스와 회복력, 문제해결과 해결책 발견을 위한 가족의 능력 및 과거 성공경험, 가족의 변화에 대한 준비성, 가족의 안정, 세대 간 양상, 자원체계 등으로 나눌 수 있다. 콜린스 외는 사정 대상을 가족 내부의 기능, 가족생활주기, 환경으로 나누어 고찰하였다(Collins et al., 2001). 또한 사정 특징은 문제를 개인의 문제로만 인식하지 말고 가족구성원 간의 상호작용의 문제, 가족과 환경 간의 상호작용의 문제로 보는 것이다. 가족 사정 원칙은 다음과 같다.

① 첫 상담에서는 깊은 질문은 피한다.
② 가족이 어떤 면의 문제를 특히 조심스럽게 다루거나 피하는지를 관찰한다.
③ 문제가 무엇인지 물어볼 때 사건이나 상황을 재현시키도록 구체적으로 묻는다.
④ 순환적인 질문을 한다. 즉, 예를 들면 A에게 B와 C 사이의 관계성을 묻는다.
⑤ 가족이 위기에 직면하여 상담을 구할 경우엔 위기에 먼저 초점을 두어야 하나 그렇지 않다면 현재의 문제에서 시작하여 광범위하게 질문한다.
⑥ 사회복지사는 먼저 체계적 관점에서 문제를 이해하고 세 사람 이상이나 혹은 두 사람과 제3의 대상이 문제에 개입되어 있을 것이라고 가정한다.
⑦ 증상적인 행동은 일차적으로 가족체계 내에의 규칙과 가족체계의 상호관계성의 특성에 비추어 이해해야 하나 때로는 관계성의 차원에서 벗어나 개인의 병리 차원에서 이해해야 하는 경우도 있고 또 때로는 두 가지 차원에서 동시에 사정해야 하는 경우도 있다(엄예선, 2004).

출처: 서울복지재단, 2010.

(1) 가족의 기능 사정

가족의 구조와 기능에 대한 사정의 대상을 가족체계, 가족규범, 가족역할, 권력구조, 가족의 의사결정 과정, 가족목적, 가족신화와 인지패턴, 가족생활주기 등을 제시하였다(이원숙, 2007).

가족의 구조와 기능에 대한 사정의 대상은 다음과 같다.

① 가족체계 사정이다. 가족의 구조와 기능과 관련하여 가족 내의 하위체계의 적절한 기능의 수행 여부를 평가한다.
② 가족규칙 사정이다. 가족구성원들 간의 상호작용에 적용되는 지속적인 규칙이 제대로 기능하는지 여부를 평가한다.
③ 가족 의사소통 사정이다. 사회복지사는 가족구성원들이 서로 의사소통하는 방식을 통해 가족관계에 대한 의미있는 단서를 확인하고 가족의 의사소통 메시지의 언어적·비언어적 요소의 일치 여부를 사정한다. 언어적·비언어적 요소의 모순된 의사소통를 확인해야 한다.
④ 가족역할 사정이다. 가족구성원들 각자가 맡은 역할에 대한 예측 가능한 행동 양식의 수행 여부를 판단한다. 적절한 가족 역할에 대한 판단 시 이상적 역할 수행의 모델을 규정하기 어렵지만 전체적인 관점에서 가족에게 유익하게 작용하는지, 아니면 불이익을 가져오는지에 따라 평가되어야 한다(이원숙, 2007).

출처: 서울복지재단, 2010.

(2) 가족 외부환경 사정

가족은 사회 환경과의 지속적 상호작용을 통해 가족의 기본 욕구 충족을 위한 필수 자원과 지지를 확보한다. 대부분의 경우 주변 환경과 상호작용을 통해 사회적 지지망을 구축해 적응적 균형을 달성하지만, 적응적 균형을 이루지 못한 가족은 결핍과 고립, 지나친 환경적 스트레스로 인해 고통받게 되므로, 사회적 지지망이 주는 도움 제공 능력과 가족 기능 수행 환경에 대한 사정이 필요하다. 외부환경에 대한 사정의 내용은 다음과 같다.

① 사회복지사는 가족이 환경체계들과 건강한 경계를 가졌는지 검토한다.
② 건강한 경계는 환경체계와 분명하게 구분되는 동시에 개방적이고 융통적이며 적응적인 경계를 말한다.
③ 가족 잠재력의 발휘를 방해하는 외부환경들의 장애요소를 검토한다.
④ 가족이 사회환경 자원(사회적 지원, 물질적 지원, 금전적인 지원 포함)을 적절하게 활용하고 있는지 검토한다.
⑤ 가족이 받는 스트레스 원인에 대한 대응을 위해서 자원을 적절하게 활용하고 있는지 검토한다.
⑥ 기초욕구의 충족방법과 충족되지 않은 욕구가 있는지 검토한다.

출처: 서울복지재단, 2010.

(3) 가족 발달주기 사정

가족주기는 부부가 결혼에서 사망할 때까지 가족이 겪게 되는 핵심적인 경험을 단계적으로 설정한 것이다. 가족은 가족발달주기의 각 단계에서 고유한 발달 이슈, 성취 과업, 해결해야 하는 잠재적 위기에 직면하게 된다. 새로운 단계로의 전환 시 위기가 수반될 때 가족의 발달주기 위치에 따른 위기 대처 및 적응에 대해 사정한다.

표 7-2 가족발달주기 단계 및 주요과업

단계	발달과업
1단계 신혼가족	• 기본적인 가정생활 계획－누가, 언제, 무엇을 할 것인가에 대한 구체적인 상호 합의된 양식 정하기 • 가정의 재정적인 역할 설정 • 상호 간 만족스런 성관계 형성 • 충분한 의사소통 양식 정립 • 친족과의 관계 형성 • 가족계획: 언제 부모가 될 것인가? • 새 가족구조에 헌신하기
2단계 자녀출산가족	• 재정, 가사 분담에 대한 재정립: 자녀출산을 준비하기 위한 결혼구조 조정 • 세련된 의사소통방식 정립 • 영아기 자녀 양육에 따른 주거배치 필요 • 부모와 조부모의 역할을 포함한 확대가족과의 관계 재정립

단계	발달과업
3단계 학령전 자녀가족	• 확대가족을 위한 공간, 시설, 비품, 재정, 욕구에 대한 준비 • 유아기 자녀의 예측 가능한 또는 예측할 수 없는 양육비용에 대한 준비 • 변화하는 가족욕구에 대한 책임과 적응 • 가족구성원 사이의 의사소통 양식 수립
4단계 학령기 자녀가족	• 부모의 사생활과 자녀의 생활에 대한 준비 • 재정적인 능력 유지 • 부부로서의 관계 유지를 위해 함께 할 수 있는 활동 • 자녀 성장에 따른 욕구 변화에 대한 효과적인 적응 • 자녀의 발달을 돕기 위해 학교와 협조
5단계 청소년기 자녀가족	• 가족구성원의 다양한 욕구에 대한 준비 • 가족 금전문제에 대한 연습 • 모든 가족구성원 간의 가족에 대한 책임감 분담 • 부부의 결혼관계에 다시 초점을 맞추기 • 청소년자녀와 부모 사이의 의사소통 문제에 대한 해결
6단계 성인기 자녀가족	• 가정의 재정과 건강에 대한 검진 • 자녀의 독립에 따른 가족지출에 대한 준비와 부모로서의 책임성 구분 • 중년기 결혼생활 재정립 • 모든 가족구성원 간의 의사소통 유지 • 자녀의 결혼을 통한 새로운 가족을 수용하고 가족범위 확대
7단계 중년기 부부가족	• '빈둥지'에 대한 적응 • 중년기 결혼생활을 위한 노력 • 조부모로서의 역할 적응 • 노령화된 부모의 무능력과 보호, 죽음에 대처하기 • 신체적 · 정신적인 변화에 대한 기술 습득
8단계 노년기 부부가족	• 배우자 사망에 대한 적응 • 효과적인 노년기의 유지를 위한 대처 • 자녀들과의 관계 재정립: 부모의 노령으로 인한 부양에 대한 책임 • 생활이나 재정적인 변화에 대한 적응 • 자신의 죽음에 대한 준비

출처: Collins et. al., 2001.

(4) 가족중심실천에서의 사정

가족중심의 실천에서 사정은 가족을 사정과정에 참여시키는 것이 핵심이다. 가족은 가족의 유지와 변화 과정에서의 문제해결을 위한 전문성을 가지고 있으므로, 가족의 전문성을 의미있는 자원으로 인식하고 존중함으로써 사회복지사와 가족은 진정한 협동적인 파트너십을 형성할 수 있다(이원숙, 2007). 가족중심실천에서 중요시하는 사정의 요소는 다음과 같다.

① 가족의 강점이다. 가족기능의 긍정적 양상, 가족구성원의 독특한 강점과 기여도, 다른 체계와의 상호작용 등의 측면에서 가족의 강점을 탐구한다.
② 가족의 스트레스와 회복력이다. 가족생활주기 사건들이 축적되어 형성된 스트레스를 파악하여 가족 회복력과 가족 내부의 강점, 자원, 자연적 치유과정을 활용하여 해결하는 것이 필요하다. 가족의 스트레스 해소를 위한 회복력은 사회적 지지 또는 가족의 생애사건, 가족에게 있어서의 사건의 의미, 가족의 적응스타일, 가족체계의 자원, 대처, 문제해결 능력, 문화적 결속력, 사회적 지지 등을 통해 사정하는 것이 필요하다.
③ 문제해결에 있어 가족의 능력 및 과거 성공경험이다.
가족구성원들은 가족의 어려움을 해결하기 위해서 기관을 방문하거나 의뢰될 때 자신이 가진 자원과 능력에 관해 회의적인 시각을 가진 경우가 많다. 따라서 과거의 성공했던 경험을 통한 성공에 대한 희망을 되찾게 하는 것이 중요하다. 가족구성원들이 희망하는 결과를 규명하고 문제에 대처할 때 과거 성공 경험을 탐구하도록 해서 해결중심의 대안을 탐구하도록 한다.
④ 가족의 변화에 대한 준비성이다. 가족이 변화에 대한 자발성과 의지를 갖게 하기 위한 동기부여를 강조한다.
⑤ 가족 안전이다. 아동과 가족의 안전이 가족복지실천에서 가장 중요한 핵심이므로 신체적 학대, 가정폭력, 정서적 학대, 성적 학대, 방임 등의 이슈는 긴급 사정을 실시하고, 위기개입 절차를 통해 신속하게 진행한다.
⑥ 세대 간 양상이다. 가족이 경험해 온 역사적인 양상에 대한 사정으로 가족의 부모의 성장환경, 가족사, 조부모와 부모 간의 초기 환경이 각 세대의 행동과 생활방식에 미친 영향을 사정한다.
⑦ 자원체계이다. 가족의 자원체계와 관련하여 공식적인 서비스와 비공식적인 지지망에 대한 사정은 필수적이다. 생태도를 활용한 가족 자원에 대한 확인, 개인, 조직, 집단, 기관, 확대가족에 대한 연계성 등의 자원체계와 지지망에 대한 사정을 진행한다.

출처: 서울복지재단, 2010.

(5) 가족 사정도구

첫째, 가계도는 가족 내 역동을 이해하거나 가족이 세대를 거쳐 발전시켜 온 가족 유형, 관계, 역할 등을 가족과 함께 비위협적이며 상호적인 방법으로 살펴보기 위한 도구이다. 가계도를 통해 클라이언트 가족이 가지고 있는 문제점을 조사하고 해결책을 모색한다.

둘째, 생태도는 가족과 환경체계들의 관계를 이해하기 위한 도구로서 가족과 체계 사이에 자원 교환, 에너지의 흐름, 중재되어야 할 갈등, 스트레스와 관련된 자료, 사회적 간극, 자원 활용 실태 등을 시각적으로 나타낸다. 사회적 맥락하에서 가족이나 클라이언트의 삶에 영향을 주는 조직이나 요인을 확인할 수 있도록 함으로써 특정한 상황에 처한 가족의 상호작용에 대한 통찰력을 얻고 문제해결을 위한 자원체계를 파악한다.

셋째, 사회적 지지망은 클라이언트가 적절하고 효과적으로 사회적 지지를 사용하도록 돕기 위해 클라이언트에 대한 잠재적 사회적 지지를 확인하고 사정하는 도구이다. 클라이언트의 사회적, 환경적 자원에 대한 정보를 체계적으로 수집하는 데 유용하다. 가족구성원이 언제, 어떤 상황에서 가족이나 친구에게 지지와 조언을 요청할 수 있는지 명료화하고, 가족구성원에게 지인의 성공적 활용, 비활용 자원의 탐색과 활용에 대한 대안을 제시한다.

넷째, 강점사정 도구는 하나의 단위로서 가족기능의 긍정적 양상, 가족구성원의 독특한 강점과 기여도, 다른 체계와의 상호작용에 있어 가족의 강점을 사정한다. 클라이언트가 역기능적이며 어려운 문제로 인해 좌절이나 낙심하지 않게 클라이언트 강점에 기반하여 문제를 해결할 수 있는 개입 방안을 수립하기 위해서 사용한다.

(6) 가족사정 검사도구

검사도구는 행동과 자료를 수량화하는 데 유용한 방법으로 표준화된 척도는 타당도와 신뢰도가 높은 것을 사용해야 하며, 심리검사는 이론적인 기반 및 지식을 충분히 갖추어야 한다.

가족사정 검사도구로는 결혼관계 척도, 가족관계·가족치료 척도, 가족문제 척도, 부모-자녀관계 척도, 가족적응·건강·복지 척도 등이 있다.

4) 목표수립과 계약

(1) 목표수립

첫째, 목표수립을 위한 지침을 살펴 보면 다음과 같다.

① 행동을 나타내는 동사인 ・・・하기(한다)로 서술한다.
② 달성되어야 하는 주요한 결과 한 가지를 명확히 한다.
③ 달성할 수 있는 표적 일자를 설정하도록 한다.
④ 측정하고 검증할 수 있도록 구체적이고 양적인 것으로 서술하도록 한다.
⑤ 가족이 쉽게 이해할 수 있어야 한다.
⑥ 현실적이고 달성이 가능하지만 여전히 의미있는 도전이 되도록 한다.
⑦ 압력이나 위협없이 참여하는 가족 모두가 동의하여야 한다.
⑧ 기관 정책과 절차, 그리고 사회복지의 윤리강령과 일치하도록 한다.

출처: 서울복지재단, 2010.

둘째, 목표수립을 위한 사회복지사의 과업은 다음과 같다.

① 가족원은 위기상황에서 더 변화하기 쉽다는 것을 인식해야 한다.
② 전체적이고 추상적인 목표로부터 구체적이고 실질적으로 옮겨야 한다.
③ 분명하고, 구체적이며 측정 가능한 목표를 정한다.
④ 가족들이 우선적으로 달성하고 싶은 목표를 확인하도록 돕는다.
⑤ 행동변화에 관해 가족이 서로 협상할 수 있도록 돕는다.
⑥ 가족의 기술과 강점을 확인한다.
⑦ 가족으로부터 다짐을 받는다.

출처: 서울복지재단, 2010).

셋째, 목표수립 시 유의해야 할 점은 다음과 같다.

① 목표수립의 중요성을 가족들에게 설명해야 한다.
② 목표는 성취가 가능하고 사회복지사와 가족이 상호 동의할 수 있고, 구체적이어야 한다.
③ 목표를 정하는 일은 사회복지사가 도울 수는 있으나 궁극적으로 가족의 책임이고 가족들이 목표를 성취하도록 도움을 주는 것은 사회복지사의 책임이다.
④ 가능한 한 첫 1~3회 상담 이내에 목표뿐만 아니라, 평가 방법이 분명히 나오도록 한다. 즉, 목표가 성립된 후에는 목표가 성취되었는지 아닌지를 측정할 수 있는 구체적인 행동

상의 기준에 대한 상호동의가 있어야 한다.
⑤ 가족이 무엇을 목표로 설정해야 할지 모르는 경우 가족의 불안감이 더욱 가중될 수 있으므로 사회복지사는 가족이 느끼는 부담감을 이해해주고 앞으로 상담일정을 공유를 통해 여유를 갖고 목표를 생각할 수 있도록 말한다.
⑥ 목표는 주기적으로 혹은 필요할 때마다 재평가된다. 상담 목표는 예상치 않은 위기 상황이 생기지 않는 한 변하지 않으며, 한 가지 목표가 성취된 다음에만 다음 목표로 넘어갈 수 있다.
⑦ 가족이 각기 다른 기대를 갖고 각기 다른 목표들을 성취하기를 바랄 경우, 사회복지사는 가족이 공통 목표를 찾을 수 있도록 돕는다. 첫 상담에 중요한 가족원 중에서 한 사람이 불참했을 경우엔 목표설정을 연기할 필요가 있다.

출처: 서울복지재단, 2010.

(2) 서비스 계약

서비스 계약을 진행할 경우 참고해야 할 사항은 다음과 같다.

① 가족 전체에 대한 개입을 진행할 때에는 가족원 모두와 계약을 맺어야 한다.
가족구성원에 대한 개별적 접근일 경우 계약 대상자가 가족구성원 개인이 될 수 있다. 단, 미성년일 경우 보호자와 계약을 맺어야 한다.
② 문제를 정의할 때에는 가족원 모두가 그 문제에 대해서 어떻게 지각하고 있는지를 고려해야 하며 계약은 참여한 모든 가족원들에게 이해되어야 한다.
③ 계약에 대한 구두 또는 서면상의 약속이 확보되어야 한다.
④ 계약은 작업의 과정으로 간주되어야 한다. 따라서 필요시 계약은 개정되어야 한다.

출처: 서울복지재단, 2010.

5) 개입

사회복지사는 가족을 만나 그들의 문제와 욕구를 사정한 후에 개입목표를 설정하고 계약을 맺고 개입을 시작한다. 가족복지실천은 사회복지사와 가족이 합의된 목표를 달성하기 위해서 함께 하는 협력관계이다. 이 단계에서 사회복지사의 역할을 가족의 교육, 구체적인 도움, 지지의 제공이라고 보았다(Collins et al., 2001). 이러한 역할을 사회복지사업에 적용하면 교육은 교육 및 훈련 프로그램에 해당하고, 구체적인 도움은 가족기능 보완 사업, 부양가족 지원사업, 지지의 역할은 상담과 가정문제해결치료 프로그램에 등에 해당된다고 볼 수 있다.

가족에게 효과적인 개입을 하기 위해 가족의 욕구에 초점을 두고, 클라이언트의 자율성을 존중한다. 그리고 의존을 조성하게 되는 것을 피하고, 클라이언트의 저항을 재사정한다. 전문적인 거리를 유지하며 적당한 기대를 갖도록 한다고 강조하였다(이원숙, 2007).

가족중심 사회복지실천은 환경에 둘러싸인 가족에 개입하기 때문에 개입기술도 환경적 개입, 가족 내부의 변화를 위한 개입을 중심으로 가족치료 기술, 개별대상 중심의 프로그램의 측면으로 살펴볼 필요가 있다.

(1) 환경적 개입

클라이언트의 환경적 문제에 초점을 두는 관점에서는 클라이언트가 겪는 문제의 원인을 권력의 부족, 이익집단들 간의 갈등, 부적절한 이데올로기의 구속, 사회적 낙인화의 영향, 클라이언트의 변화를 성취하기 위한 힘의 부족, 사회경제적 구조의 제한 등에서 찾고자 한다(Fook, 1993). 문제해결을 위한 목표로는 착취당한 사람의 힘을 증진시키고, 지배이익집단의 착취와 이데올로기적 제한을 축소하고, 사회적 낙인에 저항하고, 클라이언트의 변화와 통제 능력을 향상하고, 사회구조의 변혁을 통한 물질적 자원 제공 등을 들고 있다. 이러한 목표를 달성하기 위한 전략으로는 사회적 지지와 사회적 공감의 획득, 사회교육, 적극적 자원의 활용, 비판적 자각과 임파워먼트 옹호 등이 있다(Fook, 1993).

이를 가족에 적용하여 가족들을 대상으로 하는 행동과 인식(자각)에 초점을 맞추는 적극적인 사회교육 실시, 가족들에게 지역사회의 자원 사용을 격려하고 활용, 다양한 가족에 대한 사회적 공감과 사회적 환경에 대한 클라이언트의 노력에 대한 사회적 지지, 클라이언트에게 권한을 주거나 함께 공유하는 임파워먼트, 불합리한 사회구조나 제약을 개혁하거나 극복하기 위한 옹호의 기법 등을 활용하도록 한다.

가족에 대한 환경적 개입으로 가족옹호는 공공 또는 민간기관이 가족을 위해 제공되는 기존 서비스 또는 서비스 전달체계를 향상하는 것과 변화된 형태의 서비스를 개발하는 것이며, 특정한 가족에게 편의를 제공하는 것뿐만 아니라 가족의 정당한 권리를 요구함으로써 지역사회 조직의 변화를 촉진하는 방법이다(김혜란 외, 2004).

(2) 가족 내부의 변화를 위한 개입

가족구성원들 간의 상호작용을 변화시키기 위한 개입은 특히 가족치료에서 발달되어 있다. 가족세대 간 또는 가족 내부를 변화시키기 위한 개입기술과 기법을 정리하면 다음과 같다(김혜란 외, 2004).

첫째, 탈삼각화는 두 구성원들의 감정 영역에서 제3의 구성원을 분리시키는 과정이다. 구성원들의 분화가 이루어지지 않는 가족의 경우 두 구성원 사이에 불안 수준이 높아지면 제3의 구성원을 끌어들여 삼각관계를 형성하는 데 이를 분리하는 것이 필요하다. 둘째, 가족조각은 가족구성원들의 가족에 대해 인식을 시각적으로 표현함으로써 가족에 대한 이해를 돕는 기법이며, 가족에 대한 느낌, 생각, 이미지를 조각으로 표현해 가족구성원에 대한 인식을 긍정적으로 전환·향상하도록 돕고, 과거에 몰랐던 부분을 새롭게 이해하게 된다. 셋째, 가족 그림이란 가족구성원에 대해 자신이 느끼는 바를 자유롭게 그림을 그리도록 하는 기법이다. 자신이 가족에 대한 인식을 이해할 수 있는 동시에 다른 구성원들 상호 간의 인식, 가족 관계의 문제 등을 이해할 수 있다. 넷째, 경계 만들기는 가족 내에서 하위체계들 간의 경계가 지나치게 유리되었거나 밀착된 경우에 유리된 경계는 보다 가깝게 만들고, 밀착된 경계는 적절한 거리를 확보하는 것이다. 다섯째, 균형 깨뜨리기는 가족 내의 하위체계들 간의 역기능적 균형을 깨뜨려 가족의 기존 위계질서 내에서 약자를 도와서 역기능적인 상황을 해소한다. 여섯째, 역설적 지시는 문제를 유지하는 상황을 변화하기 위해 문제 행동을 유지하거나 혹은 강화하는 행동을 오히려 수행하도록 지시하는 기법이다. 가족이 역설적 지시에 따르면 문제를 통제한다는 것을 인정하게 되며, 따르지 않는다면 문제를 포기하는 것이 된다. 일곱째, 순환적 질문하기는 개인의 증상보다 가족체계에서 하위체계 간의 관계에 초점을 두는데, 가족구성원들이 제한적, 단선적 시각에서 벗어나 문제의 순환성을 깨닫도록 질문을 연속적으로 하는 기법이다. 순환적 질문의 목적은 가족 관계에 대한 혼돈의 생각을 꺼내어 명확하게 하고, 새로운 질문을 통해 가족들이 지닌 견해의 차이를 인식하도록 돕는 것이다. 여덟째, 재구성은 가족구성원들이 문제나 이슈를 다른 시각에서 보거나 다른 방법으로 이해하도록 돕는 것이다. 가족 개입에서는 주로 한 구성원의 다른 구성원에 대한 부정적인 생각을 긍정적으로 변화하도록 돕는 것을 의미한다. 아홉째, 긍정적 의미 부여는 가족을 응집시키고 치료에 대한 저항을 축소하기 위해 가족의 문제와 행동을 긍정적으로 재해석하는 기법이다. 증상 행동 자체에 대하여 긍정적인 동기를 부여하는 것보다 증상의 이면에 존재하는 클라이언트의 동기와 의도를 긍정적으로 재해석한다. 열째, 이야기 치료에서 주로 사용하는 기법인 문제의 외현화이다. 가족문제를 개별 구성원 또는 가족의 관점이 아니라 문제 자체로 인식하고 별개의 존재로 다루는 것이다. 이야기 치료에서는 문제는 처음부터 사람들과 분리된 것으로 보고, 문제가 영향을 미치는 것으로 가정하고, 문제에 대한 자신의 생각을 말하도록 질문한다. 이런 방식으로 문제를 외현화함으로써 문제와 대항하는 방법을 모색한다.

(3) 대상 중심의 가족복지실천 프로그램

사회복지관의 가족사회복지실천이 대상 중심적 실천이라는 문제 제기가 있는 것은 클라이언트의 인식과 요구가 개별중심적인 실천에 보다 많은 요구가 있기 때문이다. 그러나 대상 중심적 실천을 통해서도 가족복지실천이 가능하며, 프로그램의 목적과 내용을 가족복지실천에 초점을 맞추되 집단 내에 가족문제가 부각되는 클라이언트의 경우 가족중심의 사례 관리를 위해 별도로 개입을 진행하여야 한다.

(4) 자원연계

사회복지사는 클라이언트가 자원의 존재에 대한 미인지, 자원 접근을 위한 정보 부재, 자원 자체의 부족으로 인한 욕구과 문제를 해결하지 못하는 경우 효과적인 자원 접근을 통해 클라이언트의 욕구와 문제해결에 개입해야 한다.

자원을 연계할 때는 자원이 낭비되지 않도록 해야 한다. 사례관리로 진행될 경우에는 기관의 내부규정에 의거하여 자원의 개발과 배분에 관한 지침을 수립하는 것이 중요하다. 클라이언트 개인의 목표 달성 및 가족구성원을 위한 집단프로그램에서는 직접 자원을 개발하여 제공하는 경우도 있지만, 외부전문가 또는 기관에 의뢰해서 서비스로 자원을 제공하는 경우가 대부분이다. 기관의 전문 인력이 제한적이거나, 클라이언트에게 새로운 서비스를 제공해야 할 경우, 사회복지 전문영역이 아닌 경우나 실천상에서 생기는 클라이언트와의 윤리적인 이슈 등이 발생할 경우에는 사회복지사 외에도 외부강사 및 전문가와 연계하여 기관 내·외부에서 서비스를 진행할 수 있다. 클라이언트의 모든 욕구를 충족시키기 위해서는 여러 서비스의 연계를 통해 효과적인 개입이 필요하다. 사회복지사는 여러 지역 및 기관의 자원을 연계하고 조정하는 역할을 통해 클라이언트에게 보다 효과적이고 효율적인 서비스전달이 가능하다.

6) 평가 및 종결

(1) 점검

가족중심 사회복지실천에 관한 점검의 목적은 서비스의 시기적절한 제공 여부, 서비스의 계획·개발과 서비스 제공 사이의 시간차로 인한 클라이언트의 상황 변화, 서비스를 통한 클라이언트의 상황 개선 여부, 목표 달성 여부, 사회복지사 및 실천가의 과업 수행 여부를 확인하는 과정이다. 가족중심 사례관리를 진행 시 자원의 연계, 클라이언트 개인의 욕구 달성 정도와 변화 상황을 중심으로 점검하는 것이 필요하고, 이에 대한 기관의 내부지침을 수립해야 한다. 가족구성원 중심의 집단 프로그램에서 점검을 실행할 시 집단의 역동성 변화와 회기별 진행상 변화에 대해 기록하고 사회복지사와 구성원 사이의 관계도 점검해야 한다. 점검의 과정을 통해 클라이언트의 새로운 욕구나 변화 발생, 기관의 정책이나 방향이 변경 시에는 재사정의 진행을 통해 서비스의 지속 및 종결 여부를 확정하게 된다.

(2) 평가

가족중심 사회복지실천에 관한 결과가 효율적이었는지 성과에 대한 평가를 하는 것은 매우 중요하다. 사회복지사가 서비스를 종결하기 전에 평가결과를 정리하고, 가족에게 생긴 변화에 객관적인 평가를 하여 가족에게 피드백을 주는 것은 매우 중요한 과업이라고 할 수 있다. 평가는 클라이언트와 사회복지사의 평가가 모두 이루어질 수 있어야 하고, 객관적으로도 평가할 수 있도록 노력해야 한다.

가족서비스에 관한 평가는 질적·양적 평가로 모두 검토할 수 있으나, 평가의 내용과 과정을 이해하는 것도 필요하다. 좋은 평가를 위해서는 개입 전 사정 내용, 그에 따른 개입목표와 개입계획을 확인하는 것이 필수적이다. 일반적으로 사회복지서비스에 관한 평가는 논리모델에 근거해 성과 측정이 이루어지며, 평가과정은 평가 목적, 평가 항목, 평가 시행, 평가 활용, 피드백의 단계로 진행된다. 평가의 내용으로는 효율성, 효과성, 품질성 차원의 평가를 실시할 수 있다.

(3) 종결

평가가 끝나면 개입 활동이 종결되며, 사회복지사는 계획에 따라 마무리한다. 종결 시의 주요 과업은 적절한 종결 시기를 결정하고, 클라이언트와 사회복지사의 정서적 반응을 처리하고, 개입을 통해서 획득한 효과를 유지·강화하고, 필요 시 클라이언트를 다른 자원으로 의뢰하는 것도 포함한다. 또한 사회복지사업의 효율성·효과성 측면에서 사업의 평가도 진행된다.

종결은 사회복지사와 기관이 클라이언트에 대해 가능한 서비스를 다 제공했다고 판단하고, 더 이상의 개입 연장이 클라이언트의 의존심만 키워 장기적으로 도움이 되지 못한다고 판단되는 경우도 종결이 필요하다. 경우에 따라서는 지금과는 다른 새로운 서비스가 더 적합하다는 판단으로 새로운 의뢰를 위해 종결할 수도 있다. 따라서 종결 단계에서의 의뢰는 중요한 종결 과업이다.

종결의 방법은 사회복지사와 클라이언트 가족이 종결에 대한 진행 성과 여부를 판단하기 위해 체크리스트를 함께 완성하는 것이다. 체크리스트는 종결 시 클라이언트의 준비 여부를 평가하기 위한 것으로 **표 7-3**처럼 구성된다. 가족구성원들이 대부분의 질문에서 긍정적이라면 종결은 적합하다고 판단하고 시기적절하다고 본다.

종결 시의 사회복지사가 수행하여야 할 주요 과업은 다음과 같다.

① 가족복지실천의 기능과 한계를 인식한다.
② 가족사회사업과 가족치료의 차이를 인식한다.
③ 가족이 가족사회사업 종결 이후에 달성해야 할 목표를 규명하도록 돕고, 사회복지사의 역할과 다른 원조자의 역할에 대해 비교 설명한다.
④ 종결 이후에 가족을 지원할 수 있는 지역사회자원을 규명하고, 가족이 이러한 자원과 연결될 수 있도록 돕는다.
⑤ 종결과 관련된 느낌을 나누도록 격려한다.
⑥ 가족과 그 가족원들의 강점을 규명한다(Collins et.al., 2001).

출처: 서울복지재단, 2010.

표 7-3 종결 체크리스트

점검 내용	예	아니오
• 제시된 문제가 제거되었다.		
• 가족이 다룰 수 있거나 참을 수 있게 되었다.		
• 달성된 변화를 효과적으로 측정할 수 있다.		
• 심리 사회적 기능 수행 면에서 긍정적인 변화가 이루어졌다.		
• 가족원이 더 효과적으로 의사소통하고 있다.		
• 가족원이 학대로부터 안전하다.		
• 공식적인 지지망이 유용하고 가족이 이용방법을 알고 있다.		
• 가족은 필요할 때 전화할 수 있는 적절한 비공식 망을 가지고 있다.		
• 가족 혹은 개인 성원이 지역사회 내 전문 서비스에 의뢰되었다.		
• 가족이 전문 서비스로 의뢰하는 데 동의한다.		
• 가족은 매일의 일상생활에서 가능하는 기술을 배웠다.		
• 모든 가족원들의 기본적인 신체적 욕구가 충족되고 있다.		
• 사회복지사와 가족은 가족의 현재까지의 진전을 평가해오고 있다.		
• 가족은 주어진 서비스에 만족한다.		
• 모든 가족원은 개입의 결과로 한층 더 나아졌다.		
• 가족은 그들이 이룬 변화에 대한 리사이틀을 경험할 수 있다.		
• 가족원들은 변화를 이루는 데 그들이 기여한 역할을 알고 있다.		

출처: Collins et. al., 2001.

(4) 사후관리

사후관리는 종결 이후 일정 기간이 지난 후 클라이언트가 잘 적응하고 있는지를 점검하는 과정이다. 보통 1개월에서 6개월 사이에 진행하는데, 전화로 확인이나 면접을 실시하기도 한다. 종결 이후 사후관리를 진행하는 것은 클라이언트에게 종결에 따른 충격을 완화시켜 주는 순기능도 있다. 사후관리를 통해 클라이언트는 자기의 노력에 관한 확인과 격려를 받을 수 있어서 강화를 경험할 수 있고, 필요 시 추가적인 원조를 제공할 수도 있다.

3. 다문화가족복지서비스 전달체계[3)]

1) 사회복지서비스 전달체계의 개념

사회복지서비스 전달체계의 두 가지 구성요소는 서비스 프로그램과 수혜자이며, 이 두 요소의 상호작용이 사회복지서비스 전달체계의 본질이다(Sauber, 1983). 수혜자의 서비스 요구와 공급자의 서비스 제공의 유기적인 관계를 사회복지서비스 전달체계로 파악한 것이다.

또한 기관 간의 관계성과 그들의 원조과정에 착안하여 기관과 시설 외 공공기관과 민간단체를 통틀어 공급자와 수혜자를 연결해주는 서비스전달망이 사회복지서비스 전달체계이다(Friedlander & Apte, 1980). 즉, 지역사회 내의 사회복지서비스의 공급자 간 공급자와 수요자 사이를 연결하기 위한 조직적 체계를 말한다.

사회복지서비스 전달체계란 사회복지대상자와 그들의 사회복지욕구에 상응하는 서비스를 제공해주는 조직과 기관을 뜻하는 것으로 여기서 조직은 사회복지행정에 관계되는 여러 기관의 집합이며, 기관은 사회복지행 정에 관계되는 조직의 각 구성단위가 된다고 정의하였다(이정호, 1987).

3) 김문수(2013), 윤용자(2017)의 내용을 일부 발췌・인용함

사회복지서비스 전달체계는 정부의 서비스 정책이나 민간의 서비스프로그램을 실현화하기 위한 실현과정으로서 과정상 연계된 시설, 조직, 기관을 의미하며 고객을 중심으로 볼 때는 정부뿐만 아니라 민간기관이나 단체의 서비스도 포함한다(차진호, 2003).

종합하면 다수의 행위자들이 공급자와 공급자, 공급자와 수혜자 간 서로 연관되어 서비스가 생성되고 공급되는 전 과정을 사회복지서비스 전달체계라고 정의할 수 있다(김문수, 2013). 서비스의 공급자인 공공·민간 기관과 고객을 연결해주기 위한 조직적인 장치로서 운영주체에 따라 공공전달체계와 민간전달체계로 세분화할 수 있다.

다문화가족복지서비스는 여성가족부가 중앙부처와의 정책을 조율하고 기본정책을 결정하고 전국 시·군·구에 설치되어 있는 다문화가족지원센터를 통해서 다문화가족구성원에게 전달되는 구조로 되어 있다. 민간 복지단체나 종교단체 등에서도 개별 서비스를 제공하는 경우도 있으나 가족상담, 취업교육, 언어교육, 자조집단지원 등 종합적인 복지서비스는 다문화가족지원센터를 통해서 제공된다.

2) 사회복지서비스 전달체계의 원칙

사회복지서비스가 수혜자에게 효과적으로 전달되기 위해 갖추어야 할 원칙에 대한 다양한 논의를 살펴보면 다음과 같다(김문수, 2013).

사회복지서비스가 필요한 사람에게 적절하게 효과적으로 제공되기 위해서는 서비스가 통합되고 지속적이어야 하고, 서비스가 대상자에게 손쉽게 접근할 수 있어야 하고, 전달체계는 그 활동과 결정에 대하여 책임성을 유지해야 한다고 제시하였다(Gillbert et al., 2002; 조성한 외, 2006 재인용).

사회복지서비스 전달체계의 기본원칙으로 복잡하고 다양한 사회복지서비스가 통합적으로 제공되어야 하고, 해당 복지문제가 해결될 때까지 지속적으로 제공되어야 하며, 대상자가 복지서비스에 접근하기 용이해야 하며, 주어진 역할을 제대로 수행하는지에 대해 책임성을 확보할 수 있어야 하고, 사회문제를 해결하고 개인적·가족적 욕구를 충족시키기 위한 전문성을 갖추어야 하며, 효과성과 효율성을 높은 수준으로 유지해야 한다(현외성, 2005).

지역사회참여와 책임성의 원칙이 수혜자의 만족도에 상대적 기여도가 가장 큰 변수(이재만, 2012)인데, 이를 바탕으로 다문화가족복지서비스 전달체계의 원칙을 제시하면 다음과 같다(김문수, 2013).

첫째, 접근성의 측면에서 다문화가족지원프로그램은 결혼이주여성 등이 심리적·물리적으로 쉽게 접근할 수 있어야 한다. 서비스에 대한 정보의 부족이나 지리적 접근의 어려움 같은 장애요인이 제거되도록 해야 한다.

둘째, 전문성의 측면에서 다문화가족지원프로그램도 전문성을 갖춘 종사자에 의해 제공되어야 한다. 국가 또는 전문직업단체의 시험 또는 기타 자격심사를 통해 자격증을 취득한 사람들로 구성되어 자율적인 결정권과 책임성을 가지고 진행되어야 한다. 일정 기간 후에는 보수교육 등을 통해서 전문성이 유지되도록 해야 한다.

셋째, 적절성의 측면에서는 다문화가족의 문제해결을 위해 프로그램에 적절한 자원이 배분되어야 한다. 프로그램은 다문화가족의 복지욕구를 해소할 수 있는 수준으로 설계되어야 하며, 제공기관도 수행능력을 갖추고 있어야 하며, 서비스에 대한 수요와 공급의 욕구 차이를 최소화시키는 것이 중요하다.

넷째, 포괄성의 측면에서 다문화가족이 생활 전반을 대상으로 어려움을 겪고 있는 언어, 자녀교육, 취업 등의 문제에 대해 통합적으로 제공되어야 한다. 다양한 수요에 대응하기 위해 서비스는 서비스 제공 기관 및 프로그램 제공자 상호간의 협조로 제공되어야 한다. 서비스 전달체계를 구성하는 관련기관과 종사자들의 유기적인 업무협조가 필수적이다(Gilbert et. al., 2002; 이지영, 2012).

다섯째, 책임성의 측면에서 프로그램을 제공할 때 책임을 지는 대상에 따라 서비스 대상자에 대한 책임, 사회에 대한 책임, 서비스 전문가로서의 책임으로 구분될 수 있다(이지영, 2012). 다문화가족복지서비스 대상자의 욕구를 다문화가족복지서비스 전달체계를 통해서 최대한 해결하는 것이 서비스 대상자에 대한 책임이다. 사회적 책임은 사회로부터 부여받은 소정의 기능을 다문화가족복지서비스의 전달체계가 적절히 수행했는지에 대한 책임을 말한다. 서비스 전문가로서의 책임은 전문가로서의 윤리를 준수하는 것과 전문적인 역량을 지속적으로 습득하여 다문화복지서비스에 적용해야 하는 책임을 의미한다.

3) 다문화가족복지서비스 전달체계의 구조

다문화가족복지서비스의 전달체계의 구조는 대개 집권형과 분권형, 서비스연계, 공사관계의 세 가지 측면에서 논의할 수 있다(남영희, 2015).

첫째, 집권형과 분권형은 서비스 전달체계를 구분하는 형태 가운데 하나로 집권형은 집권적 통제를 통해서 서비스 혜택이 특정한 집단에 편중되지 않고 다양한 집단에 고르게 분산되도록 해야 한다. 반면 다양한 집단의 욕구와 지역의 특성에 적합한 서비스를 개발 · 제공하기 위해서는 분권형이 적절하다. 다문화가족복지서비스는 다양한 욕구를 충족시켜야 하므로 프로그램 상호 보충적인 중첩성이 존재하고, 프로그램의 수정을 가능하게 하여 전달체계의 신뢰성을 높일 필요가 있다. 따라서 다문화가족복지서비스의 분권화가 필요하다. 중앙정부와 지방정부가 다문화가족복지서비스의 공급에 있어서 정책결정, 효율적인 자원배분은 중앙정부에서, 현장에서 대상자의 욕구 측정과 서비스 전달은 지방자치단체 등에서 수행할 수 있도록 서비스 전달체계의 역할을 명확히 하여 구축하는 것이 필요하다.

둘째, 서비스 연계성으로 각종 다문화가족복지서비스의 효과성과 효율성 제고를 위해서 통합적인 전달체계의 확립이 중요하다. 복수의 서비스를 한 집단이나 개인에게 제공하고, 하나의 서비스 프로그램을 복수의 수혜자에게 제공하는 경우 공급자 간 연계방식도 매우 중요하다. 공급자 간 연계는 공급자의 비용감소와 서비스의 지속성 및 접근성 확보 등을 위해 효율성과 효과성을 도모할 수 있다. 통합적인 서비스 연계체계 확립은 한정된 자원의 효율적 배분을 가능하게 한다. 경우에 따라 인위적 조직통합과 전달체계의 구조변화는 물론이고, 연계된 기관들 사이의 자율적인 조정이 필요하다.

셋째, 공공과 민간부문 간의 관계로 서비스전달의 주체가 민간부문과 공공부분 중 어디에 두는지에 대한 문제이다. 다문화가족복지서비스의 제공에서 공공부문과 민간부문은 서로 합리적인 연계를 통해서 부족한 부문을 보완할 필요가 있다. 공공부문은 법률에 근거하여 다문화가족복지서비스 대상자에게 다양한 혜택을 제공할 수 있고, 정리된 행정체계를 바탕으로 효율적 자원관리를 할 수 있다. 반면, 민간부문은 대상자들과 직접적으로 소통하며 그들의 요구에 대응하는 각종 프로그램을 개발하여 제공할 수 있는 장점이 있다. 또한 특정 집단을 대상으로 하는 소규모사업과 특수 분야의 사업에서는 민간주도형이 그 효용성이 더 크다. 따라서 서비스의 주체는 공공기관과 민간기관의 효율적인 역할의 수행 능력에 따라 상호보완적으로 진행할 필요가 있다.

4) 다문화가족복지서비스 전달체계의 현황[4)]

(1) 건강가정지원센터

건강가정지원센터는 2004년 제정된 건강가정기본법 제35조 제1항에 설치 · 운영에 관한 법적 근거를 두고 있으며, 제34조에 따라 여성가족부 및 지방자치단체가 건강가정사업에 관한 업무를 전담하여 수행한다. 건강가정사업은 건강가정을 저해하는 문제의 발생 예방 및 해결을 위한 여러 조치와 가족의 부양 · 양육 · 보호 · 교육 등의 가정 기능을 강화하기 위한 사업을 말한다. 건강가정지원센터의 설치 · 운영을 통해서 수요자 중심의 서비스 전달체계를 갖추고, 지역주민의 특성을 고려하여 맞춤형 가족지원서비스를 제공함으로써 가족의 안정성을 강화하고, 가족관계를 증진시키고자 하는 데 사업의 목적이 있다.

가족생활교육, 가족상담, 정보제공, 가족친화적 문화조성 및 지역사회 네트워크 사업을 동일하게 추진하고 있다. 또한 맞벌이가족, 이혼전후 가족, 한부모가족, 조손가족, 다문화가족, 군인가족, 재소자가족 등 다양한 가족지원을 위한 교육, 상담 및 문화의 맞춤 통합서비스와 아이돌봄서비스지원 등의 가족돌봄 지원서비스를 시행하고 있다.

4) 홍승아 외 (2014), 여성가족부(2018, 2020)의 내용을 일부 발췌 · 인용함

건강가정지원센터의 행정 추진체계는 여성가족부-광역자치단체-기초 자치단체로 구성되어 있으며, 서비스 추진체계는 한국건강가정진흥원-시·도 건강가정지원센터-시·군·구 건강가정지원센터로 이루어진다.

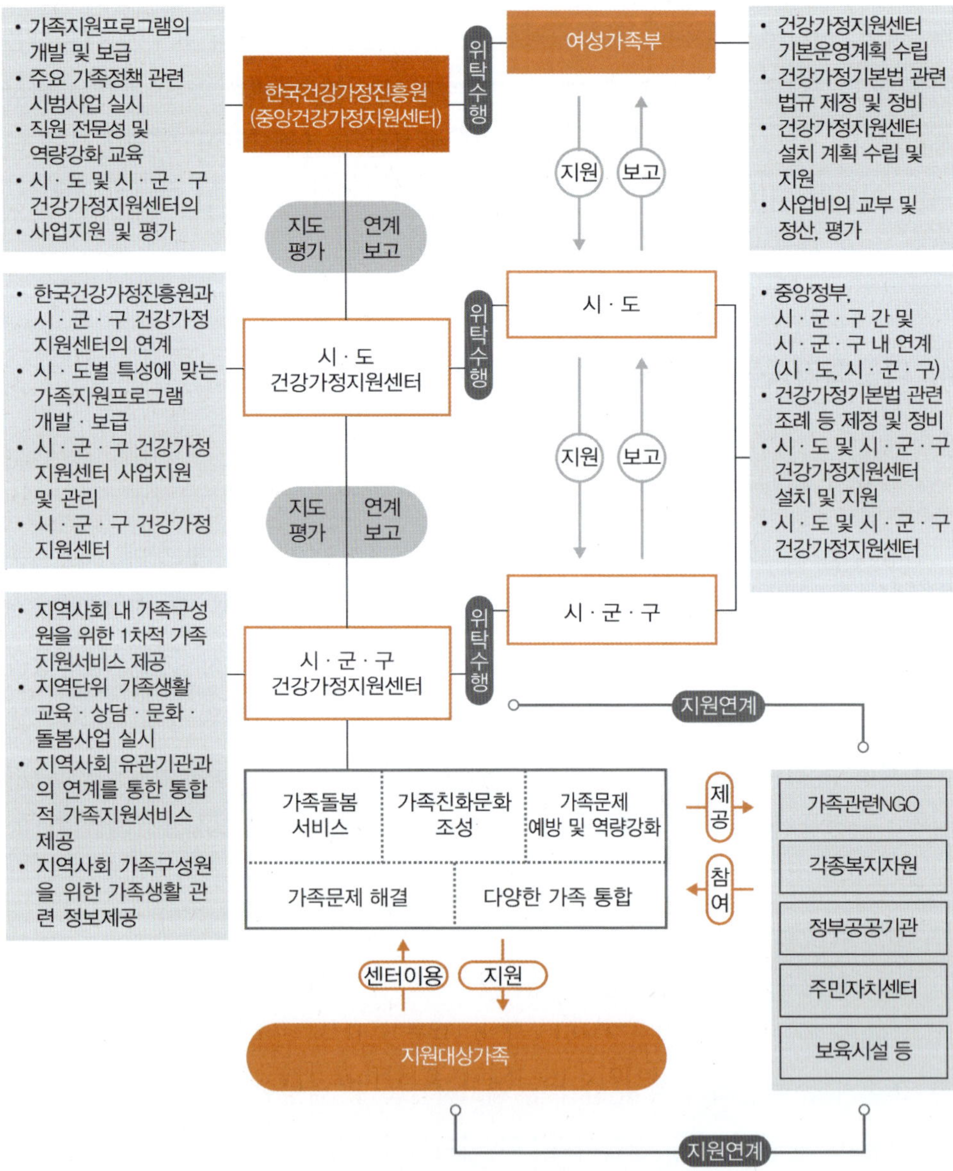

【그림 7-1】 건강가정지원센터 전달체계

출처: 건강가정지원센터 홈페이지, https://www.familynet.or.kr.

(2) 다문화가족지원센터

다문화가족지원센터는 다문화가족의 안정적인 가족생활과 정착을 지원하기 위한 한국어교육, 가족 및 자녀교육·상담, 통·번역 서비스 및 정보 제공, 역량강화지원 등 종합적으로 서비스를 제공하여 다문화가족의 한국사회 조기적응과 사회·경제적 자립을 지원하는 데 사업의 목적을 둔다. 다문화가족지원센터는 다문화가족지원법 제12조 제1항에 설치·운영에 관한 법적근거를 두고 있으며, 제12조 제4항의 각 호에 해당하는 업무를 수행하여야 한다.

다문화가족지원센터의 행정 추진체계는 여성가족부－광역자치단체－기초자치단체로 구성되어 있고, 서비스 추진체계는 한국건강가정진흥원－거점센터－다문화가족지원센터로 이루어진다.

표 7-5 다문화가족지원센터 전달체계

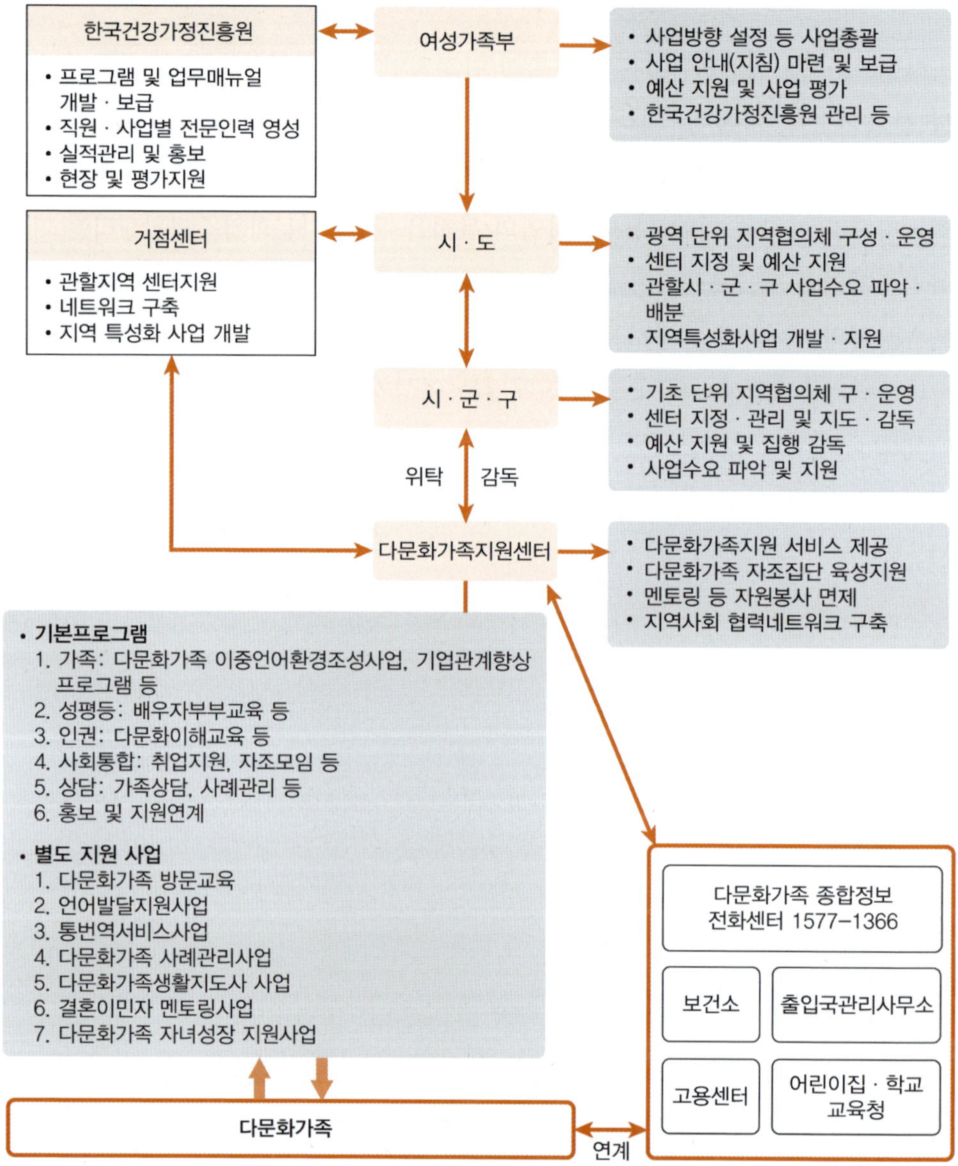

그림 7-2 다문화가족 지원 추진체계

출처: 여성가족부, 2020.

4. 가족서비스 통합모델

1) 가족서비스 통합모델의 등장 배경

가족정책 추진과 가족지원서비스의 효율성 제고를 위해서 현재 건강가정지원센터와 다문화가족지원센터로 이원화되어 운영되는 가족서비스 전달체계를 통합하기 위한 사업모형의 개발이 요구되었다(홍승아, 2014).

센터통합의 필요성은 다음 세 가지 측면으로 요약할 수 있다. 첫째, 명시적인 가족정책의 목표를 정립하고 보편적 가족정책 추진의 필요이며, 둘째, 가족형태의 다변화에 따라 포괄적인 가족지원서비스의 제공 필요, 셋째, 전달체계의 효율성 강화를 통한 국가예산의 효율적인 집행의 필요로 나타난다.

2) 가족서비스 통합모델의 사업개요[5)]

가족서비스 통합모델의 사업목적은 첫째, 가족 유형별로 이원화되어 제공되고 있는 가족지원서비스를 가족의 유형에 상관없이 통합하여 다양한 가족에 대한 보편적·포괄적인 서비스를 제공하는 것이다. 수혜자 중심의 서비스로 확대 및 접근성 제고, 지역여건 및 정책 수요자 특성을 고려한 맞춤형 서비스 강화와 모든 가족에 대한 가족 안정성 강화, 가족관계 증진 기여를 목표로 한다.

둘째, 다문화가족의 안정적 정착과 가족생활 지원을 위해 다문화가족의 정착단계 및 생애주기를 고려한 맞춤형 서비스의 제공, 다문화가족 대상 통합교육 및 부모교육, 다문화가족 자녀의 건강한 성장과 글로벌 인재 육성을 위한 지원 및 사회참여 지원 확대, 결혼이민자 맞춤형 일자리 참여 확대 등 사회경제적 자립지원을 목표로 한다.

---

5) 2018년 건강가정다문화가족지원센터 통합서비스 사업안내 참조

3) 사업 주체별 역할[6)]

첫째, 여성가족부는 통합서비스 제공 운영기관에 사업모델 제시 및 운영계획 수립, 통합서비스 운영기관 사업비의 교부 및 평가를 하고, 통합서비스 운영기관의 관리 감독 및 지도를 담당한다.

둘째, 시·도와 시·군·구는 중앙정부, 시·군·구간 및 시·군·구내 연계, 시·도 및 시·군·구 통합서비스 운영기관 사업비의 교부 및 정산, 통합서비스 운영기관의 사업 운영현황 및 사업결과 보고, 통합서비스 운영기관의 관리 감독 및 지도, 지역별로 특성에 맞는 사업 개발·지원을 담당한다.

셋째, 한국건강가정진흥원은 통합서비스 프로그램 및 업무 매뉴얼의 개발·보급, 통합서비스 운영기관 실적 관리, 통합서비스 운영기관 직원 역량강화 교육, 통합실적관리시스템 관리·운영, 통합서비스 운영기관 현장점검 및 평가지원을 담당한다.

넷째, 통합서비스 운영기관은 지역사회 내 가족구성원을 위한 1차적 가족지원서비스 제공, 지역단위 건강가정지원 및 다문화가족지원 업무 실시, 지원시간 및 지원대상 확대 등을 통한 가족지원서비스 접근성 향상, 다문화·한부모·조손가족 등에 대한 맞춤형 가족역량강화서비스 지원, 지역사회 유관 기관과의 연계를 통한 통합적인 가족지원서비스 제공, 지역사회에 맞는 가족특성화서비스 및 정보제공을 담당한다.

4) 통합서비스 운영기관의 사업[7)]

통합서비스 운영기관의 사업방향은 크게 지원대상, 지원시간, 지원서비스의 확대로 나눌 수 있다.

---

6) 2018년 건강가정다문화가족지원센터 통합서비스 사업안내 참조
7) 2020 가족사업안내(Ⅰ) 참조

■ 통합서비스 운영기관의 사업방향

① 지역사회 가족지원서비스 대상자 확대 및 가족문제 대응력 강화
  - 가족의 안정성 강화 및 가족관계 증진을 위한 가족지원서비스 확대
② 다양한 가족의 특성과 생애주기별 맞춤형 서비스 강화
③ 일・가정 생활의 이중고에 지친 워킹맘과 워킹대디의 고충해소, 자녀육아 등 가정에서의 부모 역할 강화 및 역할 갈등해소 지원
④ 다문화가족의 학령기 자녀에 대한 부모・자녀관계 향상, 사회성 발달 및 미래설계 지원 등 다문화가족 자녀의 특성을 반영한 맞춤형 프로그램 제공
⑤ 다문화가족과 한부모(미혼모 등)・조손가족 등에 대한 특성화된 서비스를 제공하여 가족들의 역량강화 및 안정적 가족생활과 사회통합지원
⑥ 가족단위 여가 프로그램 제공 등을 통한 이용자 참여 확대 및 가족친화 지역문화 조성
⑦ 다양한 가족지원, 이용자 참여 확대를 통한 가족기능 지원 강화 및 지역사회 가용자원과 연계한 토탈서비스가 가능하도록 지역사회 다양한 유관기관과 연계 및 협력 지원 강화
⑧ 문화사업영역에서 유사사업 통합(나눔봉사단 및 가족봉사단, 공동육아나눔터 상시프로그램 등)을 통한 가족융합 및 사회인식개선
  - 다문화가족 및 한부모가족 등 다양한 가족유형에 대한 긍정적 인식 제고 및교류 활성화를 통해 가족포용성 향상 도모
⑨ 통합서비스는 수요자의 특성 및 수요에 적합한 프로그램으로 다양하게 운영하며, 아빠의 육아참여 지원프로그램 강화 및 찾아가는 교육 활성화 등 서비스 제공 방법의 다양화를 통해 가족관계 개선 도모
⑩ 다문화・비다문화 통합 시 비언어적 프로그램의 확대 통해 다양한 참여자의 진입 장벽 개선
⑪ 다문화가족, 한부모가족, 워킹맘들의 적극적인 참여와 활동가로의 유도를 통해 시민의식 고취 및 가족편견 해소를 위한 가족친화문화사업 강화
⑫ 다문화가족, 북한이탈주민가족, 한부모가족대상 가족기능강화를 위한 별도 집단상담 프로그램 활성화

출처: 여성가족부, 2020.

이를 사업영역별로 정리하면 표 7-4와 같다.

표 7-4 사업 영역별 내용

사업영역	기본사업	비고
가족관계	부모역할 지원(임신출산(부모)지원, 영유아기 부모지원, 학부모지원, 혼례가치교육, 아버지 역할 지원), 부부역할지원(부부갈등예방 · 해결지원, 노년기 부부지원), 이혼전 · 후가족지원, 다문화가족관계향상지원, 다문화가족이중언어환경조성, 다문화가족자녀성장지원, 가족상담	교육, 상담(정보제공 및 초기상담), 문화프로그램 등
가족돌봄	가족역량강화지원, 다문화가족 방문서비스	교육, 상담 (정보제공+초기상담→전문상담) 돌보미 파견, 사례관리 등
가족생활	맞벌이가정 일가정양립지원, 다문화가족 초기정착지원, 결혼이민자 통번역 지원, 결혼이민자 취업지원	교육, 상담, 정보제공, 문화프로그램 등
가족과 함께하는 지역공동체	가족봉사단(다문화가족나눔봉사단), 공동육아나눔터(가족품앗이), 다문화가족 교류 · 소통공간 운영, 가족사랑의 날, 결혼이민자 정착단계별 지원 패키지, 인식개선 및 공동체의식, 가족친화문화프로그램, 찾아가는 결혼이주여성 다이음사업	모임, 활동, 문화프로그램 등

※ ________: 밑줄의 3개 사업은 다문화가족지원 프로그램 중 우선적으로 시행
※ 사업영역별 기본사업 외의 건가 또는 다가사업, 지역특성화 사업 등 운영 가능
출처: 여성가족부, 2020.

CHAPTER

08

이민 · 다문화가족복지와 문화적 역량

1. 사회복지와 문화적 역량
2. 다문화 실천가의 문화적 역량과 역할
3. 문화적 역량의 발달

1. 사회복지와 문화적 역량[1)]

1) 다문화사회 복지실천과 문화적 역량의 관계

국제결혼의 증가는 한국사회가 다문화사회로의 전환기를 맞아하는 계기가 되었고, 이러한 인구학적 변화로 인해 다문화가족이라는 새로운 가족유형이 생겨났다. 지역사회에 거주하는 결혼이민자, 외국인근로자, 북한이탈주민 등 다문화가족이 증가함에 따라 그들의 문화적 요소를 고려한 다문화사회 복지실천에 관해 관심을 갖게 되었다.

다문화사회복지실천은 클라이언트의 개인적 경험과 문화적 가치를 고려한 일관된 개입으로 목표를 정하고, 보편적인 차원에서 문화 특수적인 전략을 사용할 수 있도록 사회복지사의 문화적 민감성과 역량을 요구하는 전문적인 실천현장이다(Sue, 2006; 윤혜미, 2009). 또한 사람들 사이에 존재하는 차이점과 다양성을 존중하고 원조관계에서 작용하는 문화적 요소를 인식하는 것이다(Lum, 2005; 최명민 외, 2009 재인용). 다문화적 배경을 가진 클라이언트와 일하는 데 있어 전통적인 사회복지가치와 원칙은 필수적이다. 하지만 다문화사회의 특성과 구성원에 대한 이해 없이는 효과적인 실천을 진행하기 어렵다(Miley et. al., 2004). 다문화사회복지실천이 기존의 사회복지실천과 전혀 다른 개념이나 이론은 아니지만, 전통적 사회복지실천방법만으로 다문화적 배경을 지닌 클라이언트의 욕구를 정확하게 이해할 수 없기 때문에 사회복지를 실천하기 위해 그들을 이해하고 적절하게 서비스를 전달할 수 있는 문화적 역량을 갖추어야 하는 것이다(Dungee-Anderson & Becket, 1995; 민선영, 2008 재인용).

2) 문화적 역량의 개념

문화적 역량을 다루는 데 있어 문화는 근본적인 개념이며, 사회복지실천에서

---

1) 김은영(2012), 박선희(2017), 류태경 외(2017)의 내용을 일부 발췌 · 인용함

가장 중요한 요소이다(Lum, 2008; Pantni, 2006). 문화는 사람들이 특정한 물리적인 환경 속에서 생존을 위해서 발달시키는 언어 · 사고 · 가치 · 신념 · 행동적 기준 양식 · 의사소통 스타일을 포함한 총체적인 양식으로, 사람들 사이에 정지되어 있지 않고 사람들에게 중요한 영향을 주는 복잡하고 다면적인 개별적 개념을 갖는다(김은영, 2012; Hoopes & Pusch, 1979; Ronnau, 1994 재인용).

문화는 사람들의 상호교류 속에서 그들의 내면과 외면에 새겨진 가치 · 역사 · 전통 · 사회적 구조의 요소이며(Green, 1982), 개인이나 집단의 심리적 · 영적 · 생리적 혹은 지역사회의 신념 · 가치 · 규범으로 작용하게 된다(Campinha-Bacote, 1997). 사람들은 종교 · 사회 · 경제 · 지리 · 정치 · 직업 · 동년배 · 성정체성 등과 같은 문화적 집단에 속하게 되고, 각각의 집단은 행동과 생각에 영향을 미치는 신념 · 가치 · 활동을 공유하게 된다(Warren, 2002). 따라서 문화는 언어, 의사소통기술, 사고, 민족, 종교, 행동, 습관, 신념, 가치, 인종, 사회적 집단과 같은 제도를 모두 포괄하는 통합적인 인간의 행동양식을 의미한다(Cross et. al.,1989: 김연희, 2007a 재인용).

사회복지실천의 측면에서 문화의 개념은 사회복지에 내재되어 밀접한 관계를 맺고 있다(Suh, 2004). 사회복지는 개인의 독특한 문화가 내재된 삶 안에서 그들의 삶의 질을 향상시키기 위해서 존재하는 실천의 현장이다. 따라서 전통적 사회복지실천의 핵심가치인 인간의 존엄과 평등에 기초를 두고 스스로 타문화에 대한 지식이 부족함을 인정하고, 의식적으로 타 문화를 배우려는 헌신된 마음을 갖는 것이 중요하다(Ronnau, 1994). 따라서 이제 개인 · 집단 · 지역사회 · 국가의 문화를 이해하는 것은 사회복지실천에서 필수적인 요소라고 할 수 있다.

다문화사회에서는 다양한 민족과 언어, 종교, 문화를 가진 사람들과 효율적인 소통을 위해 다문화 역량이 필수적이다. 다문화 역량은 문화적 민감성, 문화 간 유능성, 문화적 역량 등과 혼용되어 사용되고 있으나 이 용어들 간에는 차이가 있다. 문화적 민감성은 집단 간에 존재하는 문화적 다양성과 유사성을 인지하는 것을 의미하는 것이고, 문화 간 유능성은 문화 간 상호작용에 필요한 행동기술과 마음가짐을 포함한다(김연희, 2007b). 문화적 역량은 클라이언트로서의 개별 다문화 구성원과 집단, 그리고 그들이 처한 여러 환경적 요인들에 관한 다문화적 이해와 지식을 더하게 한다. 문화적 역량은 사회복지서비스를 제공하는 주체들이 다문화적 실천 기술의 확보를 통하여 다문화 환경에서 효율적으로 사회복지실천을 담보할 수 있도록 한다는 측면에서 그 유용성이 크다(장은동, 2011).

문화적 역량은 문화적 민감성, 문화적 인식, 문화-특성적 실천 등으로 혼용되기도 한다. 문화적 민감성은 집단과 집단 사이에 존재하는 문화적 다양성과 유사성은 인지하지만 다양성에 대해 선호나 옳고 그름의 가치를 부여하지 않는 반면에, 문화적 인식은 사회에 존재하는 문화적 차이와 다양성에 대해서도 인식할 뿐만 아니라 그 결과로 행동이나 태도, 가치와 같은 내적인 변화를 경험하고 다문화집단에 대한 개방적인 태도 및 유연한 사고를 갖게 되는 상태를 의미한다(Lum, 2005: 김연희, 2007a 재인용). 문화-특성적 실천은 주로 조직 차원에서의 문화적 역량을 설명할 때 사용되는 개념으로 다문화 클라이언트가 서비스 제공기관의 환경을 편안하게 느낄 수 있도록 하는 것을 의미한다(Sue, 2006; 노충래, 김정화, 2011 재인용).

이미 다문화사회로 정착된 국가에서는 다문화 역량의 개념을 다양한 문화에 대한 지식, 기술, 태도의 총체적 개념인 문화적 역량이라는 개념으로 정의하고 있으며, 우리나라에서도 다문화 역량과 문화적 역량 두 용어를 같은 의미로 받아들이고 있다(박정희, 2013). 따라서 다문화 역량의 개념적 의미를 문화적 역량을 동일시하여 정의하여 사용한다.

사회복지분야에서 초기에는 문화적 역량의 개념을 독특한 문화를 가진 사람들의 기대에 조화로운 방법으로 수행하는 전문적인 능력이라고 하였으며(Green, 1982), 이를 계기로 문화적 역량에 대한 학문적 관심이 촉발되었다(Suh, 2004). 이후 클라이언트의 욕구에 맞추어 접근하고 개인의 삶 속에 내재된 문화의 중요성을 이해하고, 실천가의 존중감이 증진되는 순환적 과정으로 문화적 역량을 소개하였다(Warren, 2002). 또한 실천가들의 실천 안에서 효과적인 성과와 개입을 촉진하기 위해서 사용하는 중요한 기술로 표현하고 있다(Campinha-Bacote, 1999; Warren, 2002). 즉 문화적 역량은 문화적 다양성에 대해 민감하며, 전문지식과 기술을 함양하여 다문화사회 복지서비스를 효과적으로 제공할 수 있는 능력이라는 것이다

(Blunt 2007; Diller, 2007; 김범수 외, 2007 재인용). 문화적 역량은 문화적 민감성, 문화적 다양성을 넘어 강점의 측면에서 각 문화에 내재된 강점, 자산, 자원을 인정하면서 소수 문화집단을 부정적 개념이나 결점의 대상으로 보는 결핍모델로부터 근본적으로 전환되는 것을 의미한다(Lum, 2005; 이순영, 2010 재인용).

다른 측면에서 문화적 역량은 개인적 역량의 차원과 구조적 차원의 역량으로 나누어 논의된다(김정연, 2014). 개인적 역량은 실천가들이 다른 문화에 대한 민감성과 역량을 지니고 실천하는 데 필요한 기술과 지식을 익히는 과정이자 다양한 민족과 일하기 위해 전문가가 지녀야 할 지식과 기술을 갖는 능력으로 볼 수 있다(Rothman, 2008). 한편 구조적 차원의 입장에서는 인종차별과 빈곤, 계급화, 편견, 억압 등을 경험하는 소수집단의 욕구에 부합하는 서비스를 제공하는 능력으로 규정하며 문화적 역량이 기관이나 조직, 서비스 전달체계 등의 전반적인 차원을 포함하고 있다고 강조하고 있다(김연희, 2007b).

따라서 문화적 역량은 개인 실천가의 개입과정에만 요구되는 것이 아니라 기관, 조직, 서비스 전달체계와 같은 전체적인 차원이 포함되는 개념이다. 이는 서비스 전달체계나 기관, 실천가 개인이 다문화 상황에서 효과적인 서비스를 전달할 수 있도록 하는 일관된 태도나 행동, 정책을 의미한다고 하였다(Cross et al., 1989).

문화적 역량은 강점 관점으로 서로 존중하며 소수집단이 받는 편견과 차별에 대해 이해하고 개방적인 태도로 다문화가족에 대한 지식과 기술의 계획과정도 중요하지만, 우선 공평한 서비스 제공과 체계적인 제도, 다문화적 접근이 뒷받침되어야 한다고 강조하고 있다(Davis, 2009). 사회복지사 개인의 전문적인 능력뿐만 아니라 기관도 문화적으로 유능한 조직이 되도록 직원들의 문화적 역량을 강화하는 훈련을 하고, 지역사회의 인식 변화를 위해 노력해야 한다(Weaver, 2004; Patni, 2006). 문화적 역량은 실천가와 조직, 거시적 체계를 포함한 여러 체계들이 인종차별과 빈곤, 계급화, 편견, 억압 등을 겪는 소수집단의 욕구에 적절한 서비스를 제공하는 능력이라고 하였다(Boylea & Springera, 2001).

이와 같이 문화적 역량에 포함된 핵심개념은 모든 사람들이 평등하게 자원에 접근하며, 공평한 기회를 얻을 수 있는 사회정의와 더불어 개인적 · 문화적 차이를 존중하면서 민감하게 개입하는 다양성 인식, 효율적인 서비스 제공을 위한 태도, 행동, 정책 모두를 포함한 지식, 지속적인 과정 평가, 문화적으로 유능한 체계, 임파워먼트 접근에 관한 것이다(Petrovich & Lowe, 2005). 이는 미시적 차원의 사회복지사 개인뿐만 아니라, 한층 더 확대된 차원의 지역사회, 사회복지기관, 더 나아가 정부, 제도, 정책 등과 같은 전체 서비스 전달체계들이 다양한 문화적 집단을 포함하여 클라이언트에게 다문화사회에 적절한 서비스를 전달하는 능력이며, 책무성이라고 할 수 있다.

2. 다문화 실천가의 문화적 역량과 역할[2)]

1) 다문화 실천가를 위한 문화적 역량

문화적 역량은 다문화 실천가에게 요구되는 기본적인 자질 중 하나이다. 다문화 실천가는 문화적 민감성이 있어야 하는데, 이는 자신이 속한 문화에 관한 정확한 인식과 자신에게 미치는 영향에 관한 정확한 이해뿐만 아니라 타문화에 대한 이해와 존중의 태도까지 포함한다. 다문화 실천가가 문화적 역량을 강화하기 위해서는 문화적 차이에 대한 총체적 이해와 더불어 자기인식이 필수적이며, 본연의 가족, 동료들, 문화의 영향도 인식해야 한다. 상담 현장에서는 내담자와의 관계에 있어 자신의 문화가 그들에게 어떤 영향을 주는지, 그들이 어떻게 생각하고 행동하는지에 관한 인식도 필요하다. 또한 내담자의 문화적 환경과 개인적인 특성이 어떤 문화적 요소를 포함하고 있는지와 상담자의 인식과는 어떤 문화적 차이가 있는지에 대한 이해가 필요하다. 다문화사회 복지실천의 현장에서는 다문화 실천가가 문화적 다양성에 대해 민감성과 전문지식, 기술을 갖춤으로써 서비스를 효과적으로 제공할 수 있다.

---

2) 양미진 외(2011)의 내용을 일부 발췌 · 인용함

다문화 현장에서는 개인의 내적인 문제가 문화적 이슈와 결합하기 때문에 상담을 진행하는 상담자 입장에서 다문화 실천가로서의 문화적 역량을 갖추는 것이 필수적이다.

AMCD(the Association for Multicultural Counseling and Development)는 다문화상담자의 역량을 구체화하는 모델로, 이 내용을 기반으로 한 각 실천영역에서 다문화 서비스 제공자가 갖추어야 할 역량에 대해 제시하고 있다(Sue, Arredondo, McDavis, 1992). AMCD 모델에서는 다문화 역량을 크게 세 가지 차원에서 구분하고, 각 차원의 구체적 내용을 보다 세분화하였다. 세 가지 차원으로는 첫째, 상담자의 문화적 가치와 편견에 대한 인식, 둘째, 내담자의 세계관에 대한 상담자의 인식, 셋째, 상담자의 적절한 다문화 개입전략의 제공을 포함하고 있다.

다문화 실천가의 역량을 요소를 구체적으로 살펴보면 **그림 8-1**과 같다

Ⅰ. 기본 상담 역량	Ⅱ. 다문화 역량	Ⅲ. 지역사회 연계 역량
1. 전문성: 전문가로서의 태도 및 윤리 2. 지식: 상담을 하기 위한 이론적 지식 3. 기술: 실제적인 상담 능력 4. 다문화적 상담요소 이해: 상담과정에서 문화적 민감성과 적용 5. 가족 체계 고려: 가족체계를 고려한 다문화 내담자 이해와 상담	1. 인식: 자신의 문화적 배경에 대한 자기인식과 타 집단문화의 다양성에 대한 인식 2. 지식: 다양한 문화와 문화집단에 관한 지식 3. 기술: 문화적으로 적절한 개입기술 4. 한국 문화에서 다문화 특성 이해: 한국 다문화 내담자들의 특성과 어려움 이해	1. 지식: 지역사회 차원에 대한 정보 2. 기술: 연계망 구축과 연계 지원 기술

▌그림 8-1▐ 다문화 실천가의 역량 요소

출처: 양미진 외, 2011.

2) 기본 상담 역량

다문화 실천가로서 갖추어야 할 기본 상담 역량을 전문성과 상담을 하기 위한

이론적 지식, 실제적인 상담 능력, 다문화적 상담 요소에 대한 이해, 가족체계를 고려하는 측면에서 나누어 살펴보면 다음과 같다(양미진 외, 2011.).

(1) 전문성: 전문가로의 태도 및 윤리

상담자로서의 전문성은 상담자의 인간적 자질과 더불어 전문가로서의 태도와 윤리에 관한 부분을 말한다.

첫째, 상담자는 인간의 복지에 기여하는 전문가로서 그에 맞는 전문적인 능력을 가지고 있어야 한다. 이는 관련 분야 학위 과정이나 자격증, 교육, 연수 등을 통해 자신의 능력을 증진시킬 수 있지만 무엇보다도 중요한 것은 상담자로서 인간에 대한 성실성을 필히 갖추어야 한다는 것이다. 지속적으로 자신의 전문성을 기르기 위해 교육과 훈련, 지도 감독을 받는 것이 매우 중요하다.

둘째, 상담자는 도덕과 사회 윤리를 존중하고, 공익을 실현할 수 있는 사회적 책임을 가져야 한다. 여성과 소수 민족에 대한 차별과 억압, 사회에서의 인종차별, 노인에 대한 무관심과 아동에 대한 비인간적으로 대우를 하는 행위 등 인권을 위협하는 정치적 · 사회적 쟁점들을 인식하고 있어야 하며 이에 대해 적극적으로 움직여야 한다.

셋째, 상담자는 인간의 권리와 존엄성을 존중해야 한다. 상담자는 내담자의 복지 증진을 위해서 노력해야 하며, 내담자의 문화적 배경을 이해하기 위해 적극적으로 노력해야 한다. 또한 상담과정에서 알게 되는 내담자의 비밀유지 및 사례기록 정보에 관한 권리를 존중해야 한다. 미성년자나 비자발적 내담자의 경우에는 내담자를 위한 최상의 복지를 염두에 두고 조치를 해야 한다.

넷째, 상담자는 내담자와 이중관계 또는 성적 관계를 맺어서는 안 된다. 또한 자신의 이익을 위해서 내담자를 이용해서는 안 된다.

다섯째, 상담자는 내담자의 사생활 및 비밀유지에 대한 내담자의 권리를 존중해야 하며, 기록에 대해서도 사전에 내담자의 동의를 구한다. 또한 내담자의 생명 및 사회의 안전을 위협할 수 있는 경우와 같은 예외 상황에서는 비밀보호가 유지되기 어렵다는 것을 고지한다.

여섯째, 상담자는 내담자의 사례를 통해 연구를 수행할 경우에는 윤리적인 기준에 따라 과학적인 방법으로 실시해야 하고, 연구대상자인 내담자를 신체적 · 심리적 · 사회적 불편이나 위험으로부터 보호해야 한다.

일곱째, 상담자는 심리검사를 사용할 경우 그것이 내담자의 이익과 복리를 위해 실행해야 하며, 평가결과와 해석을 오용하면 안 된다. 그리고 본인이 훈련받은 검사 및 평가만을 수행해야 한다.

(2) 지식: 상담을 위한 이론적 지식

상담자는 상담현장의 실제에 필요하고 상담과 내담자를 이해하는 데 근거가 되는 이론적인 지식을 갖추고 있어야 한다. 상담자는 상담 및 심리치료의 이론과 실제에 대한 보편적 지식을 기반으로 내담자에게 적합한 접근방식을 제공할 수 있어야 한다. 이러한 상담자의 인간 성격과 발달에 대한 이해는 내담자의 개인차를 파악할 수 있게 해 주며, 내담자를 좀 더 폭넓게 이해하도록 한다.

또한 상담자는 부적응을 야기하는 이상심리에 관한 지식이 있어야 한다. 상담자는 다양한 이상심리의 이해를 통해서 내담자에게서 나타나는 증상에 대해 보다 구체적이고 적절한 개입을 할 수 있다. 그리고 심리검사를 사용하는 데 있어 전문적인 지식을 갖추어야 한다. 사용하려는 검사에 대한 정확한 지식은 검사의 남용과 오용을 막고 내담자에게 도움이 되는 방향으로 활용될 수 있도록 한다.

상담자는 개인 또는 집단을 대상으로 상담할 수도 있으므로, 이에 대한 이론과 실제에 대한 지식을 갖추어야 하며, 상담자는 상담 연구를 수행할 경우에 연구방법 및 통계에 관한 전문적인 지식을 갖추는 것이 필수적이다.

(3) 기술: 실제적인 상담능력

상담자는 상담을 실제로 진행함에 있어 적절한 기술을 갖추고 있어야 한다. 가장 기본적인 상담 기술로는 경청, 수용과 관심, 공감, 진실성, 개방적 태도 등이 있다. 그 외 구체적 기술로는 다음과 같은 것이 요구된다.

첫째, 상담자는 우선 자기 자신을 잘 인식하고 내담자를 효과적으로 도울 수 있도록 다양한 기술들을 사용할 수 있어야 한다.

둘째, 상담자는 집단을 상대로 한 상담을 할 때 필요한 기술들을 잘 알고 적용시킬 수 있어야 한다. 이론마다 다양한 기술들을 소개하고 있지만, 집단상담의 치료적 요인들에 관한 이해와 집단상담의 과정에 대한 기초적인 이해를 바탕으로 대상과 목적에 맞게 집단을 구성하고 상담을 진행할 수 있어야 한다.

셋째, 상담자는 내담자를 진단하고 가능한 한 신속하게 이해할 수 있도록 돕는 심리검사를 진행하고 해석하는 능력이 필요하다. 상담자의 가치관이나 이론에 따라 심리검사를 거의 사용하지 않는 경우도 있지만, 상담의 실제에 있어서는 필요한 부분이므로 이와 관련한 훈련과 지식 습득을 통해서 사용할 수 있어야 한다.

넷째, 상담의 실제에서 의문이 있던 부분에 대한 이론이나 가설을 확인할 수 있는 연구를 수행할 수 있는 능력이 필요하다. 이는 상담자가 광범위한 관점으로 상담의 실제를 경험하는 데 도움이 된다.

(4) 다문화적 상담요소: 상담과정에서 문화적 민감성 및 적용

다문화상담자의 기본적인 상담역량에서 다문화적 상담요소는 상담의 과정에서 나타날 수 있는 문화적 민감성에 관한 부분과 실제 적용에 있어 상담자의 태도와 연관이 있다. 구체적인 내용은 다음과 같다.

다문화상담에서는 메타 이론적 접근, 즉 통합적이고 포괄적인 방법을 적용하여 내담자의 부적응적 행동이나 심리적 고통을 이해할 수 있다.

상담자-내담자 관계에서 상담자는 내담자의 특정한 의식, 신념, 관습 등에 관한 교육을 받거나 내담자에게 질문해 봐야 하며, 각 상담이론별 접근에 있어 내담자의 문화적 수용도(언어적 · 정서적 · 행동적 표현 경향성, 자기개방, 통찰, 과학적 경험주의)를 고려해서 적용해야 한다.

또한 상담자는 다문화 내담자와의 상담에 있어 치료관계에서 문화 차이로 인해 생길 수 있는 전이와 역전이를 고려해야 한다. 상담자가 이에 대한 충분한 민감성이 없는 경우에는 갑자기 상담이 종결되는 결과가 발생할 수 있다.

다문화 내담자와 치료동맹을 형성하는 데 있어 초기에 상담자의 문화적 자기 경험을 솔직하게 개방할 필요에 대해 인식하고, 다문화 내담자와 상담에서 첫 회기에 호소한 문제와 문화, 인종적 요인의 관련성에 대해 민감성이 있어야 한다.

(5) 가족체계 고려: 가족체계를 고려한 다문화 내담자 이해와 상담

다문화상담에서 개인에게 미치는 가족의 영향은 단일 문화권의 내담자보다 더 크고 다양할 수 있음을 인식하고, 가족체계적 측면에서 내담자를 이해하고 상담하여야 한다. 상담자는 개인을 이해하는 데 있어 가족을 고려해야 한다. 개인에 발생한 문제는 개인의 것만이 아니라 가족체계적 관점에서 접근할 수 있어야 한다. 다문화가족의 경우 그들의 가족 문화에 관한 이해가 선행되어야 하고, 개인 상담을 할 경우에도 가족을 고려해야 한다.

특히 소수집단의 경우 신념, 가치, 가족 구조, 위계에 대한 이해와 적용이 중요하다. 그리고 적절한 가족 개입전략 · 기술을 개발할 수 있어야 한다.

3) 다문화 역량

문화적 역량은 인정하고 존중하는 방식으로 생각하고 느끼고 행동할 수 있는 능력으로 다인종적 혹은 다문화적 상황에서 민족적 · 문화적 · 언어적인 다양성에 놓여 있는 능력이라고 정의하고 있다(Lynch, 2000). 문화적 역량은 다문화적 상황에서 다른 문화적 관점을 존중하며, 문화적 지식을 함양하기 위한 문화적 자각 및 문화적 민감성을 넘어 보다 확장된 개념으로 보고 있다(Brach & Fraser, 2000; 윤갑정, 김미정, 2010 재인용).

다문화 실천가가 갖추어야 할 다문화적 역량으로는 첫째, 인간 행동, 가치, 선입견, 편견, 개인적 한계 등에 관한 자신의 가정을 인식하기 위해 적극적으로 노력하는 것(인식), 둘째, 문화적 배경이 다른 내담자의 세계관을 이해하기 위해서 적극적으로 노력하는 것(지식), 셋째, 문화적 배경이 다른 내담자와 상담할 때 내담자에게 밀접하며, 적절하고, 민감한 개입전략과 기술을 적극적으로 개발하고 사용하는 것(기술), 마지막으로 한국의 문화적인 특성을 바탕으로 다문화를 이해하는 것이다.

(1) 자신의 문화적 배경에 대한 자기 인식 및 타문화의 다양성에 대한 인식

다문화 실천가는 문화적 민감성을 바탕으로 자신의 문화적 배경에 관한 정확한 자기 인식과 타 문화의 다양성에 대해 이해하고 존중해야 한다. 자신의 가치나 편견 또는 콤플렉스로 인해 내담자에게 미칠 수 있는 영향을 인식하고 있어야 하고, 상담자와 내담자 사이에 존재할 수 있는 문화적 차이를 수용할 수 있는 태도를 지녀야 한다. 만약 내담자에 대해 문화적 역량과 전문성에서 자신의 한계를 인식하게 되면 다른 상담자에게 의뢰할 수 있도록 상황에 민감하게 대처하는 것이 필요하다. 따라서 다문화 내담자를 만남에 있어서 자신의 다문화 인식에 대한 지속적인 점검과 올바른 이해가 매우 중요하다.

(2) 다양한 문화와 문화집단에 관한 지식

다문화 실천가는 다양한 문화와 문화집단에 대해 지식을 가지고 있어야 한다. 이러한 지식은 내담자의 문화적 배경, 일상생활 경험, 두려움, 희망 그리고 포부의 범위와 본질에 대하여 실질적 정보를 얻게 하고, 내담자를 이해할 수 있도록 도움을 줄 수 있다.

다문화 실천가는 내담자의 다양한 문화와 그가 속한 문화집단에 관한 정보와 지식을 가져야 하며, 자신의 문화만을 고수하거나 무조건 내담자의 문화에 동화되는 것이 아니라, 타문화에 대해 비판단적 태도로 수용해야 한다는 것이다.

다문화 실천가는 비주류 집단의 치료에 관한 사회, 정치적 체계의 변화에 대한 지식과 정보가 있어야 하며, 이주자의 문화적응과정에 대한 이해를 해야 한다. 또한 이주자들의 적응에 부정적 영향을 미치는 위험요소와 보호요인에 대한 파악이 필요하다. 내담자의 적응과정을 이해하고 적응의 과정과 흐름을 예측함으로써 개입서비스를 계획하는 데 있어 도움을 줄 수 있다.

다문화 실천가는 적응 스트레스가 일으키는 심리, 정신 보건의 문제로서 불안증, 우울증, 외상후증후군 등에 대한 지식을 가지고 있어야 한다. 또한 내담자들이 정신건강 서비스를 이용하는데 문제가 되는 제도적 장벽들 등에 대한 지식을 갖고 있어야 한다.

(3) 기술: 문화적으로 적절한 개입기술

오랫동안 치료분야에서는 내담자들이 유사한 배경과 문화유산을 공유하고 있으며, 이에 동일한 접근이 모든 내담자에게 비슷한 효과가 있을 것이라고 가정해 왔다. 그러나 전통적 치료형태에서는 내담자의 사회적·정치적·문화적 경험에 따라 차이가 있을 수 있다는 것을 간과하고 있다. 내담자 개인과 가족, 집단뿐만 아니라 문제가 될 수 있는 정책, 제도, 관례 등이 포함될 수 있다. 내담자의 내부가 아니라 외부에 문제가 존재할 경우 특히 그렇다. 따라서 상담자는 상황에 따라 문화적으로 적절한 개입기술을 사용할 수 있어야 한다.

우선 다문화 실천가는 언어가 다른 문화의 내담자와 상담현장에서 다양하고 광범위한 언어적 또는 비언어적 조력반응을 만들 수 있어야 한다. 적절하고 정확하게 언어적·비언어적 메시지들을 주고받을 수 있어야 한다. 또한 적절한 시기에 내담자를 위해서 제도적 개입 기술을 실시하여야 하며, 항상 문화적으로 자신의 조력 방식과 한계점의 영향을 예상하여 그에 대한 대처방안을 고려해야 한다.

다문화 실천가는 내담자 개인의 변화를 이끌어내는 동시에 환경적 개입의 필요성을 인식하고 이에 적극적으로 조력해야 한다.

(4) 한국사회의 다문화 특성 이해: 한국 다문화 내담자들의 특성과 어려움

한국사회의 다문화 대상과 양상은 서구문화권과는 상당히 다른 특성을 지니고 있다. 이에 다문화 실천가는 한국사회의 다문화의 특성을 이해하고 다문화 내담자들의 어려움과 상황을 이해하여 총체적인 상담을 통해 내담자를 도울 수 있어야 한다.

다문화가정은 대부분 결혼이민자, 외국인근로자, 북한이탈주민으로 이루어져 있다. 따라서 이들 가정의 사회, 경제적 특성을 고려하여 개입을 할 필요가 있다. 현장에서 다문화 내담자가 처한 사회적 환경이 개인의 내적인 문제보다 더 결정적일 경우가 있음을 이해하고, 사회 문제와 거시적인 정책에 대한 인식이 필요하다. 다문화 실천가는 다문화상담에서 상담자의 복합적인 역할이 요구된다는 것을 인식해야 한다. 심리상담 외에 총체적인 복지서비스의 요구가 있다는 것에 대해 적극적이고 수용적인 자세를 가져야 한다.

4) 지역사회 연계 역량

다문화 실천가는 내담자에게 필요한 자원을 지원할 수 있도록 지역사회의 유관 기관들에 대한 정보를 가지고 적절하게 서비스를 연계할 수 있어야 한다. 다문화 실천가의 지역사회 연계 역량은 복지적인 측면에서의 역할을 요구한다. 다문화 실천가는 상담실에서만 내담자를 접하는 것이 아니라 가정, 공공기관, 지역사회에서 만날 수도 있으며, 때로는 내담자의 개인적 변화보다는 환경 조건을 변화시키는 데 중점을 둘 필요가 있다. 지역사회 연계 역량 부분은 지역사회자원에 관한 정보를 갖는 것(지식)과 연계망의 구축을 통해 지원(기술)하는 것으로 나누어 설명할 수 있다.

(1) 지식 측면의 지역사회 자원에 대한 정보

다문화 실천가는 지역사회에서 다문화 내담자에게 필요한 자원에 관한 포괄적인 정보를 가지고 있어야 한다. 정부, 공공기관, 교육기관 등에서 제공되는 각종 정보는 내담자의 어려움을 직접적으로 조력하는 데 반드시 필요하다. 다문화 실천가는 다문화 내담자가 받을 수 있는 모든 지역사회 자원에 대한 정보를 가지고 있어야 한다. 지역사회의 자원을 연계하여 내담자를 도울 수 있고, 다문화 내담자가 사회적 보호와 관련한 지원을 받을 수 있도록 할 수 있다.

(2) 기술 측면의 연계망 구축과 연계지원

다문화 실천가는 다문화 내담자를 돕기 위한 지역사회의 유관 기관들과 연계망을 구축하고 유기적인 관계를 유지할 수 있어야 한다. 연계망을 통해 쉽고 신속하게 내담자를 조력할 수 있도록 해야 하며, 잘 구축된 연계망을 이용하여 내담자의 호소문제를 해결하기 위한 적절한 서비스를 연계할 수 있어야 한다.

5) 한국사회에 필요한 다문화 실천가의 역할

한국사회는 다문화사회의 지향성에 대한 경험이나 사회적 합의가 이루어지지 않은 상황에서 다문화 인구가 급증하면서 사회적 · 개인적 혼란이 발생하게 되었다. 이주자가 한국사회에서 겪고 있는 어려움이나 문제 또한 매우 다양하고 생활 전반에 거쳐 발생하게 된다.

이러한 사회적 문제를 접근할 때 다문화 실천가는 전통적 상황에서는 경험해보지 못한 새로운 도전에 직면하게 된다. 한국적 다문화 실천을 위해서는 보편적 역량과 더불어 한국적 특수성을 반영한 역량을 동시에 갖추는 것이 필요하다.

(1) 다문화 실천가의 복합적 역할에 대한 인식

한국 다문화사회는 그 구성적 측면에서 한국적인 특징이 나타난다. 산업화와 국제화가 급속히 이루어지면서 한국보다 상대적으로 경제 수준이 낮은 국가 출신의 여성이 한국남성과의 결혼으로 이룬 가정의 비중이 높다. 다문화 구성인구에 결혼이주여성이 급증하고 있으며, 다문화가정 자녀도 늘어나고 있다. 그 외에도 외국인근로자의 유입이 증가하면서 외국인근로자 가정과 자녀들이 한국사회에서 공존하고 있다. 이외에도 유학생, 주재원 등 사회, 경제적 지위가 상대적으로 높은 다문화 인구도 있지만, 주로 결혼이주여성 및 자녀, 외국인근로자 및 자녀를 주요 서비스 대상으로 하고 있다. 이들은 이주자와 가족을 위한 제도적, 정책적 여건이 미흡하고, 혼란스러운 상태에서 어려움을 겪게 되며, 타문화와 이주자에 대한 사회적 인식이나 수용도가 높지 않은 상황에서 겪는 혼란과 소외감이 한국사회 적응을 어렵게 한다. 또한 사회적, 경제적 지위가 상대적으로 낮은 집단은 합법적인 체류 문제, 경제적인 문제, 직업적인 어려움 등을 경험하게 된다. 따라서 한국 다문화 실천에는 총체적인 복지 개념을 요구하고 있다. 한국적 다문화 실천에서 개인의 내적인 역동에만 초점을 맞추게 되면 내담자의 요구에 본질적인 접근이 어렵고 적절하고 필요한 지원을 충분히 제공할 수 없게 된다. 내담자의 심리적인 문제와 외현화된 생활영역의 전반에 문제를 연결하여 분석하고 복합적인 방법으로 내담자가 현재 호소하는 어려움에 접근해야 한다.

(2) 다문화정책, 다문화사회 문제에 대한 인식

총체적인 복지 측면에서 다문화 내담자의 어려움에 접근할 때 주의 깊게 고려해야 할 것은 사회적 이슈이다. 한국사회는 다문화사회에서 발생할 수 있는 문제에 대한 제도적 · 정책적 · 사회적 준비나 대책이 미흡한 실정이다. 개인이나 집단은 사회적 혼란 시점에서 발생하는 정책이나 제도의 도움을 받기 어렵다. 따라서 다문화정책에 관한 사회 문제에 대한 객관적 인식과 평가, 민감한 인식, 소수 집단 기본권을 보장하기 위한 사회적 정의 등을 간과하면 안 된다. 다문화 실천에서 다문화 내담자가 처한 사회적 환경이 개인의 내적인 문제보다 더 결정적인 영향을 주는 경우가 있기에 다문화 내담자의 개인의 내적인 갈등의 해결과 사회복지의 제공만으로는 충분하지 않을 때가 있다. 이런 상황에서 내담자는 가장 무력감을 느끼게 되며, 상담자 역시 무력감을 느낄 수밖에 없다. 그러나 다문화 실천가가 관련 정책이나 사회적 이슈 등을 내담자 입장에서 이해한다면, 내담자가 문제를 인식하는 태도 및 심리적 경험에 대해 도움을 제공할 수 있을 것이다. 다문화 실천가로서 사회적 이슈 문제, 정책문제 등을 실제적으로 신속하게 해결할 수는 없지만 이러한 인식을 가지고 상담을 진행해야 내담자의 어려움을 이해하고 실행이 가능한 수준에서 해결방안을 강구할 수 있다. 다문화 실천가는 내담자의 복지를 위해서 통합적인 서비스를 제공하는 역할을 수행하지만 때로 정책 제안 등의 사회적 역할에도 관심을 가져야 한다. 정책의 방향과 실행 계획을 수립할 때 현실을 반영할 수 있도록 다문화 실천가에게 보다 거시적 사회문제에 관한 인식과 이해를 요구하게 된다.

3. 문화적 역량의 발달[3)]

대인 서비스 분야의 전문직은 다문화 클라이언트나 집단과 직면하게 될 때 연속적 발달단계를 거치면서 문화적 역량을 증진시켜 나간다고 한다(Wells, 2000).

간호학 분야에서는 문화적 인식, 문화적 지식, 문화적 민감성, 문화적 역량으로 구성된 문화적 역량 발달 모델을 제시하였다(Papadopoulos et al., 1998; 김은영, 2012). 먼저 문화적 인식을 통해서 자신을 인식하고 문화적 배경을 이해한 후 다문화적 지식을 확대시키고 축적하면서 클라이언트를 진정한 협력자로서 인정하는 문화적 민감성이 발달하는 것이다. 이런 과정을 통하여 문화적 인식, 지식, 민감성을 통합하는 문화적 역량을 갖추게 되는 것이다. 문화적 역량은 욕구 사정이나 임상적 진단과 같은 실천기술뿐만 아니라 사회적 억압, 인종차별과 같은 불평등에 관해 인식하고 변화할 수 있도록 도전할 수 있게 만든다. 그러나 이러한 문화적 역량의 발달은 순환적인 과정으로 지속적으로 자신의 문화적 인식으로 돌아가서 점검하고 성찰하여 새로운 시작을 반복해야 한다. 또한 문화적 역량에 대한 정확한 개념을 이해하기 위해 문화적 역량에는 6가지의 속성이 있다(Burchum, 2002). 이 6가지 속성은 진화적 발달과정을 거쳐 최종적으로 문화적 역량을 갖춰 간다는 진화적 관점을 제시하였다. 문화적 인식 → 문화적 지식→ 문화적 이해 → 문화적 민감성 → 문화적 상호작용 → 문화적 기술을 거쳐 문화적 역량에 이르게 된다는 것이다.

베넷(Bennett, 1993)은 문화간 감수성 발달 모델(Developmental Model of Intercultural Sensitivity, DMIS)에서 자민족 중심주의에서 민족 상대주의로의 이행 단계를 6단계로 세분화하여 정리하면서 문화의 차이에 대한 부정－방어－최소화－수용－적응－통합으로 볼 수 있다고 했다(김옥순, 전성민, 2009).

개인의 문화간 감수성은 6단계에 걸쳐 발달된다는 문화간 감수성 발달 이론에서는 문화 간 차이의 존재를 인지하는 것으로부터 시작해 문화 차이가 자신의

3) 김은영(2012), 안진숙(2019)의 내용을 일부 발췌 · 인용함

정체성에 위협적인 존재가 아니라 오히려 자신의 정체성을 풍부하게 만든다고 보고 이를 통해 다문화사회에서 요구되는 다문화적 정체성을 확립하게 된다고 본다. 이 과정에서 자신의 문화간 감수성 발달단계를 인지하고 그에 해당하는 적절한 훈련을 통해 다음 단계로의 성장이 가능하다고 보았다.

자민족 중심주의는 자신의 문화가 현실인식에서 가장 중심적인 것으로 생각하고 문화차이를 회피하는 것을 말한다. 부정 단계에서는 문화의 차이를 인정하지 않고 자신의 문화만을 진정한 문화로 인식하고 타문화에 회피하려고 한다. 방어 단계에서는 다른 문화들 간의 구분은 가능하나 자신의 문화를 우월하게 인식하며 타문화를 부정적으로 평가한다. 경시 단계에서는 드러나는 문화적 차이를 인정하면서 근본적으로 자신의 문화와 유사하다고 받아들인다. 자신의 문화와 세계관을 보편적인 것으로 생각한다.

민족 상대주의는 문화 차이를 인정하고 타문화의 관점에서 자신의 문화를 경험하고 해석한다. 수용 단계에서는 문화적 차이를 인식하고 인정하며 문화상대주의적 관점에서 타문화를 해석한다. 타문화가 자문화와 다르지만 동등하게 현실 속에 존재하는 것을 인정한다. 적용 단계에서는 타문화의 관점에서 세상을 바라보며 문화간 교류를 위한 소통을 통해 공감하고 자신의 사고와 행동 코드를 전환할 수 있다. 통합 단계에서는 자신의 문화적 정체성을 특정한 한 문화에 고정하지 않고 자아의 개념과 경험을 다른 문화적 세계관으로 이동하여 확장하려고 한다. 이때 문화적 혼동을 경험하기도 하고 주변적 존재가 되기도 한다.

다문화 실천가는 문화간 감수성 발달 모델에 따라 자신의 다문화 인식에 대한 변화와 성장을 통해 다문화 역량을 완성하게 된다.

문화적 역량의 발달과정에서 슈퍼바이저의 역할을 강조하며 다섯 단계의 문화적 역량 발달을 설명하였다(Hendricks, 2003). 일선 다문화 실천가들은 문화적 자기인식, 문화적 민감성, 문화적 역량 시작, 문화적 역량과 연관된 전문성, 문화적 역량의 교육자의 순으로 성장하게 되는데, 이 과정에서 슈퍼바이저의 역할을 강조하고 있다(김은영, 2012). 슈퍼바이저는 문화적 역량에 관한 저널 권유하기, 경험 나누기, 전문세미나 훈련에 참여시키기 등을 하면서 슈퍼바이지가 자신감을 갖도록 인내, 수용, 지지, 격려를 통해 마침내 문화적 역량과 연관된 전문가로 성장하고, 문화적 역량의 교육자로서의 역할을 할 수 있도록 하는 것이며, 문화적 역량을 갖추지 못한 경우 효과적인 다문화 실천가나 슈퍼바이저가 될 수 없다고 하면서 슈퍼바이저의 책임성을 강조하고 있다.

한편 이순영(2010)은 네 단계의 다문화 역량의 발달 과정을 시행착오단계, 변화인식단계, 변화적응단계, 반영단계의 순으로 제시하였다. 다문화 실천가의 실천 경험, 편견 인식, 문화적 차이 극복을 위한 노력, 외부교육 및 실무자 간담회 참여, 실천 지혜 축적을 통해서 다문화 클라이언트를 자신의 동반자로 지각하게 되고, 문화적 개방성을 확대하는 반영단계에 이르게 되고, 조직 내 구성원들에게 문화적 역량을 요구하고, 지역 내 타 기관에 축적된 문화적 경험을 공유하며 네트워크 구축을 하게 된다는 것이다(김은영, 2012). 이러한 과정을 통해 다문화 실천가는 문화적 역량을 갖추게 된다.

CHAPTER

09

이민 · 다문화가족의 인권과 사회복지

1. 인권과 인권태도
2. 이민 · 다문화사회의 인권과 사회복지
3. 이주민과 인권
4. 제2차 이주인권가이드라인 핵심 추진과제

1. 인권과 인권태도[1)]

1) 인권의 개념과 특성

(1) 인권의 정의

인권(human rights)은 보편적이고 절대적인 인간의 권리 및 지위와 자격을 의미하는 개념이다. 인간이 인간답게 존재하기 위한 보편적 인간의 모든 정치 · 경제 · 사회 · 문화적 권리 및 지위와 자격을 총칭하는 개념이다(Raichert, 2008, 국가인권위원회 역). 따라서 인권은 사람이 사람답게 살 수 있는 권리라는 것이며, 법의 관할 지역이나 민족, 국적 등에 관계없이 적용되는 보편성을 지닌다고 정의된다(위키백과).

인권 개념의 역사적 기원은 18세기 미국의 독립선언과 프랑스의 인권선언에서 시작된다. 인권 개념은 시민적 · 정치적 권리로부터 점차 확대되어 경제적 권리, 사회적 권리, 집합적 권리를 포괄하는 인류 전체를 위한 합법적이며 보편적인 권리로 발전하였다(송영선, 2012). 사회 개혁가들은 산업화와 도시화에 따른 노동 착취와 노동자 계층의 빈곤을 초래한 산업혁명의 결과에 주목하면서 박애주의자, 개인적인 자선 행위자 등의 사회개혁가가 중심이 되어 산업혁명의 폐해를 개선하기 위해 노력을 하였다. 그에 힘입어 사회 전체가 집합적 책임감을 갖도록 하는 사회적 책임의식이 발달하게 되었으나, 집합적 원인에 의해 발생한 사회문제를 빚넻 개인의 힘으로는 해결할 수 없음을 인식하게 되면서 인권은 보다 사회구조적인 측면으로 접근하는 사회복지개념으로 발전하게 되었다(UN Centre for Human Rights, 2005). 인권은 다양한 관점, 이슈, 지역, 대상에 따라 정의가 이루어지고 있어 구체적 정의가 쉽지 않지만, 1948년 12월 10일 제2차 세계대전 이후, 유엔 총회 결의 217A(Ⅲ)에 따라 채택된 세계인권선언(Universal Declaration of Human Rights)이 인권의 가장 기본 정의가 된다고 볼 수 있다(UNESCO, 2002). 당시 아직 식민지

1) 송영선(2012)의 내용을 일부 발췌 · 인용함

국가의 존재, 소비에트연방의 반대, 사우디아라비아 등 종교적 이유의 불참 등으로 세계 모든 국가의 참여는 이루어지지 않았지만 현재까지 인권에 관해 가장 기초가 되고 영향력을 갖고 있는 선언문이다(Matt, 2003).

세계인권선언 제1조에서 인권은 태어날 때부터 자유롭고, 존엄성과 권리에 있어 동등한 인류의 구성원으로서 갖는 권리라고 명시한 것 같이 국제사회에서 인권은 천부적이고 빼앗을 수 없는 보편적인 권리로 받아들여지고 있다(김민수, 2003; Beitz, 2003).

인권규범의 가장 기초가 되는 세계인권선언은 인권의 발달단계에 관한 보편적 개념을 세 가지로 구분하였다(김민수, 2003; UN Centre for Human Rights 역, 2005).

첫째, 소극적 권리 또는 정치적 · 시민적 인권인 자유권적 기본권에 해당하는 권리 항목이다. 17세기 이후 전개된 서구 개인주의와 방임주의에서 영향을 받아 소극적 권리개념이 등장하였고, 정부는 어떠한 것으로부터도 자유를 박탈하지 못하도록 개인의 해방을 보장하였다. 세계인권선언 제2조~제21조는 소극적 권리 개념의 자유주의적 인권 항목들을 담고 있다. 자유주의적 인권의 기본 가치는 정부의 자의적인 횡포로부터 개인을 보호하려는 정신이다.

둘째, 적극적 권리 또는 경제적 · 사회적 · 문화적 권리에 해당하는 권리항목이다. 19세기 이후 자본주의의 발전 과정에서 발생한 극심한 빈부 격차 및 경제적 · 사회적 · 문화적 차별 심화에 대응하기 위한 정부의 적극적 역할을 강조하고 있다. 세계인권선언 제22조~제27조의 내용은 사회적 가치 배분과 생산 과정에서의 평등한 권리를 보장하는 정부의 역할을 강조하고 있다.

셋째, 국제 경제 체계의 구조적 문제에 대처하기 위한 후발 산업 국가들의 요구를 수용한 권리항목이다. 개인 차원의 인권을 넘어 국제적 불평등을 시정하려는 집단적 인권이다. 개별 주권국가의 한계를 극복하고 국가 간의 집단적 연대권을 제시해 자유와 권리가 완전하게 보장되는 사회질서와 국제질서를 집단적으로 완성하는 것이다. 세계인권선언 제28조는 모든 사람은 이 선언에 제시된 권리와 자유가 완전히 실현될 수 있는 사회적 및 국제적 질서에 대한 권리를 가진다고 명시함으로써 개별 국가의 한계를 넘어 국제적 불평등 문제를 시정하기 위한 집단적 인권 개념을 명시하고 있다.

(2) 인권의 특성

인간의 존엄성과 가치는 인권의 기본 전제이며, 이를 보장하기 위한 필수적 조건이 자유와 평등이다. 이러한 인권의 특성은 보편성, 도덕성, 근본성, 추상성, 우선성 등의 다섯 가지 특징을 갖고 있다(고명석, 2011; 손병돈 외, 2008; 이준일, 2009).

첫째, 인권은 인간이면 누구나 보편적으로 향유할 수 있는 권리이다. 인종, 성별, 빈부, 권력, 장애 여부에 상관없이 인간에 해당하는 모든 존재에게 보장되는 권리이다. 따라서 특정한 개인이나 집단만이 향유할 수 있는 권리가 아닌 모든 인간의 보편적 원리를 지향한다.

둘째, 인권은 어떤 시대와 공간에서도 인정되어야 하는 보편적인 효력을 가진 권리이다. 특정한 시대 · 국가 · 지역에서 제한적으로 효력이 인정되는 권리가 아닌 시대와 공간을 막론하고 효력이 인정되며, 모든 국가의 헌법에서 반드시 보장되어야 하는 보편적 권리이다.

셋째, 인권은 모든 인간에게 필수적으로 요구되는 근본적 권리이자 포기할 수 없는 가장 기초적인 권리를 의미한다. 인권은 인간으로서 존엄하고 가치 있는 존재로 삶을 영유하기 위한 필수적이며 최소한의 권리이다.

넷째, 인권은 의미와 내용의 경계가 분명하지 않은 불확정적인 추상적 권리이다. 인권이 구체적 권리가 되기 위해선 의미와 내용의 경계가 확정될 필요가 있으며, 인권의 추상성은 인권의 다른 특성인 보편성 · 도덕성 · 근본성에서 유래되기 때문에 모든 사람 · 시대 · 공간을 초월하여 인정되어야 하는 권리라는 점에서 추상적일 수밖에 없다.

다섯째, 인권은 실정법에 우선하는 우선적 권리이다. 실정법과 인권이 충돌 시 인권이 실정법을 판단하는 기준이 되며, 실정법의 효력을 상실시킬 수 있는 권리가 되기도 한다. 따라서 모든 실정법은 인권을 보장하기 위한 법 체계로 존재한다고 볼 수 있다.

이와 같은 특성을 갖고 있는 인권의 내용은 생명권, 인간의 존엄과 가치, 행복추구권, 평등권, 신체의 자유, 양심과 종교의 자유, 학문과 예술의 자유, 사생활 비밀과 자유, 거주이전의 자유, 표현의 자유, 재산권, 사회권 등으로 구성된다(차병직, 2007).

2) 사회복지와 인권

사회복지는 인간의 존엄성을 근간으로 사회정의와 인본주의를 지향하는 민주주의 이념에서 출발한다. 이를 기반으로 사회복지실천은 인간의 욕구 충족과 권리보장이라는 사회복지의 목표를 지향한다. 왜냐하면 인간의 적극적인 권리 추구는 인간의 욕구를 충족하는 데 필수적이기 때문이다. 욕구 충족을 반영하는 인권은 인권옹호의 결과로 인해 심각한 위험에 처할 수 있는 환경이나 국가에서도 지켜져야 하는 기본적 권리이다(UN Centre for Human Rights, 2005; Stanley, 1998).

인권은 욕구의 충족에 대해 강력한 도덕적 준거점을 제공하며, 인권의 논의들로부터 사회복지실천 원칙이 도출되어 적용되어야 한다(Ife, 2001). 모든 인간이 자유 · 생명 등을 법으로 보장받고, 불법체포 · 노예상태 · 구금 · 추방 등으로부터 보호받으며, 일할 수 있는 권리와 충분한 건강과 행복을 위해 의 · 식 · 주 · 의료 · 사회서비스를 받을 권리 등의 사회적 · 경제적 · 문화적 권리를 보장받는 것은 사회복지의 이론, 가치, 윤리 및 실천과 분리할 수 없는 중요한 권리이다(Healy, 2010; Stanley, 1998).

사회복지에서의 인권의 중심은 사회권과 복지권이다. 사회권은 인간이 사회적으로 생존할 수 있도록 개인의 생존, 생활의 유지 · 발전에 필요한 여러 조건을 확보하도록 국가에 요구할 수 있는 국민의 권리를 총칭하는 것으로, 국민이 인간으로서 누려야 할 최소한의 생활을 국가로부터 보장받기 위해 필요한 권리이다(김귀환 외, 2008).

한국의 헌법 제34조에는 모든 국민은 인간다운 생활을 할 권리를 갖는다고 규정되어 있다. 국가는 사회보장과 사회복지의 증진에 노력할 의무가 있으며, 여성 · 노인 · 청소년의 복지 향상을 위해 노력을 해야 하고, 생활 능력이 없는 자에 대해서는 국민기초생활보장법의 규정에 따라 국가의 보호를 받도록 하고 있다. 사회권에는 생존권, 교육을 받을 권리, 근로권 및 근로자의 단결권 등이 있으며, 대개의 국가 헌법에서 이를 규정하고 있다(최정섭, 2008).

복지권은 사회권에 포함되어 있는 경제적 복지 개념을 포괄하여 보장하는 권리로 인간다운 삶을 누리고, 사회적 유산에 참여하는 권리이다(Jirwe et. al., 2006). 복지권은 사회복지 측면에서의 사회권을 실현하는 권리를 의미하며, 인간의 생존 욕구 및 보편적 욕구의 충족을 통해 인간다운 삶을 추구하는 권리이자 자신의 생존 또는 생활에 필요한 여러 조건을 확보하기 위해 국가에 적극적으로 청구할 수 있는 권리이다. 복지권은 20세기 유럽의 산업혁명 과정에서 복지가 국민의 권리로 국가가 책임져야 할 필요성이 대두되어 제도적 측면과 사회복지실천 측면에서 발달하게 되었다(김귀환 외, 2008; 박정선, 2007; 조원탁 외, 2008).

복지권은 사회복지법상 시민 생활을 누릴 수 있는 권리로서 국가로부터 사회복지서비스를 받을 권리인 사회복지급여수급권으로 볼 수 있다. 사회복지 측면의 복지권을 실현하는 권리로는 실체적 권리, 수속적 권리, 절차적 권리로 구분할 수 있다(신섭중 외, 1999; 유희일 외, 2010). 복지권은 법률로 누구에게나 적용되는 인권 보장의 기본권과 국가에 속한 시민에게만 적용되는 시민권의 개념을 갖고 있다. 이주민의 경우 시민권적 관점에서 국내에 등록된 자에 한하여 복지권을 주장할 수 있었으나, 이주민의 등록 여부와 관계없이 자녀에게 교육의 기회를 부여하는 등 적극적인 정책을 통한 기본권 보장과 세부적인 복지권 보장으로 확대되고 있는 추세이다(전광석, 2010; 황미경, 2010).

3) 이주민과 인권

국제적으로 이주민들의 권리는 세계인권선언, 시민적 및 정치적 권리에 관한 국제규약, 경제적 · 사회적 및 문화적 권리에 관한 국제규약, 아동권리협약, 인종차별철폐에 관한 국제협약, 여성차별방지협약, 고문방지협약, 외국인근로자 및 그 가족의 권리에 대한 국제협약 등으로 보호받는다. 이주외국인 중 가장 많은 수를 차지하는 사람들은 외국인근로자이며, 이들을 보호하기 위한 국제적 노력은 제1차, 2차 세계대전 이후 ILO의 주도로 시작되었다(서울대학교 중앙다문화교육센터, 2010).

국내 · 외에서 명시된 외국인의 권리는 국제적으로는 세계인권선언이 가장 기초가 되는데 제1조에서 '모든 사람은 태어날 때부터 자유롭고 동등한 존엄성과 권리를 가지고 있다'고 규정하고 있다. 제2조는 '인종 · 피부색 · 성별 · 언어 · 종교 · 정치적 또는 다른 의견 · 민족적 · 사회적 출신 · 재산 · 출생 혹은 기타 다른 지위와 관계없이 모든 권리와 자유를 향유한다'고 규정하고 있다(노재철, 2009). 한국에서 헌법 제10조의 행복추구권, 제14조, 제21조의 자유권보장, 평등권, 경제적 기본권, 청구권 등은 외국인에게도 보장되는 권리이다. 그러나 재산권이나 청구권은 제한되어 있다. 또한 헌법 제6조 제2항에서 '외국인은 국제법과 조약이 정하는 바에 의하여 그 지위가 보장된다'고 규정함으로써 국내에서 외국인의 법적 지위를 보장하고 있다(임재홍 외, 2008). 국제법과 국제조약 및 헌법에 의한 포괄적인 인권보장 이외에도 외국인근로자와 결혼이민자 등에 대한 구체적인 법이 제정 · 시행되어 그들의 법적 지위를 보장하고 있다. 외국인근로자의 권리는 근로기준법, 노동조합 및 노동관계조정법, 사회보장법 등에서 법적 지위를 규정하고 있고, 결혼이민자의 권리는 다문화가족지원법, 국민건강보험법, 국민기초생활보장법, 한부모가족지원법 등에서 법적 지위를 규정하고 있다(국가인권위원회, 2019).

많은 외국인들이 한국으로 유입되면서 다수의 이주민들이 취약한 사회적 · 경제적 환경에 처하면서 사회문제가 되고 있다. 외국인근로자들의 합법적인 인권과 노동권이 보장되지 못하는 경우가 많이 발생하고, 결혼이주여성에 대한 인권문제, 차별과 폭행 등도 자주 제기되는 문제이다. 이러한 사회문제들은 법과 제도의 개선으로 문제를 예방하고 해결할 수 있겠지만 한국사회가 이주민들을 바라보는 근본적 인식의 전환이 필요하다(이현정, 2009; 지종화 외, 2009). 한국사회에서 이주민 관련 사회 문제가 지속적으로 발생하는 이유는 이주민들을 사회적 필요에 의한 일시적 수용 대상, 사회적 수요에 의한 경제적 대체 인력 정도로 인식하기 때문이다. 따라서 이주민들을 어떤 수단이 아니라 인권의 관점에서 인식할 때 문제해결을 위한 근본적인 대안을 찾을 수 있다. 한국의 헌법 제2장 국민의 권리와 의무에서 모든 인간에 대해 인권의 보장을 명시하고 있듯이, 인권은 인간이기 때문에 반대급부를 요구하지 않는 권리로써 누구나 당연히 보장받아야 하며, 법에서 정하고 있는 외국인에 대한 인권보장의 규범이 얼마나 잘 지켜지고 있는가를 다각도로 검토하고 성찰할 필요가 있다(국가인권위원회, 2011).

4) 인권태도

인권은 주로 두 가지 측면의 관점에서 살펴볼 수 있다(송영선, 2012).

첫째, 인권과 관련된 심리학적 발달 양상을 다룬 인권태도이다. 모든 개인은 신분 · 학위 · 특권 등과 그들의 역할이나 살고 있는 장소에 상관없이 같은 권리를 가지기 위해 다른 사람의 인권에 대한 일관성 있는 태도와 행동에 변함이 없어야 한다. 이는 사회심리학의 관점에서 제기되었는데, 콜버그(Kohlberg)의 도덕추론(Moral Reasoning)모델인 인지발달Cognitive Development)모델에 그 기반을 두고 있다(Fathali et al., 1999).

인권에 대한 태도는 겟츠(Getz, 1985)가 콜버그(Kohlberg)의 도덕성발달 단계[2)]와 관련하여 연구하였다. 인권은 전통적으로 보통 법의 테두리 안에서 논의되었지만 겟츠(Getz)는 심리적 요인이나 발달 양상에 따라 인권태도가 다르다고 하였다. 사람들의 도덕추론 수준에 따라 인권지지의 일관성이 차이가 나며, 원리적 도덕추론을 하는 사람일수록 모든 상황에서 모든 사람들에게 적용되는 원리로서 인권을 옹호한다는 사실을 보여주고 있음을 규명하였다(문용린, 2002; 이승미, 2000 재인용; Narvaez et al., 1999).

둘째, 인권감수성은 인권문제와 관련된 특정상황에서 자신의 행동이 다른 사람의 복지에 미치는 영향을 인식하는 과정이다. 인권문제가 관련되어 있는 상황에서 그 상황을 인권 관련 상황으로 지각하고 해석하며, 그 상황에서 가능한 행동이 관련된 다른 사람들에게 어떠한 영향을 미칠 지를 알며, 그 상황을 해결하기 위한 책임이 자신에게 있다고 인식하는 심리적 과정이다(문용린, 2002). 또한

---

2) 콜버그가 피아제의 인지발달이론에 근거하여 제시한 6단계의 도덕성 발달이론을 말한다. 1단계: 벌과 복종의 단계, 2단계: 도구적 목적과 교환의 단계, 3단계: 개인 간의 상응적 기대, 관계, 동조의 단계, 4단계: 사회체제와 양심보존의 단계, 5단계: 권리 우선과 사회계약, 혹은 유용성의 단계, 6단계: 보편 윤리적 원리의 단계.

인권감수성은 인권문제 제기 시 그 상황을 인권과 관련된 상황으로 지각하고 해석해 그 상황에서 가능한 행동이 관련된 다른 사람들에게 어떤 영향을 미치는지 판단하는 상황지각능력, 타인의 정서에 공감하고 선택의 결과를 예측할 수 있는 결과지각능력, 구체적 행동의 실천 의지와 관련된 책임지각 능력으로 제시하였다(조윤정, 2006).

2. 이민 · 다문화사회의 인권과 사회복지[3)]

1) 이주인권가이드라인의 등장 배경

국내 체류 이주민은 증가하고 있으며 국내 거주 모습도 다양해지고 있다. 더불어 가족 동반 체류 비율도 빠른 속도로 증가하고, 외국인근로자 대상 노동조건 개선, 이주아동에 대한 교육 및 보육서비스 접근, 이주민에 대한 차별 없는 건강보험 제도 적용 등 이주인권 이슈도 다양해졌다. 정부는 이주민 정책을 수행하기 위해서 국가계획과 법제를 수립 및 제정하고 전국적으로 이주민 상담 · 지원 단체를 설치하는 등 여러 노력을 기울이고 있으나 여전히 열악한 것으로 파악되고 있다.

UN 등 국제 인권기구들은 한국의 이주민의 인권 상황에 대해서 지속적으로 우려를 표명해 왔고 정부의 사회통합정책, 다문화정책에도 불구하고 2018년에 실시한 국민 다문화수용성 조사에 따르면 우리나라 성인의 수용성 점수는 여전히 낮은 것으로 나타나서[4)] 인권위는 실태조사와 관계부처 및 시민사회단체 의견수렴 등을 실시한 결과를 바탕으로 제2차 이주인권가이드라인을 수립했다.

인권위는 정부가 이주민정책을 수립하고 이행할 때 인권 측면에서 방향과 지

3) 국가인권위원회(2019)의 내용을 일부 발췌 · 인용함

4) (수용성 지수) 청소년은 높아지고('15년 67.63점 → '18년 71.22점), 성인은 다소 낮아짐('15년 53.95점 → '18년 52.81점)

침이 될 수 있도록 이주인권가이드라인을 2012년 만들어 권고하였고, 매년 정부 부처의 이행 실적을 모니터링한 바 있다. 2012년 권고한 이주인권가이드라인의 성과와 한계를 점검하고, 새롭게 대두하는 이주 인권 쟁점을 반영한 정책과제를 제시하기 위해서 2019년 제 2차 이주인권가이드라인을 수립하였다.

2) 외국인 · 다문화정책

(1) 법령 · 정책 현황

정부의 이주민 관련 정책은 법을 통해 실현되며. 그동안 외국인의 출입국과 국내 체류 관리에 관한 출입국관리법(1963). 외국인근로자의 도입과 관리에 관한 외국인근로자의 고용 등에 관한 법률(2003) 등이 이주민 정책의 근간이 되었다.

이주민의 규모가 급증하고 정주화 경향이 심화하면서 정부는 2006년 5월 제 1회 외국인정책회의를 개최하며 외국인정책기본방향 및 추진체계를 확정함으로서 이주민정책의 기반을 조성한 바 있다. 이후 재한외국인처우 기본법(2007). 다문화가족지원법(2008), 난민법(2012) 등 외국인 · 다문화 · 난민 정책 수행을 위한 부처별 준거법이 제정되었다. 범정부 차원의 중장기 국가계획으로 외국인정책기본계획과 다문화가족정책 기본계획이 2008년에 처음 수립되고 이후 5년 단위로 수립 · 시행되고 있으며, 제3차 기본계획(2018~2022)이 진행중이다.

(2) 법령 · 정책에 대한 평가와 한계

정부가 단기간에 외국인 · 다문화정책을 시행하기 위한 중장기 국가계획과 법제를 수립 · 제정하고, 전국적으로 지원 인프라를 구축한 부분에 대해서는 긍정적으로 평가된다. 하지만 이러한 제도와 인프라가 이주민의 인권보호와 증진에 실제로 기여하고 있는지에 대해서는 정부와 지방자치단체의 사업 내용에 한계가 있고 국제인권기구도 우려를 표명하고 있다.

정부 정책사업의 대부분이 다문화가족 중 결혼이민자 및 그들의 자녀 관련 사업으로 구성되어 있으며. 이주민 집단 중 규모가 가장 큰 외국인근로자 관련 사업은 외국인력 활용에 초점을 둔 고용허가제 이외에 거의 찾아보기 어렵다. 지방자치단체의 정책사업의 경우 프로그램의 공통적인 키워드는 지원센터운영, 지원서비스, 운영 지원 등으로 일반적인 적응 지원에 집중되어 있다.

또한 정부의 다문화정책, 사회통합정책에도 불구하고 한국인이 느끼는 외국인에 대한 사회적 거리감은 여전히 큰 것으로 조사되었다. 한국의 이주민 인권 상황에 대해 국제인권기구들은 지속적으로 우려를 표명하는 실정이다. 이주민 정책을 수립하고 이행할 때에는 인권을 기반으로 하는 인권 최우선의 원칙이 준수되어야 함을 강조하고 있어 올바른 인권가이드라인의 제시와 그에 따른 정책 수립 · 이행에 대한 모니터링과 평가가 요구되고 있다.

3) 이주 인권 분야 국제 동향

최근 난민과 이주민의 대규모 이동이 전 지구적으로 증가하면서 이들의 보편적 인권과 기본적인 자유를 보장하기 위한 국제사회의 공동 노력이 요구되고 있다. 2016년 9월 유엔총회에서 고위급정상회담을 통해 난민과 이주민을 위한 뉴욕선언을 채택하고, 난민을 위한 글로벌콤팩트와 완전하고 질서 있고 정규적인 이주를 위한 글로벌콤팩트(이주 글로벌콤팩트, GCM, GlobalCompact for Migration)라는 국제합의문을 도출하기로 하였다. 이후 유엔 회원국들은 약 18개월에 걸친 정부간 협의 및 협상을 통해 이주 글로벌콤팩트의 최종안에 합의하였으며, 2018년 12월 대한민국을 포함한 164개 유엔 회원국의 지지와 함께 채택되었다. 유엔인권기구들은 채택 국가들의 성공적인 이주 글로벌콤팩트 이행을 지원하기 위해 유엔이주 네트워크를 형성하고, 각국 정부에 국내 정책과 현실을 반영한 이행계획을 조속히 수립할 것을 촉구하고 있다.

또한 정부 수반들과 고위 대표들은 취약한 상황에 처한 이주민의 인권보호에 대한 원칙과 가이드라인에 주목하고, 정부 주도하에 취약한 이주민의 처우에 관한 가이드라인 개발을 고려하겠다고 밝히기도 하였다.

유엔인권기구는 한국 정부에 이주민 인권과 관련된 다양한 권고를 제시하고 있으며, 모든 외국인근로자와 가족의 권리보호에 관한 국제협약을 한국이 비준하지 않은 상황에서 인종차별철폐위원회 권고가 이주민의 인권을 가장 심도 있게 다루고 있다.

유엔인권기구의 권고 중 한국 정부의 이행이 미흡한 분야에 대해서는 사회권위원회, 자유권위원회, 인종차별철폐위원회, 여성차별철폐위원회, 아동권리위원회, 고문방지위원회, 인종차별특별보고관, 국가별 정례인권 검토 등에서 반복해서 제기하고 있다. 특히 외국인근로자 권리협약 비준, 차별금지법의 제정, 인종차별의 정의, 기소와 처벌 관련 입법, 구금 억제, 다문화가족의 정의 확대 등에 중점을 두고 있다.

4) 인권과 사회복지와의 관계

사회복지를 광의로 정의할 경우에는 개인이나 사회의 복지를 증진시키기 위한 모든 활동을 포함하는 것으로 보며, 협의로 정의할 경우에는 국민의 복지를 증진시키기 위한 국가 차원의 활동을 주로 일컫는다.

인권을 인간의 존엄성을 실현하기 위한 가치나 이상으로 정의할 경우, 사회복지는 그러한 인권을 실현하기 위한 수단적인 활동으로 이해할 수 있다. 인권을 인간의 존엄성을 실현하기 위한 법이나 제도 등과 같이 제도적인 차원에서의 권리보장으로 정의할 경우에, 사회복지는 인권을 실현하기 위한 법이나 제도의 한 유형으로 볼 수 있다.

3. 이주민과 인권

1) 이주민 인권에 대한 이해[5)]

헌법 제6조 제2항은 '외국인은 국제법과 조약이 정하는 바에 의하여 그 지위가 보장된다'고 규정하며, 차별금지 원칙과 내외국인평등주의를 그 내용으로 한다. 세계인권선언은 제2조 제1항에서 '모든 사람은 인종, 피부색, 성, 언어, 종교, 정치적 또는 그 밖에 견해, 민족적 또는 사회적 출신, 재산, 출생 기타의 지위 등에 따른 어떠한 종류의 구별도 없이, 이 선언에 제시된 모든 권리와 자유를 누릴 자격이 있다'고 규정하며, 시민적 및 정치적 권리에 관한 국제규약(자유권규약)과 경제적, 사회적 및 문화적 권리에 관한 국제규약(사회권규약)도 각각 제2조에서 이와 유사한 내용을 규정하고 있다.

헌법의 해석에 대해 일부 해석의 경우 외국인의 지위는 상호주의를 기본으로 하여 보장해야 한다는 주장도 있으나 외국인의 인권을 포함한 모든 사람의 인권을 규정한 국제인권조약의 경우에는 예외 없이 '모든 사람'을 그 권리의 주체로 하여 국적에 의한 차별을 배제하고 적용상의 상호주의를 부정하고 내외국인 평등주의를 엄격하게 규정하고 있다(UN Human Rights Committee, 1986).

대부분의 국제인권법은 두 가지 예외, 예컨대 자유권규약이 제25조에서 참정권의 주체를 모든 시민으로 규정한 것, 입국의 자유 등 관련 추방의 대상을 외국인으로 규정한 것을 제외하고는 모든 사람을 그 권리의 주체로 함으로써 국적에 의한 차별을 배제하고 적용상의 상호주의를 부정함으로써 내외국인 평등주의를 엄격하게 규정하고 있다(황필규, 2017).

---

5) 황필규(2017)의 내용을 일부 발췌 · 인용함

2) 이주민 대상별 인권침해[6)]

(1) 외국인근로자와 가족

고용허가제의 적용을 받는 외국인근로자는 특정 사업장과 근로계약을 맺는 것을 전제로 국내에 입국할 수 있고, 원칙적으로 사업장 변경이 금지되어 있어 외국인근로자는 사업장 변경에 대한 사유와 횟수 제한을 받고 있다. 이러한 고용허가제의 사업장 변경 제한이 사실상 강제노동에 가깝다는 국내외 비판이 따라 2009년 외국인고용법 제25조 사업 또는 사업장 변경의 허용을 개정하여 사업장 변경 횟수 제한에 외국인근로자의 책임이 아닌 경우는 산정하지 않는 등 변경 제한을 완화하였다.

2012년에는 외국인고용법 제25조를 재개정하면서 법적 사유를 고용노동부장관 고시 외국인근로자의 책임이 아닌 사업장 변경 사유에 위임하였고, 그 후 5번의 개정을 통해 사유 범위를 확대해오고 있다.

하지만 사업장 변경 사유를 외국인근로자가 증명해야 하는데, 국적, 종교, 성별 등을 이유로 한 불합리한 차별 대우, 상습적 폭언, 성희롱과 성폭력 등은 증명이 거의 불가능하거나 어려운 한계가 있어서 입증 자료 부족 등으로 사업장 변경 여부를 판단하기 어려운 경우에는 외국인근로자 권익보호협의회를 개최할 수 있지만, 이를 통해서 외국인근로자들이 사업장 변경 허가를 받는 것도 여전히 쉽지 않다. 사업장 변경 사유가 발생하여 구직활동을 하고자 하는 외국인근로자는 관할 고용센터를 통해 사업장을 알선받아야만 하고, 스스로 사업장을 알아볼 수 없으며 사용자의 연락을 받아 일방적인 면접을 보고 직장을 결정할 수밖에 없다.

재입국특례제도는 외국인근로자가 사업장 변경 없이 동일한 사업장에서 계속 근무할 경우에 한하며, 노동자의 귀책사유 없이 사업장을 변경했을 경우에는 마지막 사업주와 근로계약 기간이 1년 이상이어야 한다는 요건이 있어서 실제 재취업을 바라는 외국인근로자의 사업장 변경을 억제하는 효과와 함께 그 신청권

6) 국가인권위원회(2019)의 내용을 일부 발췌 · 인용함

이 사업주에게만 있어 사업주의 배타적 결정에 의해서만 재입국 취업이 가능하기 때문에 사업주에 대한 외국인근로자의 종속성을 강화시키고 외국인근로자의 협상력을 약화시키는 위험성을 내포하고 있다.

외국인근로자는 임금의 최저수준을 보장하여 생활안정과 노동력의 질적 향상을 도모하는 최저임금법의 적용을 받지만 외국인근로자의 임금을 차등 적용할 수 있는 최저임금 차등지급 논의는 근로기준법 제16조 등 국내법과 인종차별철폐협약 등 국제협약에 정면으로 어긋나는 내용이고, 외국인근로자의 인권과 노동권을 침해하며, 이로 인해 값싼 대체 노동력이 늘어나 내국인을 포함한 전체 노동자의 노동조건을 악화시킬 수도 있다는 문제가 제기되고 있다.

숙식비에 대한 부당한 공제, 열악한 주거시설 문제, 산재보험 미가입과 처리문제, 보험금과 퇴직금에 대한 수령 문제 등도 인권 침해적인 문제가 되고 있다. 따라서 외국인근로자에게 정당하고 우호적인 노동환경에 관한 권리, 도달 가능한 가장 높은 수준의 신체적·정신적 건강에 관한 권리 등 모든 노동자에게 적용되는 동일한 노동권과 보호 조치를 제공해야 한다.

외국인근로자의 가족재결합은 인간의 기본 권리로 보장되어야 한다는 당위성이 있지만 한국은 현재 외국인근로자권리협약에 미가입 상태이며, 외국인근로자의 노동력만을 필요로 하는 제도를 운영 중이다. 이는 가족의 재결합을 목적으로 한 이주로 인하여 잠재적인 이주민 유입의 증가 및 외국인근로자의 정주화가 가속될 수 있다는 현실적인 문제로 인하여 외국인근로자의 가족결합권 보장에 소극적이지만 외국인근로자에 대해 노동력 확보라는 인식을 탈피하여 사회적 권리와 의무의 주체로 인정하는 전향적인 사고가 필요하며, 외국인근로자의 가족재결합에 대해서도 가능한 방향을 검토해야 할 시점이다.

특히 불법체류 외국인근로자에 대한 단속 과정의 적법 절차와 인권보호 준칙 준수가 요구된다. 주거권자의 동의 절차 미준수, 과도한 물리력 사용, 수갑의 장시간 사용 등 단속 과정에서 발생하는 적법 절차 위반 사례를 방지하기 위한 세부 지침을 마련할 필요가 있다. 인명사고 예방을 위해 사고의 위험이 예상되는 경우, 즉시 단속을 중지할 것과 사고 발생 시 인명 구조를 우선적으로 취하도록 하는 세부 지침을 마련할 필요가 있다.

출입국관리법 제63조에서 즉시 송환할 수 없을 경우 보호시설에 보호할 수 있도록 규정하고 있고, 보호기간의 상한을 명시하지 않고 송환할 수 있을 때까지라고 정하고 있어 제한 없는 장기 보호로 인한 피보호 외국인의 정신적 · 육체적 피해가 심각하다는 지적이 꾸준히 제기되고 있다.

여성 외국인근로자는 의사소통의 어려움, 채용 초기인 경우 부담해야 할 경제적 손실, 신고나 구제 절차에 대한 낮은 인지도, 체류자격으로 인한 불안함, 농업의 경우 사업장의 지리적 조건 등으로 성폭력 등의 피해를 당하고도 아무런 대응을 하지 못하는 경우가 많은 것으로 나타나고 있다. 이주민에 대한 성착취 인신매매 문제는 수년 동안 제기되어 왔음에도 여전히 제도 개선이 이루어지지 못하고 있는 가운데 최근에는 사증면제와 같은 비공식 이주 경로를 통해 입국한 이주여성의 성착취 인신매매 문제가 새롭게 부각되고 있다. 사증면제나 관광비자로 입국해 일하는 외국인근로자들 중에는 성착취뿐 아니라 노동 착취, 인신매매 피해자로 볼 수 있는 사례도 증가하고 있다.

원칙적으로 취업이 불허되는 체류자격으로 입국하여 국내에서 일하는 외국인근로자들은 출입국관리법에 의해 단속추방 대상이 되기 때문에 단속추방을 두려워해 착취 피해에 아무런 대응도 못하는 경우가 많다. 이들의 취약한 상황을 이용한 착취가 만연하고 우리사회에서 이주민 인신매매가 사라지지 않고 있다.

최근에는 고용허가제 외국인근로자, 이주어선원, 특정활동 비자 소지 노동자, 계절 외국인근로자, 해외투자기업 산업연수생 등이 저임금의 장시간 노동, 고액의 이탈보증금 납부, 신분증과 통장 압수, 급여에서 불법공제, 미등록 체류자로 만들겠다는 협박, 이면합의서에 서명 강요 등 인권침해를 받는 것에 대해 강제노동의 성격이 강하다는 국제사회의 권고 등이 있다.

(2) 이주여성

헌법 제36조의 헌법적 가치가 인간의 권리로서 보편적으로 이주민에게도 적용될 수 있도록 결혼이주여성을 가족의 구성 · 유지 · 재생산이라는 관점으로 접근한 다문화가족 및 결혼이주여성정책에 대해 정부는 젠더 관점과 인권 관점을 반영할 필요가 있다.

결혼중개업의 관리에 관한 법률이 몇 차례 개정되면서 사전 정보 제공, 집단 맞선 금지, 18세 미만 소개 금지 등 그동안 국제결혼중개업체와 관련하여 문제시되었던 부분들이 법제도에 수용되었다. 그러나 맞선, 성혼 결정, 결혼식 등 대부분의 결혼 중개 행위가 외국인 배우자의 본국에서 이루어지면서 현지에서 발생하는 법 위반 행위를 규율하는 데 한계가 있다.

2014년 4월부터 결혼이민 비자 발급 심사 기준을 강화하여 국제결혼과 관련된 사회문제를 사전에 예방하고자 하였으나, 현지에서 결혼식까지 마친 뒤에 비자 발급이 거부된 입국대기자는 본국에서 홀로 이혼 절차를 진행해야 하거나 이로 인한 정신적 · 경제적 손해 등 새로운 문제가 발생하게 된다.

2011년 신원보증제도가 폐지되었지만 실제적으로는 여전히 신원보증을 요구하고 있기 때문에 이를 시정하여 결혼이주민의 종속적 지위를 개선할 필요가 있다.

가정폭력으로 혼인이 단절된 경우 한국인 배우자에게 혼인파탄 귀책사유가 있음을 입증해야 하는데, 결혼이주여성의 경우 심각한 정도의 폭력을 상습적으로 겪어야만 피해 입증이 가능한 사례가 많다. 협의이혼 강요, 낙태 강요, 인격모독, 언어적 · 심리적 폭력, 경제적 착취 등 무형적 가정폭력에 대해서는 피해 입증이 매우 어렵다.

한국 국적의 자녀를 출산하고 혼인이 단절된 경우 양육권이 결혼이주여성에게 있어야 하고, 비양육권자는 면접교섭권을 행사할 수 있어야 체류자격을 유지할 수 있는데 한국인 배우자 측에서 자녀를 만나는 것을 의도적으로 막거나 방해하면 사실상 면접교섭권을 행사하지 못하고 체류가 불허되는 사례도 발생하고 있다.

협의이혼 등으로 혼인관계가 단절된 경우에도 이미 대한민국에 생활 기반이 있어 계속해서 체류하고자 하는 결혼이주여성이 일정 자격을 마련할 경우 안정적으로 국내에 체류할 수 있는 방안을 마련할 필요가 있다

결혼이주여성과 재외 다문화가족 자녀에 대해 이혼 절차, 자녀의 양육권 문제 등과 관련하며 지원 등 행정적 · 사법적 접근 시스템을 마련할 필요가 있다.

혼인과 가족생활은 개인의 존엄과 성평등을 기초로 성립되고 유지되어야 하는 것이며, 사적인 영역으로 혼인을 유지할 것인지, 이혼할 것인지 스스로 자유롭게 결정해야 함에도 결혼이주여성의 경우 불안정한 체류자격으로 인해 이혼할 권리가 보장되지 않는 결과를 낳고 있다.

결혼이주여성은 근본적으로 혼인생활 유지를 위하여 한국에 입국한 사람들로 안정적인 신분보장과 체류자격을 유지하기 위해서 한국인 배우자의 도움과 협조가 절대적인 상황이다. 따라서 혼인 유지 여부에 따라 체류보장 여부가 달라지기 때문에 남편에게 종속될 수밖에 없다. 결혼이주여성은 가정폭력과 여러 인권침해 상황에 노출될 경우 이를 견딜 수밖에 없는 환경에 놓이게 되는 이유가 여기에 있다.

결혼이주여성에 대한 가정폭력 문제에 대해서 일부 결혼중개업체에 의한 이주여성 상품화, 특정 국가 출신 이주여성과 결혼할 때 인종차별적이고 성차별적인 결혼관, 이주여성의 인권보호와 문화적 정체성 인정보다는 가족 유지와 동화에 초점을 둔 정부의 사회 통합정책 등에 대한 인식 개선과 젠더 관점을 반영한 정책 대안 등이 요구된다.

(3) 이주아동

아동 이익 최우선의 원칙과 차별 금지의 원칙에 따라 아동의 생존, 보호, 발달, 참여의 기본 권리를 보장하는 첫 단계로 이주아동을 포함하여 모든 아동에 대해 보편적 출생등록제도가 도입되어야 하며, 후속 사회 서비스로 연계하는 방안을 검토할 필요가 있다.

이러한 방안의 도입으로 미등록 이주민의 자녀, 난민의 자녀, 무국적자의 자녀인 경우에 이러한 절차에 접근하기 어렵거나 불가능한 상황을 해소하는 것이 중요하다.

영유아 보육 책임 대상을 국내에 거주하는 모든 사람으로 확대하고, 보육비용 및 양육수당에 대한 지원을 국적, 체류자격 등과 무관하게 모든 영유아에게 제공하도록 영유아보육법을 개정할 필요가 있다. 이주아동에 대한 차별과 편견을 이유로 보육기관이 이주아동의 입소를 거부하는 행위를 방지하기 위한 조치도 필요하다.

체류자격에 관계없이 이주아동의 교육권이 보장되도록 법적 근거가 마련된 것이 아니기에 한국의 학제나 학교위치, 입학 절차 등 아동의 취학과 관련한 정보를 부모가 인지하지 못해 여전히 교육을 받지 못하는 이주아동이 존재하며, 미등록 이주아동은 한국의 공교육에 진입이 어렵다는 잘못된 정보를 갖고 있는 교사, 기관종사자와 부모가 여전히 있어서 이주아동에게 교육 서비스가 적합하게 제공되지 못하는 경우가 많다.

이주민 학부모를 지원할 인력과 인프라가 부족하여 교사와 상담을 제대로 할 수 없고, 학교 행사나 가정통신문 등을 한국어로만 받아보는 등 어려움이 많은 것으로 나타났다.

최근 아동학대가 사회문제가 되어 학대피해 아동의 식별, 신고, 보호, 지원과 관련된 제도가 정비되고 있으나, 한국 국적 없이 국내에 체류하는 이주아동의 경우 학대를 당하고도 안정적인 보호와 적절한 지원을 받지 못하는 사례가 많다.

학대피해 이주아동의 보호시설 입소를 거부하는 이유는 이주아동이 국민기초생활보장법에 따른 수급권자에 해당하지 않고, 입소하게 되는 시설에 해당 이주아동에 대한 별도의 지원도 없어 시설 운영과 관련된 경제적인 부담이 있고, 이주아동을 위한 인력과 인프라의 부족도 원인으로 볼 수 있다.

미등록 이주아동의 경우 아동이 통제할 수 없는 상황, 다시 말해 아동의 의지와 상관없이 부모에 의해 한국에 체류하게 된 상황에서 체류자격을 근거로 아동의 권리가 제한되고, 심지어 구금을 당하거나 강제퇴거의 대상이 되는 부당한 경우도 발생하고 있다.

미등록 이주아동이 학습권을 보장받을 수 있을 때까지 출국기간을 유예하거나 출국 후 비자를 신청할 경우 미등록 체류 상태에 대한 제재조치를 면하여 바로 입국이 가능하도록 관련 규정을 법제화할 필요가 있다.

국내에서 출생하고 장기간 체류하고 있지만 학교를 다니지 않아 출국기간을 유예받지 못한 미등록 이주아동, 고등학교 졸업 후 더 이상 출국기간을 유예받지 못한 미등록 이주청소년에 대해 인도적인 견지에서 체류자격 부여를 검토할 필요가 있다.

장기적으로 국내 출생 아동, 국내에서 일정 기간 이상 거주한 아동, 교육 또는 건강상의 이유로 국내 체류가 불가피한 아동, 출신국으로 귀국할 경우 아동의 최선의 이익에 반하는 상황에 처하게 될 가능성이 있는 아동들에게 인도적인 견지에서 체류자격 부여를 검토할 필요가 있다.

(4) 북한이탈주민[7)]

북한이탈주민들을 보호하고, 남한에서 정착해 살아갈 수 있도록 지원해 주는 법률이 북한이탈주민의 보호 및 정착지원에 관한 법률이다. 이 법률은 북한이탈주민들을 위한 법률인 것 같지만 실상은 보호와 지원이라는 명목으로 국정원이 북한이탈주민들을 감시하고 감별하는 법률이라는 지적도 제기된다. 북한이탈주민이 재외공관이나 국내에 입국하여 보호신청을 하면 국정원은 임시보호조치를 취하게 된다. 임시보호조치란 최장 180일 동안 국정원이 운영하는 북한이탈주민보호센터라는 곳에 사실상 감금상태에서, 탈북의 진위 여부 등을 조사하는 절차이다. 이는 북한이탈주민을 보호하는 조치라고 보기 어렵다.

남한행을 택한 북한이탈주민들은 입국과 함께 북한이탈주민보호센터에 수개월 동안 구금된다. 보호 여부나 정착 지원 내용을 결정하는 행정절차로 규정된 법은 현실에서 국가정보원 주도의 조사과정으로 진행된다. 북한이탈주민들은 잠재적 간첩으로 규정되어 불법수사를 당하고, 정보 수집과정에서 인권유린을 경험하게 된다.

북한이탈주민들은 대부분 남한의 법체계에 대해 모르기 때문에 강압적인 조사과정에 대처해야 할지 모른다. 또한 국정원 조사관들이 자신에 대한 보호결정(각종 지원을 받을 수 있는 결정)에 중대한 영향력이 있다고 생각하여 조사를 잘못 받으면 추방될지 모른다는 두려움 때문에 순종적인 태도를 취하게 된다.

7) 황필규(2015), 황필규. “누가 탈북자의 인권을 말하는가”. 한겨레, 2019년 11월 28일의 내용을 일부 발췌 · 인용함

조사 후 하나원 입소와 일정기간 적응 교육 후 사회로 나오게 되더라도 관할 경찰서의 경찰관이나 국정원 직원들은 북한이탈주민들을 수시로 관리한다. 북한이탈주민가 어떻게 살고 있는지, 또는 간첩행위를 하는 것은 아닌지 확인하기 위해 수시로 면담을 요청하고 있다. 결국 북한이탈주민들은 국가로부터 지속적인 감시와 관리를 받는 존재로 간주된다.

정착지원시설에서 충분한 교육을 했다고는 하지만 북한이탈주민들은 제도와 문화적 차이로 범죄에 노출되기 쉽다. 북한에서는 범죄라고 보기 어려운데 남한에서는 범죄로 처벌하는 것들이 많아 범죄에 악용될 가능성이 높고, 범죄 혐의로 수사를 받더라도 북한이탈주민들은 제도적 차이로 인하여 스스로 충분한 방어권을 행사하기 어렵다.

직장 채용 과정에서의 차별적 불이익이 존재하고, 채용과정을 통과한 이후에도 급여(월급), 업무(보직) 결정과정, 승진 등에서 차별을 경험하는 경우가 많다. 무엇보다 인간관계에서 '탈북자'라는 낙인으로 인해 배척당하거나 따돌림을 받는 경우가 많아 심각한 인권침해를 경험하게 된다.

지역 사회에서도 사회구성원들과의 관계에서 차별과 배제를 경험하게 되고, 브로커나 사기꾼들에 의한 협박과 유인, 착취와 사기에 취약한 상황이며, 자본주의에 대한 이해 부족으로 재산권이나 권리에 대한 침해가 발생하는 경우가 많고, 종교의 자유에 대한 선택이 제한적인 경우가 많다. 북한에서의 자격이나 경력이 무시되는 경우가 대부분이며, 이주민에 대한 지원에서도 특혜적 요소와 제약적 요소가 함께 하는 경우가 많다.

탈북여성의 경우 성희롱이나 성폭행, 폭력 등에 노출되는 경우가 많으며, 탈북청소년들의 경우 학교 적응 과정에서의 차별과 배제, 적응상의 어려움, 학교폭력 등의 위험요소, 진로 · 진학 등에 있어서의 사회적 차별 등이 주요한 인권침해로 나타나고 있다.

3) 기타 복지 요소별 인권 문제[8)]

(1) 보건의료

건강권은 넓은 의미에서 보건의료서비스나 의료보장제도에 대한 권리를 넘어 소득, 교육, 주거, 노동, 고용, 차별 금지와 같은 건강의 사회적 결정 요인들을 모두 포함한다. 반면 그동안 이주민 대상 보건의료는 외국인근로자의 산업재해 문제에 한정되어 제기되는 경향이었다. 그러나 국내 출생 이주아동이 늘어나면서 산모와 신생아, 영유아의 건강권 문제가 부각되고, 이주민의 체류기간이 장기화하면서 성인병과 노인성 질환의 발병 사례가 증가하며, 교통사고 등 이주민이 일상에서 겪는 사고도 늘어나면서 이주민의 건강권 범위가 확대되고 성격이 변화하고 있다.

가장 기본적인 의료보장제도인 건강보험제도에서 이주민이 차별받고 있어, 이주민 의료 안전망의 사각지대가 오히려 더 넓어지고 있다는 점이 문제이다.

합법적인 체류자격을 가지고 건강보험당연가입사업장에 고용된 고용허가제 외국인근로자와 그 피부양자는 직장가입자로 건강보험의 대상에 해당하나, 농축산업 분야의 경우 외국인근로자와 사업주가 의무가입 대상임을 모르거나 사업주가 비용 부담을 꺼려 건강보험에 가입하지 않는 등 가입률이 낮은 것이 현실이다.

최근 국민건강보험법이 개정되어 직장가입자가 아닌 이주민도 일정 요건을 충족할 경우 지역가입자로 당연 가입되도록 규정하고 있고, 구체적으로 국민건강보험법 시행규칙 제61조의2(외국인 등의 지역가입자자격취득 신고 등) 제2항이 마련되었다.

기존에 입국 후 3개월이 지나야 건강보험 지역가입자 자격을 얻게 되었는데, 이러한 제도를 악용하여 질병을 치료한 후 바로 출국하여 재정적자가 커졌다는 등의 이유로 2018년 12월 국민건강보험법 시행규칙을 개정하며 입국 후 6개월이 지나야 건강보험에 가입할 수 있도록 하였다.

---

8) 국가인권위원회(2019)의 내용을 일부 발췌 · 인용함

이로 인해 이주민이면서 병원과 약국 등 이용 빈도가 높은 아동, 임산부, 노인, 장애인의 경우 국내 체류 6개월 이전에는 건강보험 서비스에서 배제되어 병원과 약국의 비싼 비용을 감당하지 못해 치료 등을 포기하는 경우도 더 많아질 것으로 예상된다.

또한 영주와 결혼이민 체류자격이나 경감되는 체류자격도 아닌 경우 소득이 전혀 없음에도 불구하고 2019년부터 매월 건강보험료를 납부해야 하는 상황이 발생하여 이주민에게 건강보험 의무가입이 오히려 경제적 부담으로 다가와 미등록 체류로 이어지는 결과를 초래한다는 점이 문제로 지적되고 있다.

외국인근로자 등 의료지원사업은 건강보험이나 의료급여와 같은 의료보상제도에 의해서 의료 혜택을 누릴 수 없는 이주민에게 의료비를 지원하는 유일한 제도이나 예산 부족으로 한계가 있고, 지원 범위가 입원, 수술 위주로 한정되고 아동 이외는 외래진료가 제한되어 있으며, 아동을 포함해 모든 지원 대상자에게 약제비 지원은 포함되어 있지 않아 통원 지급비와 약제비 부담으로 치료를 포기하는 사례가 발생하기도 한다.

미등록 이주아동을 포함한 모든 이주아동에게 국민인 아동과 동등하게 무료 접종을 시행하고 있으나 정보 부족 등으로 활용되지 못하는 경우도 있다.

(2) 비차별적 사회보장제도

사회적 기본권을 기본적 필요를 충족하는 권리로 이해한다면 사회적 기본권은 인간 삶의 기초로서의 인권이며, 특히 사회적 소수자에게는 필수적인 기본권이라 할 것이고, 사회적 기본권이 인간의 존엄성·자유권의 실질적 조건 형성, 인간다운 생활 등의 실현과 직접적이고 밀접한 관련을 맺는 경우에는 이주민도 주체가 될 수 있다는 의견이 있다.

특히 물질적 결핍과 박탈로 인한 빈곤 상황은 생존이 필요한 최소한의 여건 마저도 갖춰지지 못해 인간다운 삶을 영위하기 어려운 상황을 가리키며, 이와 같은 인간으로서의 존립을 위협한다는 점에서 최저생계를 보장하는 기초생활보장의 경우 이주민에게도 보편적으로 적용하는 방향을 검토할 필요가 있다.

학대피해 이주아동, 한국 국적의 자녀 없이 혼인이 단절되고 경제적 기반이 없는 이주여성, 장기간 질병으로 생계가 곤란한 이주민 등에게도 국민기초생활보장제도 또는 긴급복지지원제도에 의한 생계, 의료, 주거 지원을 보장하며, 국내에서 발생한 범죄로 인해 피해를 본 이주민과 그 유족에 대해 국적이나 체류지위와 무관하게 범죄피해자의 범위를 적용할 필요가 있다.

장애인등록을 허용한 이주인 대상자에 대한 복지서비스 제공 범위를 확대하고, 노숙 상태의 이주민 보호를 위한 주거, 급식, 의료 지원 제공 및 장기적으로는 자활을 위한 교육훈련 등을 언어적 한계가 있는 이주민의 특성을 고려하며 제공할 필요가 있다.

4) 인종 차별

제2차 세계대전 이후 국제사회에서는 인종 차별을 가장 금기시하고 있지만, 한국사회는 아직 인종차별에 관한 인식이 낮고 온 · 오프라인상에서 이주민에 대한 혐오와 편견이 심화되는 추세이다. 특히 조선족에 대한 비하와 차별적 태도, 유럽 난민 사태와 예멘 난민 입국 사태 이후 난민에 대한 부정적 인식, 이슬람에 대한 종교적 · 인종적 차별, 동남아 출신 외국인근로자에 대한 멸시와 차별 등 인종 차별에 해당하는 다양한 문제점이 지적되고 있다.

아직 오프라인 공간에서의 인종 차별주의가 확산되지는 않고 있지만 국내의 정치 · 경제적 문제와 세계의 이민 규제 등의 추세와 맞물려 정치세력화될 수 있는 상황도 배제할 수 없다. 따라서 인종, 민족, 피부색, 종교 등을 이유로 차별이 발생하는 것은 세계화시대를 준비하는 한국에 있어 국가 간의 우화와 평화에 부정적 장애물로 작용할 수 있으며, 반대 급부로 국내에서의 인종 갈등이 정치화되거나 이주민의 반발로 인한 사회적 갈등으로 확대될 수 있다는 점에서 법적 · 제도적 장치의 마련과 사회적 인식의 전환을 위한 다양한 시도가 동반되어야 한다. 인종 차별에 대한 규제, 인종 차별 피해자에 대한 구제, 사회적 캠페인 등 실천 가능한 정책을 통한 접근이 요구된다.

4. 제2차 이주인권가이드라인 핵심 추진과제9)

1) 「제2차 이주인권가이드라인」 기본 개요

「제2차 이주인권가이드라인」은 이주민 · 난민의 인권 보호와 증진을 위한 10대 가이드라인과 110개 핵심 추진과제를 제시하고 있다.

10대 가이드라인은 첫째, 인종차별을 금지하고 이주민이 평등하게 존중받을 권리 보장, 둘째, 권리구제 절차에 이주민의 접근이 용이하도록 개선, 셋째, 난민 인정 절차와 결정에 공정성을 강화하고, 난민 처우 개선, 넷째, 이주민에게 공정하고 우호적인 조건에서 노동할 권리 보장, 다섯째, 취약계층 외국인근로자의 인권증진을 위해 제도 개선과 관리감독 강화, 여섯째, 이주민에게 보건의료서비스를 차별 없이 보장, 일곱째, 위기 상황에 처한 이주민에 대한 보호 등 비차별적 사회보장제도 마련, 여덟째, 이주아동에게 아동 이익 최우선의 원칙 보장, 아홉째, 이주여성의 인권을 보호하고 이주정책에 젠더 관점 반영, 열째, 이주민 구금을 최소화하고 인도적 차원의 대안 마련이다.

제2차 이주인권가이드라인은 이주민 관련 정책뿐 아니라 각종 사업 추진 등에 적극 활용되어 이주민이 우리사회의 한 구성원으로 평등하게 존중받을 권리가 보장되고 인종주의적 편견이 해소되는 공존의 사회로 나아가는 데 밑거름이 되기 위한 기본 원칙이라고 할 수 있다.

---

9) 국가인권위원회(2019)의 내용을 일부 발췌 · 인용함

(1) 기본 방향

구분	제1차 이주 인권가이드라인	제2차 이주 인권가이드라인
과제 구성	7개 대상 30개 분야 90개 과제 • 이주민을 그룹별로 구분 • 과제들을 범주화하는 용어로 '보호 강화'를 주로 사용 • 현시점에서 실현 가능한 과제에 치중하여 현실의 한계를 극복하기 위한 과제가 일부 변경 · 삭제	10개 가이드라인 110개 과제 • 이주민의 권리에 중점을 둠 • 이주민 당사자의 역량 강화에 중심을 두고 실질적인 인권 개선 도모 • 국제기구가 반복적으로 권고하는 사안에 대해서는 장기적으로 도달해야 할 보편적 지향점으로서 과제 제시
기본 원칙	• 이주민과 관련된 법과 정책에서 인권을 최우선적으로 고려 • 이주민에게도 기본적인 권리를 평등하게 보장 • 이주민에 대한 인권침해와 차별을 야기하는 법과 제도 개선 • 사회적 편견과 관행에서 오는 이주민에 대한 인종차별 금지 • 이주민들의 문화 정체성 존중과 그들의 역량 증진 도모	
10대 가이드라인	1. 인종차별을 금지하고 이주민이 평등하게 존중받을 권리 보장 2. 권리구제 절차에 이주민의 접근이 용이하도록 개선 3. 난민인정 절차와 결정에 공정성을 강화하고, 난민 처우 개선 4. 이주민에게 공정하고 우호적인 조건에서 노동할 권리 보장 5. 취약계층 이주노동자의 인권증진을 위해 제도 개선과 관리감독 강화 6. 이주민에게 보건의료 서비스 차별 없이 보장 7. 위기 상황에 처한 이주민에 대한 보호 등 비차별적 사회보장제도 마련 8. 이주아동에게 아동 이익 최우선의 원칙 보장 9. 이주여성의 인권을 보호하고 이주정책에 젠더 관점 반영 10. 이주민 구금을 최소화하고 인도적 차원의 대안 마련	

그림 9-1 제2차 이주인권가이드라인 기본 방향

출처: 제2차 이주인권가이드라인, 2019.

2) 핵심 추진 과제

10대 가이드라인	핵심 추진과제
1. 인종차별을 금지하고 이주민이 평등하게 존중받을 권리 보장 (8개 과제)	(1) 인종차별 철폐를 위한 법적 · 제도적 규제 마련 ① 국내법에 협약상의 인종차별 정의 반영 ② 법령 및 공식 문서에서 '불법체류' 용어 사용 지양 ③ 인종차별 피해의 구제와 인종차별 철폐를 위한 조치

10대 가이드라인	핵심 추진과제
	(2) 인종주의적 편견을 해소하고 다양성 존중을 증진하기 위한 기반 구축 ① 이주민 보도 가이드라인 마련 ② 방송언어 가이드라인의 실효적 이행 강화 ③ 인터넷 및 소셜네트워크서비스에 대한 모니터링 실시와 인식 제고 (3) 이주민이 평등하게 존중받을 권리 보장 ① 국제법과 조약이 정하는 바에 의하여 이주민의 지위 보장 강화 ②「모든 외국인근로자와 그 가족의 권리보호에 관한 국제협약」 비준을 위한 로드맵 마련과 사회적 인식 제고
2. 권리구제 절차에 이주민의 접근이 용이하도록 개선 (9개 과제)	(1) 성희롱 · 성폭력 · 그 밖의 성에 기반을 둔 폭력에 대한 예방 및 권리구제 ① 성희롱 · 성폭력 예방 · 대응 및 권리구제에 대한 정보와 교육 강화 ② 성희롱 · 성폭력 피해 상담에 대한 인식과 전문성 강화 ③ 피해 이주여성에게 신고, 조사, 기타 사법처리 과정에서 적절한 통역 제공 ④ 권리구제 진행의 전 과정뿐만 아니라 사건 종료 후에도 일정 기간 안정적 체류 보장 (2) 인신매매 피해자 식별 및 권리구제 조치 강화 ① 인신매매 피해자 식별 지표 활용과 피해자 권리구제 방안 마련 ② 인신매매 정의, 예방, 피해자 보호 조항이 포함된 법률 제정 ③ 인신매매 방지를 위해 인신매매 행위 처벌 강화 (3) 미등록 이주민의 권리구제를 위해 신상통보 금지 ① 통보의무의 면제에 해당하는 업무 범위 확대 ② 통보의무의 면제가 적용되는 이주민 대상 확대
3. 난민인정 절차와 결정에 공정성을 강화하고, 난민 처우 개선 (12개 과제)	(1) 출입국항에서 난민신청 절차 및 처우 개선 ① 난민인정 회부 결정 시 불회부 사유는 형식적 요건 중심이 되도록 관계 법령 개정 ② 불회부 결정에 대한 이의신청 절차 마련 및 처우 개선 (2) 난민면접심사의 공정성 및 신속성 강화 ① 난민심사관 등의 공정성 확보 및 인원 확대 ② 난민신청자에 대한 통역 제공 확대 및 난민전문통역인 교육 강화 ③ 난민신청자 동의하에 모든 면접 과정을 녹음 · 녹화하도록 하고, 난민 신청자가 요구할 때 그 기록을 열람 · 복사할 수 있도록 허용 (3) 난민신청자의 이의신청 · 소송제기 시 공정성 보장 및 조력 지원 ① 이의신청 단계에서 난민신청자의 의견 진술 기회 강화 ② 전문성과 독립성을 갖춘 난민심판원 등이 담당하는 준사법적인 절차로 전환 ③ 취약한 난민신청자에게 소송구조 보장 (4) 난민신청자, 인도적 체류자, 난민인정자의 처우 개선 ① 난민신청자에게 생계를 위한 활동 보장 등 처우 개선 ② 인도적 체류자의 안정적인 체류 보장을 위한 대책 마련 ③ 난민인정자의 사회보장서비스에 대한 실질적 접근성 강화 ④ 난민인정자와 인도적 체류자의 안정적 정착과 사회통합을 위한 조치 마련

10대 가이드라인	핵심 추진과제
4. 이주민에게 공정하고 우호적인 조건에서 노동할 권리 보장 (17개 과제)	(1) 고용허가제 외국인근로자의 사업장 이동 보장 ① 사업장 변경 제한 개선 ② 고용허가제의 사업장 변경 금지 원칙 폐지 (2) 구직활동의 자율성 보장 ① 구직활동을 하는 외국인근로자에게 사업장 명단 제공 ② 구직 신청 기간과 구직활동 기간에 유연성 강화 (3) 재입국특례제도의 합리적 기준 설정 ① 재입국특례제도의 요건을 합리적 기준으로 재설정 ② '성실 외국인근로자 재입국특례제도'의 '성실' 명칭 변경 (4) 국적에 따른 차별 없이 임금과 퇴직금 보장 ① 외국인근로자에게도 최저임금을 동등하게 보장 ② 「외국인고용법」 제13조 제3항의 출국만기보험 지급시기에 관한 규정 개정 (5) 외국인근로자의 건강과 안전을 위한 조건환경 보장 ① 주거환경 기준에 따른 관리감독 강화 ② 「외국인근로자 숙식정보 제공 및 비용징수 관련 업무지침」 폐지 (6) 안전한 작업환경에서 일할 권리 보장 ① 산업재해 관련 법규 위반 시 사업장 변경 허용 ② 「산업안전보건법」 위반 사업장에 대한 고용 제한 강화 ③ 산업재해 처리 과정에서 외국인근로자 보호 조치 강화 (7) 입국 전후 권리교육 강화 ① 입국 전 취업교육기관 역량 강화를 통한 교육 실효성 제고 ② 입국 전·후 교육에서 노동인권 교육 확대 (8) 장기 체류에 따른 권리보장 강화 ① 장기 체류 외국인근로자의 가족 동반 가능 여부 검토 ② 고용허가제 외국인근로자의 영주권 취득 가능성 보장
5. 취약계층 외국인근로자의 인권증진을 위해 제도 개선과 관리감독 강화 (22개 과제)	(1) 이주어선원 모집 단계에서 공공성 강화 ① 이주어선원 모집 단계에서 공공성 강화 및 송출·입 업체 감독 ② 송출 및 선원 관리비용을 어선원이 부담하지 않도록 법 규정 정비 (2) 이주어선원의 인권침해 예방 및 노동조건 개선 ① 이주어선원이 여권 등 신분증을 직접 관리하도록 방안 마련 ② 근로감독 인력 충원, 겸직이나 보직순환 없는 전문 인력 배치 ③ ILO 「2007 어선원 노동협약」 비준 및 이에 준하여 국내 법령 정비 (3) 이주어선원의 최저임금 차별 시정 ① 이주어선원의 최저임금 결정에 공공성 강화 ② 이주어선원의 최저임금 차등지급 폐지와 보합제 동등 적용 검토 (4) 어선원재해보상보험제도의 차별 철폐 및 공정성 강화 ① 「어선원 및 어선 재해보상보험법」상의 적용 제외 규정 개정 ② 이주어선원에게도 재해보상이 동등하게 적용되도록 해양수산부의 관리감독 강화 ③ 공정하고 투명한 어선원재해보상보험제도 마련 (5) 농축산업 외국인근로자의 인권침해 예방 및 노동조건 개선 ① 농축산업 외국인근로자의 노동조건 개선을 위한 방안 마련

10대 가이드라인	핵심 추진과제
	② 농축산업 사업주 및 고용센터 등 직원에 대한 교육 강화 ③ 불법적 파견 근로 사업장 감독 강화 및 고용 제한 (6) 단기간 계절 외국인근로자 제도 개선 ① 단기간 계절 외국인근로자의 인권침해 방지대책 강화 ② 단기간 계절 이주동자의 권리구제 시스템 마련 (7) 건설업 분야에 원청기업 책임 강화와 적정임금제도 도입 ① 임금 지급에 대한 원청기업의 책임 강화 ② 적정임금제도 도입 (8) 가사 · 간병 분야 여성 외국인근로자의 노동권 보호 ① 가사 · 간병 분야 여성 외국인근로자의 고용개선 및 노동권 보호 ② 중개업체 및 파견업체에 대한 규제와 감독 (9) 해외투자기업 산업연수생[기술연수(D-3)]의 노동조건 개선 ① 해외투자기업 산업연수생[기술연수(D-3)]의 노동조건 개선 (10) 특정활동(E-7) 분야 종사자의 인권상황 실태 파악 ① 특정활동(E-7) 분야 종사자의 인권상황 파악 및 노동조건 개선 ② 특정활동(E-7) 일부 직종에 대한 사업장 변경 사전허가 제도 개선
6. 이주민에게 보건의료 서비스 차별 없이 보장 (8개 과제)	(1) 외국인근로자의 건강보험 직장가입제도 정비 ① 건강보험 당연가입 사업장의 가입 여부 감독 및 미가입 시 제재 조치 강화 ② 농축산업 사업장의 건강보험 직장 가입 확대 (2) 건강보험 지역가입제도에서의 이주민 차별 폐지 ① 이주민의 건강보험 지역보험료 산정에 있어 차별적 조치 개선 ② 이주민 지역가입자의 세대 인정 범위 확대 ③ 건강보험료 체납에 대한 행정처분의 차별적이고 인권침해적 요소 시정 (3) 이주민의 의료보장 접근성 강화 ① '외국인근로자 등 의료지원사업' 제도 개선 ② 필수예방접종 국가부담사업의 실효성을 높이기 위해 보건소 외 의료기관 확대 ③ 취약계층 이주민에게 체류자격과 무관하게 의료보장제도에 접근할 권리 보장
7. 위기 상황에 처한 이주민에 대한 보호 등 비차별적 사회보장제도 마련 (4개 과제)	(1) 위기 상황에 처한 이주민에 대한 보호와 지원 강화 ① 위기 상황에 처한 이주민을 보호하기 위한 공공부조 확대 ② 범죄행위로 인해 생명 · 신체에 피해를 본 이주민의 보호 강화 (2) 취약 이주민에 대한 보호와 사회 서비스 확대 ① 장애를 가진 이주민에게 장애인 등록과 복지서비스 제공 범위 확대 ② 노숙 상태의 이주민 보호와 지원 대책 마련
8. 이주아동에게 아동 이익 최우선의 원칙 보장 (8개 과제)	(1) 보편적 출생등록제도의 도입 ① 모든 아동에 대해 보편적 출생등록제도 도입 및 사회 서비스로 연계하는 방안 마련 (2) 보육 서비스 접근성 확보 및 보육 지원 확대 ① 영유아에 대한 차별 없는 보육 서비스 제공을 위해 「영유아보육법」 개정 ② 이주아동의 보육 서비스 접근 확대 (3) 온전한 교육권 보장 ① 학령기 이주아동에 대한 취학 독려 등을 통해 이주아동의 교육권 보장

10대 가이드라인	핵심 추진과제
	② 중도입국 이주아동에 대한 교육훈련 강화 ③ 의무교육 대상에 국내에 거주하는 모든 아동을 포함하도록 법적 근거 마련 (4) 학대피해 이주아동에게 안정적인 보호와 적절한 지원 ① 학대피해 이주아동의 실태 파악 및 보호 강화 ② 「국민기초생활 보장법」을 개정하여, 아동보호시설 등에 입소한 이주아동에게 동등 지원
9. 이주여성의 인권을 보호하고 이주정책에 젠더 관점 반영 (13개 과제)	(1) 결혼이주여성의 안정적인 체류 보장 ① 한국인 배우자에 의한 신원보증제도 전면 폐지 및 관행 사정 ② 혼인파탄 귀책사유에 대한 입증책임의 전환 ③ 면접교섭권을 가진 결혼이주여성의 안정적 체류 보장 ④ 혼인단절 결혼이주여성의 안정적인 체류 보장을 위한 조치 마련 (2) 개인의 존엄과 성평등에 기초한 혼인의 성립과 가족생활 보장 ① 결혼이민 비자 발급이 거부된 입국대기자에 대한 인권침해 방지 ② 귀화 결혼이주여성과 자녀에 대한 지원 제도 마련 ③ 다문화가족 및 결혼이주여성정책에 젠더 관점 반영 (3) 젠더 기반 여성폭력으로부터 이주여성의 인권보호 ① 폭력피해 이주여성 지원 체계 구축 · 강화 ② 폭력피해 이주여성의 방어권 행사 보장 ③ 젠더 기반 여성폭력 근절을 위한 인식 개선 캠페인 및 교육 강화 (4) 여성 외국인근로자에 대한 모성 보호 및 역량 강화 ① 임신 · 출산을 이유로 해고 당하지 않도록 사업장에 대한 감독 및 제재 조치 강화 ② 여성 외국인근로자에 대한 노동인권 교육과 지원정책 강화 ③ 여성 외국인근로자 대상 구직 경로 공공성 강화
10. 이주민 구금을 최소화하고 인도적 차원의 대안 마련 (9개 과제)	(1) 단속과 강제추방 중심의 미등록 이주민 정책 제도 개선 ① 단속 과정의 적법 절차와 인권보호 준칙 준수 ② 단속 과정에 대한 의무적 영상녹화 지침 마련 ③ 단속 과정에서의 강제력 행사에 대해 형사사법절차에 준하는 방안 마련 (2) 사실상 구금에 해당하는 외국인의 '보호'에 대한 근거와 절차 마련 ① 보호명령에 대한 이의신청 등 구제절차의 실효성 담보 ② 보호해제 혹은 보호일시해제의 확대 및 보호기간의 상한 규정 마련 ③ 특별한 보호가 필요한 이주민의 구금 금지 (3) 이주아동의 구금 금지 ① 「출입국관리법」에 아동의 구금을 금지하는 규정 신설 ② 아동 구금 금지 원칙의 실효성 방안 마련 (4) 미등록 이주아동에 대해 인도적 차원의 대안 마련 ① 미등록 이주아동의 안정적인 체류 보장을 위해 법 · 제도 개선

그림 9-2 제2차 이주인권가이드라인 핵심 추진 과제

출처: 제2차 이주인권가이드라인, 2019.

CHAPTER 10

취약 · 위기 다문화가족 통합사례관리

1. 취약 · 위기 다문화가족의 이해
2. 사례관리 개념 및 필요성
3. 사례관리의 제언
4. 다문화가족지원 사례관리사업

1. 취약 · 위기 다문화가족의 이해1)

1) 위기가족의 개념

위기는 사회체계의 구성원이 행복, 생존 등에 위협을 느끼는 상황(Lipman-Blumen, 1973)으로, 일련의 사건 · 상황 자체가 아닌 사건 · 상황이 개인 · 가족에 영향을 미친 결과(O'Hagan, 1984)이다. 동일한 스트레스 사건 · 상황에 직면하였더라도 개인 · 가족의 맥락에 따라서 위기 여부는 달라지기 때문에(Beaujot, 1988), 위기를 유발하는 스트레스 사건 · 상황을 구체적으로 정의하기는 어렵다.

가족이 빈곤, 실직 등과 같은 스트레스 사건이나 상황에 직면하였을 때, 가족 자원과 스트레스 사건이나 상황에 관한 가족의 인식에 따라서 가족의 위기 여부가 결정된다(Hill, 1949). 위기가족이란 스트레스 사건이나 상황이 발생했을 경우, 가족이 사건이나 상황에 대처할 만큼 충분한 외적 · 내적 가족자원이 부족하거나 없으며, 스트레스 사건과 상황을 기대가 아닌 위협으로 인식하여, 이에 대한 적절한 대응을 하지 못하는 가족을 말한다.

2) 취약가족의 개념

취약가족이란 외적 · 내적 가족자원이 매우 부족한 가족을 의미한다. 가족자원이 적은 취약가족은 스트레스 사건 · 상황이 발생할 경우 사용가능한 가족자원의 부족으로 위기에 처할 가능성이 높다.

가족의 외적 · 내적 자원은 인적 자본, 경제적 자원, 물적 자본, 사회자본 등을 말한다. 먼저, 경제적 자원은 가구소득, 금융자산, 재산 등 화폐로 환산 가능한 자원을 의미하며, 일반적으로 가족의 경제적 자산을 가리킨다.

물적 자본은 생산에 투입되는 기계, 공장설비 등 생산설비에 해당하는 생산요

1) 김승권 외(2010)의 내용을 일부 발췌 · 인용함

소(Daum 사전)을 말하며, 인적 자본은 미래의 경제적 생산력을 형성하는 내재적으로 투자된 자산을 의미한다(Baptiste, 2001; Chung & Yang, 1996). 인적 자본은 지식수준, 학력 등 개인이 가진 인지적인 능력뿐만 아니라, 행동일관성, 인내력 등 비인지적인 능력을 포함하는 개념이다(이봉주, 2006; Carneiro & Heckman, 2003). 사회자본은 개인 간 또는 조직 간 관계에서 얻는 사회적 자원으로서, 물적 자본, 인적 자본과 마찬가지로 달성이 불가능했던 목표를 성취하게 하는 생산적인 역할을 한다(Coleman, 1988). 사회자본은 크게 가족 내 사회자본과 지역사회 사회자본으로 구분된다(Ferguson, 2004).

가족 내 사회자본은 가족구성원 간의 관계에서 얻는 자원으로 가족구성원 간 친밀도 등을 말하며, 지역사회 사회자본은 가족과 학교, 이웃 등 지역사회와의 상호작용에서 나오는 자원으로 종교활동에서 받는 영적 지지, 지역사회기관 활동 참여 등이 있다(Coleman & Hoffer, 1987; Ferguson, 2004).

3) 취약 · 위기 다문화가족

스트레스 사건이나 상황에 대처할 만큼 충분한 외적 · 내적 가족자원이 없는 취약 · 위기가족은 경제적 · 심리정서적 · 사회적 어려움을 동시에 겪는다. 위기가족은 스트레스 사건이나 상황을 위협으로 인식하기 때문에 심리적 어려움을 크게 경험하게 된다. 취약 · 위기가족이 겪는 복합적인 어려움은 단순히 한 가지의 사건이나 상황으로 발생하는 것은 아니다. 스트레스 사건이나 상황은 문제에 대한 유일한 원인은 아니며, 대부분의 가족이 그 이전부터 복합적인 어려움을 겪는다. 이와 같이 취약 · 위기가족은 인적 자본, 경제적 자원, 물적 자본, 사회자본이 적으며, 복합적인 어려움을 경험하기 때문에 단일 프로그램을 통한 개입보다는 사례관리자가 지역사회 내의 다양한 자원을 활용하여 통합적이고 포괄적인 서비스를 제공하는 사례관리가 더욱 적절한 개입방법이다.

다문화가족도 취약 · 위기가족과 유사하게 사례관리 대상으로 적절한 집단으로 볼 수 있다. 다문화가족은 사회적 자원의 부족, 언어적 어려움, 구직 및 경제적 어려움을 겪고 있고 스트레스 사건이나 상황이 발생할 경우 이용가능한 가족자원이 적어, 비다문화가족보다 취약·위기에 처할 가능성이 높기 때문이다. 비다문화가족보다 더욱 복합적인 어려움과 취약·위기 상황에 처하지만 활용가능한 자원이 부족하기 때문에 사례관리를 통한 포괄적·통합적 서비스 제공 및 조정은 매우 필수적이고 효과적인 사회복지 개입방법이라 볼 수 있다.

2. 사례관리 개념 및 필요성[2)]

1) 사례관리의 개념

사례관리란 클라이언트의 복합적 욕구를 충족시키기 위해서 사례관리자가 주체가 되어 클라이언트와 일차 집단의 기능을 향상시키고 공식적 자원과 비공식적 자원을 조직, 조정, 유지하는 활동을 말한다(Moxley, 1989). 사례관리는 휴먼서비스의 탈시설화로 지역사회 내에서 생활하는 클라이언트의 욕구를 파악하고 이를 충족시키는 서비스를 제공하기 위한 방안이다. 또한 지방분권화, 복합적인 욕구를 가진 클라이언트의 증가, 기존 서비스의 분산성, 사회적 지지와 사회적 네트워크의 중요성에 대한 인식 증가 등으로 인하여 각각의 기관에서 제공하는 다양한 서비스를 조정·통합할 수 있는 방법이 요구됨에 따라 사회복지사는 사례관리에 주목하게 되었다(Moxley, 1989). 이후 사례관리는 복합적인 욕구를 가진 클라이언트에게 지속적으로 사용되고 있다.

사례관리의 주요한 특징은 다음과 같다(김승권 외, 2010). 첫째, 사례관리는 새로운 방법론이 아니라 생태체계이론과 임파워먼트 관점에서 직접적인 개입과 간접적인 개입방법을 통합한 접근이다. 둘째, 장기간의 서비스를 필요로 하는 복합적이고 다양한 욕구를 가진 클라이언트를 대상으로 치료와 문제해결보다는

2) 김승권 외(2010, 2011)의 내용을 일부 발췌·인용함

욕구의 충족과 보호, 시설보호보다는 지역사회보호에 초점을 둔다. 셋째, 사례관리는 기존 서비스에 클라이언트를 맞추는 것이 아니며, 클라이언트의 욕구에 맞춤 서비스를 한다. 서비스의 효과성과 효율성을 높이기 위해서 포괄적이고 지속적인 서비스를 연계·조정하여 제공하고 모니터링을 한다. 넷째, 클라이언트의 사회적 기능과 자립을 극대화하기 위해 사례관리자는 지속적 보호를 통해서 사례관리자의 클라이언트에 대한 책임성을 강화하고, 클라이언트와 사회환경과의 상호작용에 관심을 두고 다양한 지원체계의 광범위한 서비스를 활용한다(설진화, 2009).

사례관리와 전통적 실천방법은 분명한 차이점을 보여준다. 사례관리는 복합적 욕구를 가진 개인과 가족을 대상으로 욕구충족을 위해 공식적·비공식적 사회자원을 연결, 조정하는 활동인 반면, 전통적 실천방법은 사회적응에 장애가 되는 문제를 가진 개인을 대상으로 전문가가 행하는 개별적·의도적 문제해결 과정을 통해서 개인의 사회적응 능력의 향상과 인성발달을 도모하는 과정이다(권진숙, 박지영, 2009). 따라서 사례관리는 전통적 실천방법과 차별성이 있으면서 사례관리 개입대상이 전통적 실천방법의 개입대상과 다르다는 것을 알 수 있다.

2) 사례관리의 이론적 배경

(1) 생태체계적 관점

생태체계적 관점은 일반체계이론(general system theory)과 생태이론(ecological theory)의 절충적인 관점으로, 사례관리의 기본 전제인 통합성(integration)의 기반이 된다(권진숙, 박지영, 2009; 김승권 외, 2003). 일반체계이론은 전체와 전체를 이루는 부분들과의 관계의 중요성을 강조하는 체계이론을 기반으로 개인, 가족, 사회 등 사회의 모든 구성물들이 하나의 체계이며 각 체계를 기준으로 체계 내부와 체계 외부, 즉 체계와 환경과의 상호작용에 그 초점을 둔다(김승권 외, 2003). 생태이론이란 개인과 개인을 둘러싼 환경이 서로 밀접한 관계에 기반을 두고 유기적 상호작용을 지속한다는 전제 하에 클라이언트와 그의 환경을 이해한다. 일반체계이론은 단순히 각 체계의 내부와 외부로 이분법적 구분을 하였지만, 생태이론은 개인을 둘러싸고 있는 환경들을 개인과 여러 환경 간의 상호작용의 정도로 환경 위계적으로 구분하고, 나아가 개인과 여러 환경 간의 상호작용에 초점을 둔다(권진숙, 박지영, 2009).

일반체계이론과 생태이론을 접목한 생태체계적 관점은 사례관리자가 클라이언트의 복합적인 욕구를 원인과 문제의 관계에서 이해하기보다는 클라이언트와 함께 해결할 수 있는 과업으로 인정하고, 욕구를 충족하고 해결해 나가는 과정이다. 클라이언트와 환경 사이의 상호 보완성에 초점을 두고, 클라이언트를 비롯하여 클라이언트를 둘러싼 다양한 차원의 환경체계의 참여를 독려한다(권진숙, 박지영, 2009; 설진화, 2009).

따라서 사례관리자는 클라이언트의 문제를 생태체계적 관점에 기반하여 해결하기 위해 클라이언트의 역량을 강화시킬 뿐만 아니라 클라이언트 외부의 다양한 체계에도 개입해서 클라이언트와 환경의 상호작용을 높여야 한다. 클라이언트의 문제를 사정한 이후 문제해결을 위해 개입해야 할 영역은 세 가지로 정리할 수 있다. 가족 및 기본체계, 개인의 경제 · 사회체계, 개인의 심리체계인 미시적 범주, 지역사회의 자원 개발, 자원 연계, 서비스 체계 통합인 중범위 범주, 지역 및 사회 재구조화, 지역정책 변화 · 옹호인 거시적 범주이다. 사례관리자는 이 체계를 고려하여 클라이언트의 문제 및 원인을 파악하고 이를 해결하기 위한 방안을 수립해야 한다(김승권 외, 2010).

(2) 임파워먼트 관점

임파워먼트 관점은 클라이언트에게 자신감, 가치감을 제공하고 환경에 관한 대처 능력과 통제력 등을 스스로 갖출 수 있도록 인식을 변화시킴으로써, 클라이언트로 하여금 자신의 삶에 대한 결정과 행동에 있어서 힘(power)을 가질 수 있도록 돕는 것을 말한다(설진화, 2009). 임파워먼트 관점은 생태체계적 관점을 기반으로 하기에 사회복지사는 클라이언트의 상황을 환경과 연결하여 다양한 사회적 체계 안에서 클라이언트를 사정 · 개입하여야 한다(Miley et al., 2004). 또한 클라이언트는 자신과 가족, 친구, 이웃, 친척, 사회복지사 등에게 자신의 문제를 해결하는 주체적인 존재로 문제의 해결 과정을 통해서 자신의 역량을 발휘할 수 있는 잠재력을 가졌기 때문에 사회복지사는 클라이언트의 역량을 존중해야 한다(설진화, 2009).

임파워먼트 실천의 영역을 세 가지로 나누어 설명하면 다음과 같다(Miley et al., 2004). 첫 번째 영역은 개인적 차원의 임파워먼트로, 자신의 강점, 통제력 등에 주관적인 감정에 관한 임파워먼트를 말한다. 자신의 능력에 대한 자신감은 개인의 성취에 긍정적인 영향을 미치고 타인 및 주변 환경과 원활하게 상호작용을 할 수 있는 다양한 자원을 제공받을 수 있도록 하는 주요한 역할을 한다. 따라서 사회복지사는 클라이언트의 통제력, 자신감 등을 증진시켜 클라이언트가 자신에 대해 긍정적으로 인식하게 하고 외부로부터의 자원동원능력도 높여야 한다. 두 번째 영역은 대인관계의 차원이다. 대인관계의 차원은 클라이언트가 타인에게 영향을 미치는 능력을 의미하는데, 이 능력은 교육수준, 성별 등 사회적 지위나 새로운 기술 및 지위의 습득을 통해서 결정된다. 교육 등을 통해서 이루어지는 대인관계 차원의 임파워먼트는 클라이언트의 통제력, 자신감 등에도 긍정적인 영향을 주어 개인적 차원의 임파워먼트도 가능하게 한다. 세 번째 영역은 사회구조적 영역으로, 사회구조와 클라이언트 개인의 관계를 말한다. 사회구조적 변화는 개인의 자원동원 능력을 향상시킴으로써 자신의 역량을 강화하고 변화를 촉진할 수 있으므로 사회복지사는 구조적 변화를 통하여 클라이언트의 역량이 강화될 수 있도록 해야 한다(Miley et. al., 2004).

사례관리자는 임파워먼트 관점을 기반으로 세 가지 차원에 접근하여 클라이언트의 역량을 강화시켜야 한다. 클라이언트의 임파워먼트를 위해 사례관리자가 가장 중요시해야 하는 활동 과정으로 클라이언트와의 라포 형성, 클라이언트의 강점에 대한 올바른 사정 · 평가, 클라이언트를 자신의 문제해결의 주체자로 인식하기 등을 언급하였다(설진화, 2009).

3) 통합사례관리 대상가구 선정기준 및 모형개발

취약 · 위기 및 다문화가족 통합사례관리 과정은 1단계 초기상담 및 대상가구(대상자) 선정, 2단계 욕구 · 자원사정, 기초선 측정, 계약, 3단계 사례관리 계획수립, 4단계 사례관리 실시, 5단계 사례관리 점검(서비스 및 욕구 점검), 6단계 종결심사 및 종결, 7단계 사후관리 등으로 정리할 수 있다.

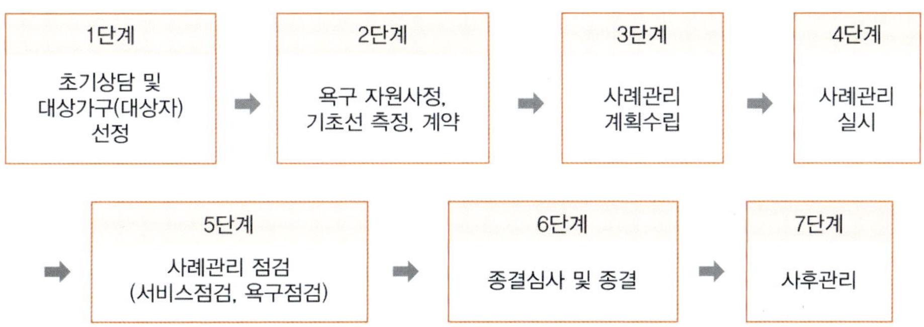

그림 10-1 취약 · 위기 및 다문화가족 통합사례관리의 과정

출처: 김승권 외, 2010.

4) 통합사례관리 단계

(1) 초기상담(1단계)

초기상담을 통하여 사례관리의 대상가구를 선정하는 과정이다. 사례관리자는 클라이언트 가구의 어려움을 명확하게 정의한 후 해당 가구가 사례관리의 대상으로 적합한지 판단한다. 초기상담에서 클라이언트는 사례관리자와 처음 만나서 관계를 맺고 자신의 문제를 노출시켜야 하는 불안과 부담이 있다. 따라서 사례관리자는 관계형성 기술과 인테이크 면접기술, 신뢰구축 기술 및 부정적 감정을 다루는 기술, 기대를 명확히 하는 기술 등을 사용해서 클라이언트의 부정적 감정을 안정시키고 사례관리자를 신뢰하도록 만들어야 한다.

사례관리자는 초기상담을 통해 클라이언트 가구가 취약 · 위기 다문화가족 사례관리의 대상가구 선정의 기준에 부합하는지 파악하고, 부합하는 경우에는 사례관리 대상가구로 선정한 후 다음 단계를 진행하고, 부합하지 않는 경우 클라이언트 가구의 욕구에 적합한 다른 프로그램이나 서비스에 의뢰 · 연계한다.

(2) 대상자 선정기준

취약 · 위기가족 및 다문화가족이 사례관리 대상가구가 되기 위해서는 표 10-1의 취약성 평가 영역 가운데 2개 이상의 영역에 해당해야 한다. 취약성 평가 결과에서 2개 이상의 영역에서 취약성을 가지고 있는 경우 사례관리 대상가구로 선정하여 다음 단계를 진행한다.

표 10-1 사례관리 대상가구 선정기준

<table>
<tr><th colspan="2">평가영역</th><th>정의</th></tr>
<tr><td colspan="2">경제적 자본</td><td>• 공적부조를 2종 이상 받고 있는 수급가구</td></tr>
<tr><td colspan="2">물리적 자본</td><td>• 주거불안정 또는 위해한 주거환경으로, 주거안정화를 위한 긴급한 지원이 필요한 가구
• 가족 내외의 폭력, 학대의 위협으로 가구구성원 중 일부의 분리보호가 필요한 경우</td></tr>
<tr><td colspan="2">인적 자본</td><td>• 생활을 같이 하는 부양(의무)자가 문해능력이 없는 경우
• 생활을 같이 하는 부양(의무)자가 근로에 필요한 지식이나 기술이 없어 근로활동을 하지 못하는 경우
• 고교 이하의 학력을 가진 가구구성원 중 학업중단상태인 가구원이 1인 이상인 가구</td></tr>
<tr><td rowspan="2">사회적 자본</td><td>가족</td><td>• 한부모, 조손, 미혼부모, 다문화, 북한이탈주민가족
• 가족구성 중 지속적인 치료가 필요한 만성적 신체/정신질환이나 희귀질환, 장애, 보육 및 간병 부담이 높은 가족구성원이 1명 이상 있는 가구</td></tr>
<tr><td>지역사회</td><td>• 가족구성원 중 1인 이상이 지역사회 내에서 방치, 고립, 단절되어 있는 가족</td></tr>
</table>

주: 위의 취약성 평가영역 중 2개 이상의 영역에 해당하는 가구원 및 가구를 대상으로 함.
출처: 김승권 외, 2010.

(3) 슈퍼비전

사례관리자는 효과적인 사례관리를 위해 정기적으로 슈퍼비전을 받아야 한다. 좀 더 현장이나 사례연구 경험이 많은 슈퍼바이저에게 지속적인 도움과 교육, 상담을 통해서 효율적으로 업무를 수행할 수 있다. 사례관리자는 슈퍼비전을 받기 전에 사례를 요약·정리한 후 슈퍼비전을 받고 싶은 내용을 미리 제출해 회의 전에 슈퍼바이저가 충분히 고민할 수 있도록 해야 한다. 이는 사례관리에 있어서 개인의 제한적인 경험이나 판단을 보완하고 사례관리자의 성장을 돕는 중요한 과정이라고 할 수 있다.

(4) 욕구·자원사정, 기초선 측정 및 계약(2단계)

사례관리자는 등록된 사례관리 대상가구의 욕구 및 자원을 파악해야 한다. 특히 전통적인 사정과정에서 간과해왔던 자원사정도 반드시 실시하여야 한다(권진숙, 박지영, 2009). 욕구사정은 클라이언트의 문제를 면밀히 분석하는 단계이며, 자원사정은 클라이언트가 가진 건강, 지능, 의사소통능력, 충성심 등과 같은 내부 자원과 공식·비공식적 외부 자원을 분석하고 필요한 자원을 파악하는 과정이다. 내부 자원은 문제를 해결하고 욕구를 충족하는 데 사용되는 가족구성원의 성격이나 가족생활의 질 등을 말한다. 외부 자원이란 가족을 위해서 서비스를 제공하는 사람이나 재화, 조직을 일컫는다. 외부 자원은 공식적 자원과 비공식적 자원으로 구성된다. 공식적 자원은 정책 또는 규칙을 근거로 가족을 돕는 기관, 전문가를 가리키며, 비공식적 지원은 자발적으로 가족을 지원하는 친척, 친구, 이웃, 자원봉사자 등을 말한다(Ballew & Mink, 권진숙, 전석균 역, 2001).

2단계에서는 욕구와 자원사정뿐만 아니라 위험수준도 측정을 한다. 취약·위기가족의 현상별 위험수준은 기초선(baseline)으로 사용한다. 사례관리자는 욕구 및 자원사정과 위험수준 측정의 결과를 토대로 하여 클라이언트 가구에게 사례관리가 필요한 경우 서면동의를 통해서 클라이언트를 사례관리 대상자로 등록한다. 사례관리자가 클라이언트에게 사례관리가 매우 필요하다고 판단해도 클라이언트가 원하지 않는 경우에는 사례관리자는 클라이언트의 동의 없이 강제로 사례관리에 참여시킬 수 없다.

(5) 사례관리 계획수립(3단계)

사례관리자는 1~2단계를 통해 파악한 클라이언트의 욕구 및 자원, 현상별 위험수준 등을 반영하여 계획을 수립한다. 사례관리자는 클라이언트가 위기를 극복할 수 있도록 필요한 지역사회의 자원을 파악하고 지원가능한 개인 및 기관으로부터 서비스 제공에 승인을 받은 후에 계획에 반영한다. 사례관리자는 클라이언트가 계획 수립에 참여하면서 자신의 문제에 직면할 수 있도록 클라이언트를 임파워먼트 해야 한다(권진숙, 박지영, 2009).

사례관리자는 또한 슈퍼바이저와 함께 논의하여 클라이언트의 상황에 시의적절한 계획을 수립할 수 있도록 해야 한다.

개입목표는 단기 개입목표와 중기 개입목표, 장기 개입목표로 구분할 수 있다. 단기 개입목표는 사례관리를 시작한 후 적어도 3개월 이내에 달성 가능한 성취수월성에 관한 고려와 중기 및 장기 목표를 달성하기 위한 과정의 목표 설정을 위해 활용하는 것도 가능하다. 단기목표로 설정이 가능한 부분은 인식이나 행동의 변화보다는 새로운 정보나 지식의 습득을 통해서 새로운 자원을 활용하는 것과 같은 궁극적 행동 변화에 영향을 주는 생활조건의 변화를 목표로 설정하는 것이 더욱 적절하다.

장기 개입목표는 단기·중기목표 달성을 통해서 또는 단기·중기목표와 무관하게 6개월 이상의 개입 노력을 통해서 변화를 가져올 수 있는 영역, 태도나 행동의 변화를 도모하기 위한 목표로 적절하다.

(6) 사례관리 실시 및 점검(4~5단계)

4단계는 사례관리의 실시과정으로 사례관리자는 3단계에서 수립한 계획을 토대로 하여 사례관리를 진행한다. 5단계는 사례관리의 점검과정으로서, 사례관리자는 클라이언트 가구의 욕구변화를 확인 및 점검하고 계획한 서비스가 원활하게 제공되고 있는지 점검한다.

사례관리 점검시기는 매년 2월, 6월, 10월에 정기적으로 실시하며, 클라이언트의 상황에 따라 추가 실시한다. 사례관리자는 사례관리 점검을 통해서 클라이언트의 변화된 욕구, 서비스 진행 상황을 확인 및 점검한 내용을 반영하여 사례관리 계획을 수정한다.

(7) 종결심사 및 종결(6단계)

6단계 종결심사 및 종결은 클라이언트 가구의 사례관리를 종결하는 것이 적절한 지 심사를 하고, 적절하다고 판단되면 사례관리를 마무리하는 과정을 말한다. 가구가 취약·위기 수준을 벗어나서 더 이상의 사례관리를 필요로 하지 않은 경우에 사례관리를 종결하지만, 때로는 가구의 이사, 가족원의 사망, 연락두절 등으로 인해서도 사례를 종결할 수도 있다.

사례관리자는 이 단계에서 클라이언트, 슈퍼바이저와 함께 사례관리의 종결이 적절한 지에 대해 의논한다. 사례관리 종결심사를 위해서 사례관리자는 위험수준 사정척도지를 토대로 하여 종결심사 시점에서의 가구의 위험수준을 파악하고 이를 종결심사의 자료로 활용한다.

사례관리자는 종결심사 후 사례관리 종결심사서를 작성하고, 종결이 결정된 경우 사례를 마무리하면서 종결 보고서도 함께 작성하도록 한다.

(8) 사후관리(7단계)

사례관리자는 종결 후 일정기간 동안 지속적으로 사후관리를 해야 한다. 사례관리자는 사례관리 대상가구의 탈취약·탈위기 상태가 잘 유지되고 있는지를 몇 개월에 걸쳐 확인하고 사후관리 과정이 끝나면 사례는 완전히 종결하게 된다.

사례관리자는 최소 3개월 이상 매월 1회, 전화 또는 직접 방문 등을 통해 사후관리를 실시하며, 또는 해당 가구가 현재 서비스를 제공받는 연계기관과 협력해 사후관리를 실시할 수도 있다. 간혹 사례관리 대상가구가 연락두절이어서 사후관리가 어려운 경우 자체 사례회의를 통해서 사후관리의 지속 가능 여부를 결정한다. 사후관리 중에라도 가구에서 도움을 요청한다면 사례관리자는 다시 도움과 자원을 연계 · 제공하며, 경우에 따라 사례관리 재개입을 할 수도 있다.

3. 사례관리의 제언3)

1) 정책적 제언

첫째, 사례관리의 효과성을 바탕으로 체계적이고 효과적인 통합사례관리를 실시할 필요가 있다.

둘째, 현재 실시 중인 민간과 공공의 사례관리 방식을 대폭 개선해 중위험군과 고위험군에 대해 집중된 사례관리를 실시해야 할 것이다. 사례관리자 1인당 업무량이 과도하게 설정되는 것을 개선해 질적 관리와 효과성 증대를 위해 사례관리자 1인당 대상 가구수를 축소하는 방안이 마련되어야 할 것이다.

셋째, 현재 공공과 민간에서 각각 실시되고 있는 사례관리의 통합 또는 역할분담을 추진해 사례관리의 중복성, 사례관리 기관 간의 갈등을 해소시킬 필요가 있다. 현장의 실태를 면밀히 파악한 후 결과에 따라 정책적 결단을 해야 할 것이다. 통합방안으로 민간중심의 사례관리를 강화하는 방안과 사례관리에 있어 공공과 민간의 역할분담을 통해 사례관리 대상이 저소득층인 경우는 공공사례관리에서, 저소득층이 아닌 경우는 민간사례관리에서 담당하는 것이다.

넷째, 통합사례관리의 효과성을 높이기 위해 지역사회 내에 다양한 연계자원이 존재해야 하므로 부족한 자원을 지속적으로 개발하고 이를 충분히 활용할 수 있도록 하기 위한 정보 공유가 되어야 한다.

---

3) 김승권 외(2011)의 내용을 일부 발췌 · 인용함

다섯째, 사례관리대상 개인과 가구가 요구하는 서비스를 제공하기 위해 다양하고 충분한 자원의 연계가 필수적이다. 욕구충족이 가능하도록 각종 자원의 충실한 연계를 가능하게 하는 지역사회 중심 체계를 갖추어야 한다.

2) 학술적 제언

첫째, 많은 경험과 우수한 능력을 가진 인력을 사례관리자로 배치하고, 기관의 책임자나 부책임자를 슈퍼바이저로 지정해야 한다. 사례관리의 성패는 사례관리자와 슈퍼바이저의 자질과 업무 연속성과 연관된다고 판단되기 때문이다.

둘째, 복잡하고 다양한 사례에 대한 적절한 슈퍼비전을 제공하기 위해 슈퍼바이저의 역할이 중요하지만 사례관리기관 내부에서 모든 사례에 대한 슈퍼비전을 제공하기 어려우므로 기관 외부의 슈퍼바이저를 지정하여 사례의 특성에 맞는 슈퍼비전을 제시해 줄 수 있는 체계를 갖추어야 한다. 전문영역별 전문가 인력풀 구성과 외부 슈퍼바이저의 지정 활용이 바람직할 것이다.

셋째, 사례관리대상 개인 및 가구는 다양한 유형의 욕구를 가지고 있으므로 이를 충족시키기 위한 다양한 인적·물적 자원이 요구되므로 지역사회에서 부족한 자원은 적극적으로 조속히 개발하여야 한다. 이를 통해 사례관리의 목적을 달성할 수 있고, 향후 발생하는 사례관리대상 개인 및 가구에게도 적절한 서비스를 제공하고 연계하는 것이 가능하다.

넷째, 사례관리대상 개인 및 가구의 특성상 기관 차원의 사례관리에 어려움이 있을 경우에는 사례관리대상 개인 및 가구의 특성이 충분히 반영된 관련 기관들의 협동을 통해 해결할 수 있는 체계를 갖춘다.

4. 다문화가족지원 사례관리사업[4)]

1) 도입 배경 및 전개

다문화가족의 증가는 긍정적 측면에서 보면 한국사회의 문화적 다양성의 확장 및 타 문화에 대한 이해의 증진, 결혼이민자와 자녀가 이중 언어, 다문화 감수성을 갖춘 글로벌 인재로의 성장 등을 통해 사회통합, 국가 성장에 기여를 할 수 있다는 것이다. 그러나 국제결혼이 상업적 이윤 추구 수단으로서 악용되어 심각한 인권 침해가 발생하거나, 한국사회의 다문화가족에 대한 차별과 편견, 다문화가정 자녀의 학교 부적응 현상 등이 사회문제로 대두되고 있다. 따라서 이에 대한 사회적 지원을 위한 비용부담이 증가할 수 있는 부정적 측면을 지닌다(김이선 외, 2006; 설동훈 외, 2006).

이와 관련하여 정부는 궁극적으로 다문화가족의 사회통합을 목표로 범부처의 차원에서 다문화가족이 안정적 생활을 영위할 수 있도록 다각적으로 정책을 시도하고 있다. 그러나 다문화가족의 특성상 출신국별, 입국시기별, 생애주기별 등에 따라 다양한 경향을 보이고 있으며, 특히 정착과정에서 다문화가족의 복합적이고, 다차원적인 욕구 충족에는 미치지 못하고 있다(강기정 외, 2011). 따라서 다문화가족의 개별적 욕구와 문제에 관심을 기울이는 수요자 중심 서비스를 제공하는 동시에 다양한 사회자원을 연결하여 활용함으로써 사회적 비용을 절감하고 통합적인 관점에서 문제를 해결하고자 하는 다문화가족 사례관리접근을 도입할 것을 요구하고 있다(강기정 외, 2011; 박영희 외, 2012).

다문화가족의 사회통합을 목적으로 추진하고 있는 다문화정책은 2008년에 제정된 다문화가족지원법에 의해 설립된 다문화가족지원센터를 통해서 다문화가족 대상 생애주기별 맞춤형 서비스 지원을 실시하도록 되어 있다. 그러나 다문화가족의 욕구가 복합적이고 다차원적이기 때문에 단일 기관, 단일 서비스 공급자

4) 여성가족부(2020), 정은희 외(2013)의 내용을 일부 발췌 · 인용함

를 통해서는 그 욕구 및 문제를 해결하기에 미흡하다는 주장이 제기되고 있다.

2012년에 여성가족부는 전국 다문화가족지원센터 중 17개 시 · 도 센터를 중심으로 사례관리 시범사업을 실시하였고, 2013년에는 50개소로 확대하여 실시하는 것을 통해 체계적이고 표준화된 사례관리의 체계를 구축하기 위한 매뉴얼을 개발하고, 사례관리 전담인력 교육과 전문가의 슈퍼비전을 통해서 사례관리 전담인력의 역량을 강화하고, 다양하고 장기적인 욕구를 가진 다문화가족에게 효과적으로 사례관리를 수행하고자 하였다.

시작 단계의 다문화사례관리사업은 건강가정지원센터의 단위사업으로 시행되어 기존 가족상담이나 취약가족역량강화사업과의 중복 등의 문제가 발생되어 실태 파악을 통해 상담 영역에 포함되어 있는 사례관리에 대해서 사례관리전문가를 통한 체계적이고 전문적인 관리가 진행될 수 있도록 하고 있다.

2020년 기준 다문화가족 사례관리사업은 다문화가족의 복잡하고 다양한 문제해결 및 욕구 해소를 위한 심리, 정서적 안정 및 자립역량 강화 지원 등 맞춤형 종합서비스 제공, 체계적인 실적관리를 통한 사례관리 사업의 지원체계 구축 및 안정화, 양질의 사례관리 서비스를 제공함으로써 결혼이민자 및 다문화가족의 안정적인 사회 정착 기반 마련을 목표로 하고 있다. 전국에 174명의 담당인원을 배치하고 1인당 연간 20사례 이상 신규사례 대상가구를 발굴 지원하려고 사업 추진 중이다.

2) 사업분석

(1) 조직체계

다문화가족지원센터는 다문화가족지원법 제12조에 의거하여 설치 · 운영되고 있다. 여성가족부가 사업을 총괄하고 있으며, 시 · 군 · 구에서 다문화가족지원센터를 직영 또는 민간 위탁하여 사업을 실시하고 있다.

다문화가족지원센터는 다문화가족지원협의회를 연 2회 이상 운영하도록 하고 있다. 주요 협의사항으로 지자체 다문화가족정책 시행계획의 수립 · 시행에 관한 사항, 다문화가족 관련 지자체, 민간 등의 각종 사업의 조정 및 효율화 · 내실화에 관한 사항, 지역특성에 맞는 다문화가족 관련 사업 개발 · 지원, 지역 내 다문화가족 관련 사업수요 파악 및 수요자 맞춤형 프로그램 개발 · 지원, 다문화가족 관련 지역단위 민관협력 네트워크 구축 및 기관 간 서비스 연계 및 협력에 관한 사항, 지역사회 다문화 수용성 제고 및 다문화가족의 정책 및 사회참여 활성화에 관한 사항 등을 제시하고 있다.

다문화가족지원 사례관리사업은 다문화가족지원센터의 주요사업의 대상자를 통해서 발굴되어 내부 의뢰되거나 사례관리 대상자를 내부 사업으로 연계하는 경우가 많다. 다문화가족지원센터의 사업은 크게 기본 프로그램과 다문화가족 특성화사업으로 구분된다. 기본 프로그램은 가족, 성평등 · 인권, 사회통합, 상담, 홍보 및 자원연계의 5개 영역으로 나누어 진행되며, 다문화가족 특성화사업은 다문화가족 방문교육, 언어발달지원사업, 통 · 번역서비스사업, 다문화가족 사례관리사업, 특수목적 한국어교육으로 구분되어 진행되고 있다. 다문화가족지원 사례관리는 기본적으로 상담 영역에서 발굴되고 지원되나 다양한 내부 프로그램을 통해 발굴되는 사례관리 대상자의 욕구를 고려하여 다문화가족의 가족기능 강화와 자립 및 경제적인 안정과 관련한 욕구를 충족시키기 위해 다양한 자원 체계를 활용하고 최적의 프로그램을 개발하고 적극적으로 지원할 필요가 있다.

(2) 기본방향 및 사업내용

사례관리는 다문화가족의 정착을 위해서 국제결혼가정의 특성을 고려한 가족형성 초기 적응과 집중적 맞춤 지원, 복합적이고 장기적이며 만성적인 문제로 가족갈등이 심화된 다문화가족구성원이 스스로 삶을 계획하고 실천할 수 있는 역량을 갖출 수 있도록 다양한 서비스를 지원하는 것이다. 이를 실천하기 위한 다문화가족 사례관리사업은 다문화가족의 복합적 · 만성적 문제해결을 위하여 다문화가족지원센터 내 · 외부 자원 연계 등을 통한 맞춤형 종합 서비스를 제공하는 사업이다.

다문화가족 사례관리사업의 기본방향은 전문성, 적시성, 다문화 수용성과 개방성, 통합성, 연계성, 운영체계의 실효성, 책임성과 지속성을 표방하고 있다.

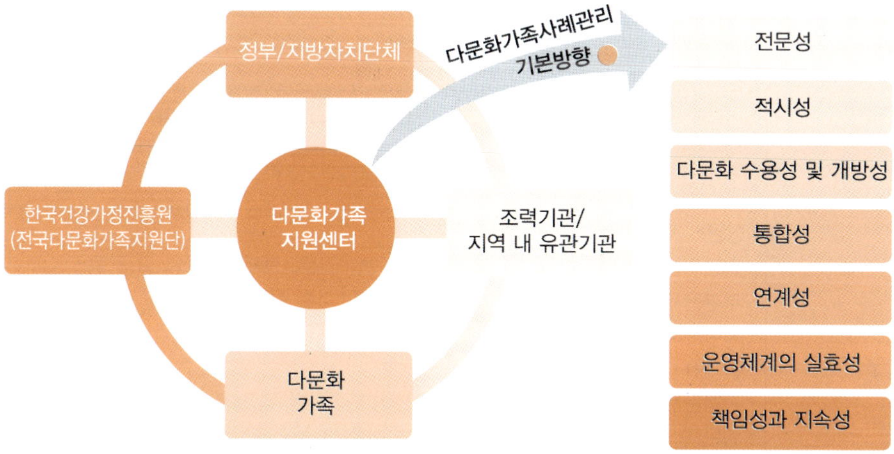

그림 10-2 다문화가족 사례관리사업의 기본방향

출처: 정은희 외, 2013.

또한 사례관리 서비스 유형은 위기 관리가구, 일반형 관리가구, 통합형 관리가구로 나누어 해당 유형별 세부적인 사례관리를 진행하고 있다.

표 10-2 사례관리 서비스 유형

유형	내용
위기 관리가구	가정폭력, 이혼, 자살(시도) 등의 상황적 위기로 인해 정신적 외상(트라우마)을 경험한 개인 및 가족 등
일반형 관리가구	다문화가족이 기본 가족역량은 있으나, 정보부족, 소득부족 등으로 다양한 사회서비스를 이용하지 못하는 가족(문제와 욕구의 심각성이 상대적으로 낮은 경우)
통합형 관리가구	다문화가족의 문제 및 욕구의 심각성, 복합성이 높아 통합적 접근을 요구하는 개인 및 가족, 기존의 사회서비스로는 욕구 충족이 불가능하여 새로운 내외부 자원을 발굴·연계해야 하는 가족 등 사례관리 개입 효과가 다문화가족에 국한하는 것이 아닌 지역사회의 역량강화와 사회제도의 변화를 이끌어내는데 초점을 두는 사례

출처: 여성가족부, 2020.

한편 다문화가족지원 사례관리사업은 상담사업 안에 분류되어 있어서 상담사업의 세부내용을 살펴볼 필요가 있다. 상담사업 내에서 분류된 사례관리는 개인 및 가족들의 사회적 기능을 향상시킬 수 있도록 돕기 위한 직 · 간접서비스 제공, 조정, 지역사회와의 연계, 관리를 진행하는 것으로 정의되어 있다.

표 10-3 상담사업 세부내용

항목	내용
내용	• 다문화가족 부부 · 부모 · 자녀관계 개선 및 가족갈등 등 관련 상담을 통해 다문화가족의 내부 스트레스 완화 및 가족의 건강성 증진
대상	다문화가족(이혼가족 포함)
세부 내용	<상담> • 친인척문제: 문화 차이, 의사소통, 부모와의 갈등, 형제자매와의 갈등 등 • 부부문제: 외도, 배우자의 가출, 별거, 폭력, 이혼 등 부부갈등 및 가족해체 문제 • 자녀문제: 자녀와의 갈등, 이성/친구관계, 학교폭력, 임신, 비행(약물, 알코올중독, 가출 등), 폭력 등 • 사회문제: 사회부적응, 이웃관계갈등, 사회적 차별 및 소외 등 • 성문제: 성폭력, 성추행, 성병, 성에 대한 정보 등 • 경제문제: 경제적 어려움, 채권 · 채무, 경제상담 등 • 취업상담: 취업기관 추천상담, 직장 내 갈등 및 스트레스 등 • 법률상담: 이혼상담, 혼인신고 절차상담, 체류상담, 국적취득(귀화)상담, 중도입국자녀 입양 절차 상담 등 • 중독상담: 알코올중독, 도박중독, 약물중독, 인터넷중독 등 • 장애상담: 신체질환 및 장애 등 • 기타: 개인 관련 문제, 기타 등 <사례관리> 개인 또는 가족들의 사회적 기능을 향상시킬 수 있도록 직접 또는 간접서비스 제공, 조정, 이를 위한 지역사회와의 연계, 관리 진행

출처: 정은희 외, 2013.

아울러 사례관리의 사업목표를 서비스 자원연계망의 확대와 활용강화, 가족관계의 향상, 가족의 돌봄기능강화, 경제적인 자립역량 강화로 설정하였으며, 각각의 목표에 따른 서비스 내용을 **표 10-4**와 같이 제시하고 있다. 여기에 다문화가족의 초기 적응과 문화 차이 적응 지원을 포함시켜 포괄적인 다문화가족에 대한 사례관리를 진행한다.

표 10-4 다문화사업 유형별 서비스 목표 및 서비스 내용

유형	서비스영역	내용
다문화가족	초기적응지원	• 다문화가족(외국인) 지원 관련 기관 안내 • 다문화가족지원센터 등록 및 사업안내 • 다문화가족지원센터 통합프로그램 연계 - 통번역 및 서포터즈 - 센터 내 한국어교육 및 가족통합프로그램 등 • 다문화가족지원센터 사례 의뢰 - 가족 및 개인상담 사례관리
	문화 차이 적응지원	• 결혼이민자 문화 및 한국문화 차이 이해 지원 • 다양한 문화이해를 위한 문화/교육/상담 프로그램 연계
다문화가족 사례관리	서비스자원 연계망 확대 및 활용강화	• 다문화가족 서비스자원 확보 및 자원망 구축 • 서비스자원 활용능력 향상 • 외부자원연계 - 주거환경(물리적) 개선 관련 서비스 연계 - 신체건강 관련 서비스 연계 - 결연 및 후원, 법률 및 의료, 긴급생활지원 등
	가족관계향상	• 부부/부모자녀/원가족 상담 및 서비스 연계 • 의사소통기술 습득 및 가족규범 체계화 지원 • 분노 및 스트레스, 우울감 등 정서조절 능력 향상
	가족돌봄 기능 강화	• 자녀/노인/장애인 등 돌봄 기능 강화 및 서비스 연계 • 자녀양육 수행능력 강화 및 정보 제공 • 자녀학습 및 진로지도 상담 및 서비스 연계
	경제적 자립 역량강화	• 자립의지 동기부여 지원 • 가계경제관리 기능 지원 및 연계 • 창업 또는 취업 및 직업 개발을 위한 지원 및 연계

출처: 정은희, 외, 2013.

또한 사례관리의 유형을 구분하여 그 대상을 세분화하였으며 유형에 따른 핵심 서비스의 차이를 표 10-5와 같이 강조하고 있다.

표 10-5 사례관리 유형별 세부 서비스

유형	욕구	사업대상	서비스
다문화가족 초기적응 사례관리 (결혼 후 1년 이내)	초기적응 관련 지원	모든 결혼이민자와 그 가족	정보 제공, 일반형 사례관리
	문화 차이 적응 지원		
다문화가족 사례관리	복합적이고 심각한 문제와 욕구 긴급개인 요구	위기지원 가족	위기지원 사례관리
	복합적이고 심각한 무제와 욕구 통합적 접근 요구	통합지원 가족	통합지원 사례관리
	일상생활 자립 욕구	일반지원 가족	사후관리, 일반형 사례관리

출처: 정은희 외, 2013.

(3) 인력

다문화가족 사례관리사는 입국초기와 한국 정착 이후의 결혼이민자 등의 한국어능력, 가족관계, 자녀유무, 경제적 여건 등을 고려한 대상자별 특성에 따른 개인별 맞춤지원을 위한 전문인력이다. 다문화가족 사례관리사의 주요업무는 사례발굴 및 홍보, 사례관리(욕구사정 및 대상선정, 서비스 제공계획 수립, 모니터링, 평가, 사후관리 등)이며, 지역사회의 자원 발굴 및 연계(지역내 민·관 자원 발굴, 유관기관 네트워크 구축), 정보 제공, 사업 및 실적관리 등이다.

기본적으로 사례관리는 다문화가족 사업 중 상담 영역에 해당되어 센터에 배치된 상담전문인력을 활용하고, 상담전문인력의 미배치 센터의 경우에는 동등한 자격을 갖춘 객원상담원 및 자원봉사자 등을 활용할 수 있다. 필요한 경우 관련 전문기관과 연계하여 실시하도록 한다. 하지만 다문화가족지원 사례관리사업 센터의 경우 사례관리업무는 다문화가족사례관리사가 담당하도록 하고 있다.

다문화사례관리사의 인력기준은 관련 학과(사회복지학, 상담학, 가족복지학 등 사례관리 관련 학과) 학사학위 이상 소지자 또는 사회복지사 1급 자격증 소지자로서 사회복지분야 관련 경력자를 우대하도록 하고 있다. 또한 다문화가족 사례관리 사업을 실시하여 체계적이고 표준화된 사례관리체계를 구축하고, 사례관리사 교육 및 전문가의 슈퍼비전을 통한 사례관리사의 역량을 강화를 통해 장기적이고 다양한 욕구를 가진 다문화가족에게 효과적인 사례관리를 실시한다.

센터는 가족상담 전문인력의 역량강화를 위해 자체교육 및 정기적 사례회의, 슈퍼비전 등을 실시한다. 상담인력의 전문성 제고를 위한 자체교육훈련 프로그램 실시 및 상담 인력의 학회 및 워크숍, 세미나 등의 참여를 독려해야 한다.

3) 수행과정

사례관리의 수행과정은 표 10-6과 같이 제시하고 있다. 초기상담을 통해 사례관리 대상자로서 적절한지를 검토 및 판단한 후, 대상자의 동의를 필수적으로 구하고 사례관리 등록을 실시한다. 대상자를 어떠한 유형으로 접근할 것인지에 대해 사례판정을 실시한 후 욕구 및 강점사정이 이루어지고 사정내용에 따라서 서비스의 지원 계획을 수립하고 계획에 기반한 직·간접적의 형태로 서비스를 제공하는 것이 일반적인 사례관리 과정이다.

표 10-6 사례관리 운영체계

과정	내용	서식	도구
발굴	사례관리가 필요한 잠재적 대상자군을 효과적으로 찾아내고 접근하는 과정		
▼			
초기상담	사례관리 의미 및 주요과정 설명 과정, 사례관리사와의 관계 형성 등 세부적 상황 이해와 필요 정보 수십 과정	사례회의록	
▼			
동의 및 계약	문제해결 및 변화, 장기적 접근 위한 사전 동의 및 계약은 필수	사례관리동의서	
▼			
욕구사정	다양한 정보원을 통한 정보를 바탕으로 사례관리 대상자가 경험하는 어려움의 원인과 해결방안, 과거-현재-미래의 연관성 분석을 통한 가설 수립 위한 원조과정의 근본이며 사례관리 핵심	욕구사정 진행계획서, 종합정보기록지	사전 척도

▼			
재사정	대상자의 욕구, 환경변화 등의 변화 과정에 대한 장기적인 재사정 요구됨		
▼			
실행계획 수립	사례관리 대상자와의 협력을 통해 변화 목적을 분명히 하고, 이러한 목적을 달성할 수 있는 구체적 내용을 통해 실제적 수행과정 밑그림 완성	실행계획 점검평가서, 사례회의록	
▼			
실행	서비스 제공계획에 따른 서비스를 제공하며 이행상황에 따른 환경, 욕구 변화 등을 주기적으로 점검하고 파악하는 활동	과정기록지, 네트워크활동기록지, 슈퍼비전 기록지	
▼			
점검 및 조정	초반 상호 협의한 내용의 이행 정도 파악, 협력 상황 체크 등 적절한 수준의 서비스와 협력범위를 확보하고 있는지 등의 조정 활동		
▼			
옹호	자신의 이익을 주장하기 어려운 취약 가정에 대상자와 그 집단을 옹호할 책임을 지며, 합법성 안에 사회적인가의 가능성을 고려한 균형 있는 진행 요구되어짐		
▼			
평가	사례관리를 활용한 기술이나 방법의 효과성 평가 및 성과에 영향을 준 구조적 요소들을 분석하는 과정으로 서비스 발전을 위해서 필요한 활동		
▼			
종결	목표달성, 사례관리 대상자의 전출, 사망, 연락두절 등의 사유로 사례관리를 종결해야 할 경우 종결여부 결정	종결보고서	사후 척도
▼			
사후관리	종결 이후 변화상황 안정화 여부 점검 및 재개입 필요성 조기 판단하기 위한 목적으로 수행 ※ 종결이 어려운 경우라 판단될 경우, 재사정의 절차 혹은 재판정의 절차를 통해 서비스 재실행	사후관리기록지	

출처: 여성가족부, 2020.

4) 다문화가족 사례관리 사업의 평가와 과제

다문화가족지원사업은 주로 센터 내에서 상담사업을 중심으로 전개되었다. 사례관리 시범사업기간에서 가장 큰 혼란은 상담과 사례관리 사이에서 분명한 경계를 짓지 못한 것이라고 평가할 수 있다. 상담을 통해서 정서적 · 심리적 · 사회적 기능을 강화하고자 하는 목표와 사례관리를 통해 대상자와 가족의 삶의 질을 향상시킨다는 포괄적 목표 간에 차이를 두고 접근하지 못한 경우가 많았다.

주로 상담가의 직접적인 서비스(상담>서비스연계)에 초점을 두었으며, 대상자의 삶에 영향을 미치는 지역사회의 서비스 제공기관과의 접촉 및 연계를 위한 시도가 미흡하였다. 사례관리 대상자들이 기존 상담사례에서 발굴된 경우가 많아 주요 개입의 초점이 대상자에 있으며, 주요 서비스 또한 상담이나 정보제공에 치중하는 결과가 나타났다. 이는 대상자의 욕구에 따른 적절한 서비스가 상담이기 때문에 나타난 결과라고 보기 어렵고, 아직은 사례관리자의 주요 역할을 상담가의 역할에 초점을 둔 단계이기 때문에 나타난 결과로 파악할 수 있다.

이에 사례관리로 사업의 무게중심을 이동하기 위해서 서비스의 중재, 조정, 코디네이션이라는 핵심적인 기능을 잘 활용할 수 있도록 준비가 필요하다. 지역사회 내의 다문화사례관리기관 또는 다문화사례관리자로서의 전문적인 역할에 대한 인정받을 수 있는 계기가 필요하며, 지역의 협의체 및 통합사례관리 운영에 다문화사례관리자가 핵심적인 참여자가 될 수 있도록 내부적인 지원이 필요하다. 또한 지역사회 · 유관기관과의 협업 시에 자원 활용을 위한 체계적이고 통합적인 지원이 기능하도록 조직 내 체계가 마련되는 것이 요구된다.

CHAPTER

11

이민 · 다문화가족 대상 사회보장

1. 사회보장 기본계획
2. 제2차 사회보장제도의 주요 내용
3. 다문화가족 대상 사회보장
4. 외국인 대상의 사회보장에 대한 이론적 접근
5. 외국인의 사회보장수급권

1. 사회보장 기본계획1)

1) 사회보장 정책의 변화

현재 한국사회는 급속한 고령화, 양극화, 글로벌 저성장 등과 같은 구조적이고 장기적인 위험 요인에 직면해 있다. 미래에 대한 불안감이 점차 증가하고 있으며, 이러한 부정적 심리가 다시 저출산, 저소비, 저성장으로 연결된다.

이를 구체적으로 정리해 보면 첫째, 학생들이 직면하고 있는 과열된 사교육 경쟁, 둘째, 청년층이 직면해 있는 높은 취업 진입 장벽, 셋째, 근로 연령층이 경험하는 고용 불안과 차별 그리고 격차, 넷째, 여성이 경험하는 돌봄에 대한 부담과 경력단절의 위험, 다섯째, 중고령층이 감당하고 있는 높은 부양 부담과 조기 퇴직에 따른 생활고, 여섯째, 준비 없이 노후를 맞이하는 노인의 빈곤과 질병 등이다(노대명, 2019).

다양한 사회문제에 대한 분석을 위해 '교육－노동－복지'의 선순환 체계 맥락을 활용하여 설명하는 것도 가능하다. 모든 아동·청소년이 평등한 교육 기회를 보장받고, 모든 노동자가 성과에 상응하는 처우와 임금를 보장받고, 실업과 빈곤 위험에 처한 사람들이 최소한의 소득을 보장받도록 하는 사회시스템은 교육－노동－복지의 선순환으로 이해할 수 있다. 현재 한국사회는 이러한 선순환 구조가 무너져 부모의 소득 지위가 자녀의 학업 성과에 영향을 미치고, 교육수준과 출신학교에 따른 취업과 승진, 근로소득에 절대적인 영향을 미치는 악순환 구조로 볼 수 있다. 노동이 사회적 이동성과 결속력을 높이지 못하고 있으며 여성의 취업은 노동과 돌봄이라는 이중고와 더불어 경력단절로 이어지는 경우가 많다. 이는 한국사회의 사회보장제도가 각종 경제·사회적 위험으로부터 시민을 제대로 보호하기에 미흡하기 때문이다.

이러한 측면에서 한국사회가 안정적인 성장을 실현하고, 국민의 행복을 위해

1) 관계부처 합동(2014), 노대명(2018, 2019), 보건복지부(2019), 국회예산정책처(2018)의 내용을 일부 발췌·인용함

서는 개인이 직면한 다양한 사회 불안 요인의 해소가 우선 과제이다.

지난 20년간의 확장 노력을 통해서 한국사회의 사회보장제도는 서구의 사회보장제도와 유사한 형태를 갖추게 되었다. 특히 1997년 외환위기 이후 5대 사회보험인 건강·연금·고용·산재·장기요양 보험이 전 국민을 대상으로 확대되고, 국민기초생활보장법, 기초연금 등의 도입에 따라 사회안전망이 확충되었다. 또한 장애인 활동지원 서비스 시행, 노인 장기요양보험제도 도입, 치매국가책임제 시행 등으로 가족의 돌봄 부담을 경감하였고, 무상보육 실시, 아동수당 도입, 온종일 돌봄체계 구축 등을 통해 아동 양육에 따른 경제적 부담 완화 및 서비스 접근성 제고를 추진했다. 특히 OECD 평균 두 배 수준에 해당하는 빠른 지출 확대[2]를 통해 국민들에게 전반적인 사회보장 서비스의 수준이 향상되고 개선될 것이라는 기대를 주었다. 하지만 사회지출의 가파른 증가에도 불구하고, 사회복지분야의 지출수준은 OECD 평균의 53.7%('15년)[3]로 여전히 낮았으며, 성장을 우선한 선성장 후복지 패러다임으로 사회투자에 소극적이었던 까닭에 선진국에 비해서 약 40~50년 복지지출이 지체되기도 했다. 국민부담률 대비 사회복지지출 수준(40.6%)[4]도 OECD 평균(56.4%)의 72.0%에 불과했다(보건복지부, 2019).

각종 제도가 도입되어 운영되고 있지만 핵심적인 사회보장제도의 사각지대가 크고 보장성도 낮다. 공공부조 측면에서 기초생활보장제도의 부양의무자 기준 등으로 인한 비수급 빈곤층[5], 사회보험 측면에서 국민연금의 장기체납, 납부예외[6]에 따른 미수급자, 고용 보험 측면에서 비정규직[7], 자영업자, 특수고용인 등이 실질적으로 사각지대에 존재한다.

사회보험의 낮은 보장성도 문제가 되고 있다. 건강보험의 낮은 보장률('16년, 62.6%; OECD 80%), 국민연금의 낮은 소득대체율('16년, 39.3%; OECD 40.6%), 실업급여의 부족한 지급 수준 및 기간[8] 등이 지적되었다. 민간 중심 공급 이용체

2) 연평균 사회복지지출 증가율('05~'15): 한국 11.0%, OECD평균 5.3%
3) GDP 대비 사회복지지출 규모('15): 한국 10.2%, 미국 18.8%, 독일 24.9%, OECD 19.0%
4) 주요국 국민부담률 대비 사회복지지출(%, '15): 미국 71.8, 독일 67.2, 일본 71.4
5) 중위소득 40% 이하 약 93만 명으로 추정('17 기초생활보장 실태조사)
6) 국민연금 납부예외자('18): 359만 명(전체가입자 대비 17.0%, 지역가입자 대비 48.1%)
7) 고용보험 가입률('17): 정규직 85.9%, 비정규직 44.1%
8) 실업이후 5년간 총가처분소득 대비 실업급여 총액 비중('15): 한국 10.3%, OECD 28.8%

계[9](주거 요양 돌봄 보육 등)로 서비스의 질이 낮고, 노인 및 장애인 등에 대한 서비스가 병원 시설 중심이고, 재가서비스도 단편적 혹은 분절적인 제공으로 지역사회통합돌봄(커뮤니티케어)에 한계가 드러나고 있다. 또한 취약계층을 위주로 한 사회서비스가 제공되어 국민의 전체의 복지체감도를 제고하는 데 한계가 있었다(보건복지부, 2019).

문제는 사각지대에 있거나 제대로 보장받지 못하는 개인 및 집단이 주로 경제사회적 약자라는 것이다. 저임금과 고용불안에 시달리는 노동자일수록 사회보장의 혜택에서 차별받거나 배제되는 것이다. 고용보험이나 국민연금 등과 같은 주요 사회보험에 가입하지 않은 비율이 비정규직 노동자에게서 매우 높게 나타나고 있다는 점이 이를 뒷받침해 준다. 공적연금이나 사회부조제도 등 주요 소득보장제도에서 배제되어 빈곤층의 다수를 차지하는 집단이 노인이라는 점도 사회적 약자가 사회보장의 혜택에서 배제되는 현실을 보여준다(노대명 외, 2018). 이에 제2차 사회보장 기본계획이 배제된 개인이나 집단을 다시 포용해야 하는 당위성이 제기되었다. 그 밖에도 사회보장기본계획은 제도의 성과를 높이기 위해서 혁신에 도전할 필요가 있다. 과거 20년간 각종 사회보장제도를 확대 및 시행하는 과정에서 제도 간 충돌과 중복 등의 문제가 발생해 왔다. 소관 부처가 다른 제도를 통폐합하거나 연계하는 일에 있어 제대로 된 성과를 거두지 못했다. 이제 새로운 제도 도입이 어려운 상황에서 기존 제도를 내실화하거나 통폐합하는 일에 갈등이 있더라도 원칙에 따라 제도를 정비해야 할 것이다.

9) 사회서비스 공급기관 중 국공립 비중('17): 성인돌봄 3.6%, 보육 8.9%, 건강 13.7%

한국사회의 사회보장정책의 변천 과정을 살펴보면 표 11-1과 같다.

표 11-1 역대 정부의 주요 사회보장 정책

정부별 (대통령)	문민정부 김영삼	국민의 정부 김대중	참여정부 노무현	이명박 정부 이명박	박근혜 정부 박근혜	문재인 정부 문재인
	(1993~1997년)	(1998~2002년)	(2003~2007년)	(2008~2012년)	(2013~2017년)	(2017~2022년)
정책기조		생산적 복지	참여 복지	능동적 복지	맞춤형 고용 · 복지	포용적 복지
사회보험	• 고용보험(1995)	• 산재/고용보험 적용 확대(2000~05)				• 산재보험 적용 확대(2018.12.)
		• 의약분업(2000) • 건보통합(조직 2000. 재정 2003)		• 노인장기요양 보험(2008)	• 의료보장성강화(2013~) • 노인장기요양보험 치매특별등급(2014)	• 건강보험 보장성 강화(2017~) • 치매국가책임제 추진(2017.9.)
	• 국민연금 확대	• 전 국민 국민연금 기반 구축(1999)	• 「국민연금법」 개정(급여 인하 등, 2007)	• 「공무원연금법」 개정(2009)		• 국민연금 취약계층 가입대상자 확대(2018)
공공부조 국가보훈		• 경로연금(1998) • 국민기초생활 보장 제도(2000)	• 「기초노령연금법」(2007) • 차상위계층(의료급여, 자활, 2004) • 장애수당 확대(2005)	• 기초노령연금(2008) • 장애인연금(2010)	• 기초연금(2014) • 기초보장 맞춤형급여체계(2014) • 일을 통한 빈곤 탈출 지원(2013)	• 기초연금 인상(2018) • 장애인연금 기초급여 인상(2018)
사회 서비스	• 공중보건, 건강증진정책확대(1995) • 보육시설확충 3개년계획(1995) • 퇴직연금제도도입(1995)	• 장애인복지 5개년 계획(1998)	• 보육 확대(2004) • 저출산 · 고령사회 본격 대응(2005) • 사회서비스 일자리(2004) • 다문화가족지원센터(2006)	• 5세아 누리과정, 0~2세아 무상 보육(2012) • 적극적 노동시장 정책 확대(ALMP, 2008)	• 무상보육 · 무상교육 실현과 내실화(2013~) • 보편적 주거복지 • 경력단절 여성 지원, 양성평등 확산 등	• 장애등급제 축소(2018), 폐지(2019) • 맞춤형 주거복지 실현(2017~)
교육비 지원				• 든든학자금대출(ICL, 2010) • 맞춤형 국가장학금(반값등록금, 2012)	• 든든학자금 대출이자 인하 • 반값등록금 지원 확대(2013)	• 사회적 배려계층 지원 강화(성적 기준 완화 · 폐지)(2018~)
조세지출				• 근로장려세제(EITC, 2009)	• 근로장려세제 확대	• 근로장려세제 지원 대상, 지급액 확대

출처: 노대명, 2019.

한국사회의 사회보장 정책은 비교적 짧은 기간에 걸쳐 주요 제도를 도입하여 기본 틀을 마련하였으며, 사회보장제도의 확충과 동시에 이를 실현할 복지예산도 빠르게 증가하였다. 확대된 복지재원을 바탕으로 하여 사회안전망을 대폭 확충하고, 사회적 취약계층의 실질적 자립을 위한 지원을 확대하였고, 서민생활의 안정을 위한 주거, 교육, 의료 등의 지원을 강화하고, 복지 전달체계를 확대 및 개편을 통해서 맞춤형 복지 구현을 추구하였다.

그러나 사회보장제도의 정책 실행에서 미성숙, 낮은 급여수준 등으로 인하여 위기에 대한 대응능력이 미흡하였다. 사회보험의 도입기간이 짧고, 적용범위가 제한적이었으며 이로 인해 중산층이 여러 위기에 처했을 경우 계층하락의 위험에 노출되었다. 임시직, 일용직, 근로 빈곤층 등이 사회보험의 사각지대도 상당한 규모로 파악되었다. 새로운 복지 욕구와 수요에 대응하고 국민의 삶의 질을 향상시키기 위한 사회서비스를 제도화한 수준이 낮고, 서비스의 질적인 문제도 지속되었다. 사회정책 분야 간 통합이나 연계 결여로 인해 고령화, 저성장, 양극화 등의 거시적인 문제와 국민의 불안에 대한 종합적인 대응을 하기 위한 대안으로서 사회보장기본계획안을 수립하게 되었다.

2) 사회보장기본계획의 수립

우리사회는 저성장, 고용 불안, 소득분배 구조 악화, 양극화의 확대 등으로 사회적 갈등과 문제점이 강화되는 상황에서 산업 구조와 인구 구조의 급격한 변화로 인한 위기감이 고조되고 있다. 산업 구조 측면에서 인구 고령화, 4차 산업혁명, 네트워크 사회로의 변화로 인한 노동의 방식과 고용의 형태, 사회보장의 권리 주체와 사회보장의 재원을 조달하는 시스템의 급격한 변화가 예상되며, 이를 보완할 사회보장제도의 필요성이 강조된다. 인구 고령화 측면에서는 노인 인구의 증가로 인한 사회적 부양 부담이 증가하고 출산율 저하에 대한 뚜렷한 해법이 없는 상황에서 사회보장체계를 지탱할 수 있는 재원 조달을 위한 사회적 논의와 대안을 마련해야 된다.

사회보장기본계획은 개정 사회보장기본법('13.1)의 기본이념에 부합되도록 각 부처의 정책을 '생애주기별 맞춤형 사회보장정책'으로 통합하고 연계하여 추진하는 것이 요구되었다. 국민의 생애주기별로 맞춤형 복지를 제공하고, 국민의 복지 체감도를 제고하여 사회보장제도의 지속가능성을 확보하기 위한 목적으로 개정된 사회보장기본법 시행('13.1)을 위해 관계 중앙행정기관의 장과 협의하고, 「사회보장증진을 위한 사회보장기본계획」을 5년마다 수립하도록 의무화하였다.

사회보장기본계획은 다른 법령에 따라 수립되는 사회보장에 관한 계획에 우선하며 그 계획의 기본이 되는 계획(사회보장기본법 제17조)이다. 각 부처가 진행하는 사회보장 정책의 체계적인 추진을 위해서 기본계획에 기반한 일관성이 있는 정책의 추진 방향이 제시될 필요가 있다.

현재 국민소득 3만 달러를 돌파하고 복지지출의 지속적 증가[10)]로 경제지표는 개선되고 있으나 부문별, 사업별 분절적인 제도의 운영으로 국민들의 체감도는 낮은 상황이고, 생활 전반에 걸친 국민의 불안과 사회시스템에 불신이 사회 활력과 국민 행복을 저하시키고 있다.

한국사회는 OECD 국가 가운데 경제 규모는 10위권이지만 행복 순위는 60위권[11)]으로 국가경쟁력 분석 결과 경제부문은 양호하지만, 사회통합(복지지출 등)은 취약한 것으로 파악되었다. 점차 다양화되는 복지욕구에 통합적이고, 효과적으로 대응할 수 있도록 제도를 설계할 필요가 있다. 단순한 양적 확대에서 벗어나서 각 부처별로 추진하고 있는 사회보장정책을 '생애주기별 맞춤형 사회보장정책'으로 통합하고 연계하여 복지체감도를 향상시키는 것이 요구된다. 이를 통해서 개정된 사회보장기본법의 기본이념을 실현하고 사회보장제도의 지속가능성을 확보해야 한다.

제1차 사회보장기본계획('14～'18)은 맞춤형으로 사회안전망을 구축하고 일을

---

10) 2020년 기준 복지예산(보건, 복지, 고용) 180.5억(기획재정부 자료)

11) 유엔 산하 자문기구인 지속가능발전해법네트워크(SDSN)가 2020년 3월 20일 발표한 <2020 세계행복보고서>의 국가별 행복지수에서 한국이 작년보다 7계단 하락한 61위를 기록했다. 2016년부터 5년간 50위권을 기록했지만, 올해는 60위권으로 밀려났다. SDSN은 1인당 국내총생산(GDP), 사회적 지원, 기대수명, 사회적 자유, 관용, 부정부패, 미래에 대한 불안감 총 7가지 지표를 기준으로 국가별 행복지수를 산출했다.

통한 자립지원에 중점을 두었지만 사회보장을 통한 국민의 복지 체감도가 낮다는 평가를 받았다. 또한 정책영역별 목표의 제시 없이 200여 개의 과제가 나열되어 기본계획과 타 계획과의 관계가 명확하지 않다는 평가를 받았다. 하지만 제2차 사회보장기본계획('19~'23)은 포용적인 사회보장체계를 구축하여 사회보장의 포괄성과 보편성을 강화하고, 거주지역에서 서비스를 통합적으로 제공받는 '지역사회통합돌봄 체계'를 구축하고, 서비스의 이용체계의 연계 및 조정을 통한 효과성과 체감도를 제고하였다. 중장기 정책목표인 삶의 질 향상 및 분야별 성과지표를 명확하게 설정하고, 국민의 삶과 밀접한 4대 핵심영역을 중심으로 중점 추진과제 90개를 설정하였다.

표 11-2 제1차 기본계획과 제2차 기본계획 간 비교

구분	제1차 기본계획('14~'18)	제2차 기본계획('19~'23)
비전	더 나은 내일, 국민 모두가 행복한 사회	국민 모두가 함께 잘사는 포용사회
추진원칙 및 전략	–	① 포용적 사회보장체계 구축 * 사각지대 해소 및 보편적 서비스 확대 ② 지역사회 중심 통합적 서비스 이용체계 구축 * 지역통합돌봄 체계 구축 및 돌봄경제 육성 ③ 사회보장제도 간 연계조정 강화 * 사업간 연계 · 조정을 위한 정책조정 거버넌스 강화 ④ 포용과 혁신의 상호보완체계 구축
중장기 목표	–	국민 삶의 질 향상 OECD 20위('23) → 10위('40)
정책지표	– • 5년 후 달라지는 국민생활 제시	• 4대 정책영역별 상과 목표 제시 (고용, 소득, 건강, 사회서비스 4대 분야, OECD 비교 가능 지표) • 분야별 5년 후 달라지는 국민생활 제시
과제수	• 약 200여 개 과제	• 90개 핵심과제
실행력 강화 방안	• 연차별 시행계획 수립 및 평가 – –	• 연차별 시행계획 수립 및 점검 • 4대 정책영역 제도평가 실시 • 기본계획 보완 · 환류(2~3년 주기)

출처: 보건복지부, 2019.

3) 사회보장제도의 구성

한국의 사회보장체계는 사회보험－사회수당－사회부조－사회서비스의 형식 구조로 되어 있다.

표 11-3 사회보장체계의 제도적 구성

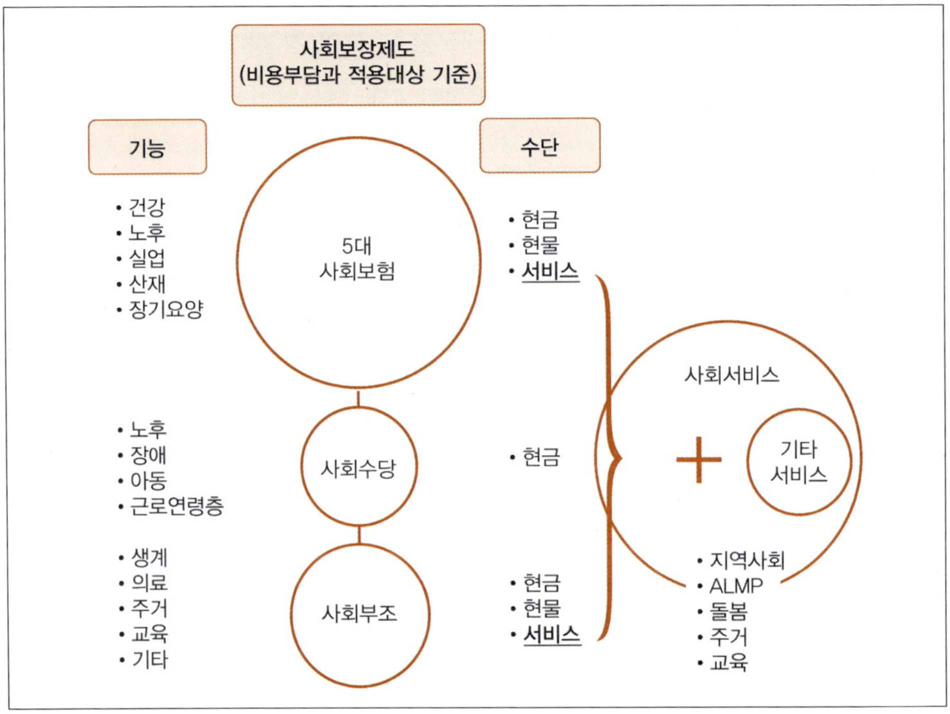

출처: 노대명, 2018.

한국사회보장제도의 구성과 특징은 표 11-4와 같다.

표 11-4 한국사회보장제도의 구성과 특징

유형	제도명		주요기능	보장범위	재원조달
사회보험	공적 연금	국민연금	노후소득보장	전 국민(직장/지역)	기여(소득기반)
		공무원연금		공무원	기여/조세
		사학연금		교원	기여/조세
		군인연금		군인	기여/조세
	건강보험		건강보장	전 국민(직장/지역)	기여(소득기반)
	고용보험		소득보장(실직) 고용지원	전 임금근로자 자영업자(임의)	기여(소득기반)
	산재보험		소득보장(산재) 재활지원	전 임금근로자 자영업자(임의)	기여(소득기반)
	노인요양보험		요양보장(돌봄)	선별적	기여(소득기반)
사회수당	기초연금		소득보장(노인)	준보편적(70%)	조세
	아동수당		소득보장(아동)	준보편적(90%)	조세
사회부조	기초보장		소득보장(빈곤)	매우 선별적	조세
	자립지원		소득보장(근로빈곤)	매우 선별적	조세
사회 서비스	고용지원		취업지원 직업훈련	프로그램별 상이 선별적	조세
	교육복지		교육서비스	보편적/선별적	조세
	주거복지		주거서비스	선별적	조세
	보건의료		의료서비스	선별적	조세
	복지 서비스	노인	돌봄/생활서비스	선별적	조세
		장애인	돌봄/생활서비스	선별적	조세
		아동	돌범서비스	보편적(보육)	조세
		가족	지원서비스	선별적	조세
조세정책	근로장려세제		근로유인 소득지원	선별적(저소득층)	조세환급
	아동장려세제		소득지원	선별적(저소득층)	조세환급

출처: 노대명, 2018.

한국사회보장제도의 계층별 주요 사회보장사업은 표 11-5와 같다.

표 11-5 계층별 주요 사회보장사업

계층	분야	주요 재정사업	소관부처
저소득	국민기초 생활보장	생계급여, 의료급여, 주거급여, 교육급여	복지부, 국토부, 교육부
	소득지원	기초연금	복지부
		사회보험사각지대해소(두루누리)	고용부
	자활	자활사업, 근로능력 있는 수급자의 탈수급 지원	복지부
		취업성공패키지	고용부
	주거	영구임대주택, 국민임대주택, 분양전환공공임대, 행복주택, 장기전세, 매입임대	국토부
		주거급여, 주택구입 · 전세자금 융자	국토부
		서민층가스시설 개선, 저소득층 에너지효율 개선	산업부
	보건의료	의료급여, 차상위 본인부담 경감	복지부
장애인	소득지원	장애인연금, 장애수당	복지부
	일자리	장애인고용장려금, 장애인직업능력개발	고용부
		장애인일자리지원	복지부
	의료	장애인의료비지원, 장애인건강검진지원	복지부
	편의지원 및 기타	장애인활동지원, 발달장애인지원	
다문화가족	정착	다문화가족지원사업, 다문화가족 방문교육 사업	여가부
		다문화학생 멘토링 지원 사업	교육부
한부모가족	보육	한부모가족자녀 양육비 등 지원사업, 청소년한부모 아동양육 및 자립지원사업, 미혼모 · 부 초기지원사업	여가부
	편의지원	양육비 이행 원스톱 종합서비스	여가부
농업인	소득지원	농지연금, 농업인 건강 · 연금보험료 지원	농식품부
	안전 · 재해	농업재해보험, 농업인안전재해보험	
	교육 · 보육	농업인자녀 및 농업후계인력 장학금 지원, 농촌보육여건개선	
	주거 · 서비스	농촌주택개량자금, 취약농가인력지원	

출처: 국회예산정책처, 2018.

2. 제2차 사회보장제도의 주요 내용12)

1) 제2차 사회보장제도의 비전과 목표

제2차 사회보장기본계획은 '국민 모두가 함께 잘사는 포용사회'를 사회보장기본계획의 비전으로 제시한다. 이는 포용복지를 표방하는 국가적 이념과 정책의 연장선에 있다.

표 11-6 사회보장기본계획의 장기비전

장기비전	국민 모두가 함께 잘 사는 포용사회
	• 모든 국민이 사회적 위험으로부터 안심하고 살아가는 사회 • 공정한 기회와 정의로운 결과가 보장되는 사회 • 내일이 오늘보다 나을 것이라는 희망을 주는 사회

출처: 보건복지부, 2019.

한국사회는 점차 경제 사회구조의 변화로 인해 다양한 복지욕구가 증가하고 있으나, 현행 사회보장제도의 사각지대가 광범위하게 존재하는 등 사회보장의 체감도가 저하되어 모든 국민을 사각지대가 없도록 보호하는 포용적 사회보장 체계가 필요하였다.

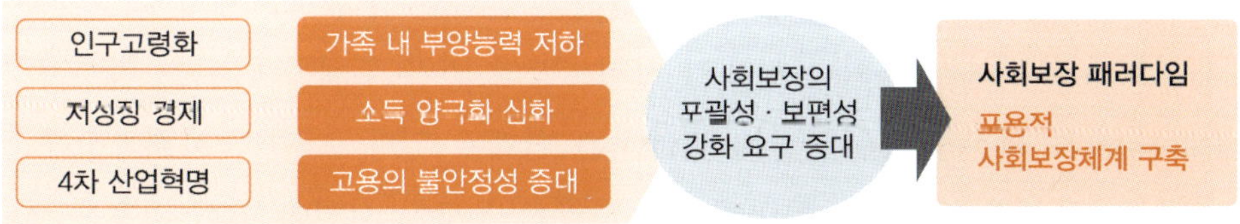

그림 11-1 경제 · 사회구조 변화와 사회보장 패러다임

출처: 보건복지부, 2019.

또한 복지욕구 증대에 따른 사회지출 확대의 필요성은 증가하고 있으나, 동시에 경제의 저성장, 장기화 등 재정악화 요인도 증대되고 있다. 이에 사회보장제

12) 보건복지부(2019)의 내용을 일부 발췌 · 인용함

도의 연계 및 조정을 통한 효과성과 효율성에 대한 제고가 필요하다.

노동시장의 양극화로 인한 노동–소득–교육–건강의 격차 확대는 사회통합의 저해 요인으로 삶의 핵심 영역별 위험인 소득(은퇴 및 빈곤), 건강(질병), 노동(실업), 교육(격차)에 대응할 수 있는 안전망의 구축이 필요하다.

생애주기별, 핵심영역별 위험과 사회보장은 다음과 같다.

① (노동) 노동시장에서의 격차 해소와 평생학습 훈련체계 구축
② (실업) 실직에 대비한 일자리 안전망 확충
③ (교육) 인적자원의 역량 제고와 창의적 인재육성의 교육체계 구축
④ (일 생활) 보편적 소득 건강보장체계 구축과 돌봄서비스 확충
⑤ (은퇴) 안정된 노후를 위한 노후소득 보장체계 확충

출처: 보건복지부, 2019.

사회보장제도 가운데 교육보장과 건강보장을 위한 정책과 제도는 평등한 기회를 보장하는 핵심적인 수단이며, 의무교육과 보편교육의 확대는 중요한 기반이다. 노동시장에서 차별없이 취업을 하고 정당한 임금을 받는 고용보장은 과정의 공정성을 준수하는 핵심적 정책 수단이다. 소득보장을 비롯한 많은 사회보장제도는 시장의 경쟁체제에서 발생한 빈곤과 박탈의 피해를 완화하여 정의로운 결과를 보장하는 중요한 정책 수단이다. 따라서 사회보장은 국민의 복지욕구를 충족시키기 위한 필수 정책인 셈이다.

하지만 비전에 명시된 국민국가라는 명시적 한계로 인하여 21세기 글로벌화된 현대사회가 추구하는 사회적 명제인 사회보장의 권리 주체를 국민을 넘어서 시민(citizen)으로 확장시켜야 한다는 점에서는 한계가 있다. 보편적 사회보장에 관한 명확한 사회적 합의가 이루어지지는 않았지만 모든 시민이 함께 비용을 분담하고 혜택을 공유하는 사회보장체계를 지향해야 한다는 측면에서 새로운 논의가 요구되고 있다.

제2차 사회보장기본계획이 제시한 총괄적 정책 목표는 시민의 삶의 질을 향상하는 것이다. 이에 '사회보장 2040'은 우리나라의 '삶의 질 지수'를 OECD 회원국 중 28위(2017년) → 20위(2023년) → 10위(2040년)로 단계적으로 향상시킨다는 장기

목표를 제시하고 있다. 짧은 기간 내에 이러한 목표를 달성하는 것이 가능한가에 대해 이견이 있을 수 있지만 그만큼 시민의 삶의 질을 높이기 위해서 사회보장 정책 전반에 걸친 장기적인 구조 개혁의 필요성을 강조하는 것이다. 개별 제도를 부분적으로 보완하는 방안을 넘어서 사회보장체계의 포괄성, 보장성, 효과성, 지속가능성을 목표로 하는 제도를 재구조화해야 한다는 것이다.

제2차 사회보장기본계획의 특징 중 하나는 정책 목표를 달성하기 위해서 사회보장의 4대 핵심 분야를 중심으로 하위 정책 목표를 설정하여 추진하고 있다는 점이다. 교육, 고용보장 분야에서는 저임금 근로자의 비율을 축소하고, 소득보장 분야에서는 상대빈곤율을 완화하고, 건강보장 분야에서는 건강수명을 연장하고, 사회서비스 보장 분야에서는 GDP 대비 사회투자 비율을 확대하는 것을 하위 정책 목표로 제시하고 있다.

분야별 정책 목표는 하위 정책 목표들을 달성함으로써 상위 정책 목표에 도달할 수 있다. 저임금 근로자 비율을 낮추기 위해 노동시장에서 임금 격차를 해소하는 정책 외에도 고용보험 수급대상을 확대하고 근로빈곤층의 자립을 촉진하는 등 다양한 고용보장정책이 필요하다. 또한 상대빈곤율을 감소시키기 위해 각각의 소득보장제도의 사각지대를 해소하고 급여 보장성을 높이는 등의 정책이 필요하다. 따라서 주요 사회보장 분야의 핵심적인 정책과제를 수행하기 위해 많은 세부 추진 과제가 필요한 것이다.

표 11-7 사회보장정책 4대 핵심 목표

고용 · 교육	저임금 근로자 비중 축소: '17년 22.3% → '23년 18.0% → '40년 15.0%

- 노동형태의 나양화, 노동이동 증가에 대응하는 일자리 인진밍 획충
- 평생학습체계 구축 및 인적자원 역량 제고

소득	상대빈곤율 완화: '17년 17.4% → '23년 15.5% → '40년 11.3%

- 공공부조 역할 강화 및 청년층 · 장년층 등 근로연령층의 소득보장 확대
- 초고령사회에 대응하여 1인 1연금 및 다층노후소득보장 체계 확충

건강	건강수명 연장: ’16년 73세 → ’23년 75세 → ’40년 78세

• 건강보험 보장성 강화로 의료비 부담 경감
• 의료이용체계의 효율화로 건강보장의 지속가능성 제고

사회서비스	GDP대비 투자비율 확대: ’15년 5.7% → ’23년 7.4% → ’40년 10.5%

• 생애주기별 · 대상별 다양한 사회서비스 확충
• 지역사회에서 주거 · 돌봄 · 의료 등 통합적 서비스를 제공하는 지역사회 통합돌봄체계 완성 및 질 높은 사회서비스 인력 양성

출처: 보건복지부, 2019.

표 11-8 제2차 사회보장기본계획

<table>
<tr><td>비전</td><td colspan="4">국민 모두가 함께 잘사는 포용사회</td></tr>
<tr><td>추진 원칙 및 전략</td><td colspan="4">• 포용적 사회보장체계 구축
• 지역사회 중심 서비스 이용 체계 구축
• 사회보장제도의 연계 · 조정 강화
• 포용과 혁신의 상호 보완 체계 구축</td></tr>
<tr><td>중장기 목표</td><td colspan="4">국민 삶의 향상: OECD 28(2017) → 20위(2023) → 10위(2040)</td></tr>
<tr><td>4대 핵심 분야별 목표 및 장기 방향 (40)</td><td colspan="4">고용 – 저임금 근로자 비중 축소 22.3%(17) ▶15.0%(40)
• 노동형태 다양화, 노동이동 증가에 대응하는 일자리 안전망 확충
• 평생학습체계 구축 및 인적자원 역량 제고

소득 – 상대빈곤율 완화 17.4%(17) ▶ 11.3%(40)
• 공공부조 역할 강화 및 청년층 · 장년층 등 근로연령층의 소득보장 확대
• 초고령사회에 대응하여 1인 1연금 및 다층노후소득보장 체계 확충

건강 – 건강수명 연장 73세(16) ▶78세(40)
• 건강보험 보장성 강화로 의료비 부담 경감
• 의료이용체계의 효율화로 건강보장의 지속가능성 제고

사회서비스 – GDP대비 사회서비스 투자 비율 확대 5.7%(15) ▶ 10.7%(40)
• 생애주기별 · 대상별 다양한 사회서비스 확충
• 지역사회에서 주거 · 돌봄 · 의료 등 통합서비스를 제공하는 지역사회 통합돌봄완성 및 질 높은 사회서비스 인력 양성</td></tr>
<tr><td rowspan="2">중기 핵심 추진 과제 (23)</td><td>고용 · 교육</td><td>소득</td><td>건강</td><td>사회서비스</td></tr>
<tr><td>1. 인적 자원의 역량 제고 및 차별 없는 출발선 제공
2. 일자리 안전망 확충 및 적극적 노동시장 정책 강화
3. 노동시장 격차 완화 및 일 · 생활 균형 달성</td><td>1. 취약계층의 인간다운 삶을 위한 공공부조제도 역할 강화
2. 근로 연령층 소득보장 확대
3. 노후소득보장체계 확충</td><td>1. 건강보험 보장성 강화 및 건강보장의 지속가능성 제고
2. 필수의료 보장
3. 예방적 건강관리 체계 구축</td><td>1. 생애주기별, 대상별 사회서비스 확충
2. 지역사회 중심 서비스 보장체계 구축
3. 공급 체계의 공공성 강화 및 신뢰성 제고</td></tr>
<tr><td>기반</td><td colspan="4">• 사회투자 확대
• 사회보장 이용 체계의 연계 강화
• 차세대 사회보장정보시스템 구축 및 정책 분석의 과학화</td></tr>
</table>

출처: 보건복지부, 2019.

표 11-9 사회보장 기본계획과 타 계획 간 관계도

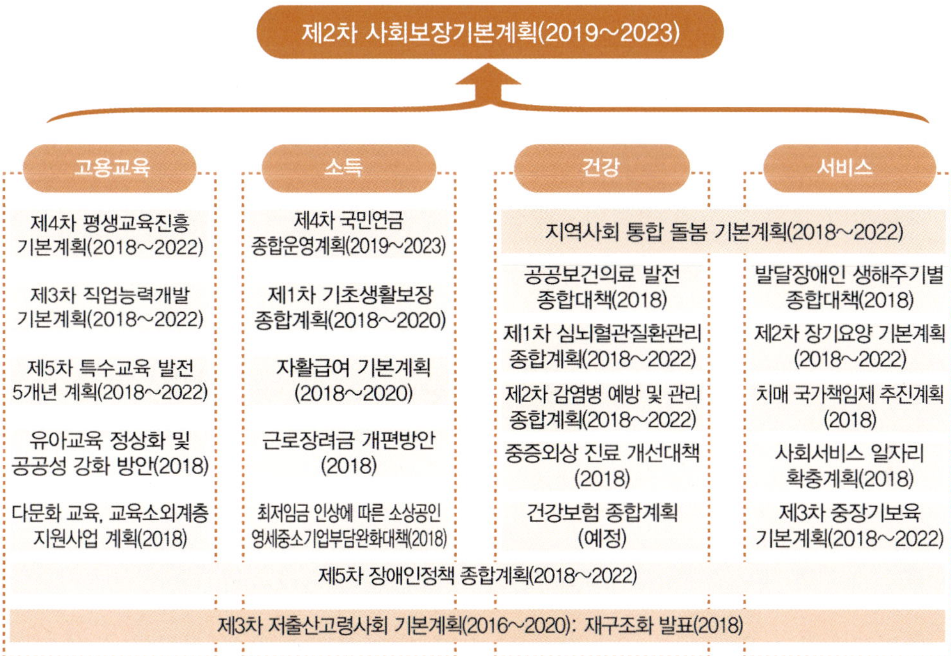

출처: 보건복지부, 2019.

2) 사회보장정책의 추진원칙 및 전략

(1) 사회보장체계의 포용성 강화

사회보장제도의 사각지대를 취약계층에서부터 단계적으로 해소하여 모든 국민의 기본생활을 포괄적으로 보장한다. 이에 비수급 빈곤층을 해소하기 위해 공적연금을 확대하고, 고용·산재보험 및 근로장려세제 지급대상 및 지급수준을 강화하고, 한국형 실업부조도 도입한다.

소득 자산조사가 아닌 개인 욕구를 기반으로 한 보편적 수당과 사회서비스 도입 및 강화로 보편적 서비스 이용을 확대한다. 또한 청년구직활동 지원금, 치매 국가책임제, 보육지원, 아동수당, 지역사회 통합 돌봄(커뮤니티케어) 등을 확대한다.

교육, 고용, 성별 격차 해소를 통해 공평한 기회를 보장하고, 취약계층 직업훈련 지원 등 적극적인 노동시장 정책을 실시하고, 기초학력보장, 교육비 부담완화 등 공적 책임을 강화한다. 또한 온종일 돌봄제, 남성 육아휴직 확대 등 여성 경제 활동 참여를 지원하도록 한다.

(2) 사회보장제도의 연계 및 조정 강화

제도적인 보완을 통해 영역별·대상별로 분절 또는 중복된 사회보장제도의 연계 및 조정 체계를 강화하여 사회보장제도의 효과성 및 효율성을 향상시킨다. 노후소득보장을 위한 공적연금, 기초연금 및 생계급여(기초생활보장), 퇴직연금 등 다층 노후소득보장 체계 간의 연계성을 제고한다. 근로연령층 소득보장을 위해 고용보험, EITC(근로장려세제)[13], 자활급여(기초생활보장) 등의 연계 및 역할을 정립한다. 건강 보장을 위해 치료중심에서 예방중심으로 건강보장 패러다임을 재정립하고, 방문의료 등 지역사회 기반 건강보장체계를 강화한다. 사회서비스인 복지, 돌봄, 요양·보건의료, 주거서비스 간의 통합성을 제고한다.

추진체계의 효율성을 높이기 위해 부처 간 사업 조정을 통한 사각지대 해소 등을 위한 거버넌스 체계, 사회보장위원회의 부처 간 정책조정 기능, 지자체의 자율과 책임에 기반한 중앙-지방 협업 체계를 강화한다. 사회보장 종합 평가체계를 고도화하고, 지자체의 자율성 보장, 책임성 제고를 위한 중앙·지방 간 협치 강화를 위한 방안을 마련한다. 핵심과제에 대한 중간점검 및 사후 평가 실시, 차년도 계획과 연결되는 환류구조를 구축한다.

(3) 지역사회 중심의 통합적 서비스 이용체계 구축: 지역사회 통합 돌봄 서비스

공급자 관점에서 분절적으로 제공되는 사회보장 이용체계를 수요자 욕구 중심으로 전환한 통합적 이용체계로 재정립이 필요하며, 본인 거주지에서 개개인이 필요한 복지, 돌봄, 요양·보건의료, 주거 서비스 등을 통합적 이용이 가능하도록 지역사회 통합 돌봄체계(커뮤니티 케어)로 패러다임을 재정립한다. 돌봄 서비스 확

13) 근로장려세제(earned income tax credit, EITC)는 사회보험이나 국민기초생활보장제도의 혜택을 받지 못하는 저소득 근로자에게 정부가 생계비 등을 보조해 주는 세금 제도이다.

대 및 관련 산업 육성을 통한 돌봄경제(Care Economy) 활성화를 통해 삶의 질 향상과 함께 사회서비스 일자리를 확충한다.

표 11-10 지역사회 통합 돌봄 체계의 범주

영역	고용 · 교육	소득	건강 · 의료	돌봄
		포용적 사회보장		
	온종일 돌봄 체계 고교 무상교육 고용보험 최저임금 한국형 실업부조	기초연금인상 국민연금 제도 개선 아동수당 EITC 확대	건강보험 보장성 강화 치매국가 책임제	국공립 돌봄시설 확충
			방문의료 재가의료급여 집중형 방문건강관리 퇴원지원 등	치매안심센터 케어안심주택 케어안내창구 지역케어회의 종합재가센터
			지역사회 통합 돌봄 체계	

출처: 보건복지부, 2019.

(4) 포용과 혁신(국가와 개인)의 상호보완체계 구축

포용적 사회보장정책으로 사회 혁신 기반을 제공한다. 포용적 사회보장의 실현을 위해 모든 국민의 기본생활보장 차원에서 기술혁신에 따른 구조조정 등 발생 가능한 위험에 대한 사회·경제적 안전망을 구축한다. 포용적 사회보장체계의 기반을 통해 개인이 창의성을 발휘할 수 있도록 하여 저성장·고위험 사회에 대응하는 새로운 성장 동력을 제공할 수 있도록 지원한다. 혁신에 기반한 성장은 포용적 사회안전망을 강화할 수 있는 여건의 제공을 통해 혁신적 포용사회 구축에 기여한다.

국가와 개인은 사회통합 혁신에 상호보완 및 협력의 관계이다. 국민 삶의 핵심 영역인 소득, 고용, 건강, 돌봄에서 발생할 수 있는 사회적 위험에 직면한 국민의 기본생활을 보장하고, 건강 및 교육기회 보장을 통해 격차를 완화하고, 인적 자원의 역량 제고 및 차별 없는 출발선을 제공한다. 국민기초생활보장법은 개인의 근로능력을 최대한의 노력으로 활용하는 것을 전제로 한다. 포용사회 실현을 위한 환경 조성에 협력하고 노력해야 하며, 혁신의 주체로서 개인은 자신의 역량 개발을 통한 능력 발휘를 통해 자활 자립을 위해 노력한다.

3. 다문화가족 대상 사회보장14)

1) 다문화가족 대상 사회보장 정책의 발전 과정

다문화가족을 위한 지원은 2000년대 국제결혼을 통한 다문화가족이 증가하면서 정책지원이 논의되기 시작했고, 결혼이민자, 외국인근로자의 유입으로 인해 체류외국인의 증가에 따라 국민과 이민자의 공존 및 사회통합을 목적으로 2007년에 재한외국인 처우 기본법을 제정하였다. 다문화가족에 대한 정부 지원은 2006년 「여성결혼이민자가족의 사회통합 지원방안」 수립을 계기로 본격화되었다. 이를 계기로 시・군・구별로 '결혼이민자가족지원센터'를 지정하여 운영하였다. 그 후 점차 증가하는 다문화가족구성원을 지원하기 위해서 2008년 다문화가족지원법이 제정되었고, 동 법률에 근거해 2010년 「다문화가족정책 기본계획」이 수립되었다. 2013년 「제2차 다문화가족정책 기본계획」, 2018년 「제3차 다문화가족정책 기본계획」이 수립되면서 현재 다문화가족의 사회 적응과 정착을 위한 다각적인 지원이 진행되고 있다. 「제3차 다문화가족정책 기본계획(2018~2022)」은 모두가 존중받는 차별 없는 다문화사회를 구현하고, 다문화가족의 사회・경제적 참여를 확대하며, 다문화가족 자녀의 건강한 성장을 도모하는 것을 목표로 하고 있다.

2005년 제정된 건강가정기본법은 가족구조 변화에 대응하여 마련된 법으로 가정에 대한 지원, 자녀양육지원, 가족단위 복지 증진 등을 추진하는 바탕이 되고 있다. 동법에 따라 수립된 「제3차 건강가정기본계획(2016~2020)」은 다양한 가족의 역량 강화의 일환으로 한부모가족 및 다문화가족에 대한 지원 확대를 과제로

14) 국회예산정책처(2018)의 내용을 일부 발췌・인용함

추진하고 있다.

「제1차 사회보장 기본계획(2014~2018)」에는 생애주기별 맞춤형 사회안전망을 구축하고, 일을 통한 자립 지원, 지속가능한 사회보장기반의 구축, 「제2차 사회보장기본계획(2019~2023)」은 포용적 사회보장체계를 구축하고, 사회보장제도의 연계 · 조정을 강화하고, 지역사회 중심 서비스 이용체계 구축, 포용과 혁신의 상호보완체계 구축을 정책과제로 선정하였다.

표 11-11 다문화가족 사회보장 관련 정부 기본계획

기본 계획	근거법	정책과제
다문화가족정책 기본계획 (2010~2012)	「다문화가족지원법」	1. 다문화가족지원정책 추진체계 정비 2. 국제결혼중개 관리 및 입국 전 검증시스템 강화 3. 결혼이민자 정착 지원 및 자립역량 강화 4. 다문화가족 자녀의 건강한 성장환경 조성 5. 다문화에 대한 사회적 이해 제고
제2차 다문화가족정책 기본계획 (2013~2017)	「다문화가족지원법」	1. 다양한 문화가 있는 다문화가족 구현 2. 다문화가족 자녀의 성장과 발달 지원 3. 안정적인 가족생활 기반 구축 4. 결혼이민자의 사회경제적 진출 확대 5. 다문화가족에 대한 사회적 수용성 제고 6. 다문화가족정책 추진체계 정비
제3차 다문화가족정책 기본계획 (2018~2022)	「다문화가족지원법」	1. 다문화가족 장기정착 지원 2. 결혼이민자 사회 · 경제적 참여 확대 3. 다문화가족 자녀의 안정적 성장지원과 역량 강화 4. 상호존중에 기반한 사회적 다문화수용성 제고 5. 협력적 다문화가족정책 운영을 위한 추진체계 강화
제3차 건강가정 기본계획 (2016~2020)	「건강가정기본법」	1. 결혼이민자 정착단계별 서비스 지원 2. 다문화가족 자녀지원 강화 3. 다문화가족 안전망 강화 4. 다문화사회 수용성 제고
제1차 사회보장기본계획 (2014~2018)	「사회보장기본법」	1. 생애주기별 맞춤형 사회안전망 구축 2. 일을 통한 자립 지원 3. 지속가능한 사회보장기반 구축
제2차 사회보장기본계획 (2019~2023)	「사회보장기본법」	1. 포용적 사회보장체계 구축 2. 사회보장제도의 연계 · 조정 강화 3. 지역사회 중심 서비스 이용체계 구축 4. 포용과 혁신의 상호보완체계 구축

출처: 국회예산정책처, 2018 수정 후 재작성.

2) 다문화가족 대상 사회보장사업

다문화가족을 대상으로 하는 사회보장사업은 주로 정착지원에 중점을 둔다, 주요 사업은 다문화가족 지원사업(센터 운영), 다문화가족 방문교육사업, 결혼이민자 통·번역 사업, 다문화가족자녀 언어발달지원 사업, 다문화 멘토링 지원사업으로 구성되어 있다(국회예산처, 2018).

다문화가족 지원사업은 다문화가족지원센터 등이 다문화가족을 대상으로 하는 한국어교육, 가족교육 및 상담, 자조집단육성 등 종합적인 서비스를 제공하기 위해서 다문화가족지원센터 등에 운영비를 지원하는 사업이다.

다문화가족 방문교육서비스 사업은 집합교육에 참여하기 힘든 다문화가족을 대상으로 지도사를 파견해 한국어교육 및 아동양육과 관련한 서비스를 제공한다. 다문화가족 대상의 한국어교육서비스, 부모교육서비스, 자녀생활서비스를 제공하고 있으며, 주요 내용은 첫째, 생활언어를 습득하고 문화를 이해할 수 있도록 체계적인 단계별 한국어교육서비스를 제공하고, 둘째, 언어나 문화 차이 등으로 인해 자녀양육에 어려움이 있는 결혼이민자에게 부모 교육서비스 제공하며, 셋째, 자아, 정서, 학업성취, 사회성 발달에 어려움을 겪고 있는 다문화가족 자녀 대상의 자녀생활서비스를 제공한다.

결혼이민자 통·번역서비스 사업은 입국 초기 결혼이민자의 의사소통 문제해결을 위해서 통·번역서비스를 지원함으로써 조기적응을 지원하며, 통·번역인력채용 등 사회적 일자리를 확대하여 결혼이민자의 자립능력과 주체적 역량을 강화하기 위해서 수행하는 사업이다.

다문화가족자녀 대상 언어발달지원서비스 사업은 다문화가족 자녀의 언어발달을 촉진하는 지원서비스와 더불어 부모에게도 교육방법 및 상담을 제공하여 아동의 언어발달을 촉진하고자 하는 사업이다.

다문화 멘토링 지원사업은 2009년부터 다문화가정 자녀의 학교생활 적응강화, 기초학력 강화를 목적으로 전국 초·중·고에 재학 중인 다문화가정 학생과 대학생을 연결하여 1:1로 멘토링하고 대학생에게 근로장학금을 지원하는 사업이다.

표 11-12 다문화가족 대상 사회보장사업

분야	부처	재정사업	재원
정착지원	여성가족부	다문화가족 지원사업(센터 운영)	양성평등기금
		다문화가족 방문교육서비스 사업	
		결혼이민자 통 · 번역 사업	
		다문화가족자녀 언어발달지원 사업	
	교육부	다문화 멘토링 지원 사업	일반회계

출처: 국회예산정책처, 2018.

4. 외국인 대상의 사회보장에 대한 이론적 접근[15)]

1) 사회보장에 관한 외국인의 헌법상 지위

헌법 제6조 제1항은 '헌법에 의하여 체결 · 공포된 조약과 일반적으로 승인된 국제 법규는 국내법과 같은 효력을 가진다'라고 규정하여 국제법 존중주의를 천명하고 있고, 같은 조 제2항은 '외국인은 국제법과 조약이 정하는 바에 의하여 그 지위가 보장된다'라고 규정하여 외국인의 법적 지위에 관한 기본 입장을 밝히고 있다. 즉, 외국인의 사회보장법상 지위는 국내 법령뿐만 아니라 사회보장에 관한 국제법과 조약(협약)에 의하여 영향을 받는다.

헌법 제34조의 '인간다운 생활을 할 권리' 등의 사회적 기본권은 사회보장의 근거가 되는데 헌법재판소는 국민과 유사한 지위에 있는 외국인의 사회보장법상 지위에 대해 기본권의 주체가 될 수 있다고 보았다. 하지만 '인간의 권리'로 볼 수 있는 기본권인 인간의 존엄과 가치, 행복추구권, 평등권은 외국인에게도 해당된다고 보았으나, 사회적 기본권에 대해서는 부정적인 입장을 취하고 있다.

최근 한국이 이민 · 다문화사회로 급격히 변화하면서 외국인이 급증하고 우리

15) 김복기(2019)의 내용을 일부 발췌 · 인용함

사회에서 정착하는 단계로 진입하는 과정에서 외국인들도 사회적 기본권에 대한 요구가 증가하고 있다. 헌법 제6조 제2항을 근거로 우리나라에 발효 중인 국제인권조약상에 나타난 외국인에게 인정되는 인권을 헌법상 '기본권'으로 인정한다면 외국인의 사회보장권 보장도 가능하다. 우리 헌법이 사회보장의 권리 주체를 '국민'으로 명시하고 있더라도, 외국인에 대한 사회보장 권리를 규정하고 있는 '경제적 · 사회적 및 문화적 권리에 관한 국제규약(International Covenant on Economic, Social and Cultural Rights)'(우리나라 1990년 발효)을 전제로 외국인의 사회보장권이 보장되는 단계로 변화되어야 한다.

2) 사회보장기본법상 상호주의

우리나라 사회보장제도의 기본이념과 기본원칙을 밝히고 있는 사회보장기본법(제8조)은 '국내에 거주하는 외국인에게 사회보장제도를 적용할 때에는 상호주의의 원칙에 따르되, 관계 법령에서 정하는 바에 따른다'라고 규정하고 있다. 세계 각국이 상호주의를 채택해 온 이유는 다음과 같다(김복기, 2019). 첫째, 외국인은 이주지에 부분적으로 편입되어 있어서 고용지의 법이 적용되기 어려우며, 둘째, 외국인은 국가재정 측면에서 자국민과 기여 차이로 인해 사회보장 대상에서 제외해 재정 손실을 방지해야 하며, 셋째, 다른 외국에게 자국민 보호를 위한 조치를 취하도록 외교적 압력을 가함으로써 궁극적으로는 사회보장청구권을 보호하기 위한 국제협약의 체결을 유도할 필요가 있다는 것이다(전광석, 2002). 그러나 사회보장 영역에서 상호주의 원칙 적용에 관해서는 보편적 인권으로서의 사회권에 상호주의를 적용하는 것은 적절치 않다는 의견이 강하다.

최근 이주의 경향은 개발도상국으로부터 선진국으로의 이동이며, 대부분의 이주민들이 사회보장제도가 잘 갖춰지지 않은 국가들로부터 들어온다는 점에서 결과적으로 상호주의는 경제적 약자들에 대한 차별대우로 이어질 소지가 강해 근본적으로 상호주의에서 내 · 외국인 평등의 원칙으로의 전환을 고려해야 할 시점이다.

5. 외국인의 사회보장수급권[16)]

1) 공공부조

우리나라 공공부조의 근간인 국민기초생활보장법은 외국인에 관한 수급권자 특례규정이 있다. 이 특례규정에서는 국내에 체류하고 있는 외국인 중 첫째, 대한민국 국민과 혼인 중인 사람으로서, 본인 또는 대한민국 국적의 배우자가 임신 중이거나, 대한민국 국적의 미성년 자녀를 양육하고 있거나, 또는 배우자의 대한민국 국적인 직계존속과 생계나 주거를 같이 하는 사람, 그리고 둘째, 대한민국 국민인 배우자와 이혼하거나 그 배우자가 사망한 사람으로서 대한민국 국적의 미성년 자녀를 양육하고 있는 사람 또는 사망한 배우자의 태아를 임신하고 있는 사람을 수급권자로 인정하고 있다(법 제5조의2, 같은 법 시행령 제4조). 국민기초생활보장법상 급여의 종류로는 주거급여, 생계급여, 교육급여, 의료급여, 자활급여, 해산급여, 장제급여 등이 있으며(제7조), 주거급여와 의료급여와 관련해서 별도의 법률(주거급여법, 의료급여법)이 있다.

하지만 국민기초생활보장법의 외국인의 특례규정은 대상자에 대한 제한을 두어 생존권으로서의 공공부조라는 측면에서는 차별적이다.

긴급복지지원법은 생계곤란 등의 위기상황에 처하여 도움이 필요한 사람을 신속하게 지원함으로써 이들이 위기상황에서 벗어나 건강하고 인간다운 생활을 하게하기 위하여 마련된 공공부조의 성격을 띤 법이다. 이 법은 위기상황에 처한 사람으로서 이 법에 따른 지원이 긴급하게 필요한 사람을 긴급지원대상자로 규정하고 있는데(제5조), 국내에 체류하고 있는 외국인 중 대통령령으로 정하는 일정한 경우에는 긴급지원의 대상으로 하고 있는 특례규정(제5조의2)을 두고 있다. 구체적으로 동법 시행령 제1조의2는 긴급지원 대상 외국인의 범위를 대한민국 국민과 혼인 중인 사람, 대한민국 국민인 배우자와 이혼하거나 그 배우자가 사망

16) 김복기(2019)의 내용을 일부 발췌 · 인용함

한 사람으로서 대한민국 국적을 가진 직계존비속을 돌보고 있는 사람, 난민으로 인정된 사람, 본인의 귀책사유 없이 화재, 범죄, 천재지변으로 피해를 입은 사람, 그 밖에 보건복지부장관이 긴급한 지원이 필요하다고 인정하는 사람으로 규정하고 있다. 긴급지원대상자로 선정되면 생계지원(식료품비 · 의복비 등), 주거지원, 의료지원, 교육지원, 사회복지시설 이용 지원, 연료비나 그 밖에 위기상황의 극복에 필요한 비용 또는 현물 지원을 받을 수 있다(제9조 제1항 제1호 참조).

2) 사회보험

(1) 의료보험

우리나라 국민건강보험법은 외국인의 건강보험 가입에 대한 특례규정을 두고 있다. 국내 체류 외국인이 국민건강보험 적용대상사업장의 근로자, 공무원 또는 교직원, 주민등록법상 등록, 재외동포의 출입국과 법적 지위에 관한 법률 상 국내거소신고, 출입국관리법상 외국인등록을 하면 직장가입자가 된다(국민건강보험법 제109조 제2항). 이에 해당하지 않더라도 주민등록법상 등록 또는 재외동포의 출입국과 법적 지위에 관한 법률상 국내거소를 한 사람, 또는 출입국관리법상 외국인등록을 하고 보건복지부령으로 정하는 일정한 체류자격이 있는 사람이 6개월 이상 국내에 거주하였거나 국내에 지속적으로 거주할 것으로 예상할 수 있는 사유(결혼이민 및 유학의 경우)가 있는 경우에는 공단에 신청하여 지역가입자가 될 수 있다(같은 조 제3항, 국민건강보험법 시행규칙 제61조의2). 외국인 직장가입자의 배우자, 직계존속(배우자의 직계존속 포함), 직계비속(배우자의 직계비속 포함)과 그 배우자, 형제 · 자매가 보건복지부령상 소정의 자격 인정 기준을 충족할 경우 공단에 피부양자 신청을 할 수 있다(같은 조 제4항).

노인장기요양보험의 경우 국민건강보험에 가입한 외국인은 노인장기요양보험의 가입자가 되는데(노인장기요양보험법 제7조 제3항), 외국인근로자의 고용 등에 관한 법률에 따른 외국인근로자로서 국민건강보험법에 따라 직장가입자가 된 외국인, 그리고 출입국관리법 제10조에 따라 산업연수활동을 할 수 있는 체류자격을 가지고 지정된 산업체에서 연수하고 있는 외국인으로서 국민건강보험법에 따라 직장가입자가 된 외국인이 신청하면 장기요양보험가입자에서 제외될 수 있다(같은 조 제4항, 같은 법 시행령 제3조의2). 기본적으로 외국인근로자는 일정기간 후 귀국이 예정된 자이기 때문에 노인 등을 위한 제도인 노인장기요양보험에 대한 부담까지 지우는 것은 적절치 않다고 보기 때문이다.

외국인의 건강보험 가입과 관련해서는 건강보험 '무임승차자' 문제가 제기되어 왔다. 이러한 문제와 관련하여, 최근 관계 법령이 개정되어 외국인이 지역가입자 자격을 취득하기 위하여 국내에 거주해야 하는 기간이 3개월에서 6개월로 늘었다 (2018. 12. 18. 보건복지부령 제603호로 개정·시행된 국민건강보험법 시행규칙 제61조의2).

보건복지부의 '외국인근로자 등 소외계층 의료 서비스 지원 사업'를 통해 외국인근로자 및 그 자녀(18세 미만), 국적 취득 전 결혼이민자 및 그 자녀, 난민 및 그 자녀 등으로서 건강보험, 의료급여 등 각종 의료보장제도에 의해서 의료혜택을 받을 수 없는 자도 의료지원을 받을 수 있다. 재한외국인 처우 기본법 제3조 '국가 및 지방자치단체는 제1조의 목적을 달성하기 위하여 재한외국인에 대한 처우 등에 관한 정책의 수립·시행에 노력하여야 한다'를 근거로 위 법에 구체적 규정을 마련하거나 의료급여법, 긴급복지지원법 등의 사회보장 법률에 근거규정을 두는 것이 요구된다.

응급의료에 관한 법률 제3조는 '모든 국민은 성별, 나이, 민족, 종교, 사회적 신분 또는 경제적 사정 등을 이유로 차별받지 아니하고 응급의료를 받을 권리를 가진다. 국내에 체류하고 있는 외국인도 또한 같다'로 규정된 바 법 해석에 근거해 미등록 외국인도 응급의료를 받을 수 있을 것으로 본다.

(2) 연금보험

국민연금법 제126조 제1항은 국민연금법의 적용을 받는 사업장에 사용되고 있거나 국내에 거주하는 외국인으로서 대통령령으로 정하는 자 외의 외국인은 당연히 사업장가입자 또는 지역가입자가 되도록 규정하고 있다. 하지만 상호주의 원칙에 따라 외국인근로자의 본국법이 우리나라 국민에 적용되지 않는다면 그 외국인에 대해서는 국민연금법이 적용되지 아니한다(국민연금법 제126조 제1항 단서).

우리나라가 외국과 사회보장협정을 맺은 경우에는 국민연금의 가입, 연금보험료의 납부, 급여의 수급 요건, 급여액의 산정, 급여의 지급 등에 관해서는 그 사회보장협정에서 정하는 바에 따른다(제127조). 최근 국내 중소기업들은 외국인근로자(E-9 비자)의 회사가 국민연금 보험료의 절반을 납부하는 것이 불합리하다며 개정을 요구하고 있다.

(3) 산업재해보상보험

사업주가 보험가입자가 되는 산업재해보상보험법(제6조)은 근로자를 사용하는 모든 사업 또는 사업장에 적용됨을 원칙으로 한다. 따라서 해당 사업 또는 사업장에서 임금 목적으로 사용자에게 노무를 제공하는 외국인들은 산재보험 수급권자가 될 수 있다.

산재보험과 관련하여, 대법원은 구 출입국관리법상 외국인 고용 제한규정은 취업자격 없는 외국인의 고용이라는 사실적 행위 자체를 금지하고자 하는 것일 뿐 취업자격 없는 외국인이 사실상 제공한 근로에 따른 권리나 이미 형성된 근로관계에서의 근로자로서의 신분에 따른 노동관계법상 제반 권리 등의 법률효과까지 금지하려는 규정으로는 보기 어렵다는 전제 하에, 재해를 당할 당시 사용종속관계에서 근로를 제공하고 임금을 받아 온 근로자에 해당한다면 외국인이 취업자격을 갖고 있지 않았다 하더라도 산재보험법상의 요양급여를 받을 수 있다고 보았다(대법원1995. 9. 15. 선고 94누12067 판결).

하지만 현실적으로 불법체류 외국인근로자들의 신분 불안정성으로 인해 산재은폐의 문제가 지속적으로 제기되고 있다. 산업재해보상을 신청 시 사용자 측은 외국인근로자 불법채용에 대한 제재와 불이익이 발생하게 되고, 근로자는 강제퇴거를 당할 수 있으므로 이를 회피하기 위해 산재가 은폐되는 경우가 많다. 특히 외국인근로자의 비중이 높은 농업, 어업, 임업의 경우 산업재해보상보험법에 따르면 농업, 임업(벌목업은 제외), 어업 및 수렵업 중 법인이 아닌 자의 사업으로서 상시근로자 수가 5명 미만인 사업에는 산재보험법이 적용되지 않는(제6조 단서,

같은 법 시행령 제2조 제1항 제6호) 문제가 존재하고 있다.

외국인근로자의 산재 예방과 관련하여 산업안전보건법은 사업주로 하여금 사업장의 유해하거나 위험한 시설 및 장소에 대한 경고, 비상시 조치에 대한 안내, 그 밖에 안전의식의 고취를 위하여 안전·보건표지 설치·부착 의무를 부과하고, 외국인근로자를 채용한 사업주에 대하여는 외국어로 된 안전·보건표지와 작업안전수칙을 부착하도록 노력하여야 한다는 규정을 두고 있다(제37조). 위반 사업주에 대하여는 과태료를 부과하며, 의무규정 개정과 제재조항 마련을 통해 외국인근로자의 산업안전을 도모해야 한다.

(4) 고용보험

고용보험법 역시 근로자를 사용하는 모든 사업 또는 사업장에 적용이 원칙으로 하고 있으나(제8조), 일정한 경우를 제외하고 외국인근로자에게는 고용보험법이 적용되지 아니한다(고용보험법 제10조 제1항 제5호, 같은 법 시행령 제3조 제2항 제1호). 현재 시행 중인 고용보험법에는 외국인에 대한 고용보험법 적용 여부에 관한 일반적인 규정이 없으나, 최근 개정된 고용보험법(2019. 1. 15. 개정, 2019. 7. 16. 시행)은 이에 관한 규정(제10조의2)을 신설하여 외국인근로자의 고용 등에 관한 법률의 적용을 받는 외국인근로자에게는 원칙적으로 고용보험법을 적용함을 명시하고 있다.

3) 사회서비스(사회복지서비스)

(1) 아동

아동복지법, 영유아보육법에는 외국인 아동과 관련한 별도의 규정이 없다. 한부모가족지원법은 지원대상자의 범위에 관하여 외국인 특례규정이 있는데, 국내에 체류하고 있는 외국인 중 대한민국 국민과 혼인하여 대한민국 국적의 아동을 양육하고 있는 사람으로서 출입국관리법에 따른 외국인 등록을 마친 자는 한부모가족지원법상 지원대상자가 된다(제5조의2 제3항, 같은 법 시행령 제10조).

외국인 아동의 사회보장 중 특히 미등록 이주아동의 인권 보장 측면에서 아동은 입·출국 여부를 스스로 결정할 수 없다는 점에서 성인과 동일한 취급을 하는 것은 기본적으로 불합리한 차별이다. 아동권리협약(Convention on the Rights of the Child, 1989. 우리나라 1991년 발효) 제2조 제1항은 '당사국은 자국의 관할권 안에서 아동 또는 그의 부모나 후견인의 인종, 피부색, 성별, 언어, 종교, 정치적 또는 기타의 의견, 민족적, 인종적 또는 사회적 출신, 재산, 장애, 출생 또는 기타의 신분에 관계없이 그리고 어떠한 종류의 차별을 함이 없이 이 협약에 규정된 권리를 존중하고 각 아동에게 보장하여야 한다'라고 규정하고 있다. 우리나라는 1991년 협약을 비준한 바 외국인 아동, 특히 미등록 아동에 대한 생존권, 건강권, 교육권에 대한 실질적 보장이 요구된다. 또한 아동권리협약상 아동의 최선의 이익원칙(제3조)과 아동의 의견존중 및 참여보장 원칙(제12조)이 강조되고 있다. 따라서 아동복지법 개정이 요구되고 있다.

미등록 이주아동의 인권 보장 측면에서 '보편적 출생신고'도 중요한 논의 사안이다. 출생신고 문제는 아동권리협약 제7조 제1항에 '아동은 출생 후 즉시 등록되어야 하며, 출생시부터 성명권과 국적취득권을 가지며, 가능한 한 자신의 부모를 알고 부모에 의하여 양육받을 권리를 가진다'라고 규정하고 있다. 따라서 국내에서 출생한 외국인 자녀의 경우 우리나라에 출생신고를 할 수 있도록 하는 특례규정을 통해 이주아동의 인권을 보호하는 가족관계의 등록 등에 관한 법률 개정안이 요구되고 있다.

(2) 장애인

장애인복지법 제32조의2 제1항은 외국인 중 출입국관리법에 따라 외국인등록을 한 사람으로서 대한민국에 영주할 수 있는 체류자격을 가진 사람, 재한외국인처우 기본법에 따른 결혼이민자(대한민국 국민과 혼인한 적이 있거나 혼인관계에 있는 재한외국인), 난민인정자는 장애인 등록을 할 수 있도록 규정되어 있다.

우리나라가 비준한 아동권리협약 제23조 제1항에는 장애아동의 존엄성이 보장되고 자립이 촉진되며 적극적 사회참여가 조성되는 환경 속에서 완전하고 품위 있는 생활을 누려야한다고 규정하고 있다. 이는 외국인 장애아동에 대해서도 동일하게 적용이 가능하다고 본다.

(3) 법률복지

외국인 대상 적시의 법률서비스 제공은 외국인 대상의 실체법적인 보호 규정 마련 못지않게 중요하다. 법무부는 언어 장벽, 정보 부족으로 인해 제대로 법률서비스를 이용하지 못하는 국내 체류 외국인(체류자격, 불법체류 여부 불문)에게 무료 법률상담 서비스를 제공하는 '외국인을 위한 마을변호사' 제도를 운영 중이다. 또한 대한법률구조공단의 법률구조사건처리규칙에는 기준 중위소득의 125% 이하인 국내 거주 외국인 중 공단이 지원할 필요가 있다고 인정하는 자는 대한법률구조공단의 법률구조대상자로 규정되어 있다.

CHAPTER

12

이민 · 다문화가족상담과 가족치료

1. 상담의 이해
2. 다문화상담의 이해
3. 다문화가족상담의 이해
4. 다문화청소년 · 부모상담 통합지원
5. 가족치료에 대한 이해
6. 가족치료 이론
7. 다문화가정을 위한 통합가족치료

1. 상담의 이해[1)]

1) 상담의 개념

상담은 도움을 필요로 하는 내담자와 전문적 훈련을 쌓아 조력자로서의 자격을 갖춘 상담자 사이에 이루어지는 일련의 조력관계 과정(이형득 외, 1984)이다. 또한 도움을 필요로 하는 사람과 전문적 훈련을 받은 사람 사이의 면대면의 관계에서 생활과제의 해결과 사고(행동 및 감정) 측면의 인간성장을 위하여 노력하는 학습과정(이장호 외, 1999)으로 정의된다. 상담은 훈련받은 전문가와 내담자 간의 전문적 관계(Burks & Steffler, 1979)이며, 일상생활에서 위기 사태 또는 문제 사태에 임하였을 때 현명한 선택, 적응, 해결을 하도록 조력하는 과정(Brammer et al., 1989)이며, 내담자로 하여금 어떤 문제를 해결하도록 하거나, 자신의 능력을 효과적으로 활용하는 방법을 발견하도록 하거나 중요한 생의 결정을 하도록 돕기 위하여 이루어지는 상담 전문가와 내담자 간의 일대일의 상호 작용(Osipow et al., 1980)으로 정의된다.

2) 상담자의 역량

상담을 하는 데 있어 상담자가 갖추어야 할 가장 기본적인 것은 상담자의 인간적 자질을 들 수 있다. 여기에는 인간에 대한 관심, 진실성, 정서적 성숙, 심리적 안정감, 민감성 같은 특성들이 포함된다. 미국 상담자 교육 및 지도 협회(Association for Counselor Education and Supervision, 1964)에서는 상담자의 인간적 자질로 개인에 대한 신뢰감, 개인의 가치 존중, 세계에 대한 경외심, 개방적 마음, 자기 이해, 전문적 헌신에 대해 언급하였다. 김충기와 강봉규(2001)은 상담자의 전문적 자질로는 성격에 대한 이해, 개인의 진단 평가, 사회 환경에 대한 지식, 책임과 윤리, 상담 이론과 실제, 상담실습, 연구방법과 통계 기술 등을 강조하였다.

---

1) 최연실 외(2013), 양미진 외(2011)의 내용을 일부 발췌 · 인용함

3) 상담의 기본원리

상담 진행의 기본원리는 다음과 같이 제시할 수 있다(biestek, 1961).

첫째, 개별화의 원리이다. 상담자는 개인의 개성과 개인차를 인정하는 범위 내에서 상담이 전개되어야 한다. 편견이나 선입관으로부터 탈피해야 하며, 인간행동의 유형과 원리에 대해 전문적으로 이해하려고 해야 한다. 상대방의 말을 경청하고 세밀히 관찰해야 하며, 상대방의 보조에 맞추어 진행할 수 있어야 하며, 인간의 감정변화를 민감하게 포착해야 한다. 상대방과 견해차가 있을 때 앞을 내다보는 능력을 갖고 적절한 선택을 하여야 한다.

둘째, 의도적 감정표현의 원리이다. 자유롭게 의도적인 표현을 보장받도록 온화한 분위기를 조성해 주고, 압력이나 긴장으로부터 상대방을 완화시켜 주어야 한다. 감정표현을 비난하거나 낙심시켜서도 안 되며, 인내심을 가지고 끝까지 경청하도록 해야 한다.

셋째, 통제된 정서관여의 원리이다. 상대방의 감정에 대한 민감성과 이해 및 그에 적절한 반응이 요구되며, 적극적인 관여가 필요하다.

넷째, 수용의 원리이다. 상대방을 하나의 인격체로 존중하고 말이나 행동, 특히 비언어적 단서인 얼굴표정으로 잘 전달하여야 한다. 상대방의 의견에 동의하지 못할 경우에는 동의하지 않는다는 사실을 분명히 전달하되, 그 표현이나 자세는 온화해야 한다. 상대방을 있는 그대로 이해하고 인격을 존중해 주어야 하며, 권위적이거나 강압적이어서는 안 된다. 상대방의 진정한 욕구와 권리를 존중하며 감정이나 태도를 적극적으로 이해해야 한다.

다섯째, 비 심판적 태도의 원리이다. 어떠한 문제에 대하여 유죄·무죄 여부, 책임 여부, 가치 판단 등의 심판적인 언어를 사용해서는 안 된다. 상담자는 선입관에 지배되어서는 안 되며, 상대방의 발언을 가로막고 성급한 결론을 내어서는 안 되며, 어떤 정해진 틀에 맞추려 해서는 안 된다.

여섯째, 자기결정의 원리이다. 상담은 개인의 가치와 존엄성을 존중하고 자기 힘으로 문제를 해결해 나갈 수 있다는 신념에서 시작되어야 한다. 상대방이 자기 수용을 할 수 있도록 도와주며, 상대방이 인격적 발달을 도모할 수 있도록 도와준다. 상대방에게 법률, 제도, 사회시설 등의 광범위한 사회적 지원 정보를 제공함으로서 자기선택, 자기결정의 참고자료로 삼도록 해야 한다.

일곱째, 비밀 보장의 원리이다. 상담자는 아무에게나 상담내용을 이야기해서는 안 되며, 비밀을 지켜야 하는 윤리적 의무를 다 해야 하며, 상호 신뢰를 전제로 해야 한다.

2. 다문화상담의 이해[2)]

1) 다문화상담의 개념

다문화상담(multicultural counseling)이란 상담자와 내담자가 문화적인 배경이나 가치관, 생활양식 등에 있어서 다른 상담관계를 말한다. 상담학사전에서는 다문화상담을 문화, 종교, 이념, 가치관, 윤리 등의 다양한 차이가 존재하는 상담자와 내담자가 서로 조력적인 관계를 형성하여 보다 효과적인 상담이 이루어지도록 하는 심리치료 접근방법(김춘경 외, 2016)으로 정의하고 있고, 다문화상담을 다문화 배경 내담자를 조력하는 역할이자 과정으로 보는 견해도 있다(Sue & Sue, 2008). 상담의 효과를 증진시키기 위해서 상담자와 내담자가 문화적으로 배경, 가치관, 생활양식에 대한 차이를 인식하고, 상담의 이론과 적용기법에 있어서 문화적 유연성에 따른 특성을 적용하는 상담이라고 하였다(한재희, 2016).

2) 다문화상담자의 이해

다문화상담자는 다문화상담을 실행하는 주체로서 문화, 종교, 이념, 가치관, 윤

2) 이영란(2019)의 내용을 일부 발췌 · 인용함

리 등의 다양한 차이가 존재하는 상담자와 내담자가 서로 조력적인 관계를 형성하여 보다 효과적인 상담(김춘경 외, 2016)이 이루어지도록 돕는 자로 정의하고, 이와 유사하게 다문화상담자를 '내담자를 조력하는 역할자'라고 보았다(Sue & Sue, 2008). 따라서 다문화상담자를 사회·문화적 배경이 다른 다문화 내담자의 적응이나 호소 문제에 조력하는 역할자로 본다.

다문화상담자는 전통적인 상담자와 동일하게 내담자를 조력하는 역할자(Sue & Sue, 2008)라고 규정하는데, 이에 더하여 상담자의 역할을 확장할 필요성이 있다고 주장한다. 다문화상담자는 다문화 배경 내담자의 심리적 행복을 증진시키는 것을 목적으로 하지만 지역사회 자원을 활용하고, 활용 가능한 조력 체계를 이용할 것을 제시하였다(Ivey 외, 2012).

홍지영과 정경자(2018)는 상담을 통한 내담자의 변화뿐만 아니라 다른 기관에 연계하여 지원을 받아 경제적인 문제나 법률적인 문제가 해결되는 것까지 상담의 성과 측면으로 보면서 기관 연계 또한 다문화상담자의 역할에 포함시켰다. 김광수와 정태희(2010)는 다문화가정 자녀들의 문제가 정서적인 문제 외에도 법적·의료적 문제 등으로 복합적이기 때문에 개인과 가정, 학교, 지역사회 등의 협력적 조력이 필요하다고 보았다. 따라서 상담자의 역할 역시 개인 상담개입뿐만 아니라 행정가와 자문가의 역할까지 요구된다고 보았다. 양미진 외(2011)도 '다문화 청소년'을 대상으로 기존 청소년상담자와 동일하게 '적응이나 호소 문제에 대해 조력하는 역할'을 수행한다고 보았다. 기본 상담자의 역할에 지역사회 연계나 자원 활용을 통해 다문화 청소년을 효율적으로 도울 수 있도록 강구해야 한다고 제시한다.

성상환, 김광수, 임은미(2009)는 다문화상담자들은 조언자이자 옹호자, 토속적 조력 체계의 촉진자이자 자문가, 변화 매개체의 역할을 수행해야 한다고 보며, 상담자의 역할에 더하여 조언이나 자문, 기관연계 등을 수행하는 등 상담자 역할의 확장을 주장하고 있다.

3. 다문화가족상담의 이해[3)]

1) 다문화가족상담의 정의

다문화가족상담을 정의하기 위해서는 다문화가족상담의 배경이 되는 다문화상담의 탄생과 개념을 이해하는 것이 필요하다. 기본적으로 모든 상담은 사실상 문화중심적이고, 상담자의 가치관과 세계관은 문화적 맥락에 따른 철학적 기초를 분명하게 인식해야 한다(Sue, Ivey, Pederson, 1996). 하지만, 다문화상담은 더 나아가 문화적 역동성에 초점을 두고 강조를 한다. 다문화상담은 상담심리학 분야인 '교차문화상담(cross-cultural counseling)'에 대한 관심에서 시작되었다. 교차문화상담에 대한 관심은 1960년대 이후부터 미국을 중심으로 일어났다. 미국에서의 교차문화상담은 주로 백인 상담자가 소수민족 내담자를 상담하는, 즉 '소수민족상담'을 의미하였다(박외숙, 1996). 이에 따라서, '다문화상담(multicultural counseling)'이라는 용어를 사용하기에 이르렀고, 그 이후 다문화상담 혹은 교차문화상담의 이론들이 생성되고 미국의 상담학 전공 대학원에서 상담의 문화적 접근에 대한 과목들이 필수과목으로 개설되고 있다(한재희, 2004).

다문화상담의 경우 상담에서 여러 배경에 따라 제기하는 문제 유형에 차이가 있다고 밝히고 있다(Tracey & Gridden, 1986). 아시안계 내담자들은 백인 내담자들에 비해 자신의 개인적 · 정서적 문제보다는 교육, 진로 문제를 더 심각하게 제기하고 지각하고 있으며, 이는 아시안계 문화에 속한 사람들의 가치관이나 이주민이라는 문제와 상관이 있기 때문에 문화적 차원의 상담 기법과 지도가 요구된다. 문화적 차원의 상담 기법과 지도는 다문화가정의 특수성으로 인해 발생하는 문제나 해결에 관한 접근이라고 할 수 있다. 다문화적 차원의 상담은 문화적 역동성을 이해하고 진행되어야 하며, 내담자의 문화적 차원의 배경, 가치관, 가족제도 및 체계와 역사에 대한 배경 지식이 없다면 상담의 효과가 없을 수 있다는 사실

3) 최연실 외(2013)의 내용을 일부 발췌 · 인용함

등에 주목해야 한다. 다문화상담은 그 대상의 특수성뿐만 아니라 상담의 내용 또한 문화 간 상호작용이 이루어진다는 특성이 있다(김현아, 이자영, 2013). 또한 다문화상담은 상담효과를 증진시키기 위해서 상담자와 내담자가 문화적 배경, 가치관, 생활양식에 대한 차이를 인식하고 상담의 이론과 적용기법에 있어서 문화적 유연성에 따른 특성을 적용하는 상담(한재희, 2011)이라고 할 수 있다. 따라서 다문화상담은 개인의 문화적 차이 및 개인의 심리 내면적 갈등에서 오는 부적응을 돕는 내면의 정서, 인지, 행동과 관련이 있는 영역을 다루는 상담적 차원이라고 할 수 있다. 상이한 문화 속에서 개인이 지니고 있는 억압된 정서, 인지왜곡, 부적응 행동에 대한 상담적 차원의 접근을 통해 개인의 심리적 문제를 해결하고, 더 나아가 이들의 심리적 성숙을 통해 문화적 차이를 극복하고 조화로운 공동체의 일원으로 성숙한 삶에 이를 수 있도록 도와주고자 하는 것이다(한재희, 2011, 2012).

다문화가족상담은 가족상담적 요소와 성격이 밀접한 관계가 있으므로 가족상담적 측면도 고려할 필요가 있다. 지금까지는 다문화가족에 관한 복지서비스의 일부로 단편적인 가족상담을 다루었고, 다문화가족지원센터 사업의 일환으로 가족상담을 다루고 있다. 가족상담 및 치료활동은 개인이 지니고 있는 문제를 해결하고, 개인이 호소하는 주요 증상을 완화하기 위해서 여러 이론적인 가정과 기법 등을 토대로 진행되는 개인상담 및 치료와 다르게 가족의 기능 회복 및 강화 등의 목적으로 가족의 의사소통 기술, 가족체계의 경계 만들기 등을 통해서 대인관계의 질적 변화를 도모하고자 하는 일련의 상담 및 치료활동을 말한다. 개인상담 및 치료는 문제를 호소하는 개인에게 초점을 두며, 가족은 단지 인간의 행동을 이해하는 배경으로 보는 데 반해서, 가족상담은 가족 자체를 한 단위로서 보고 접근한다는 점과, 개인의 문제보다는 문제를 유발하는 환경이나 체계, 구조에 관해 관심을 갖고 접근한다는 측면에서 개인상담 및 치료와 큰 차이가 있다. 가족상담은 가정생활과 관련된 사항으로 결혼, 자녀양육, 가계, 주거문제, 시간관리, 소비 등까지 포함한 문제 중심의 상담과 가족 간의 심리상담까지 포함할 수 있다. 가족이 호소하는 문제의 해결 또는 그 밖의 가족상담의 목표 달성을 위해 때로는 개인의 변화로 문제가 해결될 수도 있으나, 대부분의 경우에는 가족의 물리적 · 심리적 환경을 조정해 나갈 필요가 있다. 따라서 가족상담의 중심은 관계와 가족체계의 기능 등을 다루는 것이라고 할 수 있을 것이다(고성혜, 성미애, 2010; 정문자 외, 2012).

다문화가족상담과 관련있는 다문화가족, 다문화상담, 가족상담을 고려할 때, 이 개념들을 통합한 다문화가족상담의 개념이 도출되어야 하지만, 아직까지는 이러한 성격을 모두 포괄하는 정의가 적절히 확립되지 못한 실정이다.

다문화가족상담은 다문화상담과 가족상담이 결합된 성격을 지닌다고 볼 수 있는데, 다문화가족상담을 '다문화가족에 대한 개인상담 및 가족상담을 통해 결혼이민자와 그 가족들을 심리 · 정서적으로 지원하며, 다문화가족구성원 및 가족이 겪는 문제에 대한 예방과 해결능력을 강화해서 건강한 심리적 상태와 행복한 가족관계를 이루도록 돕는 활동'이라고 정의하고 있다(최규련 외. 2010). 또한 강기정 외(2010)는 다문화가족상담을 '가족구성원 간의 문화적 차이로 인한 개인 및 가족 관계에 발생하는 다양한 문제를 예방 · 해결하는 상담 및 상담프로그램의 과정'이라고 정의하고 있다. 다문화가족상담은 문화적 부적응 문제로 인한 결혼이민자 개인의 심리적인 문제뿐만 아니라 가족을 매개로 하는 다문화가족의 순기능을 증진하기 위한 전반적 활동으로서, 다문화가족 안에 존재하는 문화적 차이에 대한 이해를 통해 갈등을 예방하며 문제를 해결하기 위한 상담으로 보고 있다.

다문화가족상담은 다문화, 가족, 상담의 세 가지가 중첩된 다문화가족, 다문화상담, 가족상담의 통합영역으로서 그림 12-1과 같이 '다문화가족구성원 간의 문화적 차이 극복, 다문화가족 구성원의 심리적 내면 강화, 건강한 가족관계 형성을 통해 문제해결을 지원하는 개입활동'이라고 정의할 수 있다. 이를 우리나라의 상황에 적용하면 '한국사회의 다문화가족에 대한 이해, 내담자의 문화적 배경, 생활방식, 가치관에 대한 수용을 바탕으로 한 가족체계론적 관점과 접근방식으로 다문화가족에 개입하는 상담 과정'이라고 정의할 수 있다(최연실 외, 2013).

▌그림 12-1▌ 다문화가족상담의 성격

출처: 최연실 외, 2013.

2) 다문화가족상담의 필요성

한국사회에는 다문화가족이 증가하고 있으며, 다양하고 복합적인 가족문제가 발생하고 있다. 부부간의 문제로는 문화 차이의 문제, 언어 갈등의 문제 등으로 주로 의사소통이나 문화배경의 이질성으로 인한 갈등의 문제가 존재한다. 부모·자녀 간의 소통과 교육문제에 대한 어려움이 많고, 자녀의 경우 정체성 문제와 사회적 차별로 인한 갈등이 존재하여 향후 자녀 성장 과정에서 지속적인 문제가 야기될 수 있다. 사회적 관계의 부족으로 인한 지지 체계의 부족을 호소하며, 사회적 차별로 인한 인권 차원의 문제, 경제적·문화적 빈곤 상태를 경험하게 되는 등 다문화가족 내부의 문제로 인해 끊임없는 위기 상황에 놓이게 된다.

따라서 이들이 겪는 가족문제에 대한 개입의 필요성이 대두되었고, 다문화가족을 대상으로 한 복지서비스도 점차 다양화되고 질적 수준의 제고측면에서 다문화가족상담의 필요성이 증대되고 있다. 다문화가족 내 외국인 구성원뿐만 아니라 배우자 및 가족 등의 문제에 통합적으로 접근하여 가족 간 갈등 및 가정폭력, 가족해체 현상에 개입할 수 있는 전문인력의 투입을 통해 효율적인 가족상담을 하도록 해야 한다.

3) 다문화가족상담자의 이해

상담자는 기본적으로 자신의 문화적 배경을 상담의 현장에 가져오게 되며, 상담자의 문화적 집단과 관련이 있는 세계관은 그들이 진행하는 상담 형태에 큰 영향을 주고 있다(Sue et al., 1996). 모든 상담자는 문화가 다른 내담자에게 효과적으로 도움을 주기 위해서 다문화적 기술을 향상시켜야 한다. 상담에서의 다문화적 관점은 단지 소수 인구만을 위한 것이 아니며, 모든 상담 장면에서 평가와 진단을 정확히 하는 데 기여할 수 있다(한재희, 2008). 따라서 문화적으로 민감한 상담자가 둔감한 상담자보다 상담의 효과를 크게 거둘 것이라고 볼 수 있다. 다문화가족상담자는 내담자의 문화적 차원의 배경, 가족제도, 가치관, 체계와 역사를 알아야 한다. 다문화상담자는 다문화상담과 치료를 수행하는 전문가로 정의될 수 있다(Sue & Torino, 2005). 다문화상담자는 내담자의 생활경험, 문화적 가치가 반영된 상담목표와 양식들을 사용한다. 내담자의 정체성을 개인과 집단, 그리고 보편적인 측면을 포함하는 것으로 인정하고, 조력과정에서도 개인적, 문화특수적 전략과 역할을 사용하며, 내담자와 내담자 체계에 대해 평가하고 진단하며, 상담 및 치료 시 개인주의와 집단주의 간 균형을 맞춘다. 이를 정교화하여 다문화상담자가 수행하는 역할의 정의를 전통적인 상담 및 심리치료 전문가와 대비시켜 다음과 같이 구체적으로 제시할 수 있다(Sue & Sue, 2008).

첫째, 다문화상담자의 조력 및 역할 범위는 전통적인 상담자의 역할에서 더욱 확장된다고 할 수 있다. 다문화상담자는 상담에 보다 적절하고 유용한 치료기술의 레퍼토리를 확내하여, 교육, 옹호, 자문 등의 역할을 수행하여 전통적인 치료자나 상담자의 역할을 더 넘어선다고 볼 수 있다. 둘째, 다문화상담자는 다양한 생활경험과 문화적 차이에서 조화를 이룰 수 있도록 충고와 제언을 수행한다. 셋째, 다문화상담자는 자신의 정체성이 개인적 독자성과 집단성 그리고 보편성의 측면으로 구성되어 있음을 인정한다. 넷째, 다문화상담자는 서로 다른 민족, 인종, 소수집단마다 각각의 문화에 특수하게 잘 맞는 조력 전략이 있으므로 이러한 조력 전략을 적절하게 사용할 때 그들이 가장 잘 반응한다고 믿는다. 다섯째, 다문화상담자는 개인적 접근과 집단적 현실 간 균형을 맞춤으로써 조력관계의 전망을 확장한다. 마지막으로, 다문화상담자는 내담자와 내담자가 속한 체계들 사이에서 이중역할을 가정한다(Sue & Sue, 2008). 다문화상담자는 이주민과 내국인 양자 모두에게 상호문화적 배경과 가치관, 관습의 차이를 이해시킴으로써 상호 간 소통을 높여 간격을 좁히는 문화매개자로서 역할을 수행한다(민무숙 외, 2009). 같은 맥락에서 다문화상담자는 내국민과 이주민간 중간매개자, 소통자로서 역할을 담당하는 중요한 인적 자원이므로 다문화상담자의 전문성 신장은 다문화 지원 서비스의 효과성을 높일 수 있는 데 기여한다고 할 것이다(양미진 외, 2011).

가족체계론적 입장에서 가족상담자나 가족치료자들은 가족기능의 원활한 수행을 위해서 개입하는 전문가라고 할 수 있다. 특히 가족치료자 및 상담자는 주로 가족체계모델에 기반한 개입방식을 사용하여 내담자 가족이 자신들의 문제를 새롭게 바라볼 수 있는 기반을 마련하며, 내담자의 문제해결 가능성을 높이기 위한 관계 촉진의 역할을 수행한다고 할 수 있다(김유숙, 2012; 정문자 외, 2012).

따라서 다문화가족상담자는 다문화상담자와 가족상담자의 역량과 특성을 결합한 전문가로 보는 것이 가장 일반적이다. 다문화가족상담자는 다문화, 가족, 상담이 중첩된 영역으로서 다문화가족, 다문화상담과 가족상담에 대한 이해와 지식을 바탕으로 전문적인 기술을 갖추고 개입하는 전문가라고 할 수 있다. 다문화가족상담자는 문화적 유능성을 갖추고. 가족구성원의 내면심리뿐만 아니라 관계의 강화 및 가족문제의 해결에 개입하는 전문가로 정의내릴 수 있을 것이다. 궁극적으로 다문화가족상담자는 이주민과 가족, 내국인과의 상호소통을 촉진하고 사회통합에 기여하는 역할을 수행할 수 있다고 본다.

4) 다문화가족상담자의 자질

다문화상담자의 자질에 대한 논의를 살펴보면 공통적으로 문화적 유능성을 언급하고 있다. 문화적으로 유능한 상담자는 어떠한 특성을 갖는지 살펴보면 다음과 같다(Sue, 1990; Sue et. al., 1992). 첫째, 인간행동, 가치, 개인적 한계, 편견, 선입견 등에 관한 자신의 가정을 인식하기 위해 적극적으로 노력한다. 둘째, 문화적으로 다른 내담자의 세계관에 대해 적극적으로 이해하고자 노력한다. 셋째, 문화적으로 다른 내담자와 작업할 경우 내담자에게 적절하고, 민감하며, 밀접한 개입전략과 기술을 개발하고 사용한다. 이러한 과정은 발달적 · 지속적 · 적극적 과정이다.

또한 이민자를 위한 다문화상담자를 위한 시사점을 제시하고 있는데(Sue & Sue, 2008), 이는 한국사회의 다문화가족의 상담에도 적용된다고 할 수 있다. 첫째, 다양한 문화적 배경을 지닌 이민자를 상담할 때 평가, 진단, 상담활동 등에서 이민자의 가치와 신념체계를 고려해야 한다. 둘째, 정신건강전문가는 외부보다 내담자가 속한 공동체 안에서 상담할 수 있도록 고려해야 한다. 셋째, 현지인을 직원 또는 공동체의 연장자를 활용하여 합법적이고 타당한 상담서비스의 제공을 고려해 볼 수 있다. 넷째, 이민자와 관련이 있는 이슈가 논의되는 사회분위기에 관심을 기울이고, 자치단체 차원에서 이민자와 관련하여 어떤 일이 발생하고 있는지, 최근의 관심사 등에 대해 지속적인 관심이 필요하다. 다섯째, 이민자는 타국에서 살고 있고, 다른 나라 언어를 배워야 하며, 새로운 사회, 경제, 교육, 정치제도 등에 적응을 해야 하는 것에 스트레스를 받고 있다는 것을 기억해야 한다. 여섯째, 정신병리에 관한 진단과 평가과정에서 언어적 장벽, 환경적 영향요인, 차별과 공격에 대한 잠재적 노출가능성을 고려해야 한다. 일곱째, 내담자가 상담 및 정신건강서비스에 대해 이해하고 있을 것이라 가정하지 말아야 한다. 여덟째, 상담을 할 때는 반드시 유능한 통역자를 활용할 필요가 있다.

다문화상담자는 기본적으로 문화적 인식이 상당히 중요하다. 이와 관련해 다문화상담자가 가져야 할 자세를 살펴보면 다음과 같다(Augusburger, 1986; Patton, 2000).

① 사람들이 서로 다른 견해를 가질 수 있다는 인식과 다른 사람이 가진 가설과 가치관에 대한 명확한 이해를 위해 노력해야 한다.
② 자신의 문화적 특성을 고수하면서도 다른 세계관을 환영하고 이해를 시도하고 칭찬할 수 있는 능력을 함양하도록 노력해야 한다.
③ 개인과 상황에 영향을 미치는 자료들과 사회적 · 경제적 · 역사적 · 정치적인 힘의 영향에 대해 인식할 수 있어야 한다.
④ 특정한 심리적 이론에 대한 순응의 강요가 아닌 특정한 사람의 삶의 상황에 맞도록 융통성 있게 반응할 수 있는 능력을 습득하여야 한다.
⑤ 차이점과 유사점, 특성과 공통성의 가치를 인정하면서 다른 사람의 차이점과 관련이 있음을 인식하여야 한다.
⑥ 잘못된 가설과 편견, 정보를 발견하고 버릴 수 있는 자세를 지녀야 한다.
⑦ 다른 사람들의 역사적 전통에 관한 가치를 탐구하고 자신의 전통에 적용해 볼 수 있는 자세를 가져야 한다.
⑧ 이전에 인식하지 못했던 의미와 실체의 새로운 영역을 발견할 것에 대한 기대를 가질 수 있어야 한다.

출처: 최연실 외, 2013.

이를 좀 더 체계적으로 구분하면 이민자 및 여러 문화적 속성이 다른 집단을 상대하는 인력들이 갖추어야 하는 문화적 역량의 개념을 '고양된 의식', '근거에 기반한 지식', '경험적 기술 전문성'으로 나눌 수 있다(McPhatter, 1997). 김현아와 이자영(2013)은 다문화 현장 전문가에게 필요한 자질에 대해 다음과 같이 제시했다. 첫째, 대상자를 이해하기 위한 다문화적 지식이 요구된다. 다문화 내담자를 이해하기 위해 그들의 문화적 특징, 개인차를 이해하고, 어떠한 지원 정책과 정착 지원제도가 있는 지에 대한 전문적인 지식이 필요하다. 둘째, 단순한 상담자 역할뿐만 아니라 각종 정보제공, 한국어 언어교정자 역할, 면접 컨설팅, 필요 시 부모 역할, 동행면접 수행, 임금 협상 등 다중적인 역할을 수행할 수도 있다. 따라서 내담자들에 대한 즉각적인 정보 제공, 기관들을 대상으로 한 연계체제를 구축할 수 있는 자원동원성이 요구된다. 셋째, 이러한 다중역할을 위해서 상담자 스스로 신체적 · 심리적으로 자기관리를 할 필요가 있다. 상담자가 여러 역할을 수행하기 위한 준비를 완수하고, 자신의 소진에 대비하여 지속적인 관리가 요구된다.

종합적으로, 다문화상담에 대한 기존 선행연구들을 토대로 다문화상담자에게 필요한 자질을 정리하면 **표 12-1**과 같다.

표 12-1 다문화상담자의 자질

범주	하위영역		개념	선행연구
다문화 상담자의 자질	상담 전략	상담 기법	• 상담자 자기노출을 통한 공감대 형성 • 충분한 지지와 격려 • 무시하지 않고 존중하는 태도 • 이중 언어 사용에 대한 자부심 갖게 하기	• 강기정 외(2010) • 김현아, 이자영(2013)
		상담 접근	• 이해하기 쉬운 용어 사용 • 대체 의사소통방법으로서의 매체치료 • 자국민이 아닌 한국인 멘토와 연계 • 권위주의적 교육자 역할 지양 • 각별한 비밀보장	• 강기정 외(2010) • 김현아, 이자영(2013)
	다문화적 지식요소	대상자 이해	• 대상에 대한 문화적 특성 및 개인차 이해 • 다문화 지원 정책 및 법률적 지원제도의 이해	• 강기정 외(2010) • 강기정(2012) • 김현아, 이자영(2013) • 한재희(2004) • McPhatter(1997)
		다문화 상담지식	• 일반상담의 원리를 기초로 한 다문화상담 • 다문화가족상담 • 다문화 개입프로그램 • 특수 사례에 대한 주의점	• 강기정 외(2008) • 강기정 외(2010) • 김현아, 이자영(2013)
	다문화적 태도		• 편견 없는 태도 • 타문화 이해에 대한 개방성 • 힘든 상황에서도 도와주려고 하는 열정	• 김광수(2008) • 김현아, 이자영(2013) • 이성순 외(2011) • 정지윤(2010) • APA(1999) • Cross et al.(1989) • Neukrug(2011) • Sue & Sue(2003)
	다문화적 인식		• 외국인 접촉경험을 통한 공감의 폭 확대 • 다문화적 의사소통능력	• 강기정 외(2010) • 김현아, 이자영(2013)
	상담자 역할과 자기관리		• 자원동원성을 포함한 다중역할 • 상담자의 자기관리	• McPhatter(1997) • 김현아, 이자영(2013)

출처: 김현아, 이자영, 2013을 참고로 구성.

4. 다문화청소년 · 부모상담 통합지원[4)]

1) 다문화청소년 · 부모상담 통합지원 모형 및 체계

다문화청소년 · 부모상담 통합지원의 모형은 다문화가족지원센터를 서비스전달의 허브체계로 2개의 협력체계와 6개의 지원기관이 서로 긴밀한 협력 · 연계체계를 갖추고, 5가지 유형의 상담을 통해서 다문화청소년 · 부모의 문제와 가족역량 강화에 개입하게 된다.

다문화가족지원센터는 서비스전달 허브체계로 다문화가족상담, 한국어 교육, 다문화통합교육이 이루어지는 기관이다. 다문화청소년 · 부모상담을 위한 서비스전달 허브체계로서의 역할을 담당할 수 있는 장점을 지니고 있다. 다문화청소년 · 부모상담을 지원할 수 있는 통합적인 기능을 수행하도록 하며, 주요 기능은 초기면접과 사례분류를 통해서 다문화청소년 · 부모를 위한 맞춤형 상담과 서비스 제공을 위한 협력기관과의 연계이다. 또한 다문화청소년 · 부모를 지원할 수 있는 상담기관과 외부연계기관과의 네트워크를 구축하고 지역사회 내 통합적인 연계 · 협력체계를 마련하는 것이다

다문화청소년 · 부모상담을 위한 협력체계는 상담과 외부기관과의 연계로 분류할 수 있다. 외부기관과의 연계는 경제적 문제나 가정폭력과 비행, 신체적 질병이나 정신병리적 문제에 대한 지원을 제공할 수 있는 경찰서, 병원, 지역사회 복지기관, 지역 정신건강보건센터 등 상담기관 외 지역 내의 협력체계를 말한다. 지원 협력체계에 포함되는 유관기관은 상담유형에 따라서 학교, 지역복지기관, 청소년기관, 다문화가족지원센터, 지역상담센터 등이다. 서비스전달 허브체계인 다문화가족지원센터를 통해서 상담 유관기관과 외부연계 기관 간의 상호협력체계를 마련해 다문화청소년 · 부모의 사례유형에 따른 체계적 지원과 개입을 모색해야 한다.

---

4) 이인수 외(2015)의 내용을 일부 발췌 · 인용함

다문화청소년 · 부모상담은 사례유형과 상담기관의 특성에 따라 차별화 전략을 세워 진행될 수 있다. 학교(담임교사와 학교상담실), 지역 내 청소년상담센터, 청소년상담복지 센터, 지역사회 청소년 통합지원체계(CYS-Net), 청소년상담 · 복지기관(WEE센터, 1388 청소년전화), 다문화가족지원센터(상담팀, 교육팀, 사례관리팀), 지역 복지기관 및 상담기관(건강가정지원센터, 지역 상담센터, 교육기관 등)과의 연계 및 사례공유 및 협력은 서비스전달 허브체계인 다문화가족지원센터를 중심으로 이루어진다. 이를 정리한 다문화청소년 · 부모상담 통합지원 모형은 그림 12-2와 같다.

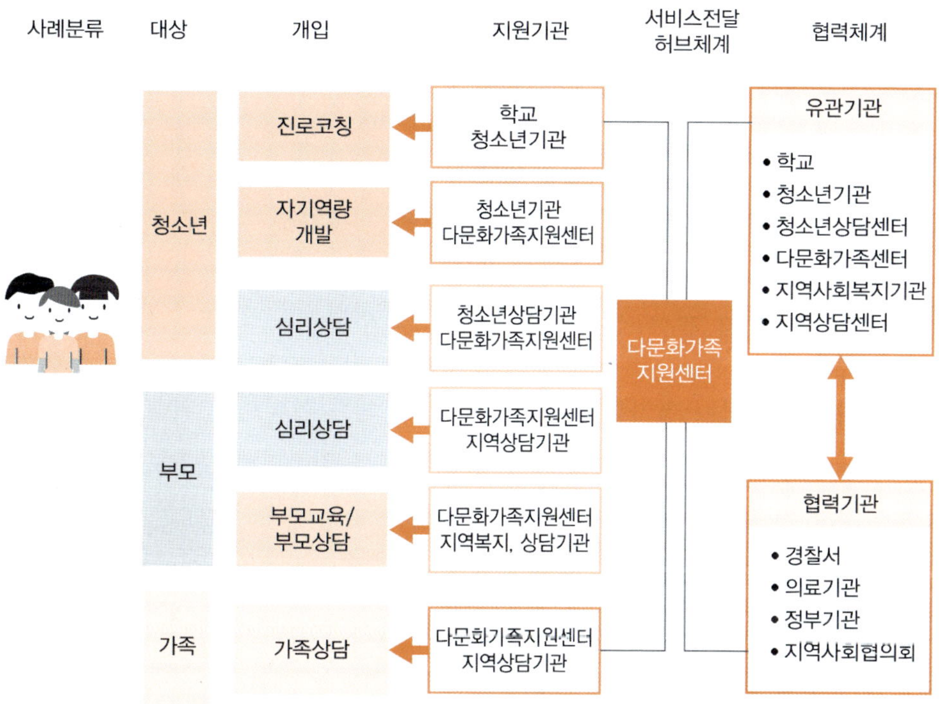

그림 12-2 다문화청소년 · 부모상담 통합지원 모형

출처: 이인수 외, 2015.

2) 상담 프로그램의 단계

(1) 초기면접(Intake)

첫 번째 초기면접 단계에서 다문화청소년과 가족들이 현재 호소하는 문제를 어떻게 인식하고 있는지 파악한다. 이 단계에서의 면접은 기본적 상담기술을 활용하여 다문화청소년과 가족들을 원조하는 동시에 내담자의 기본 정보, 주요 문제, 가족 관계, 의뢰 경로 등의 정보를 수집하는 데 초점을 둔다.

초기면접 단계에서 상담사와 내담자가 서로 긍정적인 친화관계를 위해 수용적 태도와 라포를 형성한 후 상담을 구조화하는 것이 필요하다. 라포가 형성될 경우 상담사와 내담자는 목표달성에 필요한 효과적 의사소통을 할 수 있다. 상담사는 내담자를 따뜻하게 이해하고 진정으로 돕고자 하는 공감적 태도를 가져야 하며 진실해야 한다. 이러한 치료적 관계의 형성을 통해서 내담자는 좀 더 자신의 문제를 드러내고 향후 개입과정에 참여하고자 하는 동기를 가지게 된다.

(2) 사정 및 평가를 통한 사례분류(Assessment)

두 번째 단계에서는 평가를 통해 철저하게 문제를 확인하기 위해서 다문화청소년과 가족들의 심리적·사회적 기능 수행 정도를 전문화된 사정도구를 활용하여 파악하고 사례를 분류, 개입유형을 구분하는 과정이다.

사례분류를 위해서는 다문화가족상담 초기면접지(부모용, 청소년용), 다문화청소년·부모상담 유형 분류 면접지(부모용, 청소년용), 가족건강성 척도를 활용하여 평가에 따라 개입 수준을 분류하고 정확하게 개입전략을 세울 수 있다. 사정 및 평가를 통한 사례분류는 다문화청소년과 가족들을 대상으로 어떤 변화가 요구되는지 명확하게 확인하고 5가지(진로코칭, 자기역량 개발, 청소년심리상담, 부모교육/부모상담, 가족상담)유형에 따라 어떤 개입이 가장 적절한 지를 판단하여 개입전략을 결정할 수 있도록 돕는다.

(3) 개입(Intervention)

세 번째 단계에서는 사정 및 평가 결과에 따라서 분류된 사례에 관해 심층적인 상담, 치료, 지원 계획을 수립하고 다문화청소년과 가족들에게 역량강화를 위한 직접적인 서비스를 제공하는 과정이다. 개입단계에서는 다문화청소년과 가족들의 문제해결의 완성도를 높일 수 있도록 5가지 유형에 따라서 사례들을 분류하고 개입목표를 설정한다. 상담은 구체적이고, 달성가능하며, 측정가능한 개입기술을 적용한다. 각 유형별 상담프로그램은 사정, 상담내용, 상담도구 지원 등 개입 프로그램을 적용하여 통합적으로 실시한다.

(4) 연계(Networking)

마지막 단계는 연계를 통해 다문화청소년과 가족들의 과제를 효율적으로 돕기 위해서 적합한 전문가 또는 기관의 정보를 파악하여 의뢰하는 단계이다. 지역사회전문가와 관계망 개입을 위한 통합적인 시스템의 구축을 위해서 노력하는 과정이 필요하다. 따라서 지역사회 조직과 기관 간의 유기적 관계를 유지하는 것이 요구된다. 지역사회 네트워크의 구축은 다문화청소년과 가족들에 대한 효율적인 개입을 하기 위한 작업이다. 따라서 지역사회 연계망을 통해서 다문화청소년과 가족들에게 필요한 지원 계획을 수립하고, 그에 따른 체계적이고 전문적인 통합 서비스를 제공하거나 지원요청을 의뢰할 수 있다.

이를 정리하면 표 12-2와 같다.

표 12-2 상담 프로그램의 단계

구분	과정	개입 기술(4E's)	목표(S.A.M)	내용
I	초기면접 (Intake)	Empathey	다문화가족과 상담에 대한 전문적 역량을 기초로, 내담자와 치료적 관계를 형성할 수 있는 능력을 키운다.	• 다문화인식에 관한 상담자의 수용태도 점검 • 청소년 및 다문화가족과의 충분한 라포 형성 • 비밀보장 등 고지된 동의
A	사정 및 평가 (Assessment)	Exactly	전문화된 면접과 도구를 활용하여 상담개입방법을 결정한다.	• 다문화가족상담 초기면접지(부모용, 청소년용) • 다문화청소년 · 부모상담유형분류 면접지(부모용, 청소년용) • 가족건강성 척도
I	개입 (Intervention)	Empowering	다문화청소년, 가족상담모형(S.A.M)을 활용하여 내담자의 역량을 강화한다.	• 진로코칭 • 자기역량개발 • 청소년심리상담 • 부모교육 및 상담 • 가족상담
N	연계 (Networking)	Efficacy	지역내 전문기관을 발굴하여 협력체계를 구축한다.	• 전문기관목록 • 기관의뢰서

출처: 이인수 외, 2015.

5. 가족치료에 대한 이해5)

1) 가족치료의 등장 배경

가족치료는 정신분석의 한계에서부터 시작되었다. 정신분석은 내담자의 문제를 해결하기 위해 개인의 문제와 역동성에 초점을 맞추었고, 내담자의 문제와 갈등, 증상을 오직 개인의 내면적인 긴장과 갈등에서 발생한 것으로 간주하였다.

5) 민경산(2015), 김수만(2009), 박정헌(2002), 박미정(2016)의 내용을 일부 발췌 · 인용함

인간의 신체와 정신을 분리한 이분법적 사고체계는 정신분석 내에서 단선적인 사고로 반영되었다. 이런 이분법적 사고는 한계에 부딪히고 마는데, 인간은 복잡한 환경에서 살아가고, 삶을 단순히 원인과 결과라는 도식만으로는 파악할 수 없는 상황들이 존재하기 때문이다. 임상현장 속에서 많은 치료사들은 내담자의 문제를 내담자에게서만 한정하여 찾는 치료 방법이 효과적이지 못하다는 것을 경험하였다(최광현, 2008). 따라서 인간의 심리문제를 개인의 감정과 갈등에서만 찾으려는 기존 심리치료의 한계를 극복하기 위한 새로운 시도로 가족치료의 중요성이 강조된다.

상담학의 초기에는 개인의 심리문제는 개인의 성장이나 관계에서 취득한 과거에 대한 고착 또는 과거로 돌아가려는 퇴행을 원인으로 보았다. 따라서 심리문제는 개인적인 문제로 보았고 치료과정도 개인에게 집중되었다. 하지만 상담치료의 경험이 누적되면서 가족의 행동패턴이 개인에게 영향을 준다는 사실을 통해 심리치료에 있어서는 개인만이 아닌 가족 또한 치료계획의 일부분이 되어야 한다는 것을 발견하였다. 가족치료는 단기적이고, 해결 중심적이고, 성취 가능한 목표를 두며, 종결을 예상하고 치료를 설계한다는 특징을 지닌다(정문자 외, 2012).

특히 제2차 세계대전 등 각종 전쟁의 후유증인 세계관과 가치관의 변화, 가족관계와 생활의 변화, 사회적 갈등과 스트레스의 증가 등으로 인한 개인과 가족의 문제가 부각되면서 이를 해결하기 위한 노력이 전개되는 과정에서 가족의 역할에 관심을 가지게 되면서 가족치료의 역사는 시작되었다. 이러한 심리적 개입은 전통적인 개인에 대한 심리치료의 한계를 벗어나 좀 더 다양한 사회적 및 교육적 배경을 가진 사람을 포함하게 되었고, 정신치료의 대상이 되었던 개인의 문제에서부터 부부 갈등, 별거, 이혼, 비행, 고부 갈등, 입원을 필요로 하지 않는 다양한 형태의 정서장애로 확대하여 규정되면서 문제적 · 역기능적 · 부적응적 행동의 변화를 목적으로 가족의 구조 및 상호작용의 유형을 변화시키는 것을 중요시하게 되었다.

2) 가족치료의 개념

버틀란피(Bertalanffy, 1968)의 일반체계이론에서는 가족을 하나의 체계로 보고, 그 속의 상호교류 양상에 개입함으로써 개인의 증상이나 행동에 변화를 추구한다. 가족치료에서 개인의 문제는 그 개인만의 문제가 아니라 개인을 둘러싼 가족이라는 맥락으로 이해하여 개인과 가족 사이에 고정되어 있는 상호작용의 양상을 변화시키려고 노력하는 것이다. 일반체계이론의 중요성은 가족치료를 이해하는 데 필수적인 개념을 제시하고 있기 때문이다. 모든 가족치료이론의 기본 전제는 가족을 하나의 세계로 본다는 점이다. 또한 가족치료를 단선적인 사고를 통한 인과관계가 아닌 순환적 사고에 근거한 상호작용과 상호영향의 관점에서 보며, 개인의 문제뿐만 아니라 사회적 맥락의 관점에서 이해하는 것이다.

체계이론의 관점에서 가족의 특성은 다음과 같다(Barker, 1986).

첫째. 가족은 각 부분의 특성을 합한 것 이상의 특성을 지닌 세계이다.
둘째. 이런 가족체계의 움직임은 어떤 일반적 규칙에 의해 영향을 받고 있다.
셋째. 또는 가족체계는 경로를 가지고 있다. 이러한 경제의 특성은 가족체계의 기능 양상을 이해하는 데 중요하다.
넷째. 가족을 하나의 세계로 봄으로써 가족체계의 한 부분의 변화는 가족 전체의 변화를 가져올 수 있다.
다섯째. 가족은 비교적 안정된 상태를 유지하려는 항상성의 경향을 띤다.
여섯째. 가족체계 기능 중에는 세계관의 의사소통이나 피드백 기능이 중요하다.
일곱째. 가족 속의 개인의 행동은 직선적 인과관계보다 순환적 인과관계로 본다.
여덟째. 가족체계는 하위체계에 의하여 성립되며, 또한 가족관계는 보다 큰 상위체계의 일부분이다.

출처: 박정헌, 2002.

즉, 가족을 하나의 체계로 보며, 그 체계 속의 상호교류양상에 개입함으로써 개인의 증상이나 행동에 변화를 가져오도록 추구하는 치료적 접근법을 의미한다.

가족치료는 가족 전체에 초점을 두고 행해지는 치료방법을 통칭하는 용어로서 가족체계의 역기능적인 상호작용 패턴과 관계구조를 변화시킴으로써 문제해결과 스트레스에 대한 대처를 도와 건강하고 기능적인 가족이 되도록 돕는 치료활동이다(송정애, 2006). 또한 가족을 하나의 체계로 보며, 그 체계 속의 상호 교류양상에 개입함으로써 개인의 증상이나 행동에 새로운 변화가 일어나도록 추구하는 치료적 접근법을 의미한다(김유숙, 2003).

3) 가족치료의 필요성

오늘날 현대사회는 개방화 · 정보화 · 다원화 방향으로 급격하게 변화하면서 사회 전반에 걸쳐 여러 가지 역기능과 병리현상이 나타나고 있다. 이러한 사회문제가 가정에도 반영되어 가정의 위기와 문제가 발생하게 된다. 따라서 적극적으로 가족치료와 상담을 통하여 가족기능을 회복하는 것이 요구된다. 내담자는 가족치료를 통해 개인의 정신장애와 정서장애 및 건강문제를 치료하면서 자신들의 직업 생산성, 동료 관계, 가족 관계, 파트너 관계, 정서적 건강, 전반적인 신체건강, 사회생활, 지역사회 활동이 매우 향상되는 효과를 볼 수 있다.

가족 치료의 필요성이 강조되는 이유는 현대사회의 위기와 관련되어 있다(김수만, 2008).

첫째, 핵분열화된 가정의 문제가 매우 심각하다. 예전에는 부부들이 문제가 있어도 여러 세대가 같이 살고 있기 때문에 조부모 또는 친척들과의 대화를 통해서 문제를 해결할 수 있는 조언과 지지를 받을 수 있었다. 그러나 현재는 핵가족화가 진행되었기 때문에 상담 기능을 수행할 수 있는 네트워크가 파손되었다. 또한 최근 이혼의 증가도 중요한 원인이 되고 있다. 이러한 관계의 단절, 이혼의 위기, 핵분열화된 가정 등이 현대가정의 위기를 나타내는 것이고, 이 위기를 효과적으로 대처하기 위한 방안으로 가족 치료를 제안할 수 있다. 곧 현대 사회의 위기 상황 속에서 가족 치료는 더욱 필요하다고 볼 수 있다. 둘째, 가족에 대한 가치 붕괴를 들 수 있다. 기존에는 대가족, 혈연가족, 가부장적 가족, 남녀 부모로 구성된 가족 등 전형적인 가족관이 지배적이었으나 최근에는 기존 가치체계가 무너지고 있다. 독신가족, 입양가족, 동성가족, 동거가족, 재혼가정 등 다양한 가족의 형태가 등장하면서 가족에 대한 가치 붕괴 현상을 경험하게 된다. 가족 치료는 가족체계에 초점을 두고 이러한 가족에 대한 혼란을 극복할 수 있는 대안적 역할을 수행할 수 있다는 점에서 중요하다.

4) 가족치료와 개인치료

(1) 가족치료와 개인치료의 의미

가족치료는 하나의 개인상담 접근방법이며, 개인의 내면세계를 이해하기 위해 가족을 필수적인 것으로 보며 가족과 내면세계를 이해할 수 있도록 이끌어 준다. 이에 반해 개인치료는 인지적 접근, 심리 역동적 접근, 행동적 접근, 과거의 사건에 대한 접근 등 많은 접근방법들을 이용할 수 있다. 가족치료와 개인치료의 차이는 성격발달의 특성과 성격발달에 작용하는 세력의 소재에 대한 관점, 증상 발현에 관한 관점, 치료방법이라는 3가지 차원에서 찾아볼 수 있다(Robinson, 1975). 이에 대해 구체적으로 살펴보면 다음과 같다(박미정, 2016).

가족치료에서는 가족구성원들의 일상을 관리하고 규정하는 가족구성원들의 조직화된 행동적 특징이 성격 형성에 영향을 미친다고 생각해 외부적 세력이 성격 형성에 영향을 미친다고 강조하고 있다. 그러나 개인치료는 사고, 공포, 갈등 등의 내부적 사건이 더 지배적인 영향을 미치는 것으로 추정한다.

가족치료 입장에서는 가족을 이끌어 나가는 주체는 가족 그 자체이다. 가족은 여러 대(代)에 걸쳐 발달해 온 내부적 규칙에 의해 움직이고, 변화를 거부하는 의사거래(의사교류) 체계를 통해 가족구성원들에게 동조를 요구하고 있다. 개인치료에서는 증상 발현이 자아의 구성요소들(정신분석학에서는 이드, 자아, 초자아) 간의 갈등을 원인으로 보지만, 가족치료에서는 문제를 호소하는 사람과 역기능적인 가족체계 간의 의사거래 영역에서 발생하는 갈등을 원인으로 본다.

가족치료와 개인상담의 구체적인 차이는 다음과 같다(민경산, 2015).

첫째, 문제의 초점에 대한 시각에 차이가 있다. 개인치료는 내담자를 별개의 독립된 존재로 보고 내담자의 내면과 특성, 행동 등을 파악하는 데 초점이 맞추어져 있다. 반면 가족치료는 내담자를 다른 사람 또는 체계와 상호작용하는 관계의 망에 있다고 보기 때문에 그가 속한 가족이나 관계의 역기능과 직접적으로 연관된다고 본다(정문자 외, 2007).

둘째, 내담자에 대한 시각에 차이가 있다. 개인치료는 내담자를 수동적이고 반응적인 존재로 보고 외부의 일정 자극이 가해지면 그에 따라 반응하는 기계적 존재로 보기 때문에 치료사가 전문적 위치에서 해결책을 제시한 후 치료과정을 지도하면 내담자는 반응한다고 가정한다. 반면 가족치료에서는 내담자를 능동적인 선택이 가능한 존재로 보고 치료자가 전문적인 위치에서 치료 과정을 제시하기보다 내담자의 세계, 내담자 가족의 상호작용을 존중하면서 치료과정을 진행한다.

셋째, 인간관계를 보는 시각에 차이가 있다. 개인치료는 문제의 원인을 파악하기 위해 질문을 통해 접근하며, 과거 혹은 역사에 초점을 맞추고 이전의 발달단계를 추적하여 증상과 원인을 파악한다. 반면, 가족치료는 인간관계를 순환적이고 회귀적인 것으로 보기 때문에 문제를 둘러싼 체계의 맥락은 유기적으로 연결되었다고 보고, 원인을 정확히 파악하기 어렵기 때문에 '지금－여기－무엇'이 발생하는지에 대해 인식하고 상호작용의 패턴을 파악하는 데 초점을 둔다.

넷째, 문제의 진단과 해결 과정에 차이가 있다. 개인치료는 기계론적 세계관에 기초하기 때문에 내담자의 문제를 객관적이고 정확하게 진단 · 평가할 수 있다고 본다. 적절한 과학적 방법은 실증적이고 계량적으로 받아들일 수 있고, 지식은 실험과 관찰에 의해 추구된 결과를 바탕으로 가치중립적 과학이 가능하다고 보며, 주관적 판단과 서술을 비과학적인 것으로 받아들인다. 반면 가족치료는 내담자를 유기체로 보고 내담자의 인식행위에 초점을 두어 동일한 상황도 내담자의 인식 행위에 따라 다르게 인식하고 경험할 수 있다고 가정한다.

다섯째, 기본 철학과 가정에 차이가 있다. 개인상담은 인간에 대해 결정론적이며, 원칙에 따라 움직이고, 현실에 반응하는 존재로 이해한다. 또한 문제해결을 위해 개인의 구체적인 행동이나 인간의 내적 사건들에 초점을 둔다. 대표적인 개인치료는 프로이드(Freud)의 정신분석치료와 스키너(Skinner)의 행동치료 등이 있다. 반면 가족치료 및 상담은 나름의 체계론에 입각하여 전통적인 개인치료와는 다른 철학과 가정에 바탕을 둔다(최규련, 2009). 지금까지의 내용을 **표 12-3**으로 정리하면 다음과 같다.

표 12-3 개인치료과 가족치료의 기본 철학과 가정의 차이

특성	개인상담	가족치료
인간관	결정론적, 반응적 존재	선택의 자유, 능동적 존재
세계관	기계론	유기체적
기본 가정	개인적, 환원적	관계적, 맥락적
인간관계	직선적 인관론	순환적 인과론
접근방법	주체/객체의 이원론	전체성, 상호의존적 전일성
초점	이분법(either/or) 객관적 패턴 법칙, 외제적 실재 문제의 원인, '왜'라는 질문 과거의 역사	변증법적(both/and) 주관적 패턴 관계패턴, 체계 내용, 사실, '무엇'이라고 질문 현재 상황(here-now)

출처: 박미정, 2016.

6. 가족치료 이론6)

1) 보웬의 가족치료 이론

보웬(Bowen)의 가족치료 이론은 정신분석적 접근법과 실제 치료에서 직접적으로 영향을 받은 치료적 임상모델이다. 보웬의 치료목적은 가족구성원들이 자아분화를 통해 전체 가족이 적절한 분화에 도달하도록 돕는 것으로, 체계이론을 지향하던 대다수 가족 치료자들과 차이를 보였는데 의미 있는 변화는 반드시 전체 가족에게 나타나는 것은 아니고 나머지 가족원들에게 영향력이 있는 한 구성원의 변화에 의해서 전체의 변화가 시작될 수 있다고 보았다(김유숙, 2000). 가족은 서로 감정적으로 얽혀 있는 상태이므로 개인이 성숙하고 건강한 성격으로 분화하기 위해서는 먼저 개인이 가족과의 관계에서 미해결된 정서적 애착이 해결되어야 한다.

자아분화(differentiation of self)는 보웬(Bowen)의 중심이론으로서 정신 내적 측면

6) 박수헌(2008), 민경산(2015), 김수만(2009), 박정헌(2002), 박미정(2016)의 내용을 일부 발췌 · 인용함

에서 지적 기능이 정서적 기능에서 얼마나 분화되어 있는지를 의미한다. 자아분화가 잘 이루어지지 못한 사람은 확고한 자아를 발달시키지 못하고 거짓자아를 발달하게 되므로 자신의 일관된 신념을 가지고 자주적이고 독립적인 행동을 하지 못한다(김유숙, 2004).

보웬은 가족 내 한 사람이 높은 자아분화를 성취하면 다른 가족도 동일한 성취가 가능하다는 기본전제를 가지고 있으며, 가족치료자는 개인에게 삼각관계에 대한 설명을 통해 삼각관계를 벗어나도록 원가족과 상호작용을 재조명하여 자아분화를 발달시키는 것이다. 가족성원 중 한 사람을 선정해 일정기간의 치료를 통해 그가 전체 가족체계를 변화시킬 수 있다고 보았다.

2) 경험적 가족치료

경험적 가족치료는 치료과정에서 경험하는 가족 관계는 그 자체가 성장의 주요한 자극이 된다는 믿음을 갖고, 과거를 들추기보다 현재에 초점을 맞추어 치료자와 가족 사이에서 순간적으로 발생하는 상황을 중시한다. 가족과 치료자 간 상호작용은 면담에 참여하는 가족이나 치료자 모두가 성장할 수 있는 계기로 보며, 이러한 경험을 통해 개인이 성장하도록 돕는 형태의 치료이다(김유숙, 2004). 치료란 무엇보다도 성장과정의 체험이자, 연습이라고 주장하면서 가족치료는 가족들이 성숙한 인간으로 성장할 수 있도록 도움을 주어야 한다고 하였다. 경험적 가족치료자의 목표는 가족이 안정된 상황에 머무르는 것이 아니라 성장하도록 하는 것으로서 감수성, 자발적인 것과 창조성, 의사소통으로서의 느낌의 표현, 확실한 표현 등을 중요시한다.

3) 인지 행동주의적 가족치료

많은 인지 행동주의적 치료자는 체계이론과는 달리 부부나 부모자녀와 같은 한 쌍의 상호작용 변화에 역점을 둔다(Barton & Alexander, 1981). 불행한 가족은 다른 가족구성원에게 존재하는 부정적인 속성에 그들의 문제를 귀인하는 경향이 있다고 지적하고 누군가가 변화하는 것을 불가능하게 방식으로 비난을 투사(投射)함으로써 치료적 변화를 방해하므로 귀인(歸因)의 전환이 필요하다고 하였다(김유숙, 2004). 인지 행동주의적 가족치료는 문제행동을 지배하는 행동유형에 대해 관심을 가지고 사정의 결과로 얻어진 자료로 행동분석을 하고, 어떤 행동을 변화시킬 것인지에 대해 계획을 세워 적절한 기법에 따라 개입을 한다. 인지행동주의적 가족치료는 자연적 강화물을 사용하여 행동변화를 유도하고, 가족구성원에게 치료사 역할을 주어 집이나 학교 등과 같은 자연스러운 환경에서 문제행동을 감소시키는 데 효과적이었다.

4) 구조적 가족치료

구조적 가족치료는 역동적이며, 짧은 면접과정을 통해서 가족의 문제점이나 가족 특유의 양식을 전체적으로 파악하여 가족의 구조를 변화시키는 장점이 있다. 가족치료자는 개인을 사회적 존재로 인식하여 개인을 둘러싼 구조가 변화하면 동시에 가족구성원의 지위가 달라져 각 개인의 경험도 변화할 수밖에 없다고 보았다.

이 모델은 가족구조의 개념을 중심으로 하위체계, 경계선, 위계구조 등으로 몇 가지 개념을 제시함으로써 무엇이 기능적인 가족이며, 역기능적인 가족인가에 관한 명확한 지도(map)를 제공한다(정문자 외, 2007).

경계선은 가족의 상호작용과정에서 구성원의 누군가가 어떤 방법으로 참가할 수 있는가에 대한 규약으로 하위체계 간의 상호 역동은 이 경계선이 명확한지, 밀착되어 있는지, 분리되어 있는지에 따라서 애매한 경계선(diffused boundary), 명료한 경계선(clear boundary), 경직된 경계선(rigid boundary)로 구분하며(김유숙, 2004), 명료한 경계선을 가진 가족은 정상적인 가족이며, 애매한 경계선을 가진 가족은 가족체계에 참가하는 것에 대한 규칙이 애매하기 때문에 구성원이 모든 문제에 관해서 서로 지나치게 얽혀서 필요 이상으로 관여하게 되어서 일반적으로 밀착된 가족이라 하고, 경직된 경계선의 경우 가족구성원은 흩어져 버리는데 이러한 가족을 분리된 가족라고 한다.

5) 전략적 가족치료

전략적 가족치료자는 가족 문제를 해결을 위한 전략을 고안하는 데 주안점을 두고 인간의 행동이 일어난 원인에는 관심이 없으며, 단지 행동의 변화에만 관심을 갖는다. 가족이 치료 과정에서 도움이 필요하다고 언급한 문제에 대해서 만족한다면 이제 문제는 해결된 것으로 보고, 치료자의 역할도 끝났다고 본다.

전략적 가족치료자가 사용하는 기법 중 재정의(reframing)란 어떤 행동, 관계, 현상을 지금과는 다른 측면에서 보고 그 특징에 새로운 의미를 부여하는 과정이며, 역설적 개입(paradoxical intervention)이란 치료자가 목표에 반대되는 것을 실행하도록 지시함으로써 가족에게 구체적인 행동을 지시하여 변화를 시도하는 방법을 사용하였다(김유숙, 2004).

6) 해결 중심적 가족치료

스티브 드 세이저(Steve Da Shazer)와 김인수(Insoo Kim Berg) 부부는 MRI(Mental Research Institute)에서 받은 훈련과 치료 경험을 바탕으로 해결 중심적 치료모델을 발전시켰다. 치료의 핵심은 가족이 자신들의 일상생활을 영위하는 과정에서 생긴 욕구를 충족시키기 위해서 치료에 가지고 온 것을 활용하는데, 문제의 원인이라고 생각되는 부적응을 고치거나, 제거하기 위한 노력은 필요 없다고 한 에릭슨(Erikson)의 영향을 받은 것이다(김유숙, 2004).

해결 중심적 가족치료는 인간에게 긍정적인 믿음을 가지고 있으며, 가족에게는 일상생활에서 성공했던 다양한 경험이 있다고 믿었으며, 누구나 그 경험을 근거로 자기 자신의 문제를 해결할 수 있는 잠재능력이 있다고 인정하고 강화하는 것을 통해 가족들 스스로 자신의 존재를 완성해 나가도록 하여 해결중심의 입장으로 접근하고 문제의 목표와 자원에만 초점을 두었다. 해결중심 가족치료는 내담자와 면담할 때 미리 질문을 정해놓고 첫 질문, 기적질문, 대처질문 등을 사용하게 된다.

7) 이야기치료

이야기치료의 주요인물로는 호주의 마이클 화이트(Michael White)로 프랑스의 사회철학자 푸코(Foucault)의 사회 내에서 지배적인 이야기를 구성하는 사람들이 특정한 집단을 배제시킬 수 있는 힘을 지닌다는 견해에 영향을 받아 '문제의 외재화'라는 방법을 구상하게 되었다. 1980년대 후반에는 뉴질랜드의 앱스턴(David Epston)과 함께 이야기 치료를 확립하게 되었다(정문자 외, 2007).

이야기 치료자의 목표는 문제해결보다 내담자들이 자기중심의 목소리에 지나치게 의존하고 있다는 사실을 인지하게 하여 선택의 폭을 풍부하게 갖도록 돕는 것이다. 이들은 가족이 제시하는 문제 이야기를 자신의 삶을 지배하는 '지배적 이야기'라고 지목하면서 '이야기 경청－이야기 해체－대안 이야기 구축'의 과정을 통해서 내담자와 함께 문제 이야기를 다시 대안 이야기로 쓸 것을 제안한다. 인생을 사건, 순서, 구성, 주제를 가진 이야기의 형태로, 문제해결을 이야기로 다시 쓰기 작업으로 이어진다.

7. 다문화가정을 위한 통합가족치료[7)]

1) 다문화가정을 위한 개입

다문화가정을 대상으로 한 다양한 프로그램은 1990년 이후부터 개발 및 적용되고 있다. 초기의 프로그램들은 대부분 부부교육을 통해 부부관계 개선을 도모하였으나 종교적 색채가 너무 강하여 대중화하기 어려운 점이 있었고, 외국 프로그램을 바탕으로 한 연구는 문화적 차이가 있는 우리나라 부부들의 요구들을 충분히 반영하지 못하는 등 프로그램의 내용면에서 맞지 않다는 비판을 받기도 했

7) 이승희(2019)의 내용을 일부 발췌 · 인용함

었다(권정혜, 채규만, 2000).

초기에는 다문화가정을 위한 개입은 다문화가정 부부, 특히 결혼이주여성을 중심으로 추진되었다. 하지만 언어적 장벽과 문화에 대한 이해의 어려움이 다문화가정 부부가 적극적으로 참여하기에는 구조적인 어려움들이 존재했다(진혜전, 2009). 이러한 어려움을 극복하기 위해 다문화가정 부부의 의사소통 증진을 위한 프로그램을 계획하고 실행하기 위해서는 참여자의 특수성을 고려한 지원이나 활동 내용의 구성(비언어적 요소인 감정이나 교감, 신체적 활동) 등이 추진되었다(이현주, 손승남, 2014).

또한 다문화가정 부부뿐만 아니라, 다문화가정 자녀의 문제도 부각되면서 최근에는 다문화가정의 자녀를 위한 개입도 활발하게 이루어지게 되었다. 따라서 다문화가정의 부부뿐만 아니라 부모 자녀 관계, 즉 가족관계 전체를 포함한 통합적 가족치료 프로그램을 요구되고 있다. 가족은 체계로 이루어져 있으며, 이 체계는 유기적으로 관계를 맺고 있으므로, 부부관계나 부모자녀 관계 한쪽만을 위한 프로그램보다는 가족 전체를 위한 개입이 보다 효과적일 것이라 가정할 수 있다.

2) 통합가족치료 프로그램

통합치료는 그 방법에 따라 범영역 간 통합치료, 다각적 통합치료, 협력적 통합치료 세 가지 유형으로 나뉜다(Insalaco et al., 2007).

범영역 간 통합치료(transdisciplinary treatment)는 내담자의 문제를 해결하기 위해 다양한 이론과 기법들을 적절하게 통합하여 치료적 접근을 하는 것을 말하며, 다각적 통합치료(multidisciplinary treatment)는 다양한 분야의 전문가들이 하나의 그룹이 되어 내담자의 문제를 해결하기 위해 치료하지만, 각각 독립적으로 접근한다. 마지막으로 협력적 통합치료(interdisciplinary treatment)는 다양한 분야의 전문가들이 하나의 조가 되어 내담자의 문제해결을 위해서 서로 협력하여 공동의 목표를 설정하여 치료하는 것을 말한다(최혜진, 2010). 특히 범영역 간 통합치료는 통합치료(integrated therapy), 다학문적 예술치료와 상호 교환적으로 사용되기도 하며, 이는 치료 과정에서 영역의 경계를 허물고, 다양한 이론과 기법을 기반으로 동원이 가능한 매체를 사용하여 치료사가 치료효과를 높이기 위한 목적으로 여러 분야의 방법을 통합하는 것이다. 이는 내담자가 다양한 매체들과의 접촉을 통해 모든 감각의 활용을 도모하기 위한 전체를 하나로 보는 접근법이라 할 수 있다.

통합치료는 다양한 방법을 동원하며, 특히 표현예술 치료적 접근을 접목시킴으로써 내담자가 가지고 있는 방어를 감소시키고 보다 적극적으로 참여할 수 있도록 유도할 수 있는 것이 장점이다. 예술 치료적 접근은 미술, 음악, 동작, 드라마 등의 방법을 적절하게 치료에 적용하는 것으로, 특히 내담자가 다양한 감각을 활용함으로써 신체적 · 정서적 · 심리적 조화와 통합을 돕고 장애의 종류와 그 정도에 따라 치료의 효과를 높여 줄 것이라고 하였다(김설화, 2003).

통합 치료는 정신분석이나 인지행동치료와 같은 독자적인 치료법이 아닌 통합적 심리치료를 이론적 배경으로 하여 다양하고 창의적인 미디어를 사용하는 특수한 기법이며(김설화, 2003), 통합 치료에서 활용되는 미술, 음악, 드라마 등의 매체에서만의 통합이 아닌, 문제해결을 위해 효과적이라고 알려진 놀이 치료, 인지행동치료, 언어치료 등의 치료적 매체와 기법들을 함께 통합하면서 범영역 간 통합치료의 범위가 확장되었다(최혜진, 2010). 최근에는 여가, 복지시설을 중심으로 그 효과에 대한 사례가 발표되고 있으며, 한부모가족, 저소득 가정 아동, 비행청소년 등에서도 적용된 사례들이 점차 늘어나고 있는 추세이다(김혜미, 2014 재인용).

따라서 향후 다문화가정을 위한 통합가족치료 프로그램은 다문화가정 부부의 친밀감을 증대시키기 위해 다문화가족구성원 전체가 프로그램에 참여할 수 있는 프로그램, 가족구성원의 감정과 느낌의 표현을 가능하게 하는 데에 있어서 비언어적 활동 중심의 프로그램, 부부갈등 해결을 위한 실제적 방법을 전달하고, 가족구성원의 상호작용을 증진시키기 위해 가족 상호작용 증진에 효과적인 치료적 기법들을 기반으로 하는 프로그램으로 확대되어 가는 것이 요구된다.

CHAPTER 13

이민 · 다문화가족복지정책

1. 가족복지정책[1)]

1) 가족정책

(1) 가족정책의 의미

가족정책은 학자에 따라 다양하게 정의되고 있다. 캐머만과 칸(Kamerman & Kahn, 1978)은 가족정책을 '정부가 가족에게 그리고 가족을 위해 행하는 모든 활동'으로 정의하면서, 가족구성원들 간의 평등, 삶의 질 향상, 대상자 확대 등을 강조하였다. 로저스(Rodgers, 1975)는 '가족과 가족생활의 질에 영향을 미치는 정부행동 및 국가 행동'이라고 가족정책을 정의하였다. 모엔과 숄(Moen & Schorr, 1987)은 '가족을 위한 광범위하게 동의된 일련의 목적을 국가가 의도적으로 프로그램과 정책을 통해 실현하는 것'이라 정의하였고, 짐머만(Zimmerman, 1988)은 '가족의 안녕과 복지를 다른 가치보다 최우선적인 정책목적으로 선택하는 가족과 관련시켜 정책을 바라보는 하나의 관점인 동시에 모든 가족 관련 프로그램들을 포괄하는 하나의 영역'이라고 정의하였다(변화순, 최윤정, 2004 재인용). 짐머만(Zimmerman, 1995)은 가족복지정책에 대해 '개별가족들이 가족을 단위로 건강한 가정생활을 영위하면서 가족구성원 간의 갈등을 원만히 해결하고 안정된 가족기능을 수행할 수 있도록 지원하는 일련의 사회복지정책을 포함한다'고 보았다. 변화순 등(1990)은 '가족을 강화하고, 가족을 단위로 하여 대부분의 가족구성원이 제대로 생활할 수 있는 여건을 만들어 주기 위한 정책'이라고 가족정책을 정의하였다(보건복지가족부, 2009 재인용).

가족정책을 사회정책이나 여성정책의 한 부류로 볼 것인지, 차별화되고 독립된 정책으로 인정할 것인지에 대해서는 다양한 의견들이 제시되고 있다. 초의수(2008)는 대상적 측면에서 사회정책은 사회 속의 구성원으로서 개인을 대상으로 하고, 여성정책은 성평등의 지향을 위한 수단으로서 여성을 대상으로 하며, 가족

1) 김승권 외(2009), 최현숙(2009)의 내용을 일부 발췌 · 인용함

정책은 단위로서 '가족'을 대상으로 한다고 구분하였다. 정민자(2007)는 가족정책에 대해 '다른 정책의 보조수단이 아닌 사회정책의 한 분야로서 인구, 경제, 금융, 조세, 노동, 주택, 사회복지, 의료보건, 여성정책 등과 연계되기도 하고 별개이기도 한 독립적인 가족정책이어야 한다'고 정의하였다.

(2) 가족정책의 등장 배경과 발전

1970년대 전후부터 국가의 지속 발전을 위한 산업화 측면과 산업화의 영향으로 인해 가족 내에서 발생하는 문제 해소 측면에서 가족정책에 대한 관심이 등장하게 되었다(초의수, 2008). 서구유럽의 가족정책 등장 배경은 인구계획정책과 요보호 가족대상의 복지서비스정책에서 출발했다. 인구 감소에 따른 노동력 감소 위기를 극복하기 위한 대가족 제도를 통한 소득재분배 정책(가족수당, 소득조세정책), 장기적 인구정책을 실시하였고, 고아, 빈민, 장애인, 노인, 무의탁자와 같은 요부양 가족성원에게 사회적 서비스를 제공하는 공공정책차원에서 가족정책이 추진되었다(변화순, 최윤정, 2004).

기존에는 문제가족 또는 요보호가족 등 제한된 관심대상에게 지지적 · 대리적인 사회적 서비스를 제공하는 공공정책으로 가족정책을 인식했지만, 최근에는 가족문제가 다양화되면서 정책대상에 대한 관점이 선별주의에서 보편주의로 변화하였다. 복지영역의 확대로 인해 특정한 가족의 지원에서 벗어나 법적, 생물학적, 사회적 관계에 토대를 두고 모든 가족들을 정책적 개입의 단위로 인식하게 되었다(이진숙, 2004). 따라서 문제가족 또는 요보호가족 등 문제 가족에 대한 사후 보완적 성격에서 벗어나 산업사회가 초래한 다양한 사회문제를 사전 예방하는 측면이 강화되면서 일반가족 대상 서비스까지도 가족정책에 포함되었다.

특히 전통적인 성역할 분업이나 노동력의 세대 재생산 유지와 보호에 초점이 맞추어져 있던 가족복지정책의 기조는 출산율 저하, 고령화 현상과 같은 인구 및 가족구조의 변화, 기혼여성들의 경제활동참여율 증가와 맞물리면서 변화에 대한 필요성에 증대되었다(송다영, 2005).

가족정책은 정책의 대상을 가족구성원 개개인이 아니라 가족 단위의 전체성으로 보고, 가족구성원 전체를 집합적인 관점의 대상으로 보고, 개인에 국한된 사항도 가족과 연계시켜 다루고 있다. 또한 기존 사회정책 및 여성정책과는 연관성을 인정하되 고유의 독립적 정책영역으로 인식하고, 사회적 여건이 가족에게 영향을 미치는 주요 문제 해소, 가족 및 가족구성원의 삶의 질 향상을 위한 공공부문의 개입이라고 정의하였다(조의수, 2008).

김승권 외(2003)는 가족구조의 다양화, 가족기능의 약화와 같은 현대사회의 특성을 고려하여 가족복지정책은 가족구성원 간의 배려, 상호의존, 친밀성에 기반하여 개별 가족원의 자율성과 발달을 강화하는 정책이 되어야 하며, 가족의 자율성을 보장하되 국가가 가족의 복지증진을 위해 적극적으로 개입할 수 있는 법적 근거를 마련하여 가족과 국가가 가복복지 실현을 위해 상호 보완할 것을 강조하였다.

조흥식 외(2002)는 현대의 가족기능을 기준으로 애정부여의 기능, 경제적 기능, 아동 양육의 기능, 보호 기능 등을 중심으로 가족복지정책을 분류하고 있다. 김경신 등(2007)은 가족정책의 범주에 대해 크게 '가족생활주기', '가족생활의 내용(구성요소)'으로 구분하고 있다. 먼저 생활주기 측면에서 접근한 가족정책은 가족의 탄생부터 소멸까지 전 생애주기를 포괄하는 정책을 의미하며, 기존 아동 · 노인 · 청소년 · 여성 대상의 선별적이고 산발적인 정책의 비효율성을 해결하기 위해 각 생활주기에 필요한 가족정책들을 추진하는 것을 의미한다. 가족생활의 내용이나 구성요소 측면의 가족정책은 의식주생활, 소비생활, 양육과 부모역할, 자원관리 등 가족생활의 전반적인 영역을 가족정책의 범주를 제시하는 것을 의미한다.

정책 수혜대상을 기준으로 가족정책을 분류 시 가족구성원 전체를 위한 가족 단위의 정책과 가족구성원으로서의 아동, 노인, 여성 등을 위한 정책으로 분류할 수 있다(변화순 외, 2001; 최경석 외, 2001). 특히 최경석 외(2001)는 정책 수혜대상뿐만 아니라 정책 주체를 공적 부문과 사적 부문으로 구분하였고, 사적 부문을 영리와 비영리라는 세분화된 기준으로 분류하였다. 김승권 외(2003)는 가족정책을 소득보장정책, 양육 및 부양지원정책, 가족보호정책, 주거정책, 의료보장정책, 가정생활문화정책, 기타 가족정책 등으로 분류하였다. 이들 정책을 가족 단위의 정책과 가족 내 대상과 가족유형을 고려한 정책으로 세분화하였다.

2) 가족복지정책

가족복지정책은 가족정책의 한 영역이지만 가족의 복지달성이라는 당위적 목표를 지향한다는 차별성을 가지고 있다. 따라서 가족복지정책이 가족복지의 보장을 목표로 한다는 전제 하에 각 가족구성원과 전체로서의 가족을 위한 것이 아닌 다른 정책 목표의 수단으로 활용되는 것을 수용하기는 어렵다. 따라서 가족복지정책은 가족구성원과 전체로서 가족이라는 하나의 단위에서 표출되는 욕구를 지원, 보충, 대체하는 기능을 담당하며, 가족에게 긍정적인 영향을 미치는 국가 개입적 활동이라고 할 수 있다(최경석 외, 2001).

가족복지정책은 개별가족들이 가족을 단위로 건강한 가정생활을 영위하면서 가족구성원 간의 갈등을 원만히 해결하고 안정된 가족기능을 수행할 수 있도록 지원하는 일련의 사회복지정책을 포함한다(Zimmerman, 1995).

가족복지정책이란 기본적으로 가족복지를 향상시키기 위해 제도화되어 시행되는 정부의 모든 복지정책을 의미하기 때문에 그 범위가 방대하고 모호하여 일반화해 정의하기가 어렵다. 가족복지정책에 대한 개념의 변화는 가족의 인구통계학적 변화(가족구조의 변화, 출산율의 감소, 이혼/재혼/동거 인구의 증가, 여성의 노동시장 참여, 한부모가정의 증가 등)에 기반한다. 특히 과거 남성 중심의 가족정책이 여성의 사회경제적 역할 변화로 인해 여성 중심의 가족복지정책으로 변화하였다. 고티어(Gauthier, 1996)는 여성의 노동시장 참여와 한부모가족의 문제 개선을 중심으로 가족복지정책을 2가지 측면에서 개념화했다. 첫째, '노동권 보장 가족정책'은 여성이 노동시장에 참여할 수 있도록 하는 가족정책에 아동보육 정책과 조세정책을 포함된다. 둘째, 가족 돌봄에 대한 보상적 측면에서 '부모권 보장 가족정책'인 산전후휴가, 육아휴직을 포함한다.

따라서 가족복지정책은 가족의 사회복지 증진을 목표로 시행되는 국가정책이며, 주요 가족복지정책은 노동권 보장정책, 부모권 보장정책, 소득 보장정책, 돌봄 관련 정책(노인장기요양보험) 등으로 분류할 수 있다.

3) 가족복지정책의 대상

(1) 가족구성 측면에서의 분류

가족 구성상의 특성을 기준으로 가족복지정책 대상을 규정하며, 맞벌이가족, 핵가족, 미혼모가족, 이혼 및 재혼가족, 노인가족, 소년소녀가장가족 등 가족 구조상의 다양화에 기반하여 각 가족의 특성에 맞춘 복지서비스를 세분화한다.

(2) 가족기능적 측면에서의 분류

가족 기능상의 특성을 기준으로 가족복지정책 대상을 규정하며, 학대가족, 빈곤가족, 알코올 중독이나 약물중독가족, 청소년 비행가족 등 경제적 측면의 결손가족과 병리 혹은 장애로 인한 심리적 · 의료적 문제를 가진 가족의 경우 등으로 세분화한다.

(3) 가족생활주기에 따른 분류

가족의 생활주기[2)]에 따라 가족은 부부만의 시기, 자녀출산 및 양육기, 미취학 아동기, 학령기, 청소년기, 독립기, 중년기, 노년기 등 다양한 변화와 문제 또는 위기를 경험하면서 가족구성원 개개인과 가족 전체의 복지욕구는 다양하게 나타난다. 하지만 현재는 요보호대상자 중심의 가족구성원인 개인에 집중되어 있고, 세부적으로 복지 요구에 따라 분리되고 제한적으로 접근되고 있다. 따라서 이를 가족생활주기별로 복지 대상에 대한 통합적 가족복지실천 방안이 요구되고 있다.

4) 가족복지정책의 필요성

산업화와 도시화에 따른 급격한 사회변화, 핵가족화로 인한 가족제도의 변화는 가족기능과 부양의식을 약화시켜 다양하고 새로운 사회복지서비스에 대한 수

---

2) 가족생활주기란 사람이 가족생활에서 경험하는 결혼, 출산, 육아, 노후의 각 단계에 걸친 시간적 연속을 의미한다.

요 증가에 대처하기 위한 새로운 접근 방법이 요구되고 있다. 최근까지 개인 치료 중심의 사후대책에만 치중해 온 사회복지대책을 예방사업으로 전환함으로써 과거의 소극적 사회복지사업에서 벗어나 가족복지를 통한 예방과 치료의 통합을 추진해야 한다.

현대 가족은 과거 가족의 주요 기본 기능을 다른 사회기관에 이전했음에도 불구하고 아직도 많은 책임을 지고 있다. 가족구성원에 대한 일차적인 보호책임을 가족이 수행한 후 적절한 역할 수행이 어려울 때에 국가가 개입해야 한다는 한국사회의 자유주의적 복지이념 하에서는 가족의 책임이 강조되고 있다. 하지만 현재 우리사회가 직면한 문제해결을 위해서는 가족의 역할만으로는 한계가 있다는 점을 인식하고, 국가와 사회, 개인과 가족이 상호 호혜적인 관계를 통해 해결책을 찾아 가야 한다는 점에서 가족복지정책의 필요성을 강조할 수 있다.

5) 가족복지정책의 범주

가족복지정책의 구체적 범주는 정책의 목표와 대상의 불명확성, 다른 정책과의 중첩 등으로 세분화하기 어렵다. 특히 사회와 가족의 변화상을 반영해야 한다는 특성을 가지고 있기 때문에 더욱 어려운 측면이 있다.

가족복지정책을 분류함에 있어 흔히 사용되는 범주화의 분류 방법은 가족구성원이 수행하는 사회적 기능과 역할을 기준으로 가족구성원의 개별적인 욕구에 대한 대응책을 가족복지정책으로 구분하는 것이다.

표 13-1 가족복지정책의 범주

가족의 욕구	가족복지정책의 범주
가족가치관, 규범에 대한 인식재고 욕구	가족에 대한 사회적 규범과 관련된 법, 제도
소득 욕구	소득보장제도, 소득공제제도, 고용보험과 산재보험의 소득보장 관련 급여, 가족(아동)수당
건강의 욕구	건강보장 프로그램

양육 및 보호의 욕구	아동수당, 육아휴직, 양육비 지원, 보육서비스, 모자보건, 가족간병휴가, 노인 · 아동 · 장애인부양지원서비스
심리적 · 정서적 욕구	가족상담 및 치료적 서비스, 가정폭력지원서비스, 부부상담, 기타 대인서비스
건강가족 조성의 욕구	가족에 대한 사회적 규범과 관련된 법, 제도(가족법, 건강가정기본법 등)

출처: 최현숙, 2009.

2. 가족복지정책의 추진3)

1) 가족복지정책 추진 배경

1990년대 후반 이후부터 전 세계적으로 사회서비스의 탈가족주의화(Esping-Anderson, 1999)라는 흐름이 확산되기 시작하였고, 국내에서는 가족변화의 심화와 가족이슈를 둘러싼 정치적 갈등과정 속에서 가족정책에 대한 새로운 대안을 고민하는 흐름들이 나타나기 시작하였다. 따라서 가족복지정책은 다양한 가족 내부의 문제와 개별 가족구성원들의 욕구 증대에 대한 해결책을 제시해야 한다는 시대적 요구를 반영하는 변화를 선택하게 되었다.

2004년 제정된 건강가정기본법은 사회경제적 위기 속에서 가족의 문제를 사회적 차원에서 해결하고, 국가적 지원의 토대를 마련하는 것을 목적으로 한다.

건강가정기본법의 제정은 다양한 사회정책의 발전에도 불구하고 개별 수급자 중심의 서비스 제공이라는 관점에 미물던 당시의 한국적 상황에서 국민들에게 서비스 제공의 대상으로서 가족을 전면에 부각시켰다는 점에 주목할 수 있다. 또한 가족에 대한 기능주의적 관점과 정상가족의 관점에만 익숙해 있던 한국사회에 다양하게 분화되고 있는 가족 형태를 가족해체가 아니라 가족 다양성을 반영한 새로운 접근 관점을 제공했다는 점에서 긍정적으로 평가할 수 있고, 가족정책의 패러다임을 전환시키는 역할을 했다.

3) 이진숙(2018)의 내용을 일부 발췌 · 인용함

하지만 건강가정기본법이 아직 다양한 기능과 형태를 지닌 가족에 대한 수용적 태도가 아닌 정상 가족만을 전제하는 편향성을 나타냈고, 타 사회정책들과의 연계에는 한계를 가지고 있다. 그리고 법의 내용은 출산과 양육, 직장과 가족생활의 양립, 가족 대상의 상담과 교육 등을 지원함으로써 가족을 유지하는 것에 초점을 두고 있어서 가족의 다양성을 고려한 포괄적 지원에는 한계를 보였다(고경환, 강지원, 김용민, 2008).

최근 다양한 가족의 형태를 지원하기 위해 건강가정기본법 외에 한부모가족지원법, 다문화가족지원법 등을 추진했으나 이 법들조차 특정 형태의 가족만을 정책 대상으로 한정하고 있다는 한계가 있다. 영유아보육법의 경우에도 가족생활주기의 초기에만 지원을 집중한다는 측면에서 가족생활주기 전체에 대한 포괄적이고 보편주의적인 지원으로 볼 수는 없다.

가족정책 관련 법규들의 한계는 실천적인 서비스 전달체계에도 파편화 · 중복화, 특정 가족 중심의 선별주의적 기능에 편중되는 문제가 나타났다. 그로 인해 가족정책이 가족문제를 사전에 예방하고, 문제 발생 시에도 즉각적으로 대응할 수 있는 효과는 전혀 나타나지 못하고 있다(이진숙, 2017).

2) 가족복지정책 추진 현황

가족정책의 근간인 건강가정기본법 제15조에서는 여성가족부장관은 관계 중앙행정기관의 장과 협의해 5년마다 건강가정기본계획을 수립하도록 의무화하고 있다. 여성가족부에서는 이에 따라 2016년부터 '모든 가족이 함께 행복한 사회 구현'을 정책비전으로 하여 「제3차 건강가정기본계획(2016~2020)」을 추진하고 있는 중이다. 그리고 정책과제로는 '가족관계 증진을 위한 서비스 기반 조성' 정책과제를 신설하여 보편적 가족서비스를 주요 정책과제로 부각시키고 있으며, '가족유형별 맞춤형 서비스 지원 강화' 과제를 통하여 맞벌이가족 지원, 한부모가족 지원, 다문화가족 지원, 취약 · 위기가족 지원을 목표로 설정하고 있다. 이는 가족 다양성 심화로 인해 가족 유형을 고려하여 심층적 지원을 할 필요성이 커짐에 따른 현실적 대응책이라고 할 수 있다. 이 밖에도 「제3차 건강가정기본계획(2016~2020)」에서는 임산부 보호, 임산부 배려문화, 소비주의적 육아문화 개선 등 생애주기별 출산친화적 사회문화 조성을 강조하는 등의 정책과제들을 제시하고 있다.

표 13-2 제3차 건강가정기본계획 정책 과제

1. 가족관계 증진을 위한 서비스 기반 조성	1-1. 맞춤형 가족교육 지원
	1-2. 가족상담 활성화
	1-3. 가족여가활동 확대
2. 가족유형별 맞춤형 서비스 지원 강화	2-1. 맞벌이 가족 지원
	2-2. 한부모가족 지원
	2-3. 다문화가족 지원
	2-4. 취약 · 위기 가족 지원
3. 정부–가족–지역사회 연계를 통한 돌봄지원 강화	3-1. 아이 키우기 좋은 여건 조성
	3-2. 돌봄부담 해소를 위한 지역사회 조성
	3-3. 가족돌봄 여건 조성
4. 남성과 여성, 기업이 함께하는 일 · 가정 양립 실천	4-1. 일 · 가정 양립 제도 정착
	4-2. 남성의 일 · 가정 양립 지원 강화
	4-3. 기업의 일 · 가정 양립 실천 촉진
5. 생애주기별 출산친화적 사회문화 조성	5-1. 고비용 결혼문화 개선
	5-2. 임산부 배려문화 조성
	5-3. 행복한 육아문화 확산
	5-4. 양성평등 가족문화 조성
6. 가족환경 변화에 대응한 정책 추진체계 강화	6-1. 가족정책 법 · 제도 정비
	6-2. 가족정책 전달체계 강화
	6-3. 새로운 가족환경 변화에 선제적 대응

출처: 여성가족부, 2017.

다른 한편으로 보건복지부는 저소득 가정에게 소득보장과 의료보장을 중심축으로 하는 사회보장을 제공하며, 영유아보육법에 의거해 보육료지원사업, 양육수당, 산모 · 신생아 건강관리사 지원사업, 취약가족 대상의 가사 · 간병방문 지원사업, 아동 · 노인 · 장애인 등 계층별 특성을 고려한 지역사회서비스, 노인돌봄종합서비스, 노인돌봄기본서비스 등을 시행하고 있다. 그리고 부모의 일-가정 양립을 지원하기 위한 가족친화적 조직문화 개선 등의 서비스는 고용노동부에서 시행하고 있다(이진숙, 2018).

3) 가족복지정책의 문제점과 추진 방향

한국의 가족복지정책은 여성가족부와 보건복지부로 전달체계가 이원화되어 있다. 하지만 보건복지부의 가족복지정책은 사회복지적 차원에서 선별적 가족을 대상으로 하며, 여성가족부에서 진행되는 제한적인 일부 정책사업들만이 일반 가족들을 대상으로 하는 가족복지정책이라고 할 수 있다. 이러한 정책적 범위 및 영역의 제한으로 인해 가족복지정책의 발전이 제대로 이루어지지 못하는 한계가 나타나기도 한다.

건강가정기본법에서 가족은 '혼인 · 혈연 · 입양으로 이뤄진 사회의 기본단위'(제3조 제1항)로, 가정은 '가족구성원이 생계 또는 주거를 함께하는 생활공동체로서 구성원의 일상적인 부양 · 양육 · 보호 · 교육 등이 이뤄지는 생활단위'(제3조 제2항)로 규정되어 있다. 가정은 사회적 기능의 수행주체로서의 가족을 의미한다는 개념적 · 정책적 통일이 전제되는 것이 중요하다.

건강가정이라는 용어는 전체 가족들 중 일부 가족들이 '건강하지 않은 가족들'이라는 낙인화를 진행할 우려가 있으므로 가치중립적이어야 할 정책적 용어로 적합하지 않고, 모든 형태의 가족들을 포괄하여 지원해야 한다는 명제와도 부적합한 사회적 배제성을 내포한다는 점에서 개념과 내용의 수정이 요구된다.

가족복지정책의 기본법으로서 건강가정기본법은 제2장 '건강가정정책', 제3장 '건강가정사업'에서 정책의 핵심적인 영역을 제시하고 있다. 그러나 실제로 '건강가정정책'은 건강가정기본계획에 대한 내용과 수립절차 및 행정추진주체들에 대한 규정이다. 또한 '건강가정사업'은 가족에 대한 경제적 지원, 일-가족 양립 지원 및 돌봄 지원, 위기가족에 대한 복지지원 등 가족에 대한 포괄적인 지원내용과 이에 대한 국가 · 지방자치단체들의 책임을 명시하고 있다. 하지만 건강가정기본법에 제시된 정책들은 타 법률들(국민기초생활보장법, 긴급복지지원법, 국민연금법 등)에 의해 시행되거나 현행 관계 법률에 위임하고 있는 내용들이 대부분이며, 건강가정기본법이 가족복지정책의 토대법으로써 작동하기 위한 각 정책영역들 간의 조정기능이나 직접적인 사업 수행을 위한 규정은 매우 미흡하다. 따라서 실제 복지혜택이 절실한 가족에 대한 직접적인 해결책이나 대안 제시는 건강가정기본법을 통해서는 전혀 진행될 수가 없다는 한계가 있다. 또한 건강가정기본법에 포함된 가족복지정책이 대부분의 타법으로 인해 분절되어 있어서 가족복지의 관점에서 추진하기 위한 정책적 수행능력이 미흡하다.

따라서 이러한 문제점을 고려하여 가족복지정책의 추진 방향을 제시하면 다음과 같다(이진숙, 2018).

첫째, 가족복지정책에 있어서의 가족책임주의의 극복, 돌봄부담의 사회화 강화, 가족을 위한 사회정책적 연대가 요구된다. 세계화가 가져온 고용의 불안정성과 경제적 결핍이 심화되는 상황 속에서 가족 자체만으로는 복지에 대한 책임능력이 없는 상황에서 복지를 사적 책임으로 방치할 수 없다는 전제하에 가족복지에 대한 사회적 연대를 위한 변화가 필요하다.

둘째, 정책 대상에 대한 보편주의적 확대, 정책영역의 포괄성을 확립하는 것이 요구된다. 일-가족 양립문제, 인구의 고령화가 가져온 가족 돌봄기능의 약화가 보편적인 가족문제로 부상되면서 노인부부, 한부모가족, 다문화가족, 장애인가족 등의 취약가족들은 더욱 큰 어려움에 방치되고 있다. 따라서 가족정책의 대상을 보편주의적으로 확대하고, 정책적 영역은 전통적 가족기능 영역으로 제한할 것이 아니라 주거, 돌봄, 노동, 문화 등 삶의 영역 전반에서 발생되는 가족문제를 포괄할 수 있도록 확장되어야 한다.

셋째, 평등주의적 가치를 바탕으로 가족관점과 젠더관점의 결합을 강화해야 한다. 가족문제가 가족 내의 취약 구성원들에 대한 몰이해와 무배려에서 발생한다는 점에서 젠더 관점에서 여성, 아동, 노인 등의 가족 내 취약한 구성원들의 가족 내 위치와 역할에 대한 고려를 전제로 한 가족복지정책이 추진되어야 한다.

3. 이민 · 다문화가족복지정책

1) 이민 · 다문화정책의 문제점[4)]

우리나라의 이민・다문화정책은 국가적 전략에 따른 정책이 아니라, 늘어나는 외국인, 결혼이주여성에 대한 시혜적・복지적 성격을 띠고 출발한 것이다. 따라서 이민・다문화정책에 대한 국가비전과 전략, 철학이 빈약하고, 다문화주의나 동화주의에 대한 이념적 논쟁이 지속되고 있다. 특히 외국인근로자와 결혼이주여성들에 대한 인권 문제, 차별 등이 사회문제가 되면서 이들에 대한 정착 지원과 지원 문제가 정책의 초점이 되었다. 정부의 다문화 지원이 결혼이주여성에게 집중되고, 외국인근로자에 대한 지원은 제한되거나 배제되는 점도 문제가 되고 있다.

재한외국인 처우 기본법과 다문화가족지원법, 외국인 고용허가제법, 재외동포 방문취업제 등은 늘어나는 외국인과 다문화가족, 근로자, 재외동포(조선족, 고려인)에 대한 사회적 수용의 방법론적인 내용만 제시되어 있고, 국가의 인구나 산업정책에 대한 전략적인 미래 전력과 방향은 국민적 공론이 없는 상황에서 종합적인 대책이 부재한 상황이다.

이런 상황에서 이민・다문화정책을 추진하다 보니 일관성이 없고 불합리한 대응방식이 주종을 이루게 되면서 철학과 전략이 없는 처우와 복지 중심의 정책은 국민들의 오해와 다문화 지원정책에 대한 반감으로 나타나게 되었다.

따라서 국가 정체성과 인구정책, 외국인 유입과 산업발전, 다문화 이념과 수용 문제에 대해 종합적인 논의가 진행되어야 한다. 법무부, 외교부, 노동부, 여가부로 나뉘어 있는 외국인, 다문화가족, 재외동포 관련 추진체계들을 하나로 통폐합하고, 국적법, 출입국관리법, 다문화가족지원법, 재한외국인처우기본법, 재외동포 방문취업에 관한 법 등을 종합적으로 정비하는 것이 요구된다.

---

4) 김성회. "[김성회의 다문화 정책 비판] 국정 철학도, 전략적 목표도 없이 '이민청' 설치라니". 에듀인뉴스, 2019년 11월 28일의 내용을 일부 발췌・인용함

특히 가장 고려되어야 할 점은 현재 추진 중인 이민 · 다문화정책의 문제에 대해 정부, 기업, 정치권, 민간단체, 국민들에게 만연되어 있는 차별 의식과 시혜적 온정주의에 대한 부정적 인식은 이민 · 다문화정책을 왜곡시키고, 반다문화정서를 야기시킬 수 있다는 점을 고려해야 한다. 결혼이주여성 등 특정계층에 대한 편애와 온정주의는 외국인근로자에 대한 차별로 나타나고, 서구나 백인에 대한 과도한 선의와 동경은 흑인 또는 동남아인에 대한 차별로 나타나는 점을 경계해야 한다.

또한 우리가 추진하는 시혜적 프로그램의 대부분이 이주민의 입장이 아닌 우리의 입장에서 추진된다는 점을 인식해야 한다. 우리사회의 다문화 인식 수준에서 추진된 시혜적 온정주의는 다른 이주민에 대한 차별뿐만 아니라, 시혜적 온정주의의 대상인 특정 이주민을 하위 계층화하는 결과로 나타나 결국 차별을 일반화하는 결과를 낳는다. 시혜적 온정주의에 적응된 특정 이주민은 계속해서 혜택을 받기만을 원하고, 지속적인 온정을 베푸는 사람들은 자기 안에 우월의식을 갖게 될 수도 있다는 우려가 있다. 서구에서도 시혜적 복지의 시행 결과 생산적 복지의 성과보다 끊임없이 시혜적 복지를 확대해야만 하는 부정적 상황이 전개되었다. 따라서 정부는 이민 · 다문화정책의 추진에서 이주민 중심의 이민 · 다문화가족복지와 정책을 추진하되 시혜적 온정주의와 동화주의를 배제하는 것을 전제로 해야 한다.

2) 이민 · 다문화가족복지정책의 추진 방향[5)]

현재 한국의 체류외국인에 대한 지원제도는 결혼이주여성을 중심으로 가족주의를 강화하는 통합정책이 핵심이 되고 있다. 상대적으로 외국인근로자, 난민 등에 대한 지원은 미약하고 복지의 사각지대에 놓인 외국인과 가족도 많은 실정이다. 최근 사회통합을 위한 다양한 정책이 시도되어 왔지만 아직까지 많은 한계점이 보여서 다양한 측면에서의 개선책이 요구된다.

---

5) 김안나 외(2012)의 내용을 일부 발췌 · 인용함

사회통합의 실질적인 목표를 달성하기 위해 고려해야 할 점을 정리해 보면 다음과 같다(김안나, 2012).

첫째, 체류외국인의 사회권, 특히 복지권의 보장이 핵심이다. 결혼이주여성이나 외국인근로자들의 경우 인권 차원의 폭력과 학대, 착취의 상황에서 스스로를 보호할 수 있는 법적인 보호장치와 피해 보상을 위한 절차가 보장되어야 한다. 현재 이에 대한 법적·제도적인 장치는 매우 미흡한 실정이다. 한국에 체류 중인 외국인들에 대한 안전하게 살 권리와 인권 및 복지권의 보장을 위해서는 사회복지적 측면에서 다양한 개입이 필요하며, 외국인들의 유형에 따른 세부적인 적용을 위한 법적·제도적 시스템의 구축이 필요하다.

둘째, 사회통합의 관점에서 언어가 가장 중요한 기초단계라는 점에서 진정한 사회통합을 위해서 언어교육 프로그램의 활성화를 통해 사회적 관계나 지지망을 넓히고 역량을 강화할 수 있도록 복지제도와의 연결하는 것이 필요하다. 또한 구체적인 욕구조사를 통해 보다 체계적이고 현실적인 프로그램을 개발이 요구된다.

셋째, 외국인의 권리에 대한 체계적이고 효율적인 보장을 위해 지역 네트워크를 강화하는 것이 요구된다. 외국인 밀집 지역에 대한 특별 지원을 위해 복지서비스 네트워크 체계를 구축하여 원활한 복지지원의 기반을 마련해야 한다. 현재 다문화가족지원센터에서 결혼이주여성 및 다문화가족을 위한 복지 기능의 일부를 담당하고 있고, 기타 외국인력지원센터나 외국인주민복지센터(경기도) 등에서도 외국인근로자를 위한 서비스를 일부 제공 중이다. 하지만 현재 국내에 체류 중인 다양한 외국인의 복지 욕구를 포괄하는 데는 한계가 있으며, 각종 서비스나 정책의 집중이나 정책 수혜의 중복 현상도 나타나고 있다는 점을 감안하여 다양한 욕구를 가진 외국인들에 대한 종합적인 서비스를 제공하는 정책수행체계를 구축하여 복지정책 수행의 전담기구로서의 역할을 강화하는 것이 요구된다.

넷째, 변화하는 사회를 반영하여 외국인 체류자격 유형을 세분화하고 이들의 법적 지위를 법률로 제정하여 한국사회 적응을 지원해야 한다. 세분화된 법적 지위를 통해 이들에 대한 복지정책 방향을 구체화할 수 있다. 특히 체류외국인에 대한 무조건적인 복지 혜택보다는 우리사회의 지속가능한 발전을 위한 생산가능성과 인권보호 등을 종합적으로 고려하여 합리적인 기준에 근거해 대상의 우선 선정과 지원을 결정하는 것이 필요하다.

3) 이민 · 다문화가족복지정책의 추진 전략[6)]

체류 외국에 대한 사회복지정책의 활성화를 위한 구체적 실천방안을 제안해 보면 다음과 같다(김안나, 2012).

첫째, 현재 체류외국인정책은 법무부, 고용노동부, 여성가족부, 보건복지부 등 각 부처별로 별도 예산집행이 이루지면서 정책 기관 간의 중복 사업과 정책 사각지대가 발생하고 있는 바 이를 해소하기 위한 총괄 전담기구가 필요하다. 입국 시점의 서비스를 전담하는 부처를 거쳐 일정기간 후 복지서비스 관련 부서로 이관되는 시스템으로 운영함으로서 통합적이고 총괄적인 업무 추진이 가능하도록 한다.

둘째, 사회복지정책의 방향을 생각해볼 때 외국인의 사회권 확보 및 복지 제공의 체계화를 위해서는 기존의 복지 관련 법에 대한 종합적인 점검이 필요하고 특히 출입국관리법에서의 체류자격과 연계한 복지지원범위를 명확하게 설정하고 관련 법령이나 규정을 구체적으로 명시하고 시행을 위한 조치로 연결해야 한다.

셋째, 우리나라의 현행제도에서는 사회복지급여가 결혼이주여성 및 국적취득자에게만 제공되지만 해외의 경우 영주권자를 시민권자와 동등하게 대우하는 정책이 시행중이다. 한국도 결혼이민자 이외의 영주권자에 대해서 거주기간에 따른 공공부조 및 복지서비스를 단계별로 확대하는 정책이 필요하다.

넷째, 외국인 사회통합과 사회복지정책의 시행에 있어서 지방자치단체가 적극적인 주체가 되어 복지서비스를 제공할 필요가 있다(정기선 외. 2012a), 지역별로 체류외국인의 분포현황과 유형별 차이를 반영한 지역별 특성이 다르게 나타난다는 점에서 지역적 특성에 따라 지자체의 복지예산 및 사회통합 프로그램 설계와 집행의 차별화 전략이 필요하다.

6) 길안나 외(2012)의 내용을 일부 발췌 · 인용함

다섯째, 사회서비스를 제공하는 기관, 비영리기구, 시민단체 등의 네트워크 연계가 중요하다. 현재 한국에서는 다문화가족지원센터를 중심으로 서비스가 진행되며 부분적으로 지역사회복지관이나 공공기관 등이 담당한다. 하지만 서비스가 공급자 위주로 편성되어 있어 중복 사업과 서비스 적용의 사각지대 등의 문제가 나타나고 있다. 따라서 지역사회의 통합을 위해 다양한 기관들 간의 네트워크를 통해 서비스전달 체계의 통합적 운영 시스템을 구축하는 것이 필요하다.

여섯째, 체계적인 다언어 · 다문화 서비스 시스템 도입 및 운영이 필요하다. 이민자들의 언어소통의 어려움 해소 및 지역사회 조기통합을 위해 다언어 서비스에 기반한 다양한 교육 및 지역사회 서비스를 제공해야 한다. 또한 한국어 교육 프로그램의 활성화를 통해 언어 문제해결을 우선순위에 두어야 한다.

일곱째, 이주민의 사회통합을 위한 실질적 프로그램 구성 및 실행을 위해 구체적 실천전략 및 프로그램 집행 기관에 대한 법적 위상 확립과 강화가 필요하다. 최근 추진 중인 사회통합프로그램은 교육기능에 중점을 두고 있지만 궁극적으로는 보다 다양한 교육과 기능의 수행이 포괄적으로 포함되어야 한다. 현재 사회통합프로그램이 법무부 소관의 정책 집행으로 인한 추진의 한계, 유관 정책과의 관계에서 실행력 문제 등을 고려해 우리사회의 실질적인 통합을 위한 지속적이고 안정적인 조직적 체계를 구축하는 것이 필요하다.

여덟째, 체류외국인에 대한 사회복지정책이 활성화를 위해서는 체류외국인의 유형별 욕구를 파악할 수 있는 국가 차원의 외국인 실태조사, 외국인에 대한 대국민 의식조사가 필요하다. 저출산 · 고령화로 인한 우리사회의 현안들을 해결하기 위해 외국인 이민자에 대한 정책적 요구가 높아지고 있는 현실인 것을 감안할 때 체류외국인에 대한 사회적 이해 증진과 정책적 추진 방향에 대한 합의는 사회통합을 위한 중요한 과제이다.

참고문헌

강기정, 박경애(2011). 다문화가족 사례관리 활성화 방안: 다문화가족지원센터를 중심으로. 다문화사회연구, 4(2), 103-137.

강기정, 이무영, 한재희(2010). 다문화가족지원센터 상담체계 활성화를 위한 운영매뉴얼 개발 보고서. 여성가족부, 전국다문화가족지원단 연구보고서.

강동완(2007). 다문화 수용 관점을 통한 북한이탈주민 정착지원 방안. 서울행정학회 춘계학술회의 발표자료. 서울행정학회.

강성률(2009). 가족 및 사회적 지지가 다문화가정 자녀의 심리사회적 적응에 미치는 영향. 위덕대학교 사회복지학대학원 석사학위논문.

강휘원(2006). 한국 다문화사회의 형성 요인과 통합정책. 국가정책연구, 20(2), 5-34.

고경환, 강지원, 김용민(2008). 가족복지서비스 전달체계의 운영평가-상담서비스 네트워크를 중심으로. 연구보고서 2008-23-1-2. 한국보건사회연구원.

고명석(2011). 인권과 사회복지. 대왕사.

고미영(2003). 가족복지실천의 패러다임 검토. 한국사회복지학회. 추계 공동학술대회 자료집.

고성혜, 성미애(2010). 가족상담 및 치료. 한국방송통신대학교.

구정화, 박윤경, 설규주(2010). 다문화교육의 이해와 실천. 동문사.

권숙도(2014). 사회통합의 관점에서 본 북한이탈주민 정책방향 연구. 韓國 政治 硏究, 23(1), 101-126.

권정혜, 채규만(2000). 부부 적응 프로그램의 개발과 그 효과에 관한 연구. 한국심리학회지: 임상, 19(2). 207-218.

권진숙, 박지영(2009). 사례관리의 이론과 실제. 학지사.

김경신, 정민자, 라휘문, 박정윤, 진미정(2007). 통합적 가족정책을 위한 과제 및 지표개발. 대통령 자문 정책기획 위원회 보고서.

김광수, 정태희(2010). 다문화가정 학생지도를 위한 학교상담의 방향과 과제. 한국초등교육. 20(2), 197-213.

김귀환, 김종협, 나대현, 배기효, 오정옥, 이양훈, 이은경, 임성옥, 임승규, 전영록, 정일교, 진화미, 모지환, 김기원(2008). 사회복지법제론. 나눔의 집.

김남국(2005). 경계와 시민: 국민국가의 국경통제는 정당한가?. 한국과 국제정치, 21(2), 153-180.

김문수(2013). 다문화가족복지서비스 전달체계에 관한 연구: 대구광역시를 중심으로. 영남대학교 행정대학원 석사학위논문.
김미정(2011). 다문화가족의 복지서비스에 관한 연구. 동아대학교 대학원 석사학위논문.
김민수(2003). 인권의 보편성과 실천에 관한 연구. 동국대학교 대학원 박사학위논문.
김민정(2012). 다문화여성의 사회적 관계망 분석. 한국생활과학회지, 21(3), 469-488.
김범수, 서은주, 손병돈, 정재훈, 조석연, 최현미, 신승연, 최승희(2007). 다문화사회복지론. 양서원.
김범수, 서은주, 손병돈, 정재훈, 조석연, 최현미, 신승연, 최승희(2010). 다문화사회복지론. 양서원.
김보람(2012). 한국 가족패러다임의 변화에 따른 가족복지실천에 관한 연구. 남서울대학교 대학원 석사학위논문.
김복기(2019). 외국인의 사회보장법상 지위 한국법제연구원. 법제연구, 56, 27-51.
김선규(2015). 자유주의적 다문화주의에서 문화와 관용의 문제. 다문화콘텐츠연구, 18, 225-254.
김설화(2003). 통합예술치료의 매체활용과 기법에 관한 연구: 통합미술치료를 중심으로. 원광대학교 보건환경대학원 석사학위논문.
김성근(2013). 다문화 사회에서의 사회갈등문제 실태분석 및 효과적인 대응방안 연구. 기본연구과제, 2013, 1-377.
김수만(2009). 가정공동체 회복을 위한 가족치료이론 활용방안 연구. 광주가톨릭대학교 대학원 석사학위논문.
김수진(2018). 한국 다문화사회에 관한 고찰: 다문화정책, 사회적 자본 부패 중심으로. 한국부패학회보, 23(1), 95-120.
김수희, 전성희(2012). 다문화가정 자녀의 다문화적 특성에 따른 학교생활적응. 아동가족치료연구, 10, 53-67.
김숙현(2015). 다문화 대한민국을 위한 모색. 여연정책보고서 2015-07. 여의도연구원.
김승권(2004). 다양한 가족의 출현과 사회적 지원체계 구축 방안. 한국보건사회연구원.
김승권, 송혜림, 신은주, 김유경, 박지윤(2009). 가족정책서비스 효율화를 위한 발전방안 연구. 보건복지부.
김승권, 이재연, 김형모, 김혜영, 이호균, 장화정, 송수진, 이경혜, 윤영아(2003). 아동학대 사정척도 개발 연구. 보건복지부·한국보건사회연구원.
김승권, 정민자, 이승미, 박세경, 이종은(2003). 가정복지 종합계획수립 및 프로그램 개발에 관한 연구. 정책보고서 2003-76. 보건복지부·한국보건사회연구원.
김승권, 조현순, 김연우(2010). 취약·위기가족 및 다문화가족의 예방맞춤형 복지체계 구축 및 통합사례관리 연구 1차년도. 한국보건사회연구원.
김승권, 황성철, 김연우(2011). 취약·위기가족 및 다문화가족의 예방맞춤형 복지체계 구축 및 통합사례관리 연구 2차년도. 한국보건사회연구원.

김승권, 황성철, 김연우(2012). 취약·위기가족 및 다문화가족의 예방맞춤형 복지체계 구축 및 통합사례관리 연구 3차년도. 한국보건사회연구원.

김안나, 정기선, 이정우, 김미숙, 최승아, 정용문, 김소연, 정예원(2012). 체류외국인 등에 대한 사회복지정책 국제 비교 및 향후 추진방향에 관한 연구. 법무부출입국·외국인정책본부, 대구가톨릭대학교 사회통합연구소.

김연희(2007a). 사회복지분야에서의 문화적 역량 교육-실험적, 인지적 접근. 제17회 한국가족사회복지학회 춘계워크숍. 9-16. 한국가족사회복지학회.

김연희(2007b). 한국 사회의 다문화화와 사회복지분야의 문화적 역량. 사회복지연구, 35, 117-144.

김영주(2009). 여성외국인근로자의 생활실태 및 지원정책방안-충청남도 사례를 중심으로. 민족연구, 37, 178-192.

김옥순, 전성민(2009). 초등 교사의 문화간 감수성 조사연구: 경기도를 중심으로. 한국교원교육연구, 26(1), 59-83.

김왕근(1999). 세계화와 다중 시민성 교육의 관계에 관한 연구. 시민교육연구, 28, 45-68.

김욱동(1998). 다문화주의의 도전과 응전. 미국학논집, 30(1), 29-49.

김유경, 최현미, 김가희, 성수미(2012). 다문화가족의 변화와 사회적 대응방안 연구. 연구보고서 2012-41. 한국보건사회연구원.

김유숙(2000). 가족치료이론과 실제. 학지사.

김유숙(2003). 가족치료. 학지사.

김유숙(2004). 가족치료이론과 실제. 학지사.

김유숙(2012). 가족치료의 이론과 실제. 학지사.

김유순, 오영숙, 안현화(2012). 국제결혼 한국남성의 결혼생활 어려움과 적응전략. 정신보건과 사회사업, 40(4), 349-378.

김은영(2012). 문화적 역량 증진 프로그램 개발: 다문화가족과 일하는 사회복지사를 중심으로. 이화여자대학교 대학원 박사학위논문.

김이선, 김민정, 한건수(2006). 여성 결혼이민자의 문화적 갈등 경험과 소통증진을 위한 정책과제. 경제·인문사회연구회 협동연구총서 (Vol. 06-02-07). 한국여성개발원.

김이선, 마경희, 선보영, 최호림, 이소영(2010). 다문화가족의 해체 문제와 정책과제. 연구보고 (Vol. 2010-02). 여성가족부.

김이선, 정해숙, 이정덕(2010). 다민족·다문화사회로의 이행을 위한 정책 패러다임 구축(IV): 생산적 다문화사회 구현을 위한 정책의 질적 도약 기반 구축. 경제·인문사회연구회 협동연구총서 (Vol. 10-27-01). 한국여성정책연구원.
김이선, 황정미, 이진영(2007). 다민족·다문화 사회로의 이행을 위한 정책 패러다임 구축(I): 한국사회의 수용 현실과 정책과제. 경제·인문사회연구회 협동연구총서 (Vol. 07-19-01). 한국여성정책연구원.
김익균(2000). 가족복지론. 교문사.
김익균(2003). 가족복지론. 교문사.
김정연(2014). 다문화실천가의 몰인종적 태도와 문화적 역량에 관한 연구: 다문화훈련의 조절효과를 중심으로. 한국가족복지학, 45, 4-34.
김춘경, 이수연, 이윤주, 정종진, 최웅용(2016). 상담학 사전. 학지사.
김충기, 강봉균(2001). 현대 상담이론과 실제. 교육과학사.
김태원, 김유리(2011). 다문화가족정책을 통한 사회통합수준 분석: Castles and Miller의 모형을 중심으로. 인문연구, 62, 323-362.
김태환(2015). 다문화사회와 한국 이민정책의 이해. 집사재출판사.
김판준(2013). 다문화사회의 갈등과 기여에 관한 고찰. 현대사회와 다문화, 3(2), 207-237.
김현미(2018). 결혼여성이민자의 문화적 역량 증진을 위한 다문화 사회복지실천 방안 연구. 동국대학교 대학원 박사학위논문.
김현아, 이자영(2013). 다문화상담자 컨텐츠 개발을 위한 기초연구: 다문화 현장전문가 FGI를 중심으로. 한국콘텐츠학회 논문지, 13(3), 468-484.
김현정, 박선화(2016). 다문화정책 관점에서 본 북한이탈주민 문제. 통일인문학, 66, 161-196.
김혜경, 도미향, 문혜숙, 박충선, 손홍숙, 오정옥, 홍달아기(2011). 가족복지론. 공동체.
김혜란, 홍선미, 공계순(2004). 사회복지실천기술론. 나남.
김혜미(2014). 집단통합예술치료가 저소득층 아동의 자아존중감과 사회성에 미치는 영향. 국제신학대학교 일반대학원 석사학위논문.
김혜순(2007). 한국적 다문화주의의 이론화. 동북아시대위원회 용역과제 07-7. 한국사회학회.
김홍운, 김두정(2007). 한국 사회의 다문화 현상과 교육적 과제. 인문학 연구, 34(3), 153-176.
김희석(2017). 다문화시대의 사회통합에 관한 연구: SNS를 활용한 사회자본 형성을 중심으로. 동국대학교 대학원 박사학위논문.
김희정(2007). 한국의 관 주도형 다문화주의: 다문화주의 이론과 한국적 적용. 오경석 외. 한국에서의 다문화주의: 현실과 쟁점, 57-79. 한울아카데미.
남영희(2015). 다문화서비스 전달체계 구성 원칙이 정책성과에 미치는 영향 분석. 동국대학교 대학원 박사학위논문.
노대명(2018). 사회보장 2040 및 제2차 사회보장 기본계획 수립. 한국보건사회연구원.

노대명(2019). 제2차 사회보장기본계획의 비전과 전략: 정책적 함의를 중심으로. 보건복지포럼, 27. 6-21.

노대명, 박광준, 김현경, 최영준, Nguyen Thao, 김경휘, 임지영(2018). 아시아 사회보장제도 비교연구: 아시아 주요국의 노인빈곤 및 고용실태 비교연구. 한국보건사회연구원.

노재철(2009). 外國人勤勞者의 法的地位와 權利保護에 관한 硏究. 동아대학교 대학원 박사학위논문.

노충래, 김정화(2011). 다문화 사회복지 실무자의 문화적 역량 척도개발 및 타당화. 한국사회복지학, 63(2), 207-231.

류우선(2019). 대전지역 외국인 유학생 실태 및 지원방안. 대전세종연구원.

류지호(2020). 난민 수용의 경제적 효과와 난민 정착을 위한 정책 제언. 동아대학교 국제전문대학원 석사학위논문.

류태경, 박승곤, 문성호(2017). 청소년지도사의 다문화역량 특성 및 영향요인 분석. 청소년 문화포럼, 50, 31-57.

문용린(2002). 인권감수성 지표개발연구. 국가인권위원회.

민경산(2015). 가족치료와 회복탄력성의 상관관계 연구. 한세대학교 대학원 석사학위논문.

민무숙, 김이선, 이춘아, 이소영(2009). 다민족·다문화사회로의 이행을 위한 정책 패러다임 구축(Ⅲ): 다문화인력양성 현황과 정책과제. 한국여성정책연구원 연구보고서.

민선영(2008). 사회복지사의 문화적 역량에 관한 탐색적 연구. 사회복지 학생연구논총, 1, 1-28.

박경동(2007). 다문화가족 형성과 갈등에 대한 연구-한국의 광주전남지역 사례를 중심으로. 전남대학교 대학원 석사학위논문.

박미경, 엄정애(2007). 결혼이민자 가정의 유아를 담당하는 교사가 느끼는 어려움. 한국교원교육연구, 24(1), 5-29.

박미정(2015). 사회통합을 위한 이주배경청소년 정책에 관한 연구: 사회적 지지가 사회적응력에 미치는 영향을 중심으로. 성결대학교 일반대학원 박사학위논문.

박미정(2016). 가족의 이해와 가족치료에 대한 이론적 연구. 인제대학교 교육대학원 석사학위논문.

박선홍(2020). 난민인정절차에 관한 법적 연구. 한국방송통신대학교 대학원 석사학위논문.

박선희(2017). 사회복지전공 대학생의 다문화 역량에 관한 영성지능과 인권태도의 구조분석. 한국사회복지학, 69(1), 79-101.

박성호(2012). 한국의 다문화 형성과 종교의 역할. 종교와 문화, 22, 157-180.

박수현(2008). 가족치료 기법에 관한 비교연구. 경희대학교 행정대학원 석사학위논문.

박영자(2011). 북한이탈주민의 정체성과 민족가치의 성찰, 그리고 사회통합. 미드리, 5, 6-21.

박영희, 정순둘, 배진형(2012). 지역사회복지관의 북한이탈주민가족 사례관리모델구성을 위한 탐색적 연구. 한국가족복지학, 17(4), 87-113.

박외숙(1996). 심리학에서의 비교문화 연구: 다문화적 상담과정에서 나타나는 개인주의-집단 주의 가치에 대한 검토. 한국심리학회 세미나 자료집.

박정선(2007). 사회복지사의 인권감수성과 인권현안 인식에 관한 연구. 성공회대학교 시민사회복지대학원 석사학위논문.

박정헌(2002). 한국가정에 있어서 고부갈등에 대한 통합적인 가족치료적 접근에 관한 연구. 서울여자대학교 기독교대학원 석사학위논문.

박정희(2013). 초등교사의 다문화교육역량 척도 개발 및 타당화. 이화여자대학교 대학원 박사학위논문.

박종보, 조용만(2006). 다문화가족지원법 마련을 위한 연구. 연구보고 2006-22. 여성가족부 가족정책팀.

박지윤(2020). 장기체류 외국인근로자의 한국 내 삶의 경험에 관한 현상학적 연구. 동신대학교 일반대학원 박사학위논문.

박진경(2010). 한국의 다문화주의와 다문화정책의 선택적 적용. 한국정책학보, 19(3), 259-288.

박진경(2012). 다문화 사회에 대비하는 규제 정비 방안. KIPA 연구보고서 2012-09. 한국행정연구원.

박채복(2007). 독일의 이주자정책: 사회적 통합과 배제의 딜레마. 한독사회과학논총, 17(1), 293-319.

백성준(2015). 우수 외국인 유학생 유치 정책 개선 방향. KDI 국제정책대학원.

변화순, 송다영, 김영란(2001). 가족유형에 따른 생활실태와 복지욕구에 관한 연구. 한국여성개발원.

변화순, 최윤정(2004). 가족정책 방향 정립 및 시행방안 연구. 한국여성개발원.

서울대학교 중앙다문화교육센터(2010). 다문화인권교육 프로그램 개발연구 기초연구보고서. 국가인권위원회.

서울복지재단(2010). 사회복지관 프로그램 매뉴얼 가족복지사업-가족중심 사회복지 실천 매뉴얼. 2009-사업지원-30. 서울시복지재단.

설동훈(1996). 한국사회의 외국인근로자에 대한 사회학적 연구: 외국인근로자의 유입과 적응을 중심으로. 서울대학교 대학원 박사학위논문.

설동훈(2006). 한국의 결혼이민자 가족: 현황과 정책. 한국가정관리학회 학술발표대회 자료집, 1-20.

설동훈(2013). 이주민정책 총괄 기구 설치 관련 쟁점 및 과제. 이주민정책 총괄기구 설치방안

발표문. 국회의원 이자스민, 국회입법조사처.

설동훈, 김윤태, 김현미, 윤홍식, 이혜경, 임경택, 정기선, 주영수,·한건수(2005). 국제결혼 이주여성 실태 조사 및 보건복지 지원 정책방안. 보건복지부 용역과제. 보건복지부.

설동훈, 이혜경, 조성남(2006). 결혼이민자 가족실태조사 및 중장기 지원정책방안 연구. 여성가족부 용역과제. 여성가족부.

설진화(2009). 사례관리론. 양서원.

성상환, 김광수, 임은미(2009). 다문화가정 학생 지도교사를 위한 상담매뉴얼 개발 연구. 중앙다문화교육센터.

성해영(2012). 바람직한 다문화 공동체 형성을 위한 종교의 역할 연구. 문화체육관광부.

손병돈, 김기덕, 권선진, 박지영, 이종복, 이혜경, 최승희(2008). 사회복지와 인권. 양서원.

송다영(2005). 가족복지서비스 전달체계 수립을 위한 방향과 원칙에 관한 탐색적 연구. 한국사회복지학, 57(4), 225-252.

송샘, 이재묵(2018). 다문화사회 이주민의 정치참여 활성화를 위한 민주시민교육. 아태연구, 25(1), 61-91.

송영선(2012). 다문화기관 종사자의 인권태도와 서비스질 및 다문화역량 간의 관계. 서울기독대학교 일반대학원 박사학위논문.

송유진(2008). 한국, 대만, 일본의 이민자에 대한 태도. 한국인구학, 31(2), 1-20.

송정애(2006). 가족상담의 이론과 실제. 양서원.

신동준(2012). 다문화사회 범죄문제의 사회적 맥락. 형사정책연구, 23, 183-217.

신섭중, 신평기, 현외성, 김경호, 박경일, 김익균(1999). 한국사회복지 법제개설. 대학출판사.

신지원(2011). 이민정책의 이론적 기초와 방향성 연구. IOM이민정책연구원.

심보선(2007). 온정주의 외국인근로자 정책의 형성과 변화: 한국의 다문화 정책을 위한 시론적 분석. 담론201, 10(2), 41-76.

심양섭(2016). 한국사회의 반다문화 담론의 쟁점과 실제 그리고 대응-여론 조사 자료를 중심으로. 한국정치외교논총, 37(2), 137-170.

안진숙(2019). 그림동화책 창작 프로그램에 참여한 다문화가정 청소년의 리터러시에 관한 질적 연구. 인하대학교 일반대학원 박사학위논문.

양미진, 고홍월, 이동훈, 김영화(2011). 다문화 청소년 상담매뉴얼 개발. 2011 청소년상담연구 166. 한국청소년상담원.

엄예선(2004). 가족치료의 초기과정을 이끄는 방법. 한국사회복지학, 23, 261-285.

엄예선(2004). 한국 가족치료 개발론. 홍익재.

오경석(2009). 한국의 다문화주의: 특징과 과제. Homo Migrans, 1(1), 9-32.

오경석, 김희정, 이선옥, 박흥순, 정진헌, 정혜실, 양영자, 오현선, 류성환, 이희수, 강희복(2007). 한국에서의 다문화주의: 현실과 쟁점. 한울아카데미.

오성배(2005). 코시안 아동의 성장과 환경에 관한 사례연구. 한국교육, 32(3), 61-83.

우현정(1998). 이문화(異文化) 이해를 위한 미술교육 방안 연구. 한국교원대학교 대학원 석사학위논문.

원숙연(2008). 다문화주의 시대 소수자 정책의 차별적 포섭과 배제: 외국인 대상 정책을 중심으로 한 탐색적 접근. 한국행정학보, 42(3), 29-49.

유영주, 김순옥, 김경신(2009). 가족관계학. 교문사.

유희일, 이충일, 김학만(2010). 사회복지법제론. 두남.

윤갑정, 김미정(2010). 다문화시대 유아 교사에게 요구되는 문화적 역량의 구성요소에 관한 연구. 미래유아교육학회, 30(3), 169-194.

윤용자(2017). 다문화서비스 전달체계가 서비스성과에 미치는 영향: 기관 종사자 직무만족도의 조절효과를 중심으로. 선문대학교 행정대학원 박사학위논문.

윤인진(2007). 국가주도 다문화주의와 시민주도 다문화주의. 한국적 다문화주의의 이론화. 동북아시대위원회 용역과제 최종보고서 07-7. 한국사회학회.

윤혜미(2009). 결혼이민자 가족을 위한 임파워먼트 기반의 사회복지실천 연구. 한국사회복지학, 66(4), 85-108.

윤혜선(2005). 외국인근로자의 생활실태와 사회복지서비스 방안 연구. 대구대학교 사회복지대학원 석사학위논문.

이규용, 김기선, 정기선, 최서리, 최홍엽(2015). 이민정책의 국제비교. 한국노동연구원.

이규용, 김혜순, 성영훈, 최서리(2018). 한국사회의 이민과 통합 연구. 한국노동연구원.

이근매, 조용태, 김용수(2014). 다문화가족 갈등관리의 이론과 실제. 시그마프레스.

이나현(2020). 외국인 유학생의 문화적응 유형에 따른 여가가치체계 연구. 경희대학교 대학원박사학위논문.

이봉주(2006). 인적자본과 불평등, 그리고 사회복지서비스. 한국사회복지학회 학술대회 자료집, 4, 54~73.

이삼식, 김익기, 최효진(2013). 한중일 인구동향과 국가 인구전략. 한국보건사회연구원.

이선미(2010). 서구 이민정책의 이론적 기초. IOM이민정책연구원 Working Paper 2010-01.

이수철(2014). 다문화사회와 지역사회의 정책적 대응-다문화주의 정책의 의미연결망분석을 중심으로. 지역사회학, 15(4), 127-152.

이순영(2010). 사회복지사의 문화적 역량 변화과정에 관한 연구. 부산대학교 대학원 박사학위논문.

이승미(2000). 人權敎育 프로그램의 認知·情緒要因에 관한 實驗 硏究. 서울대학교 대학원 박사학위논문.

이승희(2019). 다문화가정을 위한 통합가족치료 프로그램 개발 및 효과. 한양대학교 대학원 박사학위논문.

이영란(2019). 다문화상담자 역량모형 개발. 숙명여자대학교 대학원 박사학위논문.

이영분, 김기환, 윤현숙, 이원숙, 이은주, 최현미, 홍금자(2000). 사회복지실천론. 동인.

이영주(2007). 다문화가정 아동의 심리사회적 적응에 영향을 미치는 요인에 관한 연구. 공주대학교 대학원 박사학위논문.

이용일(2007). 이민과 다문화 사회로의 도전: 독일의 이민자 사회통합과 한국적 함의. 서양사론, 92, 219-254.

이원숙(2007). 가족복지론. 학지사.

이유리(2016). 결혼학개론. 시그마프레스

이인수, 안진경, 배선희, 노미화, 허미정(2015). 다문화청소년 및 부모대상 상담프로그램 개발연구. 여성가족부.

이장호, 정남운, 조성호(1999). 상담심리학의 기초. 학문사.

이재만(2012). 영유아 보육서비스 전달체계의 평가에 관한 연구. 한양대학교 대학원 박사학위논문.

이정미(2018). 외국인근로자(E-9)의 불법체류의도 영향요인에 관한 연구. 성결대학교 대학원 박사학위논문.

이정호(1987). 한국 사회복지 행정조직체계의 개선방안에 관한 연구. 경희대학교 대학원 박사학위논문.

이주연, 이동기, 최지훈(2019). 전라북도 다문화가족정책 개선방안: 사회통합 증진을 중심으로. 전북연구원.

이준일(2009). 인권법-사회적 이슈와 인권. 홍문사.

이지영(2012). 다문화가족지원센터 종사자의 전문직업적 정체성에 영향을 미치는 요인에 관한 연구. 서울여자대학교 사회복지기독교대학원 석사학위논문.

이진숙(2002). 독일의 공적 가족복지 전달체계에 대한 분석: 한국가족복지 전달체계의 발전방향에 대한 시사점. 가족과 문화, 14(3), 131-161.

이진숙(2004). 가족정책의 방향성과 통합적인 시행방안. 가족정책의 방향정립 및 통합적 시행방안 세미나. 한국여성개발원.

이진숙(2017a). 가족정책의 발전을 위한 법적 개선과제. 가족의 현 주소와 새 정부의 가족정책 과제 토론회 자료집(더불어민주당 국회의원 권미혁/한국여성정책연구원 주최). 17-28.

이진숙(2017b). 가족의 다양화에 따른 가족 서비스 지원 체계 효율화 방안 모색. 보건복지포럼 (2017. 10). 한국보건사회연구원, 78-91.

이진숙(2018). 한국 가족정책은 어디로 가야 하나?. 월간 복지동향 2018년 5월호 제235호, 22-28.

이진영, 곽재석(2017). 귀환이주와 인간안보. 아태연구, 24(1), 39-71.

이창원(2017). 이민정책의 세계적 흐름과 과제. 국제사회보장리뷰, 1, 67-81.

이향만(2015). 변화하는 가족시대의 가족에 대한 인문학적 성찰. 인문정책연구총서 2015-09. 경제·인문사회연구회.

이혁구(1999). 탈근대사회의 가족 변화와 가족윤리: 21세기 가족복지의 실천방향. 한국가족복지학, 4, 11-17.

이현정(2009). 우리의 미래, 다문화에 달려 있다. 소울메이트.

이현주, 손승남(2014). 다문화가정 여성결혼이민자의 삶과 자녀교육에 관한 질적 종단 연구. 교육종합연구, 12(4), 209-236.

이형득, 김선남, 김성회, 신완수, 이성태, 이수룡(1984). 상담의 이론적 접근. 형설출판사.

이혜경(2007). 이민 정책과 다문화주의. 한국적 다문화주의의 이론화. 동북아시대위원회 용역과제 최종보고서. 한국사회학회.

이혜경(2012). 중앙정부의 다문화 사회통합 정책 평가와 연계 및 조정 방안. 대통령 소속 사회통합위원회 공개 학술토론회. 2012-12 사회통합위원회 용역보고서 한국의 다문화 사회통합 정책: 종합평가와 대안. 대통령 소속 사회통합위원회.

이혜경, 이진영, 설동훈, 정기선, 이규용, 윤인진, 김현미, 한건수(2016). 이민정책론. 박영사.

임동진(2011). 다문화정책 실태분석 및 개선방안 연구. 기본연구과제, 2011, 1-479.

임재홍, 박병섭, 최철영, 김도균, 송기춘, 한상희, 박병도, 서경석, 이경주, 정경수, 안진, 유은숙, 박숙경, 설동훈, 오동석, 미류, 이원희, 이창호, 이재승, 최봉태, 정태욱, 오완호, 박래군(2008). 인권법. 인권교재발간위원회 편. 아카넷.

임형백(2009a). 한국과 서구의 다문화 사회의 차이와 정책 비교. 다문화사회연구, 2(1). 161-192.

임형백(2009b). 한국의 다문화사회의 특징과 사회통합을 위한 다층적 접근. 한국사회학회 사회학대회 논문집, 2009(1), 593-609.

임형백, 이성우, 강동우, 김미영(2009). 한국농촌의 다문화사회의 특징. 농촌 지도와 개발, 16(4), 743-773.

장서영, 김이선, 이로미, 장인자, 유지영(2009). 여성결혼이민자 취업지원 프로그램 개발을 위한 기초연구. 한국고용정보원.

장은동(2011). Lum의 '사회복지 문화적 역량 자기평가' 척도 한국판 타당화 및 하위요인의 구조적 관계 검증. 호남대학교 대학원 박사학위논문.

장은정(2007). 국제결혼한 한국남성의 결혼적응에 관한 연구. 중앙대학교 대학원 박사학위논문.

전광석(2010). 다문화 사회와 헌법. 한국헌법학회 제58회 학술대회 자료집. 사단법인 한국헌법학회, 국가인권위원회.

전광희(2014). 한국의 인구와 이민정책: 인구감소시대의 활로로 이민정착이 나아갈 방향. 이민정책, 1, 8-13.

전숙자, 박은아, 최윤정(2009). 다문화사회의 새로운 이해. 그린.

전영평(2008). 다문화시대의 소수자운동과 소수자 행정: 담론과 과제. 한국행정학보, 42(3), 9-27.

전해영(2010). 잠재성장률 2%p 제고를 위한: 국내 다문화사회의 특징과 시사점. VIP Report, 38, 1-25.

정기선(2016). 외국인정책 정책용어 개념논란과 이해. 이슈브리프 No. 2016-08. IOM이민정책연구원.

정기선, 김석호, 박원호, 윤광일(2012b). 체류외국인 실태조사: 영주권자와 귀화자를 중심으로. 법무부.

정기선, 김영혜, 박경은, 이은아, 박지혜, 이승애, 이지혜(2007). 경기도 내 국제결혼 이민자가족 실태조사. 정책보고서 2007-02. 경기도가족여성개발원.

정기선, 김혜진(2015). 이주민통계 국제비교 현황과 시사점. 통계브리프 No. 2015-01. IOM이민정책연구원.

정기선, 오정은, 김환학, 최서리, 신예진, 정영탁(2012a). 이주민의 지역사회 정착과 사회통합 정책 연구. 행정안전부, IOM 이민정책연구원.

정기선, 전광희, 은기수, 김석호, 강동관, 이정우, 최서리(2011). 인구구조 변화 등에 대비한 이민 및 사회통합정책방향 연구. 법무부

정문자, 정혜정, 이선혜, 전영주(2007). 가족치료의 이해. 학지사.

정문자, 정혜정, 이선혜, 전영주(2012). 가족치료의 이해. 학지사.

정미경(2010). 다문화사회를 향한 한국기독교 이주민선교의 방향과 과제. 성결대학교 신학전문대학원 박사학위논문.

정민자(2007). 건강가정기본법의 제정과 그 담론. 경기 가족 여성, 창간호, 101-124.

정봉수(2016). 외국인근로자의 고용허가제 변천. 노동법률, 7월호 VOL. 302, 102-103.

정상기(2009). 다문화가족 지원사업의 효과적 운영방안: 다문화가족지원센터를 중심으로. 한국행정학회 학술대회 발표 논문.

정옥분, 정순화, 홍계옥(2005). 결혼과 가족의 이해. 시그마프레스.

정은희, 박수지, 김보영, 안혜영, 이기연, 정익중, 김효진(2013). 취약·위기가족 및 다문화가족의 예방맞춤형 복지체계 구축 및 통합사례관리 연구 4차년도. 한국보건사회연구원.

정장엽, 정순관(2014). 한국 다문화가족정책의 정향성 분석: 동화주의와 다문화주의 지방정부연구, 17(4), 121-142.

정창수, 정기선, 차종천(1997). 산업화과정에서의 한국가족의 실태와 전망-미국가족과의 비교분석. 집문당.

정철균, 이광희, 황규대(2007). 외국인근로자 적응의 사회문화적 요인에 대한 연구. 조직과 인사관리연구, 31(2), 1-28.

정하성, 유진이, 이장현(2007). 다문화 청소년 이해론. 양서원.

정현숙, 유계숙(2001). 가족관계. 신정출판사.

조기제(2002). 다문화사회에서의 민주시민교육: 심의민주주의 교육의 필요성. 한국민주시민교육학회보, 7, 95-108.

조성한, 임재현, 주재현, 한승준(2006). 사회복지정책론. 법문사.

조영달, 윤희원, 박상철, 최인영(2006). 다문화가정의 자녀교육 실태조사 연구보고. 교육인적자원부.

조원탁, 김형수, 이형하, 조준(2008). 사회복지법제론. 양서원.

조윤정(2006). 고등학생의 인권 감수성과 실제인권 옹호 경향과의 상관관계. 경희대학교 교육대학원 석사학위논문.

조은(1995). 지역정보산업과 여성노동. 한국여성학회, 제 11집, 138-168.

조지영, 서정민(2013). 누가 다문화사회를 노래하는가?. 한국사회학, 47(5), 101-137.

조흥식, 김인숙, 김혜란, 김혜련, 신은주(1997). 가족복지학. 학지사.

조흥식, 김인숙, 김혜란, 김혜련, 신은주(2002). 가족복지학. 학지사.

지은구, 장현숙, 김민주, 이원주(2015). 최신사회문제론. 학지사.

지종화, 정명주, 김도경(2009). 한국의 다문화 국가 현상과 새로운 정책모형, 지방정부연구, 13(2), 109-136.

진혜전(2009). 다문화가정 주부의 적응을 돕는 소시오드라마의 유용성-대구 경북 지역 다문화가정주부와 자원봉사자를 중심으로. 한국사이코드라마학회지, 12(1), 11-22.

차병직(2007). 인권. (주)살림출판사.

차진호(2003). 한국의 공공 사회복지서비스 전달체계의 개선에 관한 연구. 목원대학교 산업정보대학원 석사학위논문.

초의수(2008). 한국 가족정책의 재평가-최근 한국가족 변화 경향과의 관련성을 중심으로. 여성연구, 19, 163-210.

최경석, 김양희, 김성천, 김진희, 박정윤, 윤정향(2001). 한국 가족복지의 이해. 인간과복지.

최광현(2008). 가족세우기치료. 학지사.

최규련(2009). 가족상담 및 치료. 공동체.

최명민, 이기영, 최현미, 김정진(2009). 문화적 다양성과 사회복지. 학지사.

최명민, 이기영, 최현미, 김정진(2015). 다문화사회복지론. 학지사.

최선화, 박광준, 황성철, 안홍순, 홍봉선(2014). 사회문제와 사회복지. 양서원.

최연실, 조은숙, 김민경, 이혜영(2013). 다문화가족상담 인력 양성을 위한 교육과정 개발 연구보고 2013-31. 여성가족부.

최정섭(2008). 사회복지법제론. 법문사.

최진우(2012). 유럽 다문화사회의 위기와 유럽통합. 아시아리뷰, 2(1), 31-62.

최현미, 이혜경, 신은주, 최승희, 김연희, 송성실(2010). 다문화 가족복지론. 양서원.

최현숙(2009). 한국 가족복지 정책의 문제점과 개선방안. 청주대학교 사회복지·행정대학원 석사학위논문.

최혜진(2010). 통합치료에 대한 아동치료사의 인식과 기대도가 통합치료 실시에 미치는 영향. 명지대학교 사회교육대학원 석사학위논문.

최홍, 이동원, 박준(2010). 다문화사회 정착과 이민정책. CEO Information (Vol. 756). 서울삼성경제연구소.

탁순자(2004). 가족복지의 관점에서 본 재가노인복지. 광운대학교 정보복지대학원 석사학위논문.

통일·동북아센터(2014). 북한이탈주민 현황과 정책과제, ISSUE & ANALYSIS.

하예랑(2017). 일반고용허가제(E-9)로 입국 외국인근로자의 직장만족도 및 생활만족도에 대한 영향 요인. 이화여자대학교 대학원 석사학위논문.

한경구, 한건수(2007). 한국적 다문화 사회의 이상과 현실: 순혈주의와 문명론적 차별을 넘어. 한국사회학대회 한국적 '다문화주의'의 이론화 발표 논문. 한국사회학회.

한재희(2004). 한국의 가족문화와 다문화상담. 진리논단, 16, 117-133.

한재희(2008). 상담패러다임의 이론과 실제(2판). 교육아카데미.

한재희(2011). 한국적 다문화상담. 학지사.

한재희(2012). 다문화가족지원센터 심화교육(중급). (재)한국건강가정진흥원(전국다문화가족지원단).

한재희(2016). 한국적 다문화상담. 학지사.

허준영(2017). 국가발전과 통합제고를 위한 이민행정체계 구축방안. 기본연구과제, 2017, 1-22.

현외성(2005). 사회복지정책강론. 양서원.

홍규호(2016). 외국인근로자가족 인권실태와 복지사각지대 해소를 위한 방안. 월간 복지동향 2016년 3월호 제209호, 35-38.

홍기원, 백영경, 노명우, 이재은, 정보원(2006). 다문화정책의 방향과 문화적 지원 방안 연구. 한국문화관광정책연구원.

홍승아, 황정임, 김소영, 이아름(2014). 가족서비스 전달체계 개편을 위한 통합모델 개발 연구. 연구보고 2014-02. 여성가족부.

홍지영, 정경자(2018). 이주여성상담원이 지각한 상담 성과 요인. 다문화와 평화, 12(2), 143-167.

황갑진(2015). 한국 다문화사회의 특성과 사회적 갈등-인터넷 신문에 나타난 차별 내용을 중심으로. 사회과교육연구, 22(3), 13-29.

황미경(2010). 국내 외국인 이주민지원제도와 복지권 고찰. 사회과학 연구, 36(3), 232-255.

황인태(2008). 글로벌경제 대이동. 미래비즈.

황필규(2015). 탈북자, 이중적 인권침해의 피해자. 참여사회 2015년 11월호 통권 228호, 14-16.

황필규(2017). 이주민과 사회권. 월간 복지동향 2017년 6월호 제224호, 36-44.

Alibhai-Brown, Y. (2000). After multiculturalism. Foreign Policy Centre.

Alibhai-Brown, Y. (2004). Beyond multiculturalism. Canadian Diversity/Diversité Canadienne, 3(2), 51-54.

Aponte, H. J. (1991). Training on the person of the therapist for work with the poor and minorities. Journal of Independent Social Work, 5(3-4), 23-39.

Association for Counselor Education and Supervision. (1964). Standards for Counselor Education in the Preparation of Secondary School Counselors. Washington, DC: American Personnel and Guidance Association.

Augusburger, D. W. (1986). Pastoral counseling across culture. Philadelpia: Westerminster press.

Ballew, J. R., & Mink, G. (2001). 사례관리(권진숙, 전석균 역). 하나의학사.

Baptiste, I. (2001). Educating lone wolves: Pedagogical implications of human capital theory. Adult education quarterly, 51(3), 184-201.

Barker. P. (1986). Basic Family Therapy(2nd ed.). London: Collins.

Barrett, M., & McIntosh, M. (1980). The 'family wage': some problems for socialists and feminists. Capital & Class, 4(2), 51-72.

Barton, C., & Alexander, J. F. (1981). Functional family therapy. In A. Gurman & D. Kniskern (Eds.). Handbook of family therapy, 403-443. New York: Brunner/Mazel.

Beaujot, R. (1988). The family in crisis. Canadian Journal of Sociology, 13(3), 305~311.

Beitz. C. (2003). What human rights mean. Daedalus, 132(1), 36-46.

Bennett, M. J. (1993). Towards ethnorelativism: A developmental model of intercultural sensitivity. In R. Paige (ed.). Education for the intercultural experience, 21-71. Yarmouth, ME: Intercultural Press.

Biestek, F. (1961). The Casework Relationship. London: George Allen and Unwin.

Blumer, H. (1969). Symbolic Interactionism: Perspective and Method, Englewood Cliffs: Prentice-Hall.

Blunt, K. (2007). Social work education: Achieving transformative learning through a cultural competence model for transformative education. Journal of Teaching in Social Work, 27(3-4), 93-114.

Boyle, D. P., & Springer, A. (2001). Toward a cultural competence measure for social work with specific populations. Journal of Ethnic and Cultural Diversity in Social Work, 9(3-4), 53-71.

Brach, C., & Fraser, I. (2000). Can cultural competency reduce and health disparities? A review and conceptual model, Medical Care Research and Review, 57, 181-217.

Brammer, L. M., Shostrom, E. L., & Abrego, P. J. (1980). Therapeutic psychology: Fundamentals of counseling and psychotherapy (5th ed.). Prentice hall, Englewood cliffs, New Jersey.

Burchum, J. L. R. (2002). Cultural competence: An evolutionary perspective. In Nursing forum, 37(4), 5-15. Blackwell Publishing Ltd.

Burks, H. M. & Stefflre, B. (1979). Theories of counselling. New York: McGraw-Hill.

Campinha-Bacote, J. (1999). A model and instrument for addressing cultural competence in health care. Journal of Nursing education, 38(5), 203-207.

Carneiro, P., & Heckman, J. J. (2003). Human capital policy. In J. J. Heckman, A. B. Krueger, & B. M. Friedman (Eds.), Inequality in America: What Role for Human Capital Policies? Cambridge, 77-239. MA: MIT Press.

Castles, S., & Miller, M. J. (2003). The age of migration: international population movements in the modern world (3rd ed.). N.Y: The Guilford Press.

Chung, I. H. & Yang, K. S. (1996). Human capital theory on education and economic development. Research bulletin, 53(1), 677~690.

Coleman, J. S. (1988). Social capital in the creation of human capital. American journal of sociology, 94, 95-120.

Coleman, J. S., & Hoffer, T. (1987). Public and private schools: The impact of communities. New York: Basic Books.

Collins, D., Jordan, C., & Coleman, H. (2001). 가족복지실천론(이화여자대학교 사회복지연구회 역). 나눔의 집

Collins, S., & Arthur, N. (2010). Culture-infused counselling: A model for developing multicultural competence. Counselling Psychology Quarterly, 23(2), 217-233.

Constable, R., & Lee, D. B. (2008). 사례중심 가족치료와 사회복지실천(이은진 외 역). 학지사.

Cournoyer, B. R. (2002). 사회복지 실천기술 연습(김인숙, 김용석 역). 나남출판.

Cross, T., Bazron, B., Dennis, K., & Isaacs, M. (1989). Towards a culturally competent system of care (Vol. 1). Washington, DC: Georgetown University Child Development Center, CASSP Technical Assistance Center.

Davis, T. S. (2009). Diversity practice in social work: Examining theory in practice. Journal of Ethnic & Cultural Diversity in Social Work, 18(1-2), 40-69.

Diller, J. V. (2007). Cultural diversity: A primer for the human services (3rd ed.). Belmont, CA: Brooks/Cole.

Dungee-Anderson, D., & Beckett, J. O. (1995). A process model for multicultural social work practice. Families in Society, 76(8), 459-468.

Edensor, T. (2008). 대중문화와 일상, 그리고 민족 정체성(박성일 역). 이후.

Esping-Andersen, G. (1999). Social foundations of postindustrial economies. Oxford University Press: New York.

Ferguson, K. M. (2006). Social capital and children's wellbeing: a critical synthesis of the international social capital literature. International Journal of social welfare, 15(1), 2-18.

Fook, J. (1993). Radical casework: A theory of practice. Allen & Unwin.

Friedlander, W. A. & Apte, R. Z. (1980). Introduction to Social Welfare (5th ed.). Englewood Cliffs. NJ: Prentice-Hal

Gauthier, A. H. (1996). The State and the Family: A Comparative Analysis of Family Policies in Industrialized Countries. Oxford: Clarendon Press.

Getz, I. (1985). Moral reasoning, religion, and attitudes toward human rights. Doctoral dissertation, University of Minnesota.

Gilbert, N., & Terrell, P. (2002). Dimensions of social welfare policy. Allyn & Bacon.

Granato, M. J. (2003). Is culture a barrier to human rights?. Americas, 55(1), 56-57.

Green, J. W. (1982). Cultural awareness in the human services. Prentice Hall.

Hammer, M. R., Bennett, M. J., & Wiseman, R. (2003). Measuring intercultural sensitivity: The intercultural development inventory. International journal of intercultural relations, 27(4), 421-443.

Hartmann, H. I. (1981). The family as the locus of gender, class, and political struggle: The example of housework. Signs: Journal of Women in Culture and Society, 6(3), 366-394.

Healy, L. M. (2010). 국제사회복지(노충래 역). 학지사.

Hendricks, C. O. (2003). Learning and teaching cultural competence in the practice of social work. Journal of Teaching in Social Work, 23(1-2), 73-86.

Hill, R. (1949). Families under stress: adjustment to the crises of war separation and return. New York: Harper and Row.

Homans, G. C. (1961). Social behavior: Its elementary forms. New York: Harcourt, Brace.

Hoopes, D. S., & Pusch, M. D. (1979). Definition of terms. In M. D. Pusch (ed.), Multicultural education: A cross-cultural training approach. LaGrange Park, Illinois, Intercultural Network Inc.

Hyde, C. (1998). A model for diversity training in human service agencies. Administration in Social Work, 22(4), 19-33.

Ife, J. (2001). 인권과 사회복지실천(김형식, 여지영 역). 인간과복지.

Insalaco, D., Ozkurt, E., & Santiago, D. (2007). The perceptions of students in the allied health professions towards stroke rehabilitation teams and the SLP's role. Journal of communication disorders, 40(3), 196-214.

Ivey, A. E., D'Andrea, M. D., & Ivey, M. B. (2012). Theories of Counseling and Psychotherapy: A Multicultural Perspective (7th ed.). London: SAGE. 상담 이론과 실제 -다문화 관점의 통합적 접근(김병석, 김지현, 최희철, 선혜연 공역, 2015). 학지사.

Jary, D., & Jary, J. (1991). The Harper Collins Dictionary Sociology. New York: Harper Collins Publishers, Ltd.

Jirwe, M., Gerrish, K., & Emami, A. (2006). The theoretical framework of cultural competence. Journal of Multicultural Nursing and Health, 12(3), 6-16.

Joppke, C. (2004). The retreat of multiculturalism in the liberal state: theory and policy 1. The British journal of sociology, 55(2), 237-257.

Kamerman, S. B., & Kahn, A. J. (1978). Family policy: Government and families in fourteen countries. New York: Columbia University Press.

Kilpatrick, A. C., & Holland, T. P. (2006). Working with families: An integrative model by level of need. Allyn & Bacon.

Kim, J. K. (2011). The politics of culture in multicultural Korea. Journal of Ethnic and Migration Studies, 37(10), 1583-1604.

Kim, Seokho., & Yang, Jonghoe. (2013). Pattern of Citizenship and Political Action in Korea, Germany and the United States: An Analysis of the 2004 ISSP. in 「Citizenship and Migration in Europe and Asia: The Flow of Migrants and the Perception of Citizenship」. Gewerbestrasse: Springer.

Koopmans, R., Statham, P., Giugni, M., & Passy, F. (2005). Contested citizenship. Immigration and cultural diversity in Europe. Social movements, protest and contention (Vol. 25). University of Minnesota press.

Kymlicka, W. (1995). Multicultural Citizenship: A Liberal Theory of Minority Rights. New York, NY: Oxford University Press.

Kymlicka, W. (2012). Multiculturalism: Success, Failure, and the Future. Washington, DC: Migration Policy Institute.

Leone, B. (1993). 민족주의(김호성 역). 서울: 인간사랑.

Lipman-Blumen, J. (1973). Role de-differentiation as a system response to crisis: Occupational and political roles of women. Sociological Inquiry, 43(2), 105-129.

Lum, D. (2005). Cultural competence, practice stages, and client systems: A case study approach. Brooks/Cole Publishing Company.

Lum, D. (2008). The case for Culturally competent Practice in Korea, 평택대학교 다문화가족센터 국제 심포지엄자료집, 31-42 & 61-74.

Lynch, M. (2000). Globalization and international democracy. International Studies Review, 2(3), 91-102.

Martiniello, M. (2002). 현대사회와 다문화주의: 다르게 평등하게 살기(윤진 역). 한울.

McPhatter, A. (1997). Cultural competence in child welfare: What is it? How do we achieve it? What happens without it?. Child Welfare, 76(1), 255-278.

Miley, K. K., O'Melia, M., & DuBois, B. (2004). Generalist social work practice: An empowering approach (4th ed.). Boston, MA: Pearson Education.

Miller, M. J., & Castles, S. (2013). 이주의 시대(한국이민학회 역). 서울: 일조각

Moen, P., & Schorr, A. L. (1987). Families and social policy. In Handbook of marriage and the family, 795-813. Springer, Boston, MA.

Moghaddam, F. M., & Vuksanovic, V. (1990). Attitudes and behavior toward human rights across different contexts the role of right-wing authoritarianism, political ideology, and religiosity. International Journal of Psychology, 25(2), 455-474.

Moore, W. (1978). Functiomlism, in Tom Bottornore ad Robert Nisbet (EDs.). A History of Sociological Analysis. New York: Basic Books.

Moxley, D. P. (1989). The practice of case management. Newbury Park, CA: Sage.

Narvaez, D., Getz, I., Rest, J. R., & Thoma, S. J. (1999). Individual moral judgment and cultural ideologies. Developmental psychology, 35(2), 478.

O'Hagan, K. (1984). Family crisis intervention in social services. Journal of Family Therapy, 6(2), 149-181.

Olson, D. H., & Defrain, J. (1994). Marriage and families: diversity and strengths. Mayfield Pub. co.

Osipow, S. H., Carney, C. G., Winer, J. L., Yanico, B. J., & Koshier, M. (1980). The Career Decision Scale (3rd ed.). Columbus, OH: Marathon Consulting and Press.

Papadopoulos, I. (2003). The Papadopoulos, Tilki and Taylor model for the development of cultural competence in nursing. Journal of Health, Social and Environmental Issues, 4(1), 5-7.

Parsons, T. (1943). The kinship system of the contemporary United States. American Anthropologist, 45, 22-38.

Parsons, T. (1949). The Kinship system of contemporary United States. in T. Parsons (ed.). Essays in Sociology. New York: Free Press.

Parsons, T. (1960), Structure and Process in Modern Societies. New York: Free Press.

Patni, R. (2006). Race-specific vs. culturally competent social workers: The debates and dilemmas around pursuing essentialist or multicultural social work practice. Journal of Social Work Practice, 20(2), 163-174.

Patton, J. (2000). Pastoral care in context. 목회적 돌봄과 상황(장성식 역). 은성출판사.

Pedersen, P. (1981). Developing interculturally skilled counselors. (Final Report, NIMH Grant 1-724-MH-1552). Honolulu, HI: Institute of Behavioral Science.

Petr. C. G. (1998). Social Work With Children and Their Families. Oxford University Press.

Petrovich, A., & Lowe, M. (2005). Developing cultural competence: Student and alumni perspectives. Journal of Teaching in Social Work, 25(3-4), 157-176.

Psychologist, 5, 2-10.

Reichert, E. (2008). 사회복지와 인권(국가인권위원회 사회복지연구회 역). 인간과복지.

Robinson, L. R. (1975). Basic concepts in family therapy: a differential comparison with individual treatment. The American journal of psychiatry, 132(10), 1045-1048.

Rogers, C. R. (1975). Empathy: An unappreciated way of being. The Counseling

Ronnau, J. P. (1994). Teaching cultural competence: Practical ideas for social work educators. Journal of Multicultural Social Work, 3(1), 29-42.

Rothman, J. C. (2008). Cultural competence in process and practice: Building bridges. Boston, MA: Pearson.

Saleeby, D. (ed.). (1992). The Strengths Perspective in Social Work Practice. New York: Longman.

Sandau-Beckler, P. (2001). Family centered assessment and goal setting. In E. Walton, P. Sandau-Beckler, and M. Mannes (Eds.), Balancing family centered services and child well-being, 93-127. NY: Columbia University Press

Sauber, S. R. (1983). The human services delivery system: Mental health, criminal justice, social welfare, education, health services. Columbia University Press.

Simmel, G. (2017). 짐멜의 갈등론(정헌주 역). 간디서원.

Storey, J. (1996). Cultural Studies and the Study of Popular Culture: Theories and Methods. Edinburgh: Edinburgh University Press.

Sue, D. W. (1990). Culture specific techniques in counseling: A conceptual framework. Professional Psychology, 21, 424-433.

Sue, D. W. (2001). Multidimensional facets of cultural competence. The counseling psychologist, 29(6), 790-821.

Sue, D. W. (2006). Multicultural social work practice. John Wiley & Sons Inc.

Sue, D. W., & Sue, D. (2008). Counseling the Culturally Diverse: Theory and Practice (5th ed.). Hoboken, NJ, US: John Wiley & Sons Inc. 다문화상담-이론과 실제(하혜숙, 김태호, 김인규, 이준호, 임은미 공역, 2011). 학지사.

Sue, D. W., & Torino, G. C. (2005). Racial-cultural competence: Awareness, knowledge and skills. In R. T. Carter (Eds.), Handbook of racial-cultural psychology and counseling, 3-18. Hoboken, NJ: Wiley.

Sue, D. W., Arrendondo, P., & McDavis, R. J. (1992). Multicultural competencies/standards: A call to the profession. Journal of Counseling and Development, 70(4), 477-486.

Sue, D. W., Ivey, A. E., & Pederson, P. B. (1996). A theory of multicultural counseling and therapy. London: Brooks/Cole publishing company.

Suh, E. E. (2004). The model of cultural competence through an evolutionary concept analysis. Journal of Transcultural Nursing, 15(2), 93-102.

Suzuki, L. A., McRae, M. B., & Short, E. L. (2001). The facets of cultural competence: Searching outside the box. The Counseling Psychologist, 29(6), 842-849.

Tracey, T., Leong, F. T. L., & Glidden, C. (1986). Help seeking and problem perception among Asian Americans. Journal of Counseling Psychology, 33(3). 331-336.

U.S. Bureau of the Census. (1992). Statistical Abstract of the United States (112th ed.). Washington, D.C.

UN Centre for Human Rights. (2005). 인권과 사회복지실천(이혜원 역). 학지사.

UN Human Rights Committee(HRC). (1986). The Position of Aliens Under the Covenant. CCPR General Comment No. 15. 11 Apr 1986, para. 1.

Unesco. (2002). 인권이란 무엇인가(유네스코한국위원회 역). 도서출판 오름.

Vertovec, S. (2010). Towards post-multiculturalism? Changing communities, conditions and contexts of diversity. International social science journal, 61(199), 83-95.

Von Bertalanffy, L. (1968). General System Theory: Foundations, Development. New York: George Braziller.

Walker, L. O., & Avant, K. C. (1995). Strateries for theory construction in nursing (3rd ed.). Norwalk, CT: Appleton & Lange.

Warren, B. J. (2002). The interlocking paradigm of cultural competence: A best practice approach. Journal of the American Psychiatric Nurses Association, 8(6), 209-213.

Watson, I. (2010). Multiculturalism in South Korea: A critical assessment. Journal of Contemporary Asia, 40(2), 337-346.

Weaver, H. N. (2004). The elements of cultural competence: Applications with Native American clients. Journal of Ethnic and Cultural Diversity in Social Work, 13(1), 19-35.

Wells, M. I. (2000). Beyond cultural competence: A model for individual and institutional cultural development. Journal of community health nursing, 17(4), 189-199.

Witkin, S. L. (1998). Human rights and social work. Social Work, 43(3), 197-201.

Zimmerman, S. L. (1988). Understanding Family Policy. SAGE Publication

Zimmerman, S. L. (1995). Understanding Family Policy. SAGE Publication

[참고사이트]

Daum사전 dic.daum.net/물적 자본

http://easylaw.go.kr/CSP/CnpClsMain.laf?popMenu=ov&csmSeq=3&ccfNo=2&cciNo=1&cnpClsNo=2찾기 쉬운 생활법령정보/외국인근로자 도입규모 및 업종

http://www.index.go.kr/potal/main/EachDtlPageDetail.do?idx_cd=1501e-나라지표/고용허가제 고용동향

IOM iom.or.kr/이민

ZUM 학습백과 http://study.zum.com/가족의 이해

온라인행정학사전. https://www.kapa21.or.kr/epadic/print.php?num=612/다문화정책

위키백과 ko.wikipedia.org/wiki/가족

위키백과 ko.wikipedia.org/wiki/인권

위키백과 ko.wikipedia.org/wiki/한국의 외국인근로자제도

탈북청소년교육지원센터. https://www.hub4u.or.kr/탈북청소년 교육현황

한국민족문화대백과사전 encykorea.aks.ac.kr/문화

[기타]

관계부처 합동(2014). 제1차 사회보장 기본계획('14~'18)案

관계부처 합동(2018). 제2차 북한이탈주민 정착지원 기본계획(2018~2020).

관계부처 합동(2020). 2020년도 북한이탈주민 정착지원 시행계획.

교육부(2020). 2020 다문화교육 지원계획.

국가인권위원회(2019). 제2차 이주인권가이드라인.

국회예산정책처(2018). 계층별 사회보장사업 분석 Ⅰ【총괄】.

국회예산정책처(2018). 계층별 사회보장사업 분석 Ⅳ [다문화 · 한부모가족].

법무부(2018). 제3차 외국인정책 기본계획(2018~2022년).

보건복지가족부(2009). 2009 가족사업 안내.

보건복지부(2019). 제2차 사회보장기본계획(2019~2023).

여성가족부(2017). 제3차 건강가정기본계획(2016~2020).

여성가족부(2018). 건강가정다문화가족지원센터 통합서비스 사업안내.

여성가족부(2018). 제3차 다문화가족정책 기본계획.

여성가족부(2019). 2018년 전국다문화가족실태조사 연구.

여성가족부(2020). 2020 가족사업안내(Ⅰ).

여성가족부(2020). 2020 가족사업안내(Ⅱ).

여성가족부(2020). 2020년 다문화가족정책 시행계획.

출입국·외국인정책본부(2020). 출입국·외국인정책 통계월보 2020년 6월호.

통계개발원(2008). 한국의 사회동향 2008.

통계개발원(2017). 한국의 사회동향 2017.

통계개발원(2019). 한국의 사회동향 2019.

통계청(2016). 장래인구추계 : 2015~2065.

통계청(2019). 2019년 장래인구특별추계를 반영한 세계와 한국의 인구현황 및 전망.

통계청(2020). 2019년 다문화 인구동태 통계.

통계청(2020). 2019년 인구주택총조사 결과.

통계청(2020). 2019년 장래인구특별추계를 반영한 내·외국인 인구전망: 2017~2040년.

통계청(2020). 2019년 혼인·이혼 통계

통계청, 법무부(2019). 2019년 이민자 체류실태 및 고용조사 결과.

행정안전부(2020). 외국인주민현황조사.

행정자치부(2015). 2015년도 지방자치단체 외국인주민 현황.

김성회. "[김성회의 다문화 정책 비판] 국정 철학도, 전략적 목표도 없이 '이민청' 설치라니". 에듀인뉴스, 2019년 11월 28일.

김태종. "외국인 150만명 시대 가속화하는 다문화사회 明과 暗". 연합뉴스, 2013년 06월 10일.

이상서. "탈북민·난민인정자도 다문화가정에 포함하는 법안 추진". 연합뉴스, 2020년 11월 16일.

임춘호. "내년 외국인근로자(E-9) 도입규모 56,000명 확정". 중소기업뉴스, 2019년 12월 18일.

최희석, 이종화. "외국인인력 쓰는 공장 90%가 생산차질". 매일경제, 2020년 06월 22일.

추왕훈. "다문화사회는 유럽의 '자살'인가". 매일경제, 2020년 03월 20일.

황필규. "누가 탈북자의 인권을 말하는가". 한겨레, 2019년 11월 28일.

저자소개

■ **조경자**

중앙대학교 아동복지학과 박사수료
미국 His University 심리학 박사과정
서정대학교 유아교육과 교수

〈저서〉
아동권리와 복지(공저), 특수교육의 이론과 실제(공저) 외

■ **안진숙**

인하대학교 대학원 다문화교육전공 교육학 박사
서정대학교 글로벌융합복지학과 교수

〈저서〉
다문화 사회와 리터러시 이해(공저), 유아교사를 위한 다문화교육의 이해(공저) 외

이민 · 다문화가족 복지론

초판 1쇄 발행 / 2021년 2월 25일
초판 2쇄 발행 / 2025년 8월 20일

•

공저자 / 조경자 · 안진숙
발행인 / 이 중 수
발행처 / **동 문 사**

•

서울특별시 서대문구 홍제원 1길 12
(홍제동 137-8)
Tel: 02)736-3718(대), 736-3710, 3720
Fax: 02)736-3719
등록번호: 1974.04.27 제9-17호
가격: 22,000원

•

ISBN: 979-11-6328-268-6(93330)
E-mail: dong736@naver.com
www.dongmunsa.com

저자와의 합의하에 인지는 생략합니다.